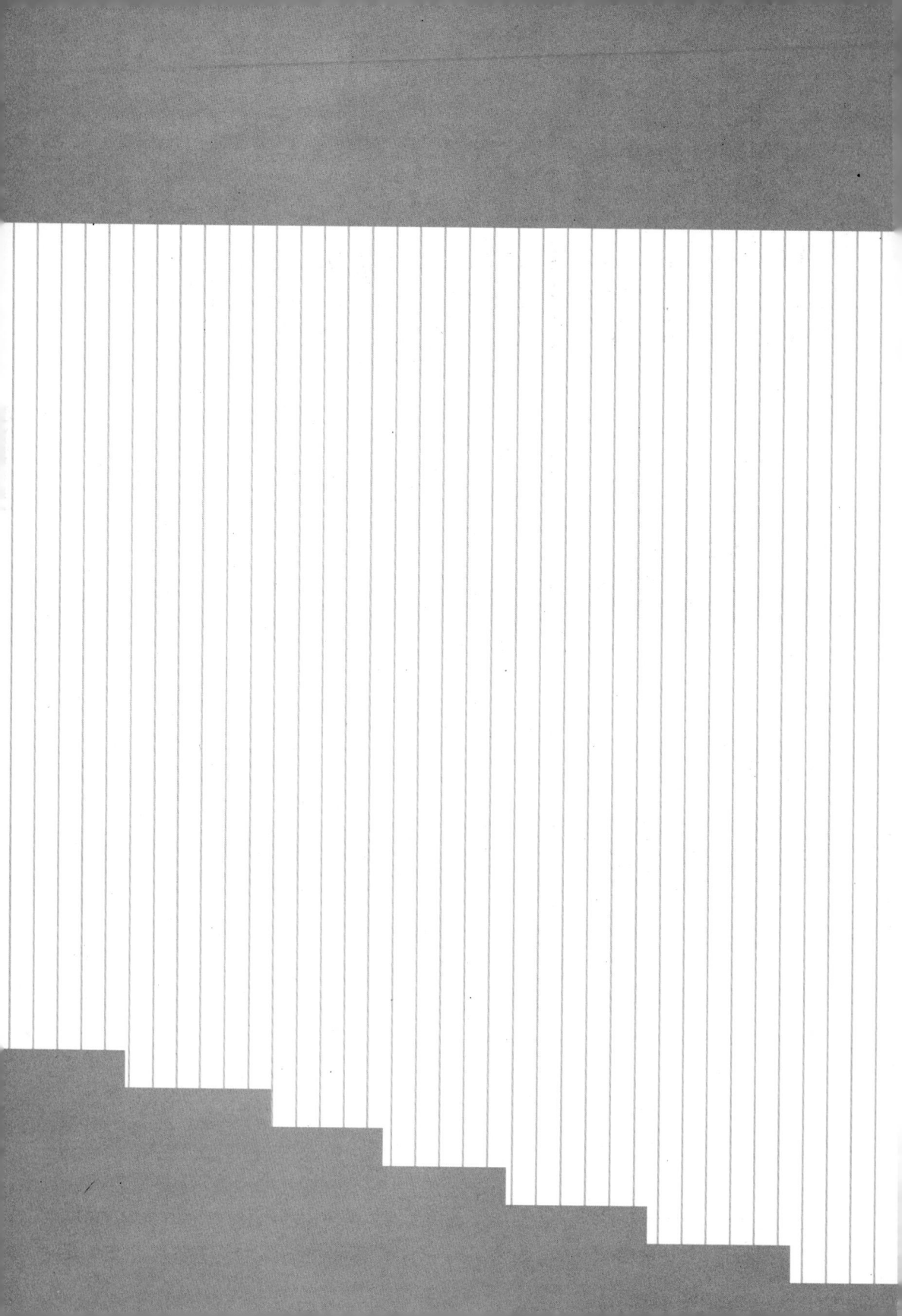

Zhongguo Huobi Yu
Caizheng Zhengce
Xiaoguo pingxi

# 中国货币与财政政策效果评析

李晓西等 著

人民出版社

# 作者名单


**本报告大纲及通审**　李晓西

**第一章**　李晓西　施发启　李建伟

**第二章**　余　明　周　波　张江雪

**第三章**　马拴友　王　诺

**第四章**　屈艳芳　魏媛媛

**第五章**　曾学文　姜晓华

**第六章**　金三林　鄢晓发　张江雪

**第七章**　李文锋　李　波　和晋予

**第八章**　王　敏　和晋予　张江雪

**第九章**　李晓西　侯万军　曾学文　王　敏

**附录一**　施发启　曾学文　魏媛媛

**附录二**　李　波　王雪磊　整　理

**附录三**　王雪磊　王　诺

**附录四**　和晋予　魏媛媛

**附录五**　王　敏　曾学文

**附录六**　张江雪　裘越芳

# 序

货币与财政政策效果，是市场经济条件下政府与经济界关注的一项重大课题，也是一个不会因时间流逝而淡化褪色的跨世纪课题。分析和评价货币政策和财政政策效果，对提高政府决策科学性和完善宏观调控机制具有重大意义。10年前、5年前在转型的中国这个问题就引起了社会各界的高度重视；今天，在提高政府管理效率和提高经济增长质量的时候，尤其是在讨论政府对经济的干预是否失灵的时候，这个问题的深入研究就更显突出、更为重要了。

基于这个问题的现实意义和理论难度，我院①四年前就开始了这个课题的研究。非常感谢教育部社政司对这一面向国家经济建设主战场的应用型课题的准确把握，很快批准了我们的申报，并于2003年2月下达了教育部人文社会科学重大攻关项目《我国宏观调控政策的综合效力评估与优化组合》的正式批函②。

货币政策与财政政策构成了宏观经济政策的基本内容。关于宏观政策对经济增长作用的理论研究已有许多成熟的成果，如财政政策中的财政投资与税收乘数、货币需求函数及乘数、关税对进出口贸易的影响等众多理论。这些研究成果为现实宏观调控决策提供了理论依据。但现实经济是一个复杂的有机系统，实际经济增长是多种因素共同作用的结果，不仅有宏观调控政策的影响，还有生产要素积累与配置、经济结构升级、技术进步、外部环境变化等的影响，以及经济自身的运行周期等因素的作用。中国在经济发展与转轨中，国民经济运行与宏观经济政策的相互作用机理更加复杂。仅依靠单一理论分析，依靠国外理论的分析，难以准确把握中国宏观调控政策对经济增长的影响。因此，要从现实出发，结合

① 2006年6月学校将北京师范大学经济与资源管理研究所改名为北京师范大学经济与资源管理研究院。

② 见教育部社政司函［2002］237号文。

对理论的综合运用，来剖析宏观政策效果。

另一方面，政策效果还必须借助数据和模型来进行定量分析，这也是本报告的难点之一。测度宏观调控政策的综合效力，需要建立能够综合反映经济变量之间内在联系的计量模型。国内对联系中国经济现实的经济计量模型研究已比较深入，影响比较广泛的有中国社会科学院数量经济与技术经济研究所的经济预测模型，国务院发展研究中心宏观部以月度数据为基础的短期经济增长预测模型，中国人民银行、国家统计局等部门的经济形势景气预测分析模型等。这些模型主要是以经济预测为主。但是，目前很少有以宏观政策效果为研究对象的计量分析模型。而且，在经济计量模型分析的诸多成果中，定量分析为主的定性分析少，而定性分析为主的定量分析少。

本报告力求在理论上有所创新，在解决实际问题上有所建议。比如，本报告首次提出了“货币政策调控实力”概念，分析了转型经济中内生变量外生化的特点，估计了中国货币和财政政策影响的时滞长度，比较了货币政策与财政政策对投资和消费影响的差异等。纵观全书，本报告力求做到多方面的结合：即单方程回归分析与众多方程的联立分析相结合，年度分析和季度分析相结合，所建模型需求导向为主但辅以供给因素，分析方法上动态分析为主也辅之比较静态分析。我们创建了一个 China-QMFP 模型，经过模拟测试，取得较为理想的结果。China-QMFP 模型以政策效果分析为主但也兼有一定的预测功能。课题研究历时 4 年，既经历了在国内外相关成果基础上理清思路的艰辛探索，又一步步解决了分工中的协调；既经受了构建季度数据库的枯燥繁杂工作的考验，更集中力量在进行联立模型开发与运行攻关上群策群力。如果说讨论各章单方程模型开发花了不少时间，那么讨论联立方程模型就更花了大量的时间和精力。就我多年来完成课题的经验，这次碰上了一个难度最大、耗时最多的课题。

这里还想介绍一下本报告的 6 个附录。其中既有我院的中国宏观经济季度数据库指标目录，又有 1990—2006 年我国货币政策与财政政策一览表，还有企业对宏观经济政策的反应和评价，后者是根据“中国企业家调查系统”1993—2006 年调查报告摘编的，非常有参考价值。

本报告是集体研究成果，更是院内外研究力量紧密合作的结晶。在本课题研究中，我们与国务院政策研究室、国务院发展研究中心、中国人民银行、财政部、商务部、国家统计局、中国社会科学院等单位的一些博士们，团结协作，共同攻关。

本报告力求做到“三个服务”，即服务于政府决策，服务于经济学研究，服务于高校宏观经济学教学。当然，经济模型是政策的实验室，有用但效果有限。报告在宏观经济学教学方面也具有一定参考价值。因为，现在进行宏观经济学的教学，除了概念与原则分析外，用的多是西方发达国家的案例。借鉴国内外模型，模拟与演示中国现实的情况，对提高研究生的认识水平、分析能力和创新思维是很有帮助的。

当然，我们的努力能否满足经济学界的需要，能否满足政府完善宏观调控政策的需要，还有待社会进一步评价。

我相信并期待着！

2007 年 10 月 8 日

# 目录

CONTENTS

# 前　言

本书立足中国转轨经济实践，借鉴西方宏观经济理论及政策评价方法，以数理统计、计量经济模型为工具，系统分析了货币和财政政策工具的主要特点、适用范围和影响力度；分析了货币和财政政策的传导机制，货币和财政政策与宏观经济四大目标之间的关系；通过建立宏观经济政策季度模型和宏观经济政策效力评估体系，对我国20世纪90年代以来的货币和财政政策效果进行了分析与评估，并对提高宏观经济政策效率与政策工具优化组合提出了建议。

本报告在模型的变量选择上力求有充分的经济理论依据，有时间序列的系统性，并对被解释变量有直接的影响。报告中所列的方程，均通过了统计检验。各章计量所需要的统计数据均经国家统计局有关专家核对并确认，以保持各章使用数据的口径统一。凡通过科学方法进行处理获取的数据，均注明了资料来源和计算方法。本书分析采用的时间段有两类，季度分析是从1992年一季度到2003年四季度，年度分析是从1992年到2005年。部分内容使用了2006年上半年的数据。

本书共有九章，第一章是货币与财政政策效果分析的总思路与方法，第二章和第三章是分论货币政策与财政政策的性质与特点；第三章至第七章，则是分别论述了两大政策对经济增长、就业、价格和国际收支的影响；第八章是通过联立模型分析各政策工具与目标变量的相互关系；第九章则是对货币与财政政策效果进行综合评价并提出了完善货币和财政政策的建议。

# 第1章

# 货币与财政政策效果分析的总思路与方法

本章是本报告的总论部分，阐述了货币与财政政策效果分析的意义，比较了国内外对货币与财政政策效果分析的各种方法，概述了本报告的框架、货币财政政策效果分析的思路和若干创新点，最后总结性地概括了经济转型对货币财政政策效果的影响。

## 第一节 货币与财政政策效果分析的意义

为什么要进行货币与财政政策效果分析？为什么要在这个时候特别强调货币与财政政策效果的分析？这是必须要回答的问题。这里有三层意思需要说明：第一层意思是要讲清楚，货币与财政政策本身是否是必要的，是否有存在的价值；第二层是要说明，货币与财政政策在中国社会主义市场经济条件下，是否与其在西方市场经济条件下一样，也是同样重要的；第三层意思是要说明，分析判断货币与财政政策的效果，对改进和提高宏观调控政策水平，是否具有重要意义。

## 一、货币与财政政策为什么是必要的

大家知道，货币和财政两大政策是中央政府用来对经济进行宏观调控的工具。市场通过价格机制能够有效配置资源，但是由于存在外部性、信息不对称以及公共产品等因素，出现了垄断、寡头、投资泡沫、股市崩溃、收入财富分配不公，甚至金融危机等市场失灵情况。由于供给和需求的不断变化，任何一国经济增长都会出现波动，在全球经济和区域经济联系日益紧密的背景下，经济的波动性更难以避免。因此，各国政府都把避免经济活动的剧烈波动作为己任，当一国或一个地区经济出现衰退和过度高涨时，政府就会采取宏观调控措施即有导向性的货币政策和财政政策来减少经济的波动性。

宏观调控的目标包括稳定物价、减少失业、促进增长和实现国际收支平衡，而这也是运用货币和财政政策要达到的目标。货币政策工具是中央银行为调控货币政策中间目标而采取的政策手段，一般包括公开市场业务、存款准备金、基准利率、再贴现率、央行再贷款等，货币政策工具影响货币供应量和利率等中介目标，进而通过信贷总量、汇率和资产价格等渠道来改变 IS 与 LM 的均衡点，进而影响社会总产出与总价格水平。财政政策具有配置资源、公平分配和经济稳定三大职能，这也决定了财政政策的目标是多元化的。一般来讲，财政政策工具主要包括财政收入、财政支出和国债三方面的政策工具，具体讲有税收政策、支出政策、预算平衡政策、国债政策等。财政政策工具作为政府调控手段，通过政府收入和支出的水平及结构变动来影响经济活动，其传导机制有一个特点，即各项财政工具都是通过乘数效应，影响全社会收入分配、货币供应量和价格，再影响全社会的总需求，最后影响宏观调控的目标。

进一步讲，宏观调控是一个同时涉及经济学和法律学两个范畴的概念。在经济学中，宏观调控是指政府为弥补市场缺陷对国民经济波动进行的调节和控制；在法学中，宏观调控反映为为稳定市场经济秩序而做出的具体制度设计和制度安排，这种制度设计和制度安排体现为一套具有权威性的法律规范和稳定性强的政策手段。宏观调控是中央政府的一项义务，也是中央政府的一种权力。这也就是说，货币政策和财政政策作为一种公共物品，是私人主体所不能提供或无力提供的，只能由政府提供，而且其作用是有法律根据的，也是有规范的。

## 二、货币和财政政策是我国社会主义市场经济条件下必要的调控手段

发达国家需要宏观调控，发展中国家更需要宏观调控。这不仅是因为市场失灵和市场调节范围和力度有限，还因为发展中国家进入经济起飞时期，政府对经济的管理和组织的作用，比正常发展时期要大得多。

有的人认为，市场经济主要是靠市场调节，市场经济要求小政府，而小政府就意味着弱化宏观调控，甚至认为宏观调控不利于市场经济的发展。我认为，这是一种片面的认识。国家宏观调控能力应强化还是弱化，可以从几个方面来分析。首先，政府少干预经济活动，充分发挥市场的调节作用，这是正确的。但少干预不等于弱调控。前者讲的是范围问题，后者讲的是影响力问题，两者并不是一回事。实际上，中国政府对经济的调控能力是不强的，甚至是很弱的。从这些年经济大起大落的教训就能看到，政府对经济的调控是比较被动的。因此，不是要弱化而是要强化政府对经济的宏观调控能力。其次，要考虑宏观调控方式问题。我们反对用传统的行政管理办法来进行市场经济的宏观控制，但我们不反对甚至主张采用强有力的间接宏观手段，也就是说，要用货币与财政政策来引导经济的发展，否则，经济的大起大落就难以控制，甚至经济运行会出现大的混乱。况且，我们强调经济手段和间接方式是宏观调控的主要方式，但并不否认一定条件和范围内行政手段的必要性，这在发达国家中也是常见的。市场经济会使宏观调控难度更大，形式更复杂，而不会比计划经济直接控制的方式更简单。总之，社会主义市场经济条件下，强化宏观间接调控是与弱化直接计划管理同时进行或交叉进行的。原来计划经济体制下的一些直接调控方式要进一步减少和弱化，而中央政府对经济的宏观间接调控能力却应加强。当然，弱化直接计划管理并不等

同于确立了间接调控体系。法制的、经济的手段，不是自然形成的，要靠改革者顺应市场发展要求去建立、去完善。市场经济条件下，国家的宏观调控应改进、加强，而不是削弱，更不是放弃。

加强和改善国家对经济的宏观调控，是建立社会主义市场经济体制的重要前提。换言之，要了解中国经济处于改革与转轨中，货币与财政政策是如何来发挥其功能的，就必须了解财政体制与金融体制是如何改革和完善的。自 1992 年确立新的经济体制以来，经过各级政府的共同努力，可以说，我们已基本实现了国民经济管理体制的转变。中共中央 1993 年关于社会主义市场经济的《决定》深刻指出，只有转变政府职能，改革政府机构，建立健全宏观经济调控体系，才能建立和健全宏观管理体制。党的十四大以后，按照建立社会主义市场经济体制的要求，我国经济管理以转变政府职能为主线，进行了机构改革。计划体制、投资体制、财税和金融体制、国有资产管理体制等，通过改革和制定一系列法规，明确了各自在宏观管理中的地位，确定了在新体制中的分工和合作关系，加强了对经济运行的综合协调和指导。综合经济管理部门从定项目、分钱分物转向宏观政策制定和监管，承担宏观管理单一职能的部门也纷纷进行了改革，专业部门从直接管理企业转向行业管理。这些重大的改革，构建了实施宏观管理的组织基础。

## 三、效果分析是实现有效的货币与财政政策的重要环节

当今世界科学技术和经济发展突飞猛进，并日益渗透到经济与社会发展的各个领域，宏观调控的难度日益增加。各级调控的实施者在实践中掌握新知识，探索新规律，解决新问题，最根本的是要科学分析和判断社会经济发展的实际状况与所制定目标的偏离程度，按照经济规律来执政和行政。特别是在重大宏观调控决策出台之前，广泛听取社会各界的意见，听取相关经济专家、社会专家与技术专家的意见；在决策过程中，要在深入调查研究实际情况的基础上，运用经济、统计、法律等领域研究的最新成果；在整个调控过程中，做好各环节的反馈调节，以保证宏观调控的精确性和高效率。

对政策效果的分析，既包括对其正反影响的判断，也包括对其影响力度的判

断。我们看到，对货币政策与财政政策的效果，往往有不同的理解。这需要有多种办法来比较分析。政策效果程度的分析与评估更为困难，需要有尽量客观的计量分析，但是对计量分析的结果也存在不同理解。不同学者借助计量分析后对我国宏观调控效应的结论是有差别的。比如，有人认为，从长期看，产出的变化与货币供应量的变化没有必然联系；而另有人认为，从长期来看，货币供应扩张能够推动经济增长；有人认为，货币供应量 M2 增长率的变动会使得实际产出增加，使实际利率下降。有人认为，货币政策工具在应对当前宏观经济形势上日益乏力，货币政策有效性不足；另有人认为，我国财政政策对民间投资和出口的调控能力较弱，制约了政策效力的发挥；也有人认为，政府支出对产出有正效应，而且其效果是中长期有效的①。正因为如此，我们特别需要在定性与定量结合上下工夫，不仅要提高计量分析的水平，而且要加强对现实的理解和认识，综合起来做判断，才可能更为客观和准确地把握宏观经济政策的影响，为决策部门提供新的思路与方法，提供政策调控力度的合理建议。

## 第二节 国内外货币与财政政策效果分析模型方法比较

本节对国内外在进行政策效果分析方面的进展做了扼要介绍，并通过对其价值与局限性的分析，阐明了我们对模型方法的理解。

### 一、国外分析货币与财政政策效果的方法

宏观经济效力评估是一个有机的体系，在实际评估过程中，我们可以用各种不同的方法对政策效果进行估计。主要方法有：财政政策与货币政策静态乘数法、IS-LM 模型动态分析法、工具－目标法、模拟仿真法、政策实现目标与政策

① 刘玉红，高铁梅，陶艺．中国转轨时期宏观经济政策传导机制及政策效应的模拟分析．数量经济技术经济研究，2006（3）．

基准目标比较法等。

## (一) 财政政策与货币政策静态乘数法分析

财政、货币政策的单一作用或组合作用影响需求继而影响国民收入的程度可以通过乘数刻画出来，因此建立一套乘数体系来分析政策的效果是可行的。

1. 财政政策乘数

财政政策乘数表达了财政手段下的广义乘数原理，即在货币不发生变化的情况下，仅由财政需求变动引起的国民收入变动。其计算公式为：

$$\Delta Y = \frac{1}{1 - b(1 - t)} \times (\Delta G - b \times \Delta T + b \times \Delta TR)$$

这里 $Y$ 表示国民收入，$G$ 表示政府支出，$T$ 表示税收，$TR$ 表示转移支付，$t$ 表示税率，$b$ 表示边际消费倾向。

2. 货币政策乘数

货币政策乘数表达了货币乘数原理，即在实际需求不发生变动的情况下，仅由货币供应量变动引起的国民收入变动。其计算公式为：

$$\Delta Y = \frac{1 + h}{r + h} \times \Delta D$$

这里 $Y$ 表示国民收入，$D$ 表示基础货币发行，$r$ 表示法定准备率，$h$ 表示现金与存款比率。

3. 财政与货币政策广义乘数

一般来说，货币与财政政策是结合使用的，考虑到政策之间的叠加性和互替性，应将财政政策与货币政策效果结合起来分析。应用广义乘数原理评价和制定宏观经济调控政策，主要着眼于通过需求变动所产生的对国民收入变动影响的统一性和互替性，来决定各种乘数相互作用的过程和确定最优的乘数政策组合。

广义乘数反映的是原因变化率同结果变化率之比。但各种需求因素以相同的变化率作用于国民经济运行时，广义乘数效应是各个独立需求的乘数效应之和。

$$K = \frac{g}{q} = \frac{1}{1 - b(1 - t) + d \times k/m}\left(\frac{G}{Y} + b \times t + \frac{b \times TR}{Y} + \frac{d \times (1 + h)}{m \times (r + h)} \times \frac{D}{Y} \times \frac{1}{P}\right)$$

这里，$G$ 表示政府支出，$t$ 表示税率，$TR$ 表示转移支付，$D$ 表示基础货币发行，$Y$ 表示国民收入，$b$ 表示边际消费倾向，$r$ 表示法定准备率，$h$ 表示现金与存款比率，$d$ 表示投资的利率弹性，$m$ 表示货币需求的利率弹性，$k$ 表示收入的利率弹性，$P$ 表示物价总水平。

### （二）财政与货币政策效应的IS-LM模型动态分析

财政政策和货币政策效果强弱差异主要体现在投资储蓄IS曲线和货币供求LM曲线斜率的不同。IS曲线斜率的大小反映了利率变动与国民收入变动之间的数量关系，即利率的变动会引起国民收入相应的变动。IS曲线的斜率主要受投资利率弹性大小的影响，在其他条件不变时，投资利率弹性越大，即一定的利率变动所引起的投资变动就越大，国民收入变动也越大，总需求变动也越大，从而使IS曲线的斜率越小，IS曲线越平坦，财政政策效果越明显。但政府购买增加时会引起利率的上升，而利率上升会导致企业投资减少的幅度更大，因而财政政策的扩张效应越小，挤出效应越大；反之，投资的利率弹性越小，则一定的利率变动所引起的投资变动也小，总需求和国民收入的变动就小，从而使IS曲线的斜率越大，IS曲线越陡峭，财政政策效果越微弱，但财政政策的扩张效应就越大，挤出效应越小。

LM曲线斜率的大小主要决定于货币需求的利率弹性。货币需求的利率弹性越大，只要有较小的利率变动就可使货币市场既定的货币供给量变动，因而对投资、总需求和国民收入的影响就小，LM曲线的斜率越小，LM曲线越平坦，货币政策效果越微弱；反之，若货币需求的利率弹性越小，要有较大的利率变动才能使货币市场上既定的货币供给量改变，则LM曲线的斜率越大，LM曲线越陡峭，货币政策的效果越明显。

### （三）工具－目标法分析

工具－目标法是丁伯根最早提出的。其重要目的是分析政策变量对目标期望值的敏感度，并计算最优政策变量值。其要点是：设定若干个内生变量的理想水平 $Y_{t+1}^{0}$ 作为目标的期望值，对于政策变量的个数要足够多（$t \geqslant g$）。

若 $t=g$，这时 $A$ 为方阵，若 $A$ 非奇异，可求得实现目标期望值的最佳政策变量值：$Z_t^{*}=-\hat{A}^{-1}\hat{B}Y_{t+1}^{0}-\hat{A}^{-1}\hat{r}x_{t+1}$，且可得到每个政策变量的最佳值相对每个目标期望值的敏感度：$\frac{\partial Z_t^*}{\partial Y_{t+1}^0} = -\hat{A}^{-1}\hat{B}$

若 $t>g$，可以先确定某些（$l=g$）政策变量值，再求出其他几个政策变量的最优值，反复迭代求出全部 $t$ 个政策变量的最优值。

### （四）模拟仿真法分析

政策模拟是指在前期变量既定的条件下，根据已经建立的模型，预测宏观经济政策对经济产生的影响。这种方法的基本思想就是假设一组政策变量的不同值，通过已完成参数估计值的模型解出相应的内生变量值。每一组政策变量值表示一个政策方案，相应的一组内生变量值表示实行这一政策方案的后果。比较这些后果以鉴别各组政策变量的优劣，实现对政策的评价。

政策模拟的结果，例如经济增长、固定资产投资增长、进出口增长等，可以直接进行政策评估。另外，在政策模拟的基础上，引入评判标准，就能更好地进行政策效力评估。

## 二、国外宏观经济模型及政策效果分析模型

这里我们特别强调模型方法在分析经济运行和判断政策效果中的作用。我们知道，从丁伯根（1937）首次建立荷兰宏观经济计量模型开始，宏观经济计量模型逐渐被各国政府采用。20 世纪 50 和 60 年代是以克莱因模型为代表的宏观经济计量模型发展的黄金时期。20 世纪 70 年代以来，西方经济计量学家努力完善宏观经济模型的各种理论和应用，促进经济计量模型的进一步发展。20 世纪 80 年代以后出现了向量自回归（VAR）模型和一般均衡（CGE）模型，同时理性预期思想在宏观经济建模中也得到了广泛应用。

国外宏观经济模型发展到现在，出现了三种趋势：第一种是在结构建模和向量自回归建模结合方面取得了重大发展；第二种是 CGE 模型的广泛运用与不断改进；第三种是理性预期等新的理论被引入宏观经济模型的方程中。现代西方宏观经济模型特别是计量模型大多是在克莱因宏观模型基础上发展起来的。正如诺贝尔经济学奖获得者萨谬尔森所说，美国的许多宏观经济模型都有一个小的劳伦斯－克莱因模型。

我们将国外主要的宏观经济模型进行归纳和比较，请看表1－1：

**表1－1 国外主要宏观经济模型比较分析表**

| 模型名称 | 作　者 | 年　代 | 建模方法 | 理论基础 | 规　模 | 主要应用 |
|---|---|---|---|---|---|---|
| 荷兰宏观经济计量模型 | 丁伯根 | 20世纪30年代 | 计　量 | 凯恩斯理论 | 第一个宏观经济计量模型，包括24个方程 | 预　测 |
| 克莱因－戈德伯格模型（Klein-Goldberger Model） | 克莱因、戈德伯格 | 20世纪50年代 | 计　量 | 凯恩斯理论 | 由15个结构方程、5个恒等式和5个税负转移辅助关系组成 | 模型的主要功能是预测和政策模拟。克莱因—戈德伯格模型的结构可以看做是广义基本凯恩斯体系的第一个经验表达式 |
| 布鲁金斯模型（Brookings Model） | 克莱因、布鲁金斯 | 20世纪60年代 | 计量和投入产出法 | 凯恩斯理论 | 200多个方程 | 主要用于预测和政策模拟 |
| 沃顿模型（Wharton Model） | 达格尔、克莱因和麦卡锡 | 20世纪70年代 | 计　量 | 凯恩斯理论、新古典理论 | 将近200个方程 | 短期预测、乘数研究、政策模拟 |
| 希克曼－库恩模型（Hickman-Kuhn Model） | 希克曼、库恩 | 20世纪70年代 | 计　量 | 凯恩斯理论、新古典理论 | 50个方程，120个恒等式和100多个外生变量 | 预测、政策模拟、长期政策分析 |
| 结构型向量自回归模型（VAR Model） | Blanchard和Quah | 20世纪80年代 | 时间序列回归 | 凯恩斯理论 | 小型模型 | 预测。方法通常用于预测，很少用于政策评价 |
| CGE模型（CGE Model） | Kydland和Prescott | 20世纪80年代 | 投入产出线性规划 | 新古典理论 | 多部门的大型模型 | 预测、中期计划和政策分析 |
| 墨菲模型（Murphy Model） | Murphy | 20世纪90年代 | 计量（结构性协整向量自回归） | 凯恩斯理论、新古典理论、理性预期理论 | 100多个方程 | 模型用于宏观政策分析和预测 |

续表 1－1

| 模型名称 | 作　者 | 年　代 | 建模方法 | 理论基础 | 规　模 | 主要应用 |
|---|---|---|---|---|---|---|
| 智利模型 | Klaus Schmidt-Hebbel 和 Luis Serven | 1995 年 | 计　量 | 新古典理论、凯恩斯理论、理性预期理论 | 37 个方程 | 分析和量化财政和货币紧缩的宏观经济影响 |
| 美国经济微观模拟模型（ASPEN） | 美国 Sandia 实验室 Basu 等 | 1996 年 | 人工适应主体技术（Artificial Adaptive Agent） | 有限理论与经济进化 | | ASPEN 原型用于分析经济周期波动现象，扩展版本用于分析货币政策的作用机制 |
| “箱装（Boxed）”经济模型 | 日本学者 Iba | 2000 年 | 主体技术 | | | 分析宏观经济运行，而且提供了一个开放的模型开发环境 |

资料来源：

1. Klaus Schmidt-Hebbel & Luis Serven. Fiscal and Monetary Contraction in Chile-A Rational-Expectations Approach. The World Bank Policy Research Department Macroeconomics and Growth Division，June 1995.

2. ［美］戴维·罗默. 苏剑，罗涛，译. 高级宏观经济学. 商务印书馆，2001.

3. ［美］罗伯特 S. 平狄克，丹尼尔 L. 鲁宾费尔德. 钱小军，等译. 计量经济模型与经济预测. 机械工业出版社，1999.

4. ［加］罗纳德·G·伯德金，［美］劳伦斯·R·克莱因，［英］肯塔·玛瓦. 宏观经济计量模型史. 中国财政经济出版社，1993.

5. ［美］古扎拉蒂. 计量经济学. 3 版. 中国人民大学出版社，2000.

货币与财政政策效果分析所用模型，不同于一般的宏观经济预测模型。从上表的归纳中可以看到，国外宏观经济模型真正用于政策效果分析的并不多。

## 三、国内宏观经济模型及政策效果分析模型

中国国内研制宏观经济模型的时间不长，但发展极为迅速，建模理论、技术及实际运用方面，都有了长足的进展。根据建模思路和采用的技术方法的不同，我国 20 世纪 90 年代建立的宏观模型主要有三种形式：一是宏观经济联立模型；二是 CGE 模型；三是向量自回归模型。中国社会科学院、国务院发展研究中心、国家信息中心等单位都在借鉴西方宏观模型的基础上建立了各自的宏观经济模型。其他部委如中国人民银行、国家计委等也建立了各自的预测分析模型（详见表 1－2）：

表 1－2 中国宏观经济模型比较表

| | 名 称 | 作 者 | 建模时间 | 建模方法 | 规 模 | 应 用 |
|---|---|---|---|---|---|---|
| 1 | 中国贝叶斯向量自回归预测模型 | 社科院计经所<br>张思奇等 | 90年代初 | 时间序列回归 | 6个变量 | 对中国GDP、消费、投资、出口、进口和通货膨胀的短期预测 |
| 2 | 中国宏观经济多部门动态模型 | 国务院发展研究中心<br>李善同、王寅初 | 1991—1997 | 动态投入产出 | 多部门大型模型 | 1994—2010年中长期发展预测；价格变动对通货膨胀的影响1994，1995年 |
| 3 | 中国季度宏观经济计量协整模型（第二版） | 中国社会科学院数量经济与技术研究所<br>朱运法、张延群 | 1992—1997 | 需求导向型模型，采用David Hendry提倡的动态建模理论，方程采用误差修正模型的形式 | 4个子模型，其中标准宏观经济子模型有6个模块，16个外省变量，76个方程 | 1993年起，模型第一版开始用于中国宏观经济季度形势的分析和预测 |
| 4 | 联合国世界计量经济联结模型系统中的中国宏观计量经济模型（1997年版） | 国家信息中心经济预测部<br>祝宝良、梁优彩 | 1997 | 计 量 | 9个模块，90个方程 | 对1996—1998年宏观政策的效应进行模拟 |
| 5 | 中国经济可计算一般均衡（CGE）PRCGEM模型 | 国务院发展研究中心<br>翟凡、李善同 | 1995—1998 | 投入产出和线性规划 | 7个模块 | 中国加入WTO的影响分析，包括经济结构与环境，收入分配等 |
| 6 | 中国年度宏观经济计量模型（1999年版） | 社科院数量经济与技术经济研究所<br>汪同三、沈利生等 | 1999 | 计 量 | 8个模块、174个方程 | 1990年开始正式用于对中国经济形势的分析和预测 |
| 7 | 中国经济可计算一般均衡（CGE）PRCGEM模型 | 社科院计经所<br>樊明太、郑玉歆等 | 1999 | 投入产出和线性规划 | 118个部门、186类方程 | 中国贸易政策和环境政策的分析 |

**续表 1－2**

| | 名　称 | 作　者 | 建模时间 | 建模方法 | 规　模 | 应　用 |
|---|---|---|---|---|---|---|
| 8 | 中国经济可计算一般均衡(CGE)模型2000版 | 社科院计经所李雪松、周明武、张中祥等 | 1997—2000 | 投入产出和线性规划 | 40个经济部门,7个模块 | 分析加入WTO的影响分析,包括经济结构与环境,收入分配等 |
| 9 | 国家财政模型 | 吉林大学商学院 | 2000 | 计　量 | 10个模块113个方程 | 侧重分析财政、货币政策在宏观调控中的作用 |
| 10 | 中国人民银行季度计量经济模型 | 中国人民银行刘斌 | 1998—2001 | 新古典宏观经济学为理论基础,行为方程采用误差修正形式 | 小规模的宏观经济模型,6个模块 | 2001年2季度以来,运用该模型每季度对近期和未来两年的经济走势进行定量分析和预测,侧重于分析货币政策对经济的影响 |
| 11 | 中国季度宏观经济计量模型(含有误差修正项的联立方程模型) | 高铁梅、梁云芳、张桂莲 | 2002 | 计　量 | 28个方程,49个变量 | 对中国的货币政策和财政政策的效果进行了模拟研究 |
| 12 | 附加价格调整机制的中国宏观经济模型 | 吉林大学数量经济研究中心齐红倩、赵昕东 | 2003 | 计量,联立方程 | 小规模 | 兼有短期预测和中长期分析功能 |
| 13 | 宏观经济微观模拟模型(ASMEC) | 吉林大学数量经济研究中心张世伟 | 2004 | 主体计算经济学 | 包括4个微观主体,即家庭、企业、银行、政府 | 用于宏观经济动态分析和政策评估 |

资料来源:

1. 汪同三,沈利生. 经济模型集. 社会科学文献出版社,2000.
2. 郑玉歆,樊明太. 中国CGE模型及政策分析. 社会科学文献出版社,1999.
3. 王伟. 中国税收宏观调控的数理分析与实证研究. 中国财政经济出版社,2003.
4. 谢平. 泰勒规则及其在中国货币政策中的检验. 经济研究,2002(3).
5. 王慧炯,李伯溪,李善同. 中国实用宏观经济模型1999. 2000.
6. 《国家财政模型》课题组. 我国宏观经济计量模型及政策模拟分析. 中国软科学,2000(8).
7. 刘起运. 宏观经济数量分析方法与模型. 高等教育出版社,2002.
8. 潘省初. 计量经济学. 中国人民大学出版社,2002.
9. 齐红倩,赵昕东. 附加价格调整机制的中国宏观经济模型. 中国软科学,2003(11).
10. 张世伟. 基于主体的宏观经济微观模拟模型. 财经科学,2004(1).

这些模型多以经济预测为主。目前在进行政策效力的分析时，一般使用CGE模型，但有时也使用季度模型。在这些借助模型的宏观分析中，有些关于政策作用的研究基本是借助统计分析工具或简单的数据分析，对单一政策效力的分析进行评估。这种评估方法简单易行，但也有不足，即往往会夸大或低估单一政策的效力。为此，需要同时有能够较全面反映经济变量之间内在联系和宏观调控政策综合作用的计量分析模型。这两种类型模型的结合，对全面客观分析两大政策效果是有益的。

## 四、模型方法分析货币与财政政策效果的价值与局限性

模型分析方法“有用、有效、有限”，它是经济分析的实验室，却不可能完全模拟真实经济。下面，我们从利弊两方面对模型方法做一简要分析和评估。

### （一）模型方法分析货币与财政政策效果的价值

本课题充分运用模型进行分析，投入了大量的时间和精力，也取得了一定的成果。为什么我们非常重视模型方法呢？简单说有三个原因：首先是因为模型方法可以帮助我们理思路，选变量，找路径，做实验，寻求定量的、可供操作的数据答案。其次，因为模型方法是国际化的，便于交流。在当今世界经济理论快速发展的情况下，尤其是模型方法应用越来越广泛的情况下，我们借助模型方法，可以逐步实现与国际同行的交流，为中国经济政策制定和完善提供更多和更好的服务。第三是因为模型方法是培养研究生的重要工具，是提高经济学教学质量的重要手段。作为宏观和区域经济学课程，我们的研究生在论文写作中，一定要学会如何搜集和整理数据，如何利用国内外文献，如何用先进的计量软件来进行数据处理，如何对各种计量结果进行检验和解释。这些是经济学研究生的基本功。因此，我们非常重视模型方法。对模型方法价值的一般性解释，在很多文献和教科书中都有，这里我们就不重复了。

### （二）模型方法分析货币与财政政策效果的局限性

我们要特别指出模型方法的局限性。因为，这关系到如何在实践中运用本报

告的成果，也涉及到如何改进模型方法。

首先要指出的是，在分析政策效果时，模型方法只是多种方法中的一种。比如，还有各种定性分析方法，如专家问卷调查等。其次要指出，模型分析本身因方法很多，其结果的差异性是存在的，其结论的客观和真实性，也是常有争议的。正如有的专家在经验介绍时指出，曾用简单模型和复杂模型分析人民币汇率升值对 GDP 增长的影响，复杂模型结果偏轻，简单模型结果偏重，结论相差太大，难以选择①。再次，模型模拟现实也有不少不尽如人意之处。面对复杂的现实问题，并不是复杂模型就一定效果好。“复杂”会产生对信息真实性和完整性的要求，甚至产生对逻辑体系的严密性要求，因此，可能达不到真正的目的。

## 第三节 本报告的思路框架、模型特点及结论创新

### 一、宏观经济政策分析模型总框图

根据我们对宏观经济政策效果模型的建模设想，对财政政策工具与货币政策工具及其传导机制的分析，我们将目标变量、政策工具及各种因素变量的复杂关系，勾画出如下一个框架图（图 1－1）。

这个思路图是比较理想化的。著名经济学家陈东琪教授曾评论说：这个图设计得精巧，四大目标和两大政策一应俱全，既包括基本宏观变量，又反映变量互动关系，还通过内生变量的外生化等来反映中国经济转轨特点，设计精细，思路清晰。这里特别要指出，本课题组在三年多的具体建模与运算中，思路从理想化到现实化，认识从表面化到深层化，而操作则是从复杂化到简单

① 国务院发展研究中心宏观部部长卢中原博士在本课题开题时的讲话。

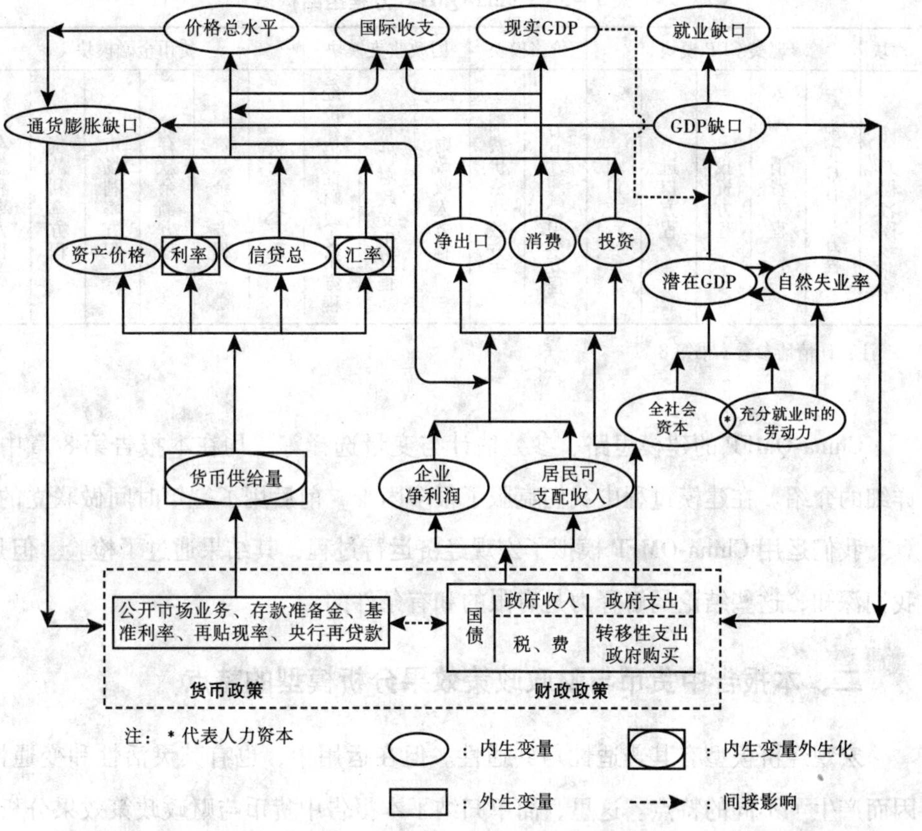


**图1-1 宏观经济政策分析模型总框图**

化。在第8章的联立模型框架图中，四大宏观调控目标中突出了经济增长和价格，淡化了国际收支（虽然仍涉及到进出口的分析），还因为就业缺乏季度数据而没能在联立模型中显示。至于金融模块和财政收支模块，其参数选择则更为简化。这一部分，均与实际数据可获性紧紧相关。按照这个大思路，在第8章我们构建了一个货币和财政政策效果分析的联立方程，即中国货币政策和财政政策效果季度模型China-QMFP（即Quarterly Monetary and Fiscal Policy Performance Model of China），联立模型方程组由16个方程组成，其结构如下表示：

表1－3 China-QMFP方程组结构表

| 模块 | 现实GDP模块 | | | | | 价格模块 | | 财政收支模块 | | | 货币金融模块 | | | | | |
|---|---|---|---|---|---|---|---|---|---|---|---|---|---|---|---|---|
| 方程名称 | 现实GDP方程 | 消费方程 | 投资方程 | 进口方程 | 出口方程 | GDP缩减指数方程 | 消费价格指数方程 | 财政收入方程 | 经常性财政支出方程 | 经济建设性财政支出方程 | 货币需求方程 | 贷款余额方程 | 存款余额方程 | 市场利率方程 | 贷款利率方程 | 存款利率方程 |

注：详情请参看本书第8章

China-QMFP的建模思路、参数估计与变量选择等，均在本报告第8章中有详细的介绍。在建模过程中我们克服了很多困难，前后用了一年时间做联立的计算。我们运用China-QMFP模拟了宏观经济运行过程，其结果通过了检验。但是，我们深知，这些结论的解释力是有限的和有条件的。

## 二、本报告中货币与财政政策效果分析模型的特点

宏观经济模型有其普适性与共通性。但在运用中，也有其灵活性和变通性，因而产生了不同的特点。这里，简单归纳了本报告中货币与财政政策效果分析模型的5个特点。

### （一）单方程回归分析与众多模块的联立组合分析相结合

在第2章至第7章的分析中，多是用单方程回归分析，通过分析经济变量时间序列数据之间的关系，分析货币和财政政策与宏观经济变量之间的关系。比如政策工具发生变动后，对消费、投资和GDP产生作用的时滞和持续时间等。本报告的第8章，则主要建立联立方程模型。联立方程模型有助于理解和分析经济政策产生作用的机制、过程、力度和相互影响等。可以说，我们是先分散，后综合。单方程回归分析是分析某一特定的宏观经济模型中内生变量影响的因素及各因素对该内生变量的贡献度。但单方程模型只能反映政策对因变量的直接影响，不能反映政策调整对因变量产生的综合作用。模块是一组具有内在联系和逻辑的

方程，它反映宏观经济运行中某一方面的变量之间的关系，因而具有相对独立性。联立方程重在反映经济运行的过程，通过模拟现实和情景设答后，能进一步分析政策的效果。

**（二）年度分析和季度分析相结合**

这是本书的一个特点。各章单方程回归分析中，主要是以年度为主，其好处是主要参数均有数据支持，经济解释更有力度。而综合的联立方程则以季度为主，为此，我们专门建立了一个季度数据库。借助季度数据分析最大的好处是模型中选用的变量的样本量增多，且更能反映季度经济波动的真实情况。当然，年度分析与季度分析也各有局限，如年度分析样本量偏少，因此相关分析的可靠性减弱；而季度分析对数据要求更多，有时会限制对变量的取舍，有时要用插值法弥补缺失的数据，这也会影响计量分析结论的客观性。当然，我们在本报告中，力求将年度模型和季度模型得出的结论进行统一的分析，使得两类模型综合的预测更接近于现实。

**（三）需求导向为主辅以供给因素**

这是以凯恩斯有效需求理论为基础形成的模型，即 GDP 由总需求决定。GDP 作为主要的目标函数，消费、投资、进口和出口成为其解释变量，方程中最重要的模块是包括消费、投资、进口和出口的需求模块。换言之，在主要方程设定过程中，解释变量的选择主要是从需求方面考虑的。从现实意义上看，需求导向是假定宏观经济增长的主要制约，解决宏观经济均衡的主要矛盾在于解决需求不足问题，这符合从 1992 年至 2004 年我国宏观经济实际运行情况。具体到我们的模型中，在 China-QMFP 模型构建中，我们是以需求导向为主进行方程设定的，政策调控的思路主要体现为需求调整，比如，货币与财政政策是通过利率、信贷和财政支出来影响投资需求、消费需求，进而影响总产出。另一方面，还要指出的是，我们的模型中也包括着供给因素。

**（四）动态分析为主也辅之比较静态分析**

我们的模型尤其是联立模型，是以时间序列为轴构建的，反映了十余年来季度指标变量（60 个以上的样本量）与目标函数的相关关系，反映了经济运行的动态性和连续性。比如，模型中包括了内生变量的滞后项，即前定变量或者是先决变量，这就明显是考虑到了时间因素。因此可以说，我们的模型是动态的，是考虑政策时滞性的。这种动态分析的好处，是可以较充分地利用数据本身所蕴涵的趋势，找到一些数据统计规律。而我们在模型的模拟运行中，专门考察了当原有的条件发生变化时，原有的均衡状态会发生什么变化，并分析比较新旧均衡状态，这属于一种比较静态分析。在全书中，动态分析是占主要方面的，但也不排除有些章节的模型分析中，有比较静态和静态的分析。

**（五）政策效果分析为主但也兼有一定的预测功能**

宏观经济模型可以用于多种目标，也可用于单一目标。有些宏观经济模型主要用于预测，有些模型则侧重于政策效果分析。我们建立的宏观经济政策分析模型主要反映财政政策、货币政策效力和有效程度。我们侧重于政策效果分析，因此不论是建模还是分析，着眼点均是放在对货币与财政政策效果分析上。但是，本课题模型在测试不同政策工具调控力度时，实际上也是对不同政策条件下经济发展趋势进行预测。模型反映了1992—2003年较长时段发展趋势，因此也可以为经济形势预测提供一定帮助。本课题成果运用于经济预测，具有一定的可靠性；对中长期经济发展判断，也有一定价值。但如同所有的预测模型一样，在反映中长期变化方面，其预测功能较预测近期变化弱。

在归纳了我们的模型特点后，还想指出的是，我们的模型还存在着非完整性的弱点。尽管模型不是越大越好，不是越复杂越准，但这方面的探索仍是需要的。虽然我们曾有过自行设计运用类似CGE这类特大模型的想法，也有过运用各种模型来比较分析政策效果的打算，但限于能力、精力、数据和资金实力，没能在这方面展开特大规模模型的联合攻关研究，没能把政策最终目标、政策中介目标、政策工具、政策中间传递过程完整地衔接在经济运行情景模拟中，没能开展多种模型对同一变量变化的反应比较。因此，我们运算的成果，尽管有过定性的把握，也仍然有很大局限性。这是我们的遗憾，也是今后继续努力的方向。

## 三、本报告的若干创新观点

本报告在定性分析和定量分析相结合的基础上，得出一些重要结论：

**（一）本报告强调了政策调控实力，并首次提出了“货币政策调控实力”的概念①**

所谓“货币政策调控实力”是指支持货币政策工具发挥作用的经济力量，主要是资金实力。货币政策调控实力是影响货币政策操作的多种因素之和。主要包括：现金发行规模、存款准备金规模、中央银行再贷款规模、再贴现规模、供公开市场操作的有价证券规模。在理论分析的基础上，我们建立了相应的货币调控实力计量分析模型，将现金发行规模、存款准备金规模、中央银行再贷款规模等纳入了方程之中。报告将货币和财政政策的经济调控能力具体化为各个政策工具的规模，用定量的方法分析货币和财政政策之间、相应政策工具之间的相对实力大小，旨在制定更加合理的政策组合。

**（二）本报告在分析货币和财政政策对经济增长的影响时，估计了政策变量影响时滞的长度②**

比如，法定存款准备金利率变化对 GDP 的影响滞后三个季度；增加货币供给在一年半内引起 GDP 增加的作用较明显；长期贷款的增加对 GDP 的增长有显著的促进作用，当贷款出现一个冲击时，短期内（两个季度）GDP 没有明显的变动，说明 GDP 对贷款冲击的反应有一定的滞后，第二期后 GDP 开始出现上升趋势，并在第六期达到最大值，而后逐渐下降并在第八期后冲击的作用逐渐消失，达到新的均衡水平。说明增加贷款在半年到两年之间内引起 GDP 增加的作用较明显。但影响的时间不超过 6 个季度，而在长期是中性的。同样，本报告对财政政策的滞后性也做了分析，比如，财政收入的增加在两年内引起 GDP 减少的作用较明显。财政支出变化对 GDP 的影响在三个季度后达到最大，而在长期

① 参见本报告第 2 章第四节。

② 参见本报告第 4 章第三节和第四节。

其拉动作用会基本消失。

**（三）本报告通过对货币政策和财政政策影响就业的实证分析，发现1992—2003年宏观经济政策对扩大就业效果不理想①**

本报告通过货币政策和就业之间的协整模型，得出货币供应量每增加1%就业增加0.0693%、信贷余额每增加1%就业增加0.090%的结论。同时发现，财政支出增长1%，全部就业量增长0.0775%。可见，财政支出对就业的影响系数是比较低的。以2003年数据测算，要增加1个人就业，需要政府增加财政支出4.24万元，远高于个体或私营工业平均每人办厂的成本。究其原因，主要因为就业目标没有成为宏观经济政策主要目标，宏观经济政策主要投向的导向主要是发展资本密集型产业，而非劳动密集型产业，即扩张的宏观经济政策具有“逆就业倾向”。

**（四）本报告重视我国与世界的经济联系，分析财政政策和货币政策对国际收支的影响时，估计了汇率和国际收支的相关程度②**

本报告将外汇储备的规模作为衡量国际收支的重要指标，分析了1992年至2004年外汇储备的变化及其影响因素，发现了人民币实际有效汇率指数和外汇储备之间呈正相关关系，两者的相关系数为0.67。

**（五）本报告通过联立模型分析发现，货币与财政政策对投资的影响大于对消费的影响**

通过两大政策多种组合的模拟运行，我们发现，货币与财政政策不论松紧及如何搭配，其对投资的影响都大大高于对消费的影响。在“双紧”时，对投资的冲击效果为对消费的冲击效果的10至24倍；在“双松”时，投资变动幅度为消费变动幅度的12至26倍多；在“币紧财松”时，投资的变动幅度为消费的变动幅度的9至26倍，当“币松财紧”时，投资与消费都有下降，但投资下降程度为消费下降程度的8至25倍。对于这一现象，我们在本报告中暂称之为“货币与财政政策对投资的影响大于对消费的影响假说”。

---

① 参见本报告第5章第三节和第四节。

② 参见本报告第7章第四节。

## 第四节 经济转型对分析货币财政政策效果的影响

在我国做联系实际的政策效果分析，所面临的一个基本背景，就是处在改革与开放中的中国经济有其不同于一般市场经济国家的特点。转轨经济下，各种制度在不断地变迁，制度变迁对经济的实际影响，比模型或方程推测出来的影响要大得多。因此，我们的分析，必须要立足在这个国情之上。如何来认识这个国情对本报告分析的影响呢？这里从四方面展开讨论。

### 一、经济转型对政策目标选择的影响

一般讲，宏观经济政策有四大目标，即经济增长、物价稳定、充分就业和国际收支平衡。我们在课题研究初期，也试图将货币与财政政策对这四大目标的影响，进行量化的分析。但在建模和运行过程中，在进一步寻求四大目标的相应指标时，发现在我国有些情况是特殊的。首先，经济增长率我们用 GDP 增长率来反映，但增长率多少为合理？这就需要与潜在 GDP 的增长率来比较。美国国会预算署、欧洲相关机构都在估计潜在 GDP，而我国没有类似机构，因而也没有潜在 GDP 的数据。虽然有不少学者包括我们自己，都曾经进行过潜在 GDP 的估算，但均不具权威性，因此我们在判断 GDP 增长率进而判断经济增长目标时，有天然的不足。这正是我们处于转型经济中机构设置尚未完成的一个表征。其次，在判断价格总水平上，发达国家使用的季度 GDP 平减指数是系统的，可比的。这种测算要求的数据面很广泛。我们现阶段不论是经济基础条件还是管理水平，还达不到这样的水平。由于在测度价格总水平时缺乏季度 GDP 平减指数，我们只能用居民消费价格指数来近似地表示。第三，因缺乏季度的失业率及失业人数的数据，因此，我们无法对此进行计量分析。虽然，我们就年度就业数据进行了回归分析，也得出一些结论，但无法将其纳入联立模型进行综合运算，在综合模拟

时就缺少了一个重要宏观经济指标。此外，我国就业统计中还存在一些问题，如目前公布的城镇登记失业率范围不全，与国际上通行的失业率定义不一致，等等。美国等国采用了潜在就业缺口等数据，对自然失业率也有测算，因此在分析这些问题上相对更容易一些。最后我们还要指出，在转型期，宏观经济四大目标的变化，有很多的不确定因素，包括非经济因素，因此在判断两大政策的影响或效果时，其结论有相当大的局限性，需要引起注意。

这种局限性产生的原因是多方面的，一个原因是，我们的模型在设定时，一些具有说服力的理论因种种原因并没有被真正地吸收进来。比如，产出缺口和潜在经济增长率的计算与分析是确定宏观调控目标及判断其效果的重要依据。我国产出缺口与潜在经济增长率到底是多少？这是宏观决策者必须心中有数的一个问题。但这个问题在模型设计和运用中，因其往往要借助失业率来判断，而失业的季度数据是欠缺的，因此无法纳入联立方程中。另一个重要原因是，我们在进行政策效果模型分析时，所采用的模型在反映政策真实传导机制上是有困难的，一是因为对传导机制的中介目标理解很不一样，因此选择什么样的中介目标是困难的；二是因为政策传导机制上的变量数据难以获得。还应指出，限于时间与精力，我们未能按初期想法，对同一场景进行多种模型运算的模拟比较，也没有能对模型运算结果进行多种估计方法和检验方法的比较。

## 二、经济转型对变量选择的影响

经济转型对变量选择有多方面的影响，这里仅从虚拟变量的认定、变量的性质、变量的作用及变量间的关系等方面，做一些说明。

### （一）虚拟变量的认定

建立一个能够全面反映宏观调控政策内容与作用的政策变量数据库是相当困难的。从性质看，宏观调控政策可分为三大类：一是可直接量化的政策，如利率、财政预算赤字等；二是需要加工整理的政策变量，如实际汇率、出口退税率的总体水平等；三是难以量化的软性政策，如取消行业准入限制、改善消费环境等。前两类政策在经过适当处理后可直接作为政策变量，但第三类必须进行虚拟处理才能作为变量纳入模型分析之中。进一步讲，由于国内外非经济因素的重大影响，也由于国内外不可测的重大经济事件的影响，使得以均衡分析、趋势分析为基础的政策评估出现难以解释的异常情况。这种情况，在经济转轨中，表现更为突出。为模拟这些拐点的影响，我们需要引入虚拟变量。比如，1994年我国实施的财税体制改革，是体制改革中动作最大、制度创新历时最短、效果最显著的一次改革。1994年中央出台了86份有关财税体制改革的文件，在财税制度创新方面做了大量工作，迅速建立起新财税体制的初步框架。这次税制改革，肯定要成为分析政策影响的重大背景。否则，我们无法解释为什么美元与人民币汇率会由一比五变成了一比八。

制度变化影响往往超过正常情况下的政策影响。比如，如何分析世纪交替期间国债投资的效果。据专家分析，这也需要由引入虚拟变量来处理。以1998年到2003年为例。此期间，国债投资6600亿元，带动全社会配套资金32000亿元，考虑到投资的乘数效应，民间投资应非常高，但实际上民间投资并没有被带动起来。如果我们对鼓励民间投资的制度做了新安排，则民间投资就很快形成高潮。这点在浙江特别明显，其民间投资占了全社会投资的67%。为什么？就是因为投资制度的安排，其作用要大于政府投资政策的作用。这就需要在模型中有制度变量的设定①。

总之，在建立政策虚拟变量的过程中，不仅需要确立能够反映政策作用力度与方向的赋值方法，还需要对赋值区间之内的相关政策进行大量的整理、归纳和定性评估。因为缺少一些重要变量的季度数据，我们没有能够充分运用虚拟变量这一工具，没有能够将我们在开题时的框架图贯穿到底。

### （二）变量的性质

政策工具中有很多变量，在市场经济发达国家是内生变量，在我国则是外生变量，在转型中则可概括为内生变量的外生化。典型的是信贷利率，在西方是典型的市场参数，不是由政府确定，政府只能通过央行对商业银行的准备金率或贴现率变动来间接影响信贷利率。但在我国，信贷利率是中央银行决定的，尽管说

① 国务院研究室综合司负责人陈文玲博士在本课题开题时的建议。

也考虑市场供求对利率的影响，但毕竟还是央行在做决定，把它作为一种政策杠杆来使用。这就是内生变量的外生化现象。这一点，在我们报告的分析中，给予了一定的关注。

**（三）变量的作用**

中国与西方发达国家情况有差别，因此变量作用也有差别，这点需要特别引起注意。比如，发达国家在分析宏观经济形势及政策效果时，很看重资产价格，尤其是看重股票价格。在中国，虽然股市的缩水及财富效应，对居民消费有很大影响，但由于中国资本市场的不健全，政策对股市价格影响太大，因此无法直接借助股价来判断市场供求情况及其影响。再比如，在进口问题上，一般是进口产品价格高时要少进口，但在中国常常出现相反现象，进口产品价格越高，进口越多。这其中一个重要原因是，中国政府决定进口的时候，外国商品纷纷抬高价格。此外，由于我国目前极少涉足国际期货市场，因而不能利用该市场规避价格波动的风险，而只能被动接受国际市场的现货价格。

**（四）变量间的关系**

是什么变量在影响什么变量，在现实中与理论上是有差别的。比如，按财政学讲，税是最重要的财政政策工具。西方市场经济国家的政府靠减税或者增税，将其对经济运行的判断，传导到经济主体上去。在主要西方国家，所得税（即直接税）占主导，因此这种减税或增税的政策效果比较明显。中国现在的主体税是流转税，因此减税或增税效果就不明显。因此税收变量在中国和西方的基本模型中会有一个比较大的区别。进一步讲，中国的税种虽然多，但税外的费也有相当规模，这也大大影响到对税率调控效果的分析。因此，在我们的模型中，较多用的是国债和政府支出。当然，国债也有短期和长期之分，其对宏观经济影响有所不同。在货币政策中，西方国家关注货币供应量，而在中国，仅此是不够的，还需要关注信贷总额。西方讲的三个层次的货币供应总量，与中国实际经济有距离。比如，信用卡使用程度，会影响到对储蓄转化为货币供给的判断。在西方，各种银行存款就成为货币供给量，在中国，则需要考虑转化率。

## 三、经济转型对数据选择的影响

数据的搜集、加工、处理和使用，并不是一件简单的事，尤其是在转型经济中，这直接影响到我们的分析工作。

### （一）因统计数据缺失带来的替代分析

发达国家具有的某些统计指标，在我国尚没有系统的数据，比如部分新兴服务业等。还有些统计数据属于未公开的内部数据，需要相关部门的支持，但搜集全是困难的。另一种困难在于，与年度数据相比，季度数据中有些重要经济变量的数据无法获取，比如，政府消费、居民消费等。这样我们就无法分别对城镇、农村两类行为不同的群体分别建立方程进行分析。因此，在做相关分析时，要从现实出发，要学会替代性的分析。

在本报告中，我们在构造季度数据库和年度数据库时，下了非常大的功夫，也得到国家统计局等相关部门的大力支持，可以说我们的季度数据库在国内已居有一定的领先地位。但即使如此，我们在使用数据时，仍感到不足。

### （二）因统计数据的多次调整带来的降级要求

统计数据有两类调整，一类是历史数据根据普查进行调整，另一类是年度数据根据后期实际数据对早期发表数据进行调整。前一类已进行过五次了。首次第三产业普查把1978年到1993年16年的GDP数据做了调整，如1993年那一年GDP就上调了10%。2005年进行第一次经济普查，又将1993年到2004年的GDP历史数据进行了了调整，特别是将2004年GDP上调了16.8%。总之，依据普查之前的数据做的模型和依普查之后做的模型，结果肯定有很大变化。第二类是正常调整。现在年度GDP数据一般会有三次调整，第一次是年初，第二次是在第二季度，第三次是在次年年底①。我们在课题研究中，深深体会到这一点。对我们最大的影响是如何使用2005年普查结果。本报告中，我们基本上没有采用2005年普查后调整的数据，因为我们在模型运行中所需数据大大超过“经普”

① 摘自国家统计局国民经济核算司许宪春司长（现为国家统计局副局长）当时在参加本课题开题时所做的发言。

所能提供的数据，贸然使用，既影响数据的完整性，更影响可比性。当然，在个别章节中，为说明问题，也有采用了调整后数据的，但会有说明。

## 四、重视经济转型现实对政策效果评估的校正作用

中国是一个大国，中国有自己的国情和特色。因此，中国的宏观经济政策模型，理应植根于中国转轨经济实践；中国宏观经济政策的效果评估，理应建立在国内转轨经济现实的基础上。我们在《2005 中国市场经济报告》中，测度出 2002 年和 2003 年中国市场化指数分别为 72.8% 和 73.8%，这个指数反映出来的就是，市场基础大体形成，但还有一定的漏洞，大约比重会在 20%，这为分析宏观经济政策的效果提供了一定的制度变量参考思路。

### （一）从转型期国家法制特点看中国现阶段宏观调控效果

从依法执政的角度来看，宏观调控本身就是一个法律范畴。宏观调控行为是一种新型的政府行为，不同于传统的行政行为，不能简单地认为宏观调控行为是行政行为的延伸。为了实现我国的宏观调控目标，有赖于科学合理且完备的法律制度体系的保障。首先，宏观调控行为要有效地进行，要有法律根据；其次，宏观调控行为是一种特定主体做出的行为，行为主体要合格；第三，宏观调控行为是一种职权行为，要依职权做出；第四，宏观调控行为是一种宏观领域的调控行为，要作用于宏观领域；第五，宏观调控行为是一种国家行为，是一种公权力运用行为，必须要有制约机制，才能保证行为规范。在发达的市场经济国家中，宏观调控的法律规范性是具体的。而一项宏观调控的立法保障，最重要的就是授权及对权力后果承担责任。通过立法授权，宏观调控的独立性得以保障，被授权者因而可以充分行使其权力；责任制要求则是为了防范调控机构越权或滥用职权。实践和理论都证明，政府行为的法治化是现代市场经济发展的重要前提条件。

在我国，中央政府宏观调控权力具有合法性。1993 年宪法修正案规定：“国家加强经济立法，完善宏观调控。”同时，作为国家立法机关的全国人民代表大会通过的《国民经济和社会发展“十五”计划》将中央政府的主要职能定位为“搞好宏观调控和创造良好的市场环境”。尊重人权、保护财产权的原则也已经

写入了宪法，公平和效率原则更是见诸诸多法律和政策。可以说，政府行为法治化原则已经很好地体现在我国的法律文本上。依法执政完善宏观调控，需要进一步明确我国宏观调控的法律边界。国家调控应当谨慎，应当尊重市场自身的规律，不可取代市场配置资源的主导性地位。宏观调控的法律边界将政府调控范围严格控制于货币、金融、价格、分配等领域，切不可直接作用于企业和公民，不可压制市场经济主体的经济自主性与创造性。我国已初步形成完整的市场经济法律体系，构成了我国政府宏观调控的法律边界。这些法律包括市场主体法律制度，如《公司法》(1999年修订)、《合伙企业法》、《个人独资企业法》；包括规范市场主体行为的法律制度，如《合同法》、《票据法》、《保险法》、《证券法》、《担保法》等；包括市场管理秩序的法律，如《标准化法》、《反不正当竞争法》、《消费者权益保护法》、《产品质量法》等；包括宏观调控方面的法律制度，如《预算法》、《审计法》、《税收征收管理法》、《价格法》等；还有劳动及社会保障的法律等。在宏观调控中推进体制改革，本身就是在为宏观调控确定新的法律边界。

但在实践上，政府、尤其是地方政府通过自身的强权而侵犯公民基本人权、自然人和法人财产权的行为还非常严重。其主要原因很大程度上在于，政府不需要为自己的权力后果承担责任，滥用了政府行为的合法性。同时，由于各方面的原因，我国的市场经济法律体系不仅存在法律规定的真空，而且现存法律之间也存在着不协调之处，我国政府宏观调控的法律边界还需要进一步完善。这些不足或不成熟的地方，都会影响到宏观调控的效果。

**（二）从转型期金融体制与财政体制状况看中国现阶段宏观调控效果**

在经济转轨中，货币政策能否发挥作用，是与金融体制的建立健全紧密相关的。传统计划体制下，没有货币政策，也没有独立的金融体制，只有一个依赖于计划体制的银行系统。这一系统，实质上仅仅起着一个“大出纳”的作用。在经济体制改革中，中国人民银行转成了真正的中央银行——国务院领导下独立执行货币政策的管理部门。人民银行不再管理直接的项目货款，央行的分行不再实行利润留成制度。银监会继人民银行之后担负起了监管各类金融机构、维护金融秩序的责任。切断中央财政赤字向银行透支这条路，保证了金融体制改革的顺利进行。新成立政策性银行，促进了商业银行与政策性银行的分离。进入20世纪90年代以后，由于金融机构多元化的发展和对外贸易的迅速发展，国家银行贷款规模对货币供应量的贡献率下降，中国的货币政策以取消贷款规模限额控制和扩大公开市场业务操作为主要标志，逐步向间接调控转变，货币政策传导机制的市场化程度在不断地提高。主要表现在：中国人民银行把公开市场业务工具作为今后货币政策工具发展的重点，再贴现利率的生成机制的变化、存款准备金制度的改革、贷款利率不断扩大浮动范围等。下一步，将深化金融企业改革，加快发展直接融资，健全金融调控机制，稳步发展货币市场，理顺货币政策传导机制，推进利率市场化改革，完善有管理的浮动汇率制度，逐步完善社会主义市场经济下的金融体制。

同样，在经济体制改革过程中，财税体制的改革与完善，有力促进了财政政策的作用。这里特别要提到的是，近年来，通过实行部门预算、国库集中支付、政府采购等制度改革，财政资金分配使用的规范性、安全性和有效性得到了较大改善。下一步，要进一步完善财政分税制体制，明确中央和地方政府的支出范围；进一步合理界定政府与市场的职责范围，并按照简税制、宽税基、低税率、严征管的原则，进一步完善税制改革。

总之，我国经济由于处在由计划经济向市场经济转轨，金融由政银不分向市场运作转变，财政由生产建设财政向公共财政转轨，货币与财政政策传导机制与成熟市场经济国家不同，存在着明显的转轨、过渡、非规范的特征，因而使我们对政策效果标准的确定和影响的判断更加困难。比如，在货币政策和财政政策施行一段后，在看经济形势时，往往评价不同。多年来一种典型的现象是：宏观说好，微观说差。宏观的经济指标在好转，而微观面的经济指标则不理想。

**（三）从政府管理行为看中国现阶段宏观调控效果**

宏观调控作为一种公共物品，是私人主体所不能提供或无力提供的，只能由政府提供。宏观调控是中央政府用货币和财政两大手段对经济的干预，这是中央政府的一项义务，也是中央政府的一种权力。政府在经济管理方面的一个作用是通过宏观经济调控，为市场运行创造一个良好的公平竞争环境。但是政府作用也存在着局限性，即“政府失灵”。宏观调控效果，很大程度上既取决于市场经济完善的程度，也取决于政府如何运用这一权力。在本届中央政府新班子成立时，国务院总理讲了一个总原则，即：市场能做的市场做，政府不能做；政府要做的一定要做。这个总原则非常重要，不仅应贯穿在政府日常工作中，也应该指导宏观调控的措施。也就是讲，宏观调控要依据其合法边界进行调控，要在市场经济法律体系内进行调控。宏观调控不是对微观经济的干预，也不是用产业政策调整的名义对企业直接干预，也不是仅仅根据某些产品的供求预期作为宏观调控的依据。因为生产长线产品，所以要关闭，那就应该让市场来说话，不是通过行政来管理的。但在实践中，政府对宏观政策的操作也会产生一些问题。比如，担心政策效果不明显就直接从需求管理走向了供给管理，甚至把解决中长期结构问题也寄希望于宏观调控这一只具短期效果的政策上。

从客观上讲，转型中的经济是一个相当复杂的经济。中国政府的经济决策，在相当程度上，可以说是在复杂、混乱甚至矛盾的信息基础上进行的。宏观决策既要考虑改革问题，又要考虑发展；既有宏观又有微观问题，还有对外开放问题。为不至于顾此失彼，就不得不慎之又慎，这就使决策过程拖长，使一些决策出现与经济现状不一致的滞后问题，影响了宏观调控的速度和质量。转型中的经济，宏观间接调控措施不健全和软弱，货币与财政政策效果往往难以奏效，在很多情况下，政府不得不借助于行政手段来实施宏观调控，迫使市场主体接受。因此，出现对传统计划管理办法的依赖，使宏观调控体系经常出现一种进进退退的局面。而转型中的政府本身体制也不健全，常会出现各部门的政策不配套，一些宏观调控措施与另一些宏观调控措施相矛盾，互相影响和抵消了调控作用，常使企业感到无所适从。以上这样一些特点或弱点，表明转型期中国政府管理经济的行为会有很多力不从心的地方，宏观政策效果也会打些折扣。

### (四) 从市场主体看中国现阶段宏观调控效果

政府通过财政、货币政策等影响市场信号进而影响市场主体的信息，最终影响市场主体的决策行为。但我国现阶段宏观调控是建立在不健全的市场经济基础上的，是处于由不完善的市场管理体制完善化的过程中，因此宏观政策的效果是会受影响的。市场主体拥有的信息不同、决策的能力不同，对形势的判断和决策也就不会相同。在转轨中的我国市场主体——企业，还没有能成为市场信号全天候的灵敏反映者。比如，在信用基础较差情况下，贷款利率上升并不能使相当多的企业尤其是国有企业减少投资，贷款利率下降也不能使相当多的企业尤其是国有企业增加投资。这就是说，宏观经济政策总量调控的信号，即使传递到了市场之中，也不能迅速影响市场主体的行为。如果市场主体对政策采取不信任、不接受的反应，就更会使宏观调控不能达到预期目的。

在转轨时期，中国当前最大的问题还是政资不分。市场主体中相当一部分还是由政府直接或间接控制，这必然导致作为宏观调控的政府和作为企业所有者的政府职能之间难以避免的错位。作为国家投资形成的企业，不仅要对宏观政策有所反应，也要对其所有者的行政意图有所反应。这就会出现宏观调控效果因行政干预影响而扩大或缩小的过度反应。

**（五）从市场发育程度看中国现阶段宏观调控效果**

与发达国家相比，我国市场发育程度还不是很高，尚存在许多不完善的地方，这种不完善对宏观调控的效果产生一定的不利影响。目前我国市场发育不完善主要表现在以下两个方面：一是金融市场不完善。金融市场不完善的主要表现为利率和汇率的市场化程度不高，而利率和汇率的市场化程度不高，直接制约宏观调控的效果。例如，亚洲金融危机后中国人民银行先后八次上调利率，以扩大内需，但实际效果并不理想。二是要素市场发育严重滞后。目前我国的要素价格依然带有行政调控色彩，合理的要素市场机制尚未建立，造成中国经济管理长期处于被动地位。现行要素价格体制下形成的要素价格刚性，直接导致了市场资源错配，已经成为宏观经济“平稳运行”的一大阻滞。长期以来，中国经济一直存在消费比重偏低、投资比例过大的问题。投资需求和出口需求快速增长的深层原因，在于包括土地要素、劳动力要素在内的生产要素价格被低估。目前我国一级市场地价极低，并不是由于土地供应过剩造成的，而是为招商引资把土地价格强制性压低，使原本宝贵的国家土地资源价格扭曲。资源品定价偏低不仅导致了市场资源配置作用大为削弱，而且导致经济增长过度依赖投资，也使得宏观调控政策效果大打折扣。

## 主要参考文献

1. Klaus Schmidt-Hebbel & Luis Serven. Fiscal and Monetary Contraction in Chile—A Rational-Expectations Approach. The World Bank Policy Research Department Macroeconomics and Growth Division. June 1995.

2. [美] 戴维·罗默. 苏剑，罗涛，译. 高级宏观经济学. 商务印书馆，2001.

3. [美] 罗伯特S. 平狄克，丹尼尔L. 鲁宾费尔德. 钱小军，等译. 计量经济模型与经济预测. 机械工业出版社，1999.

4. [加] 罗纳德·G·伯德金，[美] 劳伦斯·R·克莱因，[英] 肯塔·玛瓦. 宏观经济计量模型史. 中国财政经济出版社，1993.

5. [美] 古扎拉蒂. 计量经济学. 3 版. 中国人民大学出版社，2000.

6. 汪同三，沈利生. 经济模型集. 社会科学文献出版社，2000.

7. 郑玉歆，樊明太. 中国 CGE 模型及政策分析. 社会科学文献出版社，1999.

8. 王伟. 中国税收宏观调控的数理分析与实证研究. 中国财政经济出版社，2003.

9. 谢平. 泰勒规则及其在中国货币政策中的检验. 经济研究，2002（3）.

10. 王慧炯，李伯溪，李善同. 中国实用宏观经济模型 1999. 2000.

11.《国家财政模型》课题组. 我国宏观经济计量模型及政策模拟分析. 中国软科学，2000（8）.

12. 刘起运. 宏观经济数量分析方法与模型. 高等教育出版社，2002.

13. 潘省初. 计量经济学. 中国人民大学出版社，2002.

14. 齐红倩，赵昕东. 附加价格调整机制的中国宏观经济模型. 中国软科学，2003（11）.

15. 张世伟. 基于主体的宏观经济微观模拟模型. 财经科学，2004（1）.

# 第2章

# 中国货币政策及其传导机制分析

货币政策是由货币政策工具、目标与路径组成的一个作用与反馈系统。20世纪90年代以来，随着我国市场化改革进程的加速，适应市场经济体制的宏观调控体系逐步建立与健全，货币政策的工具、目标都发生了显著的变化。同时，由于我国金融市场相对不发达，市场机制也不完善，货币政策的中间传导存在一定的变异。本章在阐释货币政策调控目标，包括中间目标和最终目标，以及货币政策调控工具的基础上，对其传导机制进行分析，并通过计量方法对我国货币政策调控实力进行评价。

## 第一节 货币政策及其调控目标

货币政策是政府通过对国家的货币、信贷以及银行体制的管理来实施的，进一步讲，是中央银行采用各种工具调节货币供求以实现宏观经济调控目标的方针和策略的总称，是国家宏观经济政策的重要组成部分。

## 一、货币政策的存在逻辑

货币政策一直是宏观经济理论的热点问题，长期以来学者们就货币政策是否能影响经济以及如何影响经济等问题存在各种不同的主张。不同学派对货币政策作用的解释存在一定的差异。

凯恩斯认为可以通过改变货币供应的绝对量或公众对未来的预期，来影响利率的波动，进而影响总投资和总需求，最终作用于经济。新古典综合学派根据IS-LM曲线模型所描述的货币政策和财政政策的不同区域效果，认为在凯恩斯区域（即在一定的低利率水平上），货币政策基本上不起作用；在古典区域（即在一定的高利率水平上），必须采用扩张的货币政策；在中间区域，货币政策要与财政政策相互配合。货币学派非常重视货币供应问题，还认为经济政策的重心是货币政策，货币政策的主导地位不仅取决于它自身的重要性，而且还取决于其他经济政策对它的依赖性。理性预期学派认为，当货币数量与公众的预期相一致时，物价平稳，人们可以做出最优的选择和安排，市场机制可以充分发挥作用，因此货币当局只要保持货币政策的稳定性，经过市场机制的自身调节，经济就能达到均衡并正常发展。西德新经济自由主义者把稳定货币放在极端重要的位置上，认为“保障货币稳定是最重要的任务之一”。他们认为社会市场经济的发展依赖于货币稳定，自由价格的形成、有效的竞争、企业家的正常活动和经济福利的实施，都以货币稳定为基本条件；还提出了“经济政策的中心问题是在没有通货膨胀的情况下，让经济继续向前发展”，认为货币稳定是平衡经济发展和促进社会进步的基本条件。

可以看出，虽然各个学派对货币供求的作用机制看法不一，但在通过货币政策实现调节经济、保持物价稳定方面是一致的。

## 二、货币政策的调控目标

货币政策目标是指一国中央银行通过制定和实施货币政策，对国民经济进行金融调控最终要达到的目标，它是一国货币当局据以制定和执行货币政策的依据。由于货币政策对宏观经济进行间接调控的传递过程具有时间上的漫长性和空间上的复杂性，其目标可以分为不同的层次，即中间目标和最终目标。中间目标是央行为实现货币政策最终目标而设置的可供观测和调整的中间性或传导性的金融变量，具有短期、量化、能够观测、便于日常操作的特点；最终目标与国家的宏观经济政策目标相一致，概括起来，一般包括稳定物价、充分就业、经济增长、国际收支平衡四个方面。

### （一）货币政策中间目标的演变

货币政策中间目标早在20世纪60年代就由美国经济学家提出，并逐渐成为各国中央银行货币政策的主要内容。由于各国经济、金融体制不同，金融市场的完善程度存在差异，因此西方各国所选的货币政策中间目标并不完全一致，而且同一国家在不同的历史阶段也有所调整。他们的货币政策中间目标的选择大体上可以划分为三个阶段：20世纪50、60年代，凯恩斯主义盛行，大都以利率作为中间目标；70—80年代，西方国家面临前所未有的“滞胀”局面，货币学派明确指出通货膨胀是由于货币供应量过多导致，在这一理论的指导下，货币供应量就成为中间目标；进入90年代，随着金融创新和金融自由化的发展，货币供应量的各个组成部分的原有划分标准受到破坏，货币供应量作为中间目标的“可控性”和“相关性”都受到了影响，除德国和瑞士等少数国家以外，多数发达国家改为以利率或汇率等价格变量作为主要的中间目标，但长期内仍监测货币供应量指标。具体见下表2－1。

**表2－1　西方各国货币政策中间目标的演变**

<table>
<tr><th></th><th>20世纪50—60年代</th><th>70—80年代</th><th>进入90年代</th></tr>
<tr><td>美　国</td><td>以利率为主</td><td>先以M1后以M2为主</td><td rowspan="6">逐步放弃以货币供应量为中间目标，在政策运作中监测更多的变量，但主要以利率、汇率等价格型变量为主</td></tr>
<tr><td>英　国</td><td>以利率为主</td><td>货币供应量，1973年改为M3</td></tr>
<tr><td>加拿大</td><td>先以信用总量为主，后以信用调节为主</td><td>先以M1后改为M2</td></tr>
<tr><td>日　本</td><td>民间金融体系的贷款增加额</td><td>M2＋CD</td></tr>
<tr><td>德　国</td><td>商业银行的自由流动储备</td><td>先以央行货币量CBM，后改为以M3为主</td></tr>
<tr><td>意大利</td><td>以利率为主</td><td>国内信用总量</td></tr>
</table>

资料来源：谢杭生，等．战后西方国家货币政策目标比较．金融研究，1997（6）．

从西方主要国家的情况看，中央银行基本上把利率和货币供给量作为货币政策的中间目标，并交替地应用于货币政策的操作。货币政策中间目标的变化是经济形势发展的结果，是在新的金融环境下对货币政策的重新调整，主要是由于金融市场和金融创新的快速发展。金融创新对货币供应量的影响有以下几个方面：1. 新的衍生金融产品的大量出现，使得各层次货币量的界限日趋模糊，增加了对货币量进行测定的难度；2. 金融创新活动使货币供应量的内生性特点越来越显著，从而降低了中央银行对其进行调控的能力；3. 货币供应量所反映的信息比较有限，使得货币供应量与货币政策目标之间的相关性大大降低，影响了货币政策的执行效果。金融创新对利率的影响主要表现为世界各国（尤其是金融市场开放程度较高的国家）之间实际利率的差异变得越来越小；与货币供应量的可测性、可控性和相关性大大减弱相比，利率作为货币政策中间目标的可测性、可控性与货币政策最终目标的相关性较强。作为金融市场核心价格的利率既可以影响居民的储蓄意向，又可以影响居民的消费选择；既可以作用于实际产业的投资，又可以影响金融部门的资金流动方向、规模和频率；既可以调节一国国内的资源配置，又可以调度全球范围的资本流动。

在我国，由于金融市场相对不发达，市场机制也不完善，货币政策实践中更多地是以货币供应量（包括信贷规模、M0、M1、M2 等）数量指标作为中间目标；利率虽然也在一定程度上作为中间目标，但因其非市场化，并未成为真正有效的货币政策中间目标。总体而言，我国货币政策中间目标的演变可分为两个阶段：

1. 1992—1997 年——货币政策选择贷款规模和以 M0 为主的货币供应量作为中间目标

由于它们简单易测，还有较强的直接操控性，在总需求大于总供给的条件下具有非常明显的政策效应。与经济周期相对应，经济扩张阶段总是伴随着信贷失控和货币供应增长率的急剧上升，而经济收缩阶段则是伴随着信贷规模压缩和货币供应增长率的急剧下降。但是，由于微观经济主体的制度分割以及银行的制度局限，致使 1992—1997 年间的货币政策表现出了在过度投放货币与过度紧缩货币供应之间大幅摇摆的特征。

2. 1998—2004年——货币政策选择以M1和M2为主的货币供应量和利率作为中间目标

取消贷款规模限额的原因在于：（1）为了应对亚洲金融危机造成的出口增长受阻和国内通货紧缩下的有效需求不足，要实现扩大内需的目标必须增加贷款规模和货币供应量；（2）在商业银行为降低不良贷款比例、化解金融风险而实行银行资产负债比例管理和风险管理的改革下，商业银行为稳健经营，普遍存在着“惜贷”现象，银行的存贷差不断扩大；（3）为了实现货币政策由计划直接调控向间接调控的转变，使市场经济意义上的货币政策工具充分发挥效应，同时由于M1与经济增长、居民收入以及物价水平之间存在着稳定的、规律性的联系，M2也与经济增长和物价水平之间具有稳定的相关关系，货币供应量以M1和M2为主进行测算。1998年以来，货币政策虽然退出主导政策的地位，但在协调配合以积极财政政策为主的宏观调控政策实施中，货币政策依然发挥出了重要的作用。稳健的货币政策的实施，一方面优化了信贷结构，扩大了信贷范围，使许多急需资金的行业特别是中小企业、居民消费等获得了信贷支持；另一方面，作为国债增发的配套要求，使众多的基础设施项目、技改项目等得到了相应的配套资金。

**（二）货币政策最终目标的演变**

货币政策最终目标有四个，有些目标之间也存在着互补性，如充分就业与经济增长可相互支持，但四个目标之间并不是完全统一的，存在着冲突，不可能同时实现相互冲突的最终目标，主要表现在：充分就业与稳定物价之间的冲突、国际收支平衡与稳定物价之间的冲突、经济增长与国际收支平衡之间的冲突。

20世纪90年代以来，一些发达国家和发展中国家在货币政策上实行了重大改革，提出了所谓的“反通货膨胀目标制”。其含义是：货币当局预测通货膨胀的未来走向，将此预测与已经确定的反通货膨胀目标（或目标区）相比较，根据这两者之间的差距决定货币政策工具的调整和操作。如果通货膨胀预测结果高于目标或目标区上限，采取抑制性货币供给调整；如果通货膨胀预测结果低于目标或目标区下限，采取松动性货币供给调整；如果通货膨胀预测结果在目标区范围内或非常接近目标，货币政策倾向或姿态则可以保持不变。从1990年到1994年，先后有新西兰、英国、瑞典、芬兰、澳大利亚、西班牙等国的货币当局公开宣布了反通货膨胀目标或目标区（见表2-2）。

**表2-2　各国采用反通货膨胀目标制的基本情况**

| 国　名 | 开始时间 | 目标区 | 目标公布者 | 通胀报告 |
|---|---|---|---|---|
| 新西兰 | 1990年3月 | 0%—3% | 央行与财政部 | 季度报告 |
| 加拿大 | 1991年2月 | 1%—3% | 央行与财政部 | 半年报告 |
| 英　国 | 1992年10月 | 2.5% | 央行与财政部 | 季度报告 |
| 瑞　典 | 1993年1月 | 2% | 中央银行 | 季度报告 |
| 芬　兰 | 1993年2月 | 2% | 中央银行 | 不公布 |
| 澳大利亚 | 1993年3月 | 2%—3% | 中央银行 | 季度报告 |
| 西班牙 | 1994年夏 | 低于3% | 中央银行 | 半年报告 |
| 以色列 | 1991年12月 | 7%—10% | 央行与财政部 | 半年报告 |

资料来源：根据各中央银行网站编制。

另据报道，发展中国家墨西哥和南非在1996年也分别宣布采用反通货膨胀目标制。上述这些国家采用反通货膨胀目标制有两个直接原因：（1）货币政策转变前存在着严重的通货膨胀。新西兰于1990年采用反通货膨胀目标制，是最早实行货币政策转变的国家，它在1979—1988年平均通货膨胀率（按GDP缩减指数计算）高达13.1%，西班牙的通货膨胀率在1990—1993年间为4.3%—7.3%。（2）对外汇率稳定政策失败后采用了反通货膨胀目标制。英国于1990年加入欧洲汇率机制（ERM），1992年9月便遭遇英镑危机，被迫退出ERM，让英镑浮动，一个月后，英国宣布采用反通货膨胀目标制。瑞典、芬兰等近年来虽然一直是ERM的成员国，但其汇率平价时常受到波动威胁，转向反通货膨胀目标制的货币政策似乎被认为较有助于经济稳定。墨西哥和南非两个发展中国家也分别在1994年年底和1996年年初受到汇率冲击，在这之后采用了反通货膨胀目标制。根据有关研究者的概括，反通货膨胀目标制可以说是20世纪90年代前期货币政策最终目标的代表，而且在国际经济社会中有一定的普及趋势。

20世纪90年代中期以前，我国普遍把宏观调控的四大目标（经济增长、物价稳定、充分就业、国际收支平衡）当作货币政策的最终目标。1993 年《中共中央关于建立社会主义市场经济体制若干问题的决定》，第一次正式明确提出了“中央银行以稳定货币为首要目标，调节货币供给量，并保持国际收支平衡”的货币政策最终目标。但是，从现实看，经济增长和充分就业在实际生活中也相当重要；在不同场合和文件中，货币政策目标也不是单一的。比如，国务院 1994 年颁布的《关于金融体制改革的决定》和 1995 年颁布的《中国人民银行法》均规定，中国人民银行货币政策的最终目标是“保持货币币值的稳定，并以此促进经济增长”。显然，货币政策不仅要保持货币稳定，而且要促进经济发展和扩大就业，并且要保持国际收支平衡。这里的货币稳定，不仅包括国内物价水平的稳定，还包括人民币汇率的稳定。总之，转轨时期的货币政策最终目标是多重的，但首先是保持货币稳定。

具体而言，我国货币政策最终目标的选择可分为两个阶段：

1. 1992—1997 年的货币政策最终目标——反通货膨胀 + 国际收支平衡

1992 年，在邓小平“南方谈话”和中共十四大精神的激励下，中国经济再次启动，到 1993 年上半年，持续高涨的投资发展热情和宽松的货币政策所引发的通货膨胀压力的全面释放，致使中国经济再度过热起来。在国内金融市场上，刚刚起步还不规范的证券和房地产市场投资收益率过高，对资金的需求高度扩张，引发了货币超量投放，信贷规模一再突破计划。同时，银行违章拆借以及非银行金融机构和社会的集资热，严重地冲击了金融市场的正常秩序，致使整个金融形势陷入了混乱局面。在外汇市场上，人民币大幅度贬值，国际收支出现恶化趋势。由于巨大的国内需求压力，在高涨的投资需求压迫下，货币供应超常增长，使潜在的通货膨胀压力开始全面释放出来。在经济过热的情况下，货币政策的主要目标是抑制日益严重的通货膨胀和平衡国际收支，成功地将过热的经济于 1996 年实现“软着陆”。

2. 1998—2004 年的货币政策最终目标选择——反通货紧缩 + 经济增长

随着改革开放的推进和市场经济的深入发展，宏观经济非均衡的情势日益突出，通货紧缩、内需不足及靠出口拉动经济增长无望，1997 年下半年，国家明确地把扩大内需作为主要任务，货币政策被首选为对付通货紧缩和促进经济增长的宏观经济政策。但由于我国市场经济的微观基础和制度条件尚不完备，进而造成货币政策缺乏有效的传导机制，因此货币政策的实施并未取得预期的效果。1998年以后，宏观经济政策开始转变为以积极的财政政策为主，货币政策更多地是协调配合。

## 第二节 我国货币政策工具及其演变

我国经济处于转轨时期，货币政策是“两种货色齐备，各有各的用处”，既有计划经济下的政策措施，也有市场经济下的货币政策工具。下面，在介绍货币政策的调控工具和调控规则的基础上，对我国货币政策工具的演变过程进行分析。

### 一、货币政策的调控工具及调控规则

货币政策实施的相关问题包括两方面的内容，一是指金融当局选用哪些货币政策工具，二是所谓的货币政策规则，即金融当局实施货币政策时是规则行事还是相机抉择。这涉及最终目标、中间目标的设定，以及为达到目标而进行的货币政策工具的选择与操作。

#### （一）货币政策的调控工具

我国货币政策工具可分为直接控制性工具、一般性工具和指导性工具。直接控制性工具包括：信贷计划、存贷款利率。其中，信贷计划是一定时期信贷资金来源与运用的数量匡算和结构安排，其核心是贷款规模控制；存贷款利率也属于人民银行的直接控制工具，我国对利率实行管制，商业银行不能对贷款进行自主定价，而是在中央准许的幅度内浮动。一般性工具包括：法定存款准备金率、再贷款、再贴现率和公开市场操作。其中，存款准备金率的变动会影响金融机构的信贷扩张能力，从而间接调控货币供给量；我国的中央银行再贷款由中国人民银

行对专业银行的贷款演变而来，是限额管理下的一种资金供给行为，中国人民银行对金融机构的贷款主要包括正常贷款和临时贷款两部分；再贴现业务是中央银行对商业银行已办理贴现的合格票据进行票据融资，满足金融机构流动性需求，它不仅可以通过规定再贴现票据的条件来引导信贷结构调整，而且可通过再贴现利率这一基准利率的变化传递货币政策信号，引导市场利率走向，并通过再贴现率的变化调整基础货币数量，影响货币供应量；公开市场业务是指中央银行在市场上买进或卖出有价证券的交易活动。指导性工具包括：信贷政策、窗口指导，其中信贷政策是中国人民银行根据宏观经济政策、产业和区域发展政策、投资政策，并依照其他经济政策制定的指导金融机构贷款投向的意见，目的是促进经济结构调整，其原则是"扶优限劣"，属于歧视性政策工具；信贷指导计划是在1988年信贷限额取消后，为避免商业银行的信贷失控，中国人民银行在指导性工具中增加了信贷指导计划。特种存款和央行融资券是中国人民银行在1994年国内债券市场公开操作业务未开展、市场调节基础货币手段欠缺时，为对冲外汇占款过多，采取的临时性中和操作工具，不具有连续性，因此这里不做讨论。

**（二）货币政策的调控规则**

货币政策操作的"规则与相机抉择"之争由来已久，在承认货币非中性的诸多西方经济学流派中，除了正统的凯恩斯主义及后凯恩斯主义经济学家外，其他学派几乎都赞同或倾向于按规则进行货币政策操作。而且，作为货币当局制定政策的基准，规则本身也是相对灵活的，也会根据经济环境的变化而做出适当的、系统性的反应。

所谓"相机抉择"就是根据具体经济情况做出选择。一些经济学家认为，在调节经济时，究竟采取哪种货币政策，牺牲哪个目标来换取哪个目标，以及不同政策之间怎样搭配，不应采用一成不变的模式，应当机动地做出决定和选择。由于各国的经济情况不同，在一段时期内，通常选择一个或两个目标作为优先目标，以解决临时的重大问题。

货币规则通常包括以下几种：1. 货币数量规则，即通过规范货币量供给方式来稳定宏观经济波动，因为货币数量的变化被认为是导致经济波动的关键因素。2. 利率规则，即根据产出、通货膨胀等其他经济变量的相对变化而调整利率的操作方法，其代表为泰勒规则。3. 名义收入定标规则，即货币政策的执行要以名义收入为预定目标，同时以基础货币规划进行操作，有利于保持价格的稳定，甚至能够将通货膨胀降低到零水平。4. 通货膨胀定标规则，即中央银行直接确定和公布其通货膨胀目标，并以此规划货币政策操作的政策制度。5. 汇率规则，即通过确定汇率目标（采用区间或直接钉住）来稳定经济的货币政策操作框架。在现实中，一般把汇率操作作为货币政策的辅助调控手段。①

各种货币政策规则在历史上都在各国有过实际应用，有其不同程度的成功经验。具体到我国，应注重吸收各种规则的长处，并充分研究国民经济各方面的相互联系，从国情特别是经济发展水平出发，设计货币政策规则。

## 二、我国货币政策工具调控的演变过程

我国货币政策工具的演变是由经济体制和金融体制内生决定的。同时，货币政策工具的选择也受到宏观调控性质和特点的制约。1984 年中国人民银行开始专门行使中央银行职能，中国货币政策主要采取直接调控方式，即通过控制贷款规模来控制货币。进入 20 世纪 90 年代以后，由于金融机构多元化的发展和对外贸易的迅速发展，国家银行贷款规模对货币供应量的贡献率下降，中国的货币政策以取消贷款规模限额控制和扩大公开市场业务操作为主要标志，逐步向间接调控转变。下面具体对 1992—2005 年我国货币政策工具的选择分段进行分析。

### （一）1992—1997 年的货币政策工具：贷款规模指令性计划

1997 年以前，不管实施扩张性货币政策还是紧缩性货币政策，我国货币政策工具主要是贷款规模指令性计划。一般而言，在经济扩张阶段是采用扩大贷款规模指令性计划指标，在经济收缩阶段则往往是压缩贷款规模指令性计划指标。具体内容见表 2－3。

---

① 李晓西. 宏观经济学（中国版）. 中国人民大学出版社，2005：291.

表 2-3 1992—1997 年我国货币政策工具演变

| 时间 | 货币政策工具 |
|---|---|
| 1992 年 | 货币发行和新增信贷规模与去年大体持平;继续控制货币发行和新增信贷规模,坚持"控制总量、调整结构"的货币信贷政策 |
| 1993 年 | 自 1993 年 7 月 11 日起提高银行的存贷款利率和新发行国库券的利率;要求所有专业银行在 1993 年 8 月 15 日前收回超过中国人民银行规定放款最高限额的贷款;勒令所有专业银行检查自己向非金融机构的同业放款,以便收回非法贷款;将专业银行的政策性贷款从商业性贷款中分离出来 |
| 1994 年 | 严格控制货币供应的增长速度,加大结构调整的力度;继续实行信贷规模限额制度,要求新增贷款主要用于保证国家重点建设、农副产品收购和国有大中型企业的必要流动资金需求三个方面,同时着手建立政策性银行,以便把政策性贷款与商业性贷款分开;停止发放政府赤字融资信贷;由中央银行开展公开市场业务的试点,发挥利率杠杆的调节作用,完善符合市场经济运作的货币政策工具 |
| 1995 年 | 控制现金和信贷规模的增长;调高对金融机构和商业银行的贷款利率,积极回收中央银行对金融机构的贷款;实行保值储蓄,提高通货膨胀保值贴补率(从 1 月的 9.84% 提高到 6 月的 12.92%);推广商业票据,扩大再贴现货币工具的应用范围;禁止地方政府强迫国家银行发放政策性贷款 |
| 1996 年 | 在国有商业银行中实行以资产负债比例管理为基础的贷款规模管理,并运用本外币进行对冲操作;改变直接行政干预方式,注重运用信贷规模管理作为达到国家重点产业发展和地区发展目标的手段;在上海建立全国性的银行同业间拆借市场,进一步完善国债回购市场和商业票据市场,推进银行利率的市场化 |
| 1997 年 | 保持货币供应量的适度增长,降低存贷款利率,调整信贷结构,提高贷款质量 |

资料来源:

(1) 李晓西. 宏观经济学(中国版). 中国人民大学出版社, 2005: 260—262.

(2) 吴超林. 1984 年以来中国宏观调控中的货币政策演变. 当代中国史研究, 2004 (3): 35—44.

### (二) 1998—2005 年的货币政策工具: 以公开市场业务和利率为主的多元化工具

从 1998 年 1 月 1 日开始, 我国取消了信贷规模管理方式, 开始实行资产负债比例管理; 同年, 中央银行对存款准备金制度进行了改革, 合并了存款准备金和备付金, 下调了存款准备金比率; 同年 5 月份, 恢复了公开市场操作。由此, 中国货币政策调控基本实现了由直接调控向间接调控的转变, 货币政策工具开始演变为以公开市场业务和利率为主的多元化工具。在具体的操作过程中, 法定存款准备金率、再贷款、再贴现和信贷政策等也都不同程度地被当作操作工具来利用。

1. 加大公开市场业务操作力度

1998年5月，曾经一度被使用而后又停止的公开市场业务恢复操作，当年交易额为2827亿元，1999年和2000年交易额分别为12245亿元和9762亿元。1998年公开市场操作净投放基础货币701亿元，1999年净投放1920亿元，两年合计占同期基础货币投放额的82%。2000年首次开展正回购操作，净回笼基础货币822亿元，既有效控制了市场流动性，又给商业银行补充了流动性。2001年，在利率、存款准备金率等货币政策工具基本没有调整的情况下，公开市场操作实际承担了货币政策日常操作的主要职能。通过逆回购操作净投放基础货币和正回购操作回笼基础货币，全年累计投放基础货币8253亿元，累计回笼基础货币8529亿元，有效增加了商业银行可用资金，促使基础货币和货币供应量回升到目标区间。2002年继续加大了公开市场操作力度，保证基础货币的总体适度，并引导货币市场利率水平。2003年正式发行中央银行票据和开展赎回中央银行票据操作，银行间债券市场回购交易达到117203亿元，比1997年增长380倍；现券交易量达到30848亿元，比1997年增长3100多倍。2004年央行首次预发行远期央行票据并扩大公开市场业务一级交易商机构范围，建立公开市场业务一级交易商考评调整机制。2004年共开展110次人民币公开市场操作，累计回笼基础货币19971亿元，累计投放基础货币13281亿元，投放、回笼相抵，通过人民币公开市场操作净回笼基础货币6690亿元；共发行105期央行票据，发行总量15072亿元，年末央行票据余额为9742亿元；开展正回购操作43次，收回基础货币3330亿元；开展逆回购5次，投放基础货币1490亿元，使基础货币的增量稳定下降。2005年共发行125期央行票据，发行总量27882亿元，年末央行票据余额为20662亿元；开展正回购操作62次，收回基础货币7380亿元；开展逆回购3次，投放基础货币368亿元。全年累计回笼基础货币35924亿元，累计投放基础货币22076亿元，投放、回笼相抵，通过人民币公开市场操作净回笼基础货币13848亿元，净回笼基础货币量相当于

2004年的2倍多。①

2. 推进利率市场化改革

利率市场化是金融市场化的主要标志之一，也是银行部门独立性的重要标尺。从1998年到2006年，利率市场化加大了力度，见表2-4。

**表2-4 中国利率市场化进程表**

| 时间 | 利率市场化措施 |
| --- | --- |
| 1998年3月 | 改革再贴现利率及贴现利率的生成机制 |
| 1998年9月 | 放开了政策性银行发行金融债券的利率 |
| 1999年9月 | 成功实现国债在银行间债券市场利率招标发行 |
| 1999年10月 | 对保险公司3000万元以上、5年期以上的大额定期存款，实行保险公司与商业银行双方协商利率的办法 |
| 1998年10月 | 扩大了金融机构对小企业的贷款利率的最高上浮幅度，由10%扩大到20%；扩大了农村信用社的贷款利率的最高上浮幅度，由40%扩大到50% |
| 1999年4月 | 允许县以下金融机构贷款利率最高可上浮30% |
| 1999年9月 | 将对小企业贷款利率的最高可上浮30%的规定扩大到所有中型企业 |
| 2000年9月 | 进一步放开了外币贷款利率；对300万美元以上的大额外币存款利率由金融机构与客户协商确定，并报中央银行备案 |
| 2002年3月 | 在全国8个县农村信用社进行利率市场化改革试点，贷款利率浮动幅度由50%扩大到100%，存款利率最高可上浮50% |
| 2002年9月 | 改革试点进一步扩大到直辖市以外的每个省、自治区，温州利率改革开始实施 |
| 2002年3月 | 中国人民银行统一了中外资金融机构外币利率管理政策。将境内外资金融机构对境内中国居民的小额外币存款，纳入中国人民银行现行小额外币存款利率管理范围 |
| 2003年12月 | 2003年12月21日，下调超额存款准备金利率，金融机构在人民银行的超额存款准备金利率由现行年利率1.89%下调到1.62%，法定存款准备金利率维持1.89%不变。从2004年1月1日起扩大金融机构贷款利率浮动区间，不再根据企业所有制性质、规模大小分别确定贷款利率浮动区间 |
| 2004年10月 | 2004年10月28日上调了存贷款基准利率，放宽人民币贷款利率浮动区间，并允许人民币存款利率下浮 |

① 参见央行报告《2005年中国稳步推进利率市场化进程》。

续表 2-4

| 时 间 | 利率市场化措施 |
|---|---|
| 2005 年 3 月 | 2005 年 3 月 17 日，经国务院批准，(1) 金融机构在人民银行的超额准备金存款利率由现行年利率 1.62% 下调到 0.99%，法定准备金存款利率维持 1.89% 不变；(2) 将现行的住房贷款优惠利率回归到同期贷款利率水平，实行下限管理，下限利率水平为相应期限档次贷款基准利率的 0.9 倍，商业银行法人可根据具体情况自主确定利率水平和内部定价规则 |
| 2006 年 8 月 | 金融机构一年期存款基准利率由现行的 2.25% 提高到 2.52%；一年期贷款基准利率由现行的 5.85% 提高到 6.12%；其他各档次存贷款基准利率也相应调整，长期利率上调幅度大于短期利率上调幅度 |

资料来源：

(1) 北京师范大学经济与资源管理研究所. 2005 中国市场经济发展报告. 商务出版社，2005.

(2) 中国人民银行货币政策分析小组. 中国货币政策执行报告. 2006.

3. *积极发展资本市场和货币市场*

1998 年以来，资本市场和货币市场有了迅速的发展。截至 5 月 19 日，2006 年本币市场累计成交额已突破 12 万亿元人民币，每天交易量在 1500 亿元左右，另外，50 只、900 多亿元规模的企业债券也已进入银行间市场流通，为下一步银行间市场企业债券规模的拓展建立了良好的市场基础。1998 年银行间同业拆借市场累计成交额为 1978 亿元；2006 年上半年，银行间同业拆借市场累计成交 7075 亿元，日均成交 58 亿元。1998 年，银行间债券市场回购累计成交额仅为 1021 亿元；2006 年上半年，银行间债券回购市场成交量累计 10.82 万亿元，日均成交 887 亿元。

4. *下调存款准备金率，改革存款准备金制度*

为增强商业银行的可用资金，1998 年 3 月，中央银行将法定存款准备金率从 13% 下调到 8%，并取消了备付金账户；1999 年又下调到 6%。1999 年 3 月 21 日把法定准备金账户与备付金账户两个账户合并，称为准备金存款账户。到 2001 年，金融机构各项存款 14.36 万亿元，全部金融机构超额准备金率为 7.6%，金融机构支付能力充足，极大地提高了商业银行的贷款能力。2003 年 8 月 23 日，经国务院批准，中国人民银行宣布从 2003 年 9 月 21 日起，将金融机构存款准备金率由原来的 6% 调高至 7%，城市信用社和农村信用社暂时执行 6% 的存款准备金率不变。2004 年 3 月 24 日，经国务院批准，宣布自 4 月 25 日起，实行差别存款准备金率制度，将资本充足率低于一定水平的金融机构存款准备金率提高 0.5

个百分点。2004年4月25日再次提高法定存款准备金率0.5个百分点，即由7%提高到7.5%。为支持农业贷款发放和农村信用社改革，农村信用社和城市信用社暂缓执行，仍执行6%的存款准备金率。38家银行实行8%的差别准备金率。2005年3月17日将金融机构在中国人民银行的超额存款准备金利率下调到0.99%，同时放开金融机构同业存款利率，为商业银行自主定价提供了更大的空间，促进商业银行提高资金使用效率和流动性管理水平。

5. 调整再贴现利率和再贷款政策

1998年3月21日，中国人民银行调整贴现和再贴现利率的形成机制，再贴现利率与再贷款利率脱钩，央行根据货币政策需要自主确定再贴现利率，贴现利率由交易双方在再贴现利率基础上自行加点生成，实现了票据交易价格的市场化。1999年6月10日央行把再贴现率下调到2.16%，提高了商业银行开展票据业务的积极性。2000年再贴现余额为1258亿元，再贴现余额的增加值占基础货币增加额的比重为26.4%，弥补了再贷款需求下降对基础货币的影响。由于再贴现利率过低，导致有些中小银行以各种不恰当的手段抢夺票据业务，为规范票据市场，2001年9月，央行将再贴现率提高到2.97%。2002年2月21日央行再次降低存贷款利率，而未调整贴现利率，使得2002年10月末，再贴现余额降为9.7亿元。2004年3月，央行将再贴现利率向上调整了0.27%。

1998年以来，除了全面满足国有商业银行的再贷款要求外，对中小金融机构的再贷款要求也有了较大的增加，特别是增加对农村信用社的再贷款。在1999年增加150亿元和2000年增加350亿元的基础上，2001年再次增加农村信用社再贷款限额260亿元。同时调整农村信用社再贷款管理制度，要求人民银行各分行下达给县市支行的再贷款限额不得低于辖内总限额的80%，从而提高了再贷款限额的利用效率。2000年人民银行对农村信用社再贷款增加162亿元，2001年增加312亿元。由于支农再贷款政策强调直接支持农户，2000年农村信用社新增贷款1395亿元，其中，农业贷款新增803亿元，占57.6%。2000年之后，中央银行的公开市场操作得到了长足发展，再贷款在货币政策操作中的作用便日渐式微，但是它在金融稳定方面的功能却更加突出了。2005年6月末，中国人民银行会同中国银行业监督管理委员会，完成了六期对改革试点农村信用社的专项票据发行工作。6月30日，经国务院批准，中国人民银行与四家资产管理公司和中国工商银行分别签订专项再贷款和专项中央银行票据协议书，向四家资产管理公司共发放专项再贷款4587.9亿元，用于认购工行的可疑类贷款，工行以其出售可疑类贷款所得，归还283.25亿元再贷款，余额4304.65亿元认购专项中央银行票据。

6. 调整信贷政策，优化信贷结构

1998—2002年，根据经济发展变化形势，先后发布了《关于进一步改进中小企业金融服务的意见》、《关于开展个人消费信贷的指导意见》、《关于规范个人住房贷款管理有关问题的通知》和《关于严禁发放无指定用途个人消费贷款的通知》等涉及中小企业、居民住房、教育、外贸、汽车、支农等各行业多领域的信贷指导意见，及时增加了信贷内容，优化了信贷结构。2004年以来，中国人民银行执行“区别对待、有控有保”的方针，加强对贷款投向的引导。一是有针对性地对商业银行加强“窗口指导”和风险提示；二是协调督促各商业银行采取有效措施适度控制对钢铁、电解铝、水泥等“过热”行业的授信总量；三是引导金融机构加大对农业、增加就业和助学等方面的贷款支持；四是大力发展消费信贷，努力扩大消费需求。信贷政策将在改革中逐渐缩小范围，淡化其行政化色彩，成为货币政策中的补充性部分。

## 总　结

纵览中国人民银行的货币政策工具，有两个变化，一是央行货币政策工具的组成。1984年货币政策工具是信贷规模、存贷款利率、再贷款、存款准备金，1986年增加了再贴现工具，1994年开始外汇公开市场业务，1996年开展了国内债券市场公开业务，1998年取消了信贷规模计划工具。央行的货币政策工具不断地增加间接调控工具，并减少计划控制工具。尤其是中国人民银行把公开市场业务工具作为今后货币政策工具发展的重点，反映了我国货币政策传导机制的市场化趋向。二是货币政策工具自身的内涵。如再贴现利率的生成机制的变化、存款准备金制度的改革、贷款利率不断扩大浮动范围等，表明了中国货币政策传导机制的市场化程度在不断地提高。这也是我国经济体制深入推进和市场化程度日益提高的必然结果。实践表明，中央银行利用利率政策、公开市场操作等货币政策工具，调控货币供应量、稳定人民币币值，取得成功，积累了经验。中央银行对金融形势的监控和对金融机构、金融市场的监管也已经形成了一套较为完善的程序和办法。

## 第三节 货币政策传导机制

货币政策是否有效，不仅与货币政策调控工具和调控目标有关，还取决于货币政策的传导机制是否通畅。目前，我国已经初步建立“政策工具——中间目标——最终目标”的间接传导机制，但在实践当中，我国货币政策的传导机制依然存在一些问题。

### 一、货币政策的传导过程

在市场经济条件下，因为产出水平和价格水平最终由总供给曲线和总需求曲线的均衡决定，因此，货币政策作为一种总量调控，调控对象最终是社会总供给与社会总需求。货币政策的传导机制，是指运用货币政策调控工具，通过中间媒介的作用，影响总供给和总需求，最终影响宏观经济总体水平，实现经济增长、价格稳定、充分就业和国际收支平衡的货币政策目标（见图2-1）。

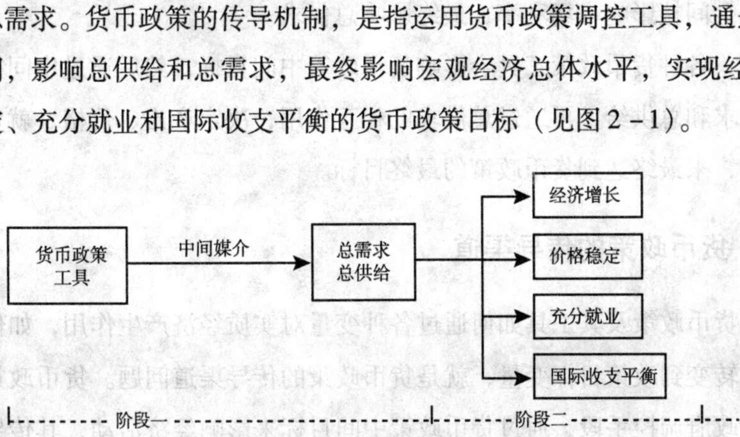


**图2-1 货币政策的传导过程**

在货币政策传导过程中，货币政策工具变化通过某种媒介最终影响宏观经济主要变量。在这个过程中，最重要的媒介是利率、信贷、资产价格和汇率。改变货币政策工具变量会通过引起这些中间变量的变化来影响总供求特别是总需求。在利率中由于价格粘性的存在，对企业和居民的投资、消费行为产生影响的是长期实际利率，短期利率是通过影响长期实际利率而发挥作用的。货币政策工具的调整主要是通过改变短期名义利率促使长期实际利率发生相应变化，影响总供求变动，进而影响货币政策的最终目标。信贷通过信用的可获得性的变化影响产品市场总供求。央行通过存款准备金率、再贴现率和公开市场业务等货币政策工具影响金融机构的借贷行为，从而影响金融机构的信用可供量，再通过银行贷款的变化影响实体经济。货币政策通过货币供应量的变化调整资产价格，影响投资和消费，进而对总需求产生作用。汇率通过改变国内生产者的国际成本竞争力，影响本国净出口，进而调整产品总供求，影响货币政策最终目标。

货币政策工具一般是通过影响货币政策中间变量，进而影响上述中间媒介，间接影响总供求的。例如，公开市场业务通过买卖有价证券吞吐基础货币，调节货币供应量和商业银行信用规模，再通过上述中间媒介间接影响实体经济；存款准备金的调整影响到金融机构的信贷扩张能力，还会间接影响货币供应量，进而影响总供求；再贴现率不仅限制了商业银行的筹资成本、信用扩张和控制货币供应量，还会间接影响市场利率，最终影响总供求。

总之，各种货币政策工具会影响货币政策中间目标，然后通过中间媒介直接影响总需求和总供给，再通过总供求的相互作用，决定产出、价格、就业和国际收支水平，来最终达到货币政策的最终目标。

## 二、货币政策的传导渠道

研究货币政策及其工具如何通过各种变量对实质经济产生作用，如何从政策工具变量转变到政策目标变量，就是货币政策的传导渠道问题。货币政策具体的工具作为政府调控手段，通过货币政策中间目标来影响经济活动，其传导有一个共同特点，即各项货币政策细分工具都是通过调整货币供应量，进而影响利率、信贷规模、资产价格和汇率，再影响全社会的出口、消费和投资，最终影响总需求以及宏观政策目标的。下面单独分析各种货币政策工具如何通过改变中间媒介变量，来完成整个传导过程。

货币政策传导机制研究的是运用货币政策工具到实现货币政策目标的作用过程和原理，可分为金融体系内部传导机制和外部传导机制。金融体系内部传导机制是指中央银行运用货币政策工具影响中间目标的过程，即货币供应量或市场利率；外部传导机制是指中间目标（利率或货币供应量）在金融系统之外对货币政策最终目标的影响过程，即货币对实体经济的作用机制。（见图2－2）

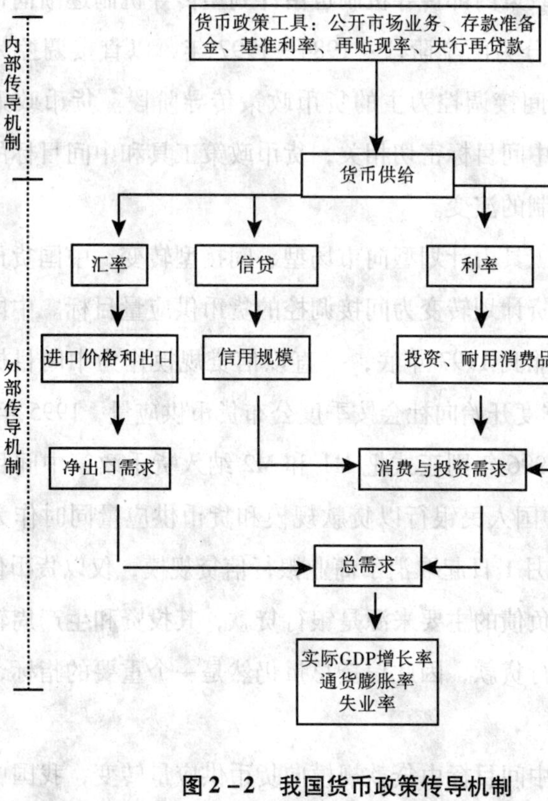


**图2－2　我国货币政策传导机制**

## （一）货币政策内部传导途径

金融体系内部传导机制是指中央银行运用货币政策工具影响中间目标的过

程，即货币供应量或市场利率。由于货币政策对实体经济的影响具有间接性、时滞性，为了便于监控和操作，央行在货币政策工具和最终目标之间设置了货币政策操作目标和中间目标。货币政策操作目标取决于中间目标的选择，即如以货币供应量作为中间目标，一般选择基础货币作为操作目标。中间目标利率和货币供应量目标是互不相容的，央行只能达到其中任何一个，但不能同时达到两个目标。

我国真正形成货币政策传导机制应当是自 1984 年中国人民银行专门行使中央银行的职能以后，在此之前中国人民银行和各专业银行是一体的。1984 年至今，随着中国从计划经济向市场经济过渡，政府对宏观经济的管理由直接调控转向间接调控，我国货币政策内部传导机制也由计划型传导机制逐渐向市场型传导机制转变，大致可以划分为两个阶段：1984—1997 年，以直接调控为主的传导阶段；1998 年至今，以间接调控为主的货币政策传导阶段。货币政策内部传导机制与货币政策工具和中间目标密切相关，货币政策工具和中间目标的变化反映了货币政策内部传导机制的演变。

随着我国货币政策工具由计划型向市场型、间接型转变，中国货币政策中间目标也从直接调控的信贷计划转变为间接调控的货币供应量目标。中国人民银行自独立行使中央银行职能到 1997 年底，一直以信贷规模作为中间目标。中国人民银行从 1994 年第三季度开始向社会按季度公布货币供应量，1995 年尝试把 M1 和 M2 作为中间目标；1996 年则正式把 M1 和 M2 纳入货币政策中间目标的组成部分，即从 1996 年起中国人民银行以贷款规模和货币供应量同时作为货币政策的中间目标；1998 年 1 月 1 日起取消了商业银行信贷规模，仅以货币供应量作为中间目标。但由于企业负债的主要来源是银行贷款，其投资和生产周转资金仍然在很大程度上依赖于银行贷款，因此信贷总量仍然是一个重要的指标，为各经济主体所高度关注。

正是鉴于货币政策中间目标由贷款规模向货币供应量转变，我国中央银行在实际操作中是以基础货币作为操作目标。将货币政策的操作手段由直接控制为主，转变为以运用中央银行资产调控基础货币为主，通过控制基础货币和密切关注商业银行备付金变化来间接地控制货币供应总量。

## （二）货币政策外部传导途径

从金融机构的资产负债角度看，货币政策外部传导途径分为货币传导途径和信用传导途径。在我国，货币政策外部传导途径主要包括：利率渠道、资产价格渠道、汇率渠道、信贷渠道。

1. 利率渠道

利率渠道是最基本也是最重要的货币传导渠道，可用凯恩斯理论的IS-LM模型说明，货币政策通过货币供给的变化使LM曲线移动，引起利率变化，从而改变投资行为，结果影响实体经济。传导过程如下：$M\uparrow \rightarrow i\downarrow \rightarrow I\ (C)\uparrow \rightarrow Y\uparrow$。这一传导功能的强弱主要取决于如下因素：（1）货币需求函数的利率弹性。若弹性很小，较大的货币发行量仅仅引起利率很小的下降，货币政策降低利率的作用较弱。（2）投资的利率弹性。若投资利率弹性较小，利率的较大变化也仅引起投资的少量增长。

理论上说，扩张性货币政策的实施，使短期利率降低，进而使长期利率也降低，诱导企业和居民的投资、消费，企业的固定投资、库存投资以及居民的住宅投资、耐用消费品支出上升，所有这些又将导致总需求的上升。但在实际中，由于价格粘性的存在，对企业和居民的投资、消费行为产生影响的是长期实际利率，短期利率是通过影响长期实际利率而发挥作用的：扩张性的货币政策降低了短期名义利率，也就降低了短期真实利率，而根据利率期限结构的预期假说，长期利率是预期的未来短期利率的平均数，长期实际利率下降。也就是说，中央银行使得短期名义利率发生变化，就会导致长期真实利率发生相应变化。

长期实际利率对企业固定资产投资和存货投资的影响。长期实际利率是企业主要的融资成本，也是存货的机会成本。长期实际利率降低，企业的融资成本和存货机会成本也降低，促使企业扩大固定资产投资和存货投资，投资需求扩大。

长期实际利率对居民消费的影响。利率变动会通过收入效应与替代效应的同时作用共同影响居民的消费行为：当利率下降时，收入效应会使居民减少消费而增加储蓄，而跨期替代效应会使居民增加本期消费减少未来消费，也就是减少储蓄。消费究竟是增加还是减少要视收入效应与替代效应的大小而定。当收入效应大于替代效应时，利率下降则消费下降，储蓄上升；而当替代效应大于收入效应时，则是消费上升储蓄下降。一般来说，为保持消费的平滑，替代效应大于收入效应。因而，长期实际利率下降时，居民消费需求增加。同时，长期实际利率还通过资产价格和信贷影响居民消费。利率的上升，不仅会加大消费者的借贷成本，促进消费者减少消费信贷；还意味着股票、房地产等借款人的担保品价值下降，使居民可获得的消费信贷额下降，进而导致耐用消费品和住宅的消费下降。此外，利率的变化还会改变消费者的预期。利率急骤上升往往表明较大的经济不稳定和失业率上升就在前头，致使消费者开支较为谨慎。反之，如货币量增长迅速，利率骤然下降，消费者也会预期通货膨胀加速，趋向于缩减储蓄并设法借款，增加开支。

但是，利率对总供求的影响不仅要求利率市场化，还需要其他条件。在生产能力普遍严重过剩的情况下，企业找不到好的投资机会，利率再低，只要借款要还，企业也不敢向银行借钱投资。且由于企业减少生产，削减存货，在收入增长预期下降，失业风险增加的状况下，利率再低居民也会增加储蓄倾向。其结果是利率政策对投资和消费的刺激效果不显著。同时，在企业的投资倾向和居民的消费倾向下降时，企业和居民的持币倾向必然增加，其结果是货币流通速度下降，政府增发货币的效果为货币流动速度的下降抵消掉，增发货币并不能使价格下降的趋势得到扭转。同样的道理，对居民的利息收入课税的税收政策，在居民对未来收入预期及就业安全预期下降的情况下也不会产生刺激当前消费需求的效果。

2. 资产价格渠道

货币政策会导致资产价格的变化。扩张性的货币政策使货币供应量增加，股市上资金供给增多，对股票的需求也会增加，因而推动股票价格上涨。同时，由于利率降低，居民资产选择行为会使股票价格进一步上升。

股票价格变动对投资的影响。主要通过两个渠道：托宾（Tobin）q 理论和资产负债表渠道。托宾（1969）把公司的市场价值与当期重置资本成本的比率定义为 q，$q>1$ 时，企业的资产价格高于重置成本，相对企业市值而言，新的厂房和设备比较便宜，企业必然会选择发行新股票，以扩张新的投资，投资增加。而当 $q<1$ 时，企业与其投资新项目，还不如在市场上收购现有企业进行扩张，相应的投资活

动会减少，投资萎缩。这样央行运用货币政策工具，比如扩张性的货币政策使股票价格上升，q值大于1，企业投资增加。资产负债表渠道是指，股票市值的下降会直接降低企业净值，这意味着企业在向银行借款的时候所能提供的抵押品价值会减少，这会使信贷市场上的逆向选择和道德风险增加，从而导致贷款和投资的下降。

股票价格变动对消费的影响。主要是通过财富渠道来进行的：当股票价格上升时，居民持有的财富总量增加或预期未来收入增加，反之则相反。根据Modidjani（1977）的生命周期理论，居民消费是财富的函数，财富增加会使消费增加，财富减少则会减少消费。紧缩的货币政策使股票价格下跌，消费者持有的金融资产价值下降，从而财富减少，最后导致消费下降。

3. 汇率渠道

随着经济国际化和浮动汇率的出现，汇率对净出口的影响已经成为一个越来越重要的传导机制。当国内利率下降（通货膨胀不变），国内货币的存款相当于外币计值存款缺乏吸引力，结果汇率下降。本国币值的降低使国内商品价格较国外商品变得便宜，因此引起净出口和总产出的增加。该传导过程可描述如下：$M\uparrow\rightarrow i\downarrow\rightarrow E\downarrow\rightarrow NX\uparrow\rightarrow Y\uparrow$。

在资本自由流通和实行浮动汇率的开放经济中，汇率的变动对国内总供求有着重要的影响。扩张性的货币政策，使货币供应量加大，国内真实利率下降，将降低本币资产收益率，并导致本币的贬值。本国汇率贬值会提高国内生产者的国际成本竞争力，出口增加，同时会提高进口产品价格，使进口减少，这样净出口增加，总需求增加。

在实施资本管制和固定汇率的经济中，外汇占款成为基础货币投放的重要渠道，并通过银行结售汇体系将基础货币迅速转化为企业存款，这导致货币供应量的增加和扩张速度的加快，进而对总供求产生影响。1994年汇率并轨后，汇率对于我国货币政策传导的重要性日趋上升。

汇率还通过财富效应影响消费总量，当以外币表示的资产价值受汇率的影响而导致财富总水平变化，消费水平也发生相应变化；汇率变化也影响消费结构，如货币贬值将改变国内消费者更多地消费本国产品，从而影响国内总需求。

4. 信贷渠道

货币传导渠道的分析是以完善的金融市场以及贷款和债券的完全替代为前提的，如果放弃这两个前提中的任何一个，都会导致货币传导渠道基础的坍塌。信贷渠道是否存在，同样也依赖于两个前提条件：一是借款人对银行贷款的依存度较高，即银行贷款对它们具有特殊性；二是中央银行的货币政策能否对银行的贷款行为产生直接、决定性的作用。对于第一个前提，已从理论和实证两方面证实了它的存在，尤其是中小企业对于银行贷款的依赖远大于能够直接从证券和债券市场融资的大企业。而对于第二个前提米什金（1995）认为央行对商业银行贷款供给能力的影响取决于如下几个因素：一是非银行中介机构的作用，如果非银行中介机构在融资活动中扮演重要角色，中央银行通过影响银行贷款供给来调节货币供应量的能力将大大减弱；二是商业银行是否通过资产调整，抵消准备金变动对其的影响。三是法定风险资本比例的影响。一旦商业银行达到法定风险资本比例的底线，扩张的货币政策就无法促使其增加贷款，只能使不受风险资本比例要求约束的证券持有额上升。

信贷通过信用的可获得性的变化影响产品市场总供求。扩张性的货币政策使信用可获得性改善，促使企业投资、出口和居民消费增加。

信贷对企业投资的影响。在信息不对称环境下，商业银行的资产业务与负债业务一样，具有独特的政策传导功能。换言之，银行贷款与其他金融资产（如债券）不可完全替代，特定类型的借款人的融资需求只能通过银行贷款得以满足，从而使得货币政策除经由一般的利率机制传导以外，还可通过银行贷款的增减变化进一步强化其对经济运行的影响。即随着货币政策紧缩，银行活期存款相应减少，从而当银行资产结构基本不变时，银行贷款的供给也被迫削减，结果在因利率普遍升高而抑制投资的基础上，还致使那些依赖银行贷款融资的特定借款人进一步削减投资。

信贷对居民消费的影响。现代市场经济条件下，消费者对消费信贷依赖颇深，特别是对购置汽车和其他耐用消费品。因此，货币政策能通过某些特殊的消费信贷政策，如住房贷款、汽车贷款等方式影响消费支出。信贷紧缩时，居民获得消费信贷的难度增加，导致消费下降；反之，信贷扩张时，消费信贷增加，促进消费。

迄今为止，理论界讨论的货币政策传导机制可以概括为货币当局通过利率、资产价格、信贷、汇率四渠道，影响投资、消费、净出口三方面来最终影响总产出，但四个渠道对三方面的影响既有直接作用又有相互交错传递的复杂影响。货币政策对投资的影响渠道包括：（1）利率：凯恩斯主义；（2）股票市场：托宾q理论；（3）信用渠道：①银行贷款，②资产负债表理论（非对称信息理论）。货币政策对消费的影响渠道：（1）利率：凯恩斯主义；（2）股票市场：财富效应、流动性效应理论。货币政策对国际贸易的影响渠道：通过汇率。

## 三、我国货币政策的传导特点

从对我国货币政策的内部传导机制与外部传导机制的分析来看，内部传导机制正从计划经济的直接调控型向市场经济的间接调控型转变，货币政策工具由以信贷规模控制为主转变为以公开市场业务为主，中间目标也向货币供应量转变；外部传导机制现在还是以信贷渠道为主，货币传导渠道并未打通。因此，分步骤地进行利率、汇率市场化改革，进一步培育外汇市场、货币市场和资本市场，可以为规范化的利率传导机制奠定基础，促进我国货币政策传导机制的完善，提高货币政策的效果。

### （一）货币政策传导机制存在“变异性”

货币政策传导机制有组织系统，也有管理目标系统。从组织系统看，20世纪80年代初期，货币政策传导机制初步形成，即由中央银行——金融机构——企业组成。其中金融机构是传导机制的关键。20世纪90年代以来，作为传导机制关键环节的金融机构，其系统日渐复杂化，有商业银行、政策性银行、合作银行、城乡信用社、非银行金融机构等等。从管理目标系统看，发展更快。20世纪80年代主要是由信贷政策链组成。而到了20世纪90年代，产生了多种货币政策工具——操作目标——中间目标——最终目标的系统。根据《国务院关于金融体制改革的决定》，操作目标主要是银行备付金和同业拆借利率，中间目标主要是货币供给量和信用总量，最终目标是稳定货币并促进经济增长。对操作目标近期、中期的选择，中央银行还有自己更具体的考虑，这里不再讨论。需要强调的是，由于我国金融机构情况复杂并且正在改革之中，因此传导中的“变异现象”严重。比如，在实行从紧的货币政策时，金融机构以各种方式扩张信贷，以获取巨利，在1993年前后，这种现象非常普遍；而在实行宽松的货币政策时，金融机构以各种方式收缩信贷，以减少风险，在1998年后，这种现象又成为普遍的现象。特别是2003年后全社会投资总规模过大，能源和部分原材料等资源约束的矛盾日益加剧。2003年各类投资占GDP的比重达到45%，这些投资主要靠货币信贷的急剧扩张。这种行为能普遍地出现，有当事人个人的违规违法行为因素，但在很大程度上是体制或制度的问题。

**（二）间接传导与直接传导并存**

在我国20多年的经济体制改革过程中，货币政策也在不断摒弃原计划经济体制下僵化的以指令性计划为主的直接控制手段。但是，与实体经济的改革相比，我国金融体制和货币政策的改革还相对落后。金融市场尤其是货币市场还不够健全，货币政策调控还没有彻底摆脱直接调控的模式，货币政策传导还是以不完善市场条件下的银行信贷途径为主。在货币政策逐渐由直接调控向间接调控转变的过程中，特别是在出现有效需求不足以后，由于其他相应的配套改革措施没有跟上，致使货币政策传导途径过窄，出现了一定程度的梗阻问题。

**（三）国有商业银行改革滞后使传导机制阻滞**

我国的金融市场基本上被工、农、中、建四大国有商业银行所垄断，中央银行通过基础货币投放扩大货币供给的意图，很重要的一个方面是通过影响四大国有商业银行对中央银行再贷款和再贴现的成本得以贯彻。近年来，随着金融监管力度的加强，国有商业银行的风险约束开始加强，但是，由于我国商业银行体制改革滞后，四大国有商业银行缺乏商业银行应有的利润动机和利益冲动，导致它们在实际操作中过多地注重风险的防范，而忽视了对效益的追求，从而对开拓新的信贷业务缺乏积极性，由此也出现了“惜贷”的现象。这种现象，一方面，使通过贷款来保证货币供应链条的畅通无阻，使商业银行经营行为脱离了中央银行货币政策目标；另一方面，又导致其对再贷款和再贴现利率的下调反应平淡，使得中央银行货币政策操作工具变得更加单一和孤立。

**（四）金融市场发育不完善，货币政策传导缺乏媒介**

在市场经济条件下，货币政策的有效传导必须依赖发达的金融市场为媒介。

而我国货币市场很不发达，货币政策工具的运用与传导缺乏市场基础。首先，同业拆借市场的发展远远不能适应中央银行货币政策操作的需要。我国目前同业拆借市场主体偏少，进入同业拆借市场的仅仅是商业银行的总行和极少数省级分行，数以万计的商业银行分支行以及非银行金融机构被排斥在市场之外；拆借市场的交易品种少、交易规模小，目前日均成交额仅有几十亿元左右，根本不足以影响整个市场的资金流动；同业拆借市场利率机制不健全，不能完全反映货币市场真实的资金供求水平。在这种情况下，降低存款准备金率等货币政策的操作效果只能大打折扣。其次，票据市场的滞后发展，影响了再贴现的政策效应。我国票据市场工具单一，主要是银行承兑汇票，商业汇票和本票比较少，票据市场的业务量非常有限，从而使再贴现引导资金流向的政策效果难以发挥。第三，短期国债市场的不规范发展影响了中央银行公开市场操作的政策效果。短期国债市场是中央银行进行公开市场操作的市场依托，而我国国债市场中大部分是中期国债，充当货币政策工具载体的一年以下的短期国库券数量较少。而且，国债二级市场运行不畅、债券不足，持有大量国债的商业银行将国债视为低风险、高收益的优质资产而不愿出售，市场交易不旺，使央行公开市场业务缺乏交易的基础。

**（五）信贷供给与实体经济的发展不平衡，制约了货币政策传导和效果**

实体经济是货币政策的微观基础和作用对象。企业作为市场经济的主体，是货币供给的主要接受者，也是货币政策传导和产生效果的最后一环。改革开放以来，我国经济结构发生了很大的变化，国有经济的比重逐年下降，国有企业效益不佳，步履艰难。而非国有经济迅速发展，并正在成为国民经济发展的重要推动力量。然而，受原有的信贷规模控制制度的影响，以及传统所有制观念的束缚，国有商业银行的贷款还主要是投向国有企业，非国有企业基本上被排除在银行信贷之外。目前，国有经济对我国 GDP 的贡献只有1/3，但能在体制内得到2/3 的信贷资金的支持；而非国有经济对 GDP 的贡献已经达到2/3，却只能主要从体制外得到尚未合法的资金。这种信贷供给与实体经济的发展的不平衡，也严重制约了货币政策的传导。

**（六）居民预期构成了货币政策传导中的一个约束因素**

预期在货币政策传导过程中发挥着重要的作用，影响着货币政策的准确传导。随着我国在教育制度、医疗制度、养老保险制度、住房制度等方面的改革力度不断加大，居民对支出的预期不断增加；而前两年由于连续几年经济增长速度的回落，城镇失业和下岗人员的增加，城乡居民收入增幅下降，使得居民收入预期减少或不确定。在这两个负面效应的影响下，居民的消费欲望受到约束，利率下调对消费需求的拉动作用显得十分微弱。在连续多次下调利率之后，我国居民储蓄存款的增长不但没有在前一个水平上有明显的下降，反而出现了大幅度上升的情况。

**（七）宏观经济环境欠佳，影响货币政策的传导**

经过几年的努力，我国的宏观经济形势已经开始好转，但是，整个经济尚没走出供大于求的困境，有效需求不足、市场饱和的症状，“消费无热点，投资无对象”等问题没有得到彻底的解决。企业的负债率普遍过高，亏损严重，资信状况普遍较差，商业银行不敢轻易放贷。另外，由于我国金融监管和市场体制的不健全，社会信用环境不好，许多人贷款不想还，赖债、逃债现象极为普遍，部分企业利用破产、兼并、分立重组等途径，架空、逃废银行债务。在企业经营状况和社会信用没有明显改善的情况下，商业银行宁可将闲置资金上存或存入中国人民银行，也不会盲目扩张信贷规模。

## 第四节 我国货币政策调控实力的计量分析

所谓“货币政策调控实力”是指支持货币政策工具发挥作用的经济力量，主要是资金实力。而各种行政力量或法规构成的权威，可作为一种软实力看待，这里并不予以讨论。下面分别对货币政策调控实力的内涵、影响因素进行分析，并在此基础上建立计量模型。

### 一、货币政策调控实力的内涵

货币政策调控实力是影响货币政策操作的多种因素之和。主要包括：现金发行规模、存款准备金规模、中央银行再贷款规模、再贴现规模、供公开市场操作有价证券规模。但是由于再贴现规模和供公开市场操作有价证券规模的数据缺乏从1992—2003年的完整数据，考虑建模需要，因此下面仅从现金发行规模、存款准备金规模、中央银行再贷款规模三个方面对货币政策调控实力进行分析。

### （一）现金发行规模

现金是中国人民银行依法发行的流通中的人民币，包括纸币和硬币。现金发行量是指，银行投放出去的现金和收回来的现金轧差后，净投放到社会上的那部分资金①。现金发行规模反映了货币政策的调控实力，其发行量直接决定了基础货币的规模，进而影响全社会货币供给量，对国家经济和物价水平进行调节。在我国，为保持币值稳定，控制现金投放是重要手段。中央银行要求商业银行完成货币投放和回笼计划，控制现金不合理支出，加强对大额现金提取的监督，防止公款私存，提高现金回笼速度等，达到控制流通中现金数量的目的。

这里以流通中的现金（M0）作为现金发行规模的指标，我国1992—2003年的现金发行量数据如表2－5所示。

**表2－5 我国1992—2003年现金发行量**

| 时　间 | 流通中现金(亿元) | 同比增长率(%) | 时　间 | 流通中现金(亿元) | 同比增长率(%) |
|---|---|---|---|---|---|
| 1992 | 4336.0 | 36.4 | 1998 | 11204.2 | 10.1 |
| 1993 | 5864.7 | — | 1999 | 13455.5 | 20.1 |
| 1994 | 7288.6 | 24.3 | 2000 | 14652.7 | 8.9 |
| 1995 | 7885.3 | 8.2 | 2001 | 15688.8 | 7.1 |
| 1996 | 8802.0 | 11.6 | 2002 | 17278.0 | 10.1 |
| 1997 | 10177.6 | 15.6 | 2003 | 19746.0 | 14.3 |

资料来源：《2005中国统计年鉴》。

注：同期比增长率是按可比口径计算的。因1992年以前口径与1993年口径不一致，故1993年未计算增长率。

① 商业银行投放现金主要通过储蓄提款、工资性现金支出、行政企业事业管理费支出和农副产品收购几条渠道。商业银行收回现金主要通过储蓄存款、商品销售后现金回笼、服务事业现金回笼和税收现金回笼。

从表 2－5 可以看出，我国流通中的现金规模迅速扩大，从 1992 年的 4336 亿元，增加到 2003 年的 19746 亿元，增加了 15410 亿元。按照可比价格计算，从 1993 年到 2003 年，年均增长率达 12.9%。其中，1992 年增长最快，达 36.4%，最低的年份为 2001 年，但也高达 7.1%。

### （二）存款准备金规模

存款准备金是限制金融机构信贷扩张和保证客户提取存款和资金清算需要而准备的资金。存款准备金制度的初始作用是保证商业银行的支付和清算，之后才逐渐演变成为货币政策工具。存款准备金规模直接影响了金融机构的信贷扩张能力，间接调控着全社会货币供应量，影响货币政策的实施。因此，存款准备金规模在一定程度上也反映了货币政策的调控实力。

在我国，存款准备金规模就是货币当局资产负债表中负债部分的金融机构存款，包括存款货币银行、特定存款机构和其他金融机构。根据《中国金融年鉴》中的数据，我国 1992—2003 年的存款准备金数据如表 2－6 所示。

表 2－6　我国 1992—2003 年存款准备金规模

| 时　　间 | 存款准备金(亿元) | 时　　间 | 存款准备金(亿元) |
|---|---|---|---|
| 1992 | 3967 | 1998 | 14744 |
| 1993 | 5541 | 1999 | 14729 |
| 1994 | 7468 | 2000 | 16019 |
| 1995 | 9673 | 2001 | 17089 |
| 1996 | 14355 | 2002 | 19138 |
| 1997 | 16115 | 2003 | 22558 |

资料来源：《中国金融年鉴》(1993—2004)。

从上表可以看出，我国存款准备金规模迅速扩大，从 1992 年的 3967 亿元，增加到 2003 年的 22558 亿元，增加了 18591 亿元。值得注意的是，1998 年由于央行进行存款准备金制度改革，将法定存款准备金率从 13% 下调为 8%，使得存款准备金规模在 1997 年达 16115 亿元后又降至 14744 亿元。

### （三）中央银行再贷款规模

中央银行再贷款是指中央银行对金融机构发放的贷款，是中央银行调控基础货币的一条重要渠道。央行再贷款规模作为货币政策的一种调控实力，是通过影响基础货币，进而间接调节货币供应量使货币政策发挥效力的。

表2-7是我国1992年到2003年中央银行再贷款规模的数据。

**表2-7　我国1992—2003年央行再贷款规模**

| 时　间 | 对金融机构再贷款(亿元) | 时　间 | 对金融机构再贷款(亿元) |
|---|---|---|---|
| 1992 | 7515 | 1998 | 16021 |
| 1993 | 9861 | 1999 | 19207 |
| 1994 | 10721 | 2000 | 22192 |
| 1995 | 13327 | 2001 | 19859 |
| 1996 | 14636 | 2002 | 19528 |
| 1997 | 16430 | 2003 | 19239 |

资料来源：

(1) 1992—2000年数据来源于：李念斋. 中国货币政策研究. 中国统计出版社，2003：212.

(2) 2001—2003年数据来源于：《中国金融年鉴》(2002—2004)。

从上表可以看出，1992—2003年，我国央行对金融机构的再贷款规模整体呈现先上升后下降的趋势，从1992年开始逐年递增，虽然1998年稍有回落，但随后仍呈现上升趋势，2000年央行再贷款规模达到最高点，为22192亿元。2000年之后，由于外汇占款成了中央银行基础货币供给的主要渠道，央行更多的是削减再贷款以冲销外汇占款增加对货币供给的冲击；同时，由于商业银行流动性充足，对再贷款需求不大，因此再贷款基本上发挥着稳定、救助或其他政策性作用，用于调节金融机构流动性的作用不大。

## 二、货币政策调控实力的影响因素分析

在介绍货币政策的调控实力后，这里要对其影响因素进行分析。需要指出的是，这些因素的分析着眼于需求角度，而不是供给方。下面分别分析影响我国货币政策调控实力的因素。

### (一) 现金发行规模

现金与存款货币共同构成了货币。货币供应分多个层次，其中流通中的现金就是M0。从长期来看，货币市场是均衡的，也就是说货币供求长期是相等的，

所以，从货币需求的角度来分析货币供应。由于没有涉及存款，主要分析的是现金，因此货币的需求更侧重交易需求。货币需求函数研究的是货币需求量同收入、利率、物价水平等宏观经济变量之间的关系。根据凯恩斯主义和货币主义的货币需求理论，影响货币需求的因素主要包括两种类型的变量：经济规模和机会成本变量。

在实证分析中，规模变量通常选择 GDP、居民收入、商品零售总额、财富等。这里选择实际 GDP。实际 GDP 水平越高，对货币的需求就越大。

机会成本变量一般包括两个组成部分：货币自身的收益率和除货币以外的其他资产的收益率（Sriram S，1999）①，主要包括国库券利率、商业票据利率、定期存款利率、预期通货膨胀率和国外资产收益率等等。根据中国金融市场的发展状况和经济的开放程度，这里选择加权平均的一年期定期存款利率和预期通货膨胀率作为货币需求的机会成本变量，采用适应性预期，即滞后一阶的零售价格指数作为通货膨胀预期的度量指标来代表预期通货膨胀率。这里需要指出的是，存款利率和通货膨胀预期对货币需求的影响是负向的；也就是说，存款利率越高，人们更愿意把货币存入银行，以存款而不是现金的方式持有货币，流通中的现金就越少；同样，预期通货膨胀率越高，根据费雪效应，人们对利率的预期也越会越高，因此对货币的需求就越小。

表 2－8 列出上述影响我国现金发行规模的相关变量 1992—2003 年的数据。

**表 2－8　现金发行规模方程的相关解释变量数据**

| 时　间 | 国内生产总值（当年价格，亿元） | 实际国内生产总值（以 1992 年为基期，亿元） | 名义加权存款利率（％） | 零售物价指数（上年＝100） | 上期 RPI 表示的预期通货膨胀率（％） |
|---|---|---|---|---|---|
| 1992 | 26638.1 | 26638.1 | 7.56 | 105.4 | 2.9 |
| 1993 | 34634.4 | 30231.29 | 9.45 | 113.2 | 5.4 |
| 1994 | 46759.4 | 34059.47 | 10.98 | 121.7 | 13.2 |
| 1995 | 58478.1 | 37637.5 | 10.98 | 114.8 | 21.7 |

① Sriram S. S. Survey of Literature on Demand for Money: Theoretical and IJmpirical Work with Special Reference to Error-Correction Models. IMF Working Paper, WP/99/64. 1999.

续表 2-8

| 时　间 | 国内生产总值（当年价格，亿元） | 实际国内生产总值（以1992年为基期，亿元） | 名义加权存款利率（%） | 零售物价指数（上年=100） | 上期RPI表示的预期通货膨胀率（%） |
|---|---|---|---|---|---|
| 1996 | 67884.6 | 41245.85 | 9.18 | 106.1 | 14.8 |
| 1997 | 74462.6 | 44892.1 | 7.14 | 100.8 | 6.1 |
| 1998 | 78345.2 | 48402.02 | 5.04 | 97.4 | 0.8 |
| 1999 | 82067.5 | 51858.35 | 2.86 | 97 | -2.6 |
| 2000 | 89468.1 | 56005.2 | 1.8 | 98.5 | -3.0 |
| 2001 | 97314.8 | 60204.84 | 1.8 | 99.2 | -1.5 |
| 2002 | 105172.3 | 65200.43 | 1.61 | 98.7 | -0.8 |
| 2003 | 117390.2 | 71393.75 | 1.58 | 99.9 | -1.3 |

资料来源：根据《2005中国统计年鉴》计算。

### （二）存款准备金规模

金融机构在中央银行的存款准备金是由法定存款准备金和超额存款准备金构成，因此对存款准备金规模影响因素的选择也将分别从法定存款准备金和超额存款准备金两个角度进行考查。

从法定存款准备金方面考虑：首先，金融机构的存款总额对法定存款准备金有决定性作用，存款总额越多，金融机构向中央银行上交的法定存款准备金也就越多；其次，与法定存款准备金相关联的指标还有：法定存款准备金率和对法定存款准备金支付的利率，由于我国的法定存款准备金是央行制定的，政策性比较强，所以选择“法定准备金率”，而没有选用“对法定准备金支付的利率”这一反映收益率的指标，因为不管对法定准备金支付的利率是不是高，金融机构都必须存法定准备金在央行。

从超额存款准备金角度考虑：首先，与法定存款准备金类似，金融机构的存款总额对超额存款准备金有重要影响，存款规模越大，金融机构的超额存款准备金的规模也就越大；其次，由于我国规定：“准备金存款账户超额部分的总量及分布由各金融机构自行确定。”① 所以超额准备金取决于金融机构对超额存款准

① 来源于中国人民银行网站。

备金成本收益的权衡：这里以金融机构超额储备存款利率作为准备金的收益，以贷款利率作为准备金的机会成本，则二者差（即金融机构超额储备存款利率－贷款利率）为金融机构决定超额存款准备金的因素，其对超额存款准备金的影响是正向的。该差值越大，金融机构越倾向于进行超额储备存款，超额存款准备金的规模就越大。

表2－9列出上述影响我国存款准备金规模的相关变量1992—2003年的数据。

**表2－9　存款准备金方程的相关解释变量数据**

| 时　间 | 金融机构储蓄存款余额(人民币,亿元) | 金融机构储蓄存款余额(人民币,亿元,以1992年为基期) | 法定准备金率(%) | 金融机构超额储备存款利率(%) | 加权名义贷款利率(%) | 金融机构超额储备存款利率－加权名义贷款利率(%) |
|---|---|---|---|---|---|---|
| 1992 | 11544.7 | 11544.7 | 13 | 6.12 | 8.64 | －2.52 |
| 1993 | 14763.82 | 12886.87781 | 13 | 7.85 | 9.85 | －2 |
| 1994 | 20660.48 | 15049.06035 | 13 | 9.18 | 10.98 | －1.8 |
| 1995 | 28136.59 | 18109.18682 | 13 | 9.18 | 11.52 | －2.34 |
| 1996 | 38520.84 | 23404.78733 | 13 | 8.64 | 11.03 | －2.39 |
| 1997 | 46279.8 | 27901.21836 | 13 | 7.75 | 9.82 | －2.07 |
| 1998 | 53407.47 | 32995.37404 | 8 | 4.77 | 7.56 | －2.79 |
| 1999 | 59621.8 | 37674.96026 | 6 | 3.36 | 5.9 | －2.54 |
| 2000 | 64332.38 | 40270.75563 | 6 | 3.24 | 5.58 | －2.34 |
| 2001 | 73762.43 | 45633.91106 | 6 | 3.24 | 5.58 | －2.34 |
| 2002 | 86910.65 | 53879.29404 | 6 | 2.08 | 5.35 | －3.27 |
| 2003 | 103617.65 | 63017.64666 | 7 | 1.88 | 5.31 | －3.43 |

资料来源：根据《中国金融年鉴》（1993—2004）计算整理。

### （三）中央银行再贷款规模

我国中央银行通过再贷款调节基础货币不仅取决于央行意愿，更主要决定于金融机构，尤其是商业银行的借款动机和行为，因此对中央银行再贷款规模影响因素的考虑中，首先就是金融机构的融资能力，这里用金融机构的实际存贷差规模加以反映，即金融机构实际存款余额与实际贷款余额的差值。

其次，金融机构向中央银行进行贷款的机会成本，主要表现为：再贷款利率，金融机构超额储备存款利率和金融机构名义存款利率。

此外，体制和政策也会影响中央银行再贷款规模。我国外汇管理体制改革后，尤其是2000年以后，外汇占款成了中央银行基础货币供给的主要渠道，央行通过削减再贷款以冲销外汇占款增加对货币供给的冲击；另外，2000年以后，再贷款方向主要是政策性银行和中小商业银行，成为财政部补贴的一种形式，调整经济结构。因此，预设虚拟变量，2000年以前为1，2001—2003年为0。

表2-10列出了上述影响我国再贷款规模的相关变量1992—2003年的数据。

**表2-10　再贷款方程的相关解释变量数据**

| 时间 | 金融机构实际存贷差余额(92年可比价,亿元) | 一年期再贷款利率(%) | 金融机构超额储备存款利率(%) | 名义加权存款利率(%) | 虚拟变量 |
|---|---|---|---|---|---|
| 1992 | -2853 | 7.2 | 6.12 | 7.56 | 1 |
| 1993 | -2894 | 9.11 | 7.85 | 9.45 | 1 |
| 1994 | -245 | 10.62 | 9.18 | 10.98 | 1 |
| 1995 | 2075 | 11.03 | 9.18 | 10.98 | 1 |
| 1996 | 4502 | 10.94 | 8.64 | 9.18 | 1 |
| 1997 | 4507 | 10.38 | 7.75 | 7.14 | 1 |
| 1998 | 5612 | 7.08 | 4.77 | 5.04 | 1 |
| 1999 | 9507 | 4.34 | 3.36 | 2.86 | 1 |
| 2000 | 15295 | 3.78 | 3.24 | 1.8 | 1 |
| 2001 | 19365 | 3.78 | 3.24 | 1.8 | 0 |
| 2002 | 27021 | 3.32 | 2.08 | 1.61 | 0 |
| 2003 | 30769 | 3.24 | 1.88 | 1.58 | 0 |

资料来源：根据《中国金融年鉴》（1993—2004）计算整理。

## 三、货币政策调控实力的模型分析

以下将在上面分析的理论基础上，进行计量分析。分别针对货币政策的现金发行规模、存款准备金规模、中央银行再贷款规模等三种调控实力建立单方程模型。在每个单方程中，以该方程解释的货币政策调控实力为被解释变量，以其各自的影响因素为解释变量，建立估计方程。

**（一）现金发行规模**

利用我国1992—2003年的相关数据，用EVIEWS对现金发行规模方程进行估计。估计方程为：

$$Ln(RM_0) = \underset{(5.25)}{0.7175}Ln(RGDP) - \underset{(-2.95)}{0.0328}SR + \underset{(0.89)}{1.3483}$$
$$R^2 = 0.9617, \bar{R}^2 = 0.9532, F = 112.90$$

其中，$Ln(RM_0)$ 表示实际现金发行规模 $RM_0$ 的自然对数，$Ln(RGDP)$ 表示实际国内生产总值 $RGDP$ 的自然对数，$SR$ 表示一年期加权存款利率。

从上面结果可以看出，方程中除常数项外其余各参数的估计值均能通过检验，方程整体拟和效果很好，拟合优度达0.9617，调整后的拟合优度为0.9532，F值为112.90。对估计方程的残差进行单位根检验，其ADF检验值为-2.8617，小于1%水平上的临界值-2.8167，因此可以说，该方程的残差在99%的置信水平上是平稳的。

方程估计结果表明，实际现金发行规模对实际GDP的弹性系数为0.7175，意味着实际现金发行的增长速度低于实际GDP，实际GDP增长1%，实际现金发行增长0.7175%；实际现金发行规模对一年期加权名义贷款利率的半弹性系数为-0.0328，即一年期加权名义贷款利率每增加1%，实际现金发行规模将减少3.28%，意味着实际现金发行规模将随货币持有成本的上升而减少。

**（二）存款准备金规模**

利用我国1992—2003年的相关数据，用EVIEWS对存款准备金规模方程进行估计。估计方程为：

$$Ln(RR) = \underset{(5.66)}{0.0460}R1 + \underset{(17.55)}{0.9473}Ln(RSAVE) + \underset{(2.32)}{0.0919}(E2 - LR) - \underset{(-1.55)}{0.9097}$$
$$R^2 = 0.9895, \bar{R}^2 = 0.9855, F = 251.13$$

其中，$Ln(RR)$ 表示实际存款准备金 $RR$ 的自然对数，$R1$ 表示法定准备金率，$Ln(RSAVE)$ 表示金融机构实际存款总额 $RSAVE$ 的自然对数，$(E2-LR)$ 表示金融机构超额储备存款利率 $E2$ 与金融机构贷款利率 $LR$ 的差。

从上面结果可以看出，方程中各参数的估计值均能通过检验，方程整体拟和效果很好，拟合优度达 0.9895，调整后的拟合优度为 0.9855，F 值为 251.13。对上述估计方程的残差进行单位根检验，其 ADF 检验值为 -3.4433，小于5%水平上的临界值 -3.1754，因此可以说，该方程的残差在95%的置信水平上是平稳的。

方程估计结果表明，实际存款准备金规模对法定存款准备金率的半弹性系数为0.0460，即法定存款准备金率每增加1%，实际存款准备金规模将增长4.60%，意味着实际存款准备金规模将随法定存款准备金率的提高而扩大；实际存款准备金规模对金融机构实际存款余额的弹性系数为0.9473，意味着金融机构实际存款余额增长1%，实际存款准备金规模增长0.9473%；实际存款准备金规模对金融机构超额储备存款利率与金融机构贷款利率差的半弹性系数为0.0919，即金融机构超额储备存款利率与金融机构贷款利率差每增加1%，实际存款准备金规模将增长9.19%。

**（三）中央银行再贷款规模**

利用我国1992—2003年的相关数据，用 EVIEWS 对存款准备金规模方程进行估计。估计方程为：

$$Ln(RAL) = -\underset{(-0.66)}{0.0329}Ln(SML) - \underset{(-2.43)}{0.0723}ALR + \underset{(2.87)}{0.1155}E2 - \underset{(-3.12)}{0.0725}SR + \underset{(18.80)}{9.8354}$$
$$R^2 = 0.9632, \bar{R}^2 = 0.9264, F = 26.16$$

其中，$Ln(RAL)$ 表示中央银行实际再贷款规模的自然对数，$Ln(SML)$ 表示金融机构实际存贷差 $SML$ 的自然对数，$ALR$ 表示再贷款利率，$E2$ 表示金融机构超额储备存款利率，$SR$ 表示金融机构一年期名义加权存款利率。由于1992—1994年金融机构实际存款余额小于实际贷款余额，实际存贷差为负值，不能取对数，因此，该方程的样本期仅为1995—2003年。

从上面结果可以看出，方程中各参数的估计值均能通过检验，方程整体拟和效果很好，拟合优度达0.9632，调整后的拟合优度为0.9264，F 值为26.16。对上述估计方程的残差进行单位根检验，其ADF检验值为-4.2750，小于5%水平上的临界值-3.4033，因此可以说，该方程的残差在95%的置信水平上是平稳的。

方程估计结果表明，中央银行实际再贷款规模对金融机构实际存贷差的弹性系数为-0.0329，即金融机构实际存贷差每增加1%，中央银行实际再贷款规模将下降0.0329%，意味着中央银行实际再贷款规模将随金融机构融资能力的增强，即存贷差的增加而减少；中央银行实际再贷款规模对再贷款利率的半弹性系数为-0.0723，意味着再贷款利率增加1%，再贷款规模下降7.23%；中央银行实际再贷款规模对金融机构超额储备存款利率的半弹性系数为0.1155，即金融机构超额储备存款利率每增加1%，中央银行实际再贷款规模将增长11.55%；中央银行实际再贷款规模对金融机构名义存款利率的半弹性系数为-0.0725，意味着金融机构名义存款利率增加1%，中央银行实际再贷款规模下降7.25%。

## 主要参考文献


1. Sriram S. S. Survey of Literature on Demand for Money: Theoretical and IJmpirical Work with Special Reference to Error-Correction Models. IMF Working Paper, WP/99/64. 1999.

2. 李扬，主编. 中国金融发展报告2005. 社科文献出版社，2005.

3. 周小川，主编. 重建与再生——化解银行不良资产的国际经验. 中国金融出版社，1999.

4. 黄达，主编. 货币银行学. 中国人民大学出版社，2000.

5. 李晓西. 宏观经济学（中国版）. 中国人民大学出版社，2005.

6. 北京师范大学经济与资源管理研究所. 2005中国市场经济发展报告. 商务出版社，2005.

7. 李晓西，主编. 东亚金融危机实地考察. 中国人民大学出版社，1999.

8. 余明. 资产价格、金融稳定与货币政策. 中国金融出版社，2003.

9. 李扬. 货币政策与财政政策的配合：理论与实践. 财贸经济，1999（11）.

10. 李晓西，余明. 货币政策传导机制与国民经济活力. 金融研究，2000（7）.

11. 易纲．中国货币政策和汇率政策．宏观经济研究，2002（11）.
12. 周小川．保持金融稳定 防范道德风险．金融研究，2004（4）.
13. 谢平．中国货币政策分析：1998—2002．金融研究，2004（8）.
14. 吴超林．1984 年以来中国宏观调控中的货币政策演变．当代中国史研究，2004（3）.
15. 李晓西．社会主义市场经济条件下的货币政策．金融研究，1992（10）.
16. 王广谦．二十世纪西方货币金融理论研究进展与述评．经济科学出版社，2003.
17. 李晓西．试论专业银行向商业银行的转化过程．金融研究，1994（7）.

# 第3章 中国财政政策及其传导机制分析

财政政策起作用的方式，取决于政府采购的商品品种、变动的税种及税率和转移支出的具体内容和对象。每个政策都影响总需求水平并引起产出的扩大，但增加产出的构成取决于特定政策。本章将重点分析财政政策及其影响总需求的传导机制。

## 第一节 财政政策及其调控目标

### 一、财政政策的存在逻辑

财政政策存在的逻辑前提来源于市场失灵，在市场经济中，经济人根据利益最大化原则，在完全竞争的市场上所形成的资源配置均衡是有效的。但市场不是万能的，由于以下原因也存在市场失灵问题：

（一）不完全竞争市场结构的存在

市场有效配置资源的基础是完全竞争的市场结构，但是完全竞争只是理论上的假设，在现实中不完全竞争才是常态。不完全竞争限制了市场机制作用的正常发挥，导致社会不能采取最低成本的生产方式向消费者提供最需要的商品组合，资源配置缺乏效率。

（二）公共物品的存在

公共物品是对集体或社会有益，具有消费非竞争性和非排他性特征的商品和劳务。市场没有任何机制迫使消费者显示出对公共物品的偏好或愿意支付的程度，于是市场对生产公共物品的资源配置不起作用，只能由政府通过财政机制来提供。

（三）外部性的存在

某一消费者和生产者的行为对其他人造成有利或不利的影响，同时后者也没有因此而提供和取得补偿的现象。在市场机制自发作用下，生产者和消费者一般不考虑其行为的社会成本和社会收益，市场体系也没有提供一种迫使交易双方考虑对其他方所施加影响的机制，资源配置缺乏效率，需要政府通过税收与补贴等手段调节。

（四）分配不公的存在

由于要素禀赋的分配是不平等的，即人们在财富、教育水平、技能等要素的占有方面是不均的，由市场决定的初次收入分配结果是不均等的，甚至收入差距悬殊，不符合社会公认的公平观念，并导致犯罪等许多不良后果。

（五）宏观经济波动问题的存在

微观经济活动在市场机制这只看不见的手调节下，可能富有效率，但它不会导致宏观经运行的高效率。理论和实践证明，一个高效率的市场并不能自动造就充分就业、物价稳定和适度的经济增长，市场机制自身无法解决经济的周期波动问题，需要政府通过财政政策等手段进行宏观调控。

“市场失灵”成为政府干预的理由，如果市场在资源配置上是低效率的，人们可以而且应当使之得到改善（Bator，1958）。因此，市场虽然通过价格机制能够有效配置资源，但是由于存在外部性、信息不对称以及公共产品等因素，出现了垄断、寡头、商业周期波动，股市崩溃、投资泡沫、金融危机和收入财富分配不公等市场失灵情况（萨缪尔森，1999），需要政府通过财政机制进行调节，即财政通过税收等形式从市场经济中集中部分资源，然后以预算支出的形式在市场失灵领域重新安排，体现在经济政策上就是制定和实施财政政策。事实上，作为市场经济下政府经济行为的重要组成部分之一，财政政策的基本定位就是对国民经济运行过程中短期性的总量失衡进行反周期调节。而财政政策在国民收入分配中占据主导地位，存在于再生产的各个环节，对整个经济具有重要影响（见图3-1），使其成为政府两大宏观调控政策（财政政策和货币政策）的支柱之一。

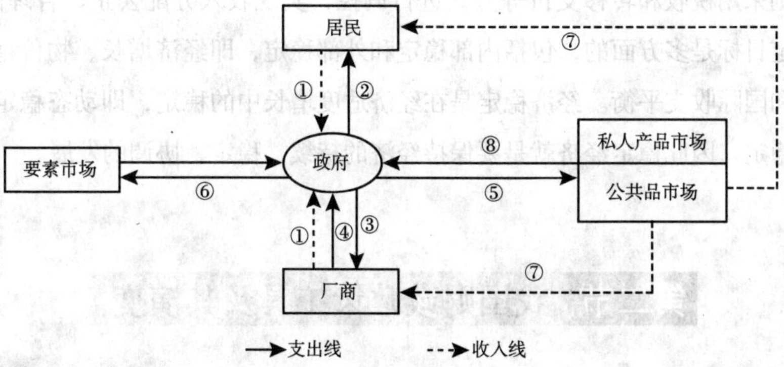


说明：①税费收入；②转移支付、提供实物；③政府拨款、直接投资；④投资回报；⑤提供公共产品；⑥就业教育支持、政府雇员、环境保护等；⑦公共产品提供，相当于增加收入；⑧政府购买。

**图3-1 政府财政对整个经济的影响**

资料来源：理查德．A．马斯格雷夫，佩吉．B．马斯格雷夫．财政理论与实践．中国财政经济出版社：中译本，2003.

## 二、财政政策的调控目标

财政政策是通过税收、支出和国债等工具，以利益机制来影响人们的经济行为，进而达到宏观经济目标。

财政政策作为一种重要的间接宏观调控，是政府为了实现经济增长、物价稳定、充分就业和国际收支平衡等等宏观经济目标，而制定和实施的包括各种税收和财政支出在内的一系列财政措施，是由税收、支出、预算、国债和转移支付等多种手段构成的政策体系，是政府进行反周期调节、熨平经济波动的重要工具。因此，从调控的目标来讲，财政政策具有资源配置、公平分配和经济稳定三大职能，这也决定了财政政策的目标是多元化的。资源的合理配置目标是指通过财政宏观调控，使社会资源能够合理地分配到国民经济和社会发展的各个部门，并得到充分有效的利用。例如，公共产品的生产和消费需要政府的介入，资源在行业间、地区间以及产品间的合理流动也需要政府的调控。公平分配的目标，是指在市场机制按效率原则对国民收入和社会财富进行初次分配的基础上，国家财政按社会公平原则采用税收和转移支付等方式进行调控，实现收入分配公正、合理的目标。经济稳定目标是多方面的，包括内部稳定和外部稳定，即经济增长、物价稳定、充分就业和国际收支平衡。经济稳定是在经济适度增长中的稳定，即动态稳定，而不是静态稳定。因此稳定经济就是要保持经济的持续、稳定、协调的发展。

## 第二节 我国财政政策工具及其演变

### 一、财政政策的调控工具及调控规则

#### （一）财政政策的调控工具

财政政策的工具主要分为财政收入工具、财政支出工具和国债政策三大类（见表3－1）。其中，收入工具主要是税收政策以及类似的非税收入政策；财政支出工具包括政府消费、政府投资和转移支出政策；国债工具是财政赤字的孪生兄弟，包括国债的发行和偿还。

**表3－1 财政政策工具分类**

| 类　型 | 名　称 | |
|---|---|---|
| 财政收入工具 | 1. 税收 | （1）税种：所得税类、流转税类、财产税类等<br>（2）税率：累进税率、固定税率<br>（3）税收支出：减免税、加速折旧、税收扣除、税收抵免、退税 |
| | 2. 使用费 | |

续表 3-1

| 类　型 | 名　称 | |
|---|---|---|
| 财政支出工具 | 1. 政府消费 | 对消耗性商品和劳务的购买 |
| | 2. 转移支出 | (1) 对居民转移支出<br>(2) 对企业转移支出<br>包括财政补贴 |
| | 3. 政府直接投资 | (1) 全部资金直接投资<br>(2) 配套资金直接投资 |
| 国债政策工具 | 1. 国债发行 | |
| | 2. 国债到期 | |

注：根据资料整理

### (二) 财政政策的调控规则

财政政策稳定经济，主要是通过自动稳定器（the Built-in Stabilizers）和相机抉择（Discretionary）的财政政策来完成的。

1. 财政自动稳定器

指某些能根据经济波动状况自动发生稳定调节作用的财政政策工具，即可以随着社会经济的发展自行发挥调节作用，而不需要政府采取任何干预措施，是一种存在于既定预算结构之中自动发生反应的机制。从具体税种看，发挥自动稳定器作用的税收主要包括个人所得税、工资税、公司所得税和消费税；而具有内在稳定作用的公共支出，主要包括失业救济金、各种福利支出和农产品维持价格等转移性支出项目。

自动稳定器的调控效果主要取决于三个因素：一是所得税的起征点，个人所得税和公司所得税的起征点越低，所得税的内在稳定力量就越大；二是税率的超额累进程度，边际税率越高，累进程度越大，税收对公司和个人收入的抑制性就越强，稳定功能就越大；三是财政转移性支出的领取条件，取得转移性支出规定的条件越低，政府转移支出调整规模越大，稳定的作用就越大。

2. 相机抉择调控

指政府根据一定时期的经济形势变化情况，为达到预定的宏观调控目标，采取相应的政府支出和税收措施。这种政策不是自动地发挥作用，而是一种人为的政策调节，是政府对经济运行的有意识干预。其调控形式包括改变税制、改变财政的转移支出、改变财政的购买性支出等。“就支出方面来说，扩张性财政的参数变化，既可以用增加新的支出，也可以用扩大原有支出来实现。在对应的税收方面，财政参数的变化，既可以是取消某一税种，也可以是降低税率。相应的，紧缩性财政参数的变化，包括停止某项支出，或者提高税率”。①

相机抉择的主要任务是：要么实行扩张性的财政政策，扩大总需求，反经济衰退；要么实行紧缩性的财政政策，抑制总需求，反通货膨胀。在经济衰退时期，国民收入低于充分就业均衡水平，总需求不足，政府应采取扩张性的财政政策，主要内容是增加财政支出和减少政府税收。在经济繁荣时期，国民收入高于充分就业均衡水平，存在需求过度膨胀，政府应执行紧缩性的财政政策，主要措施是减少财政支出和增加政府税收。

相对于货币政策来说，我国财政政策基本上可以作为“国内政策问题”，受国际影响较小，政府运用财政政策工具的灵活性和空间较大。特别是在利率市场化滞后和银行体系需要改革的情况下，财政政策调节宏观经济的作用就更为突出一些。20 世纪 80 年代我国总体上还是以计划调节为主，还没有独立意义上的财政政策，进入 90 年代以来，随着经济市场化改革进程的加快，财政政策逐步从传统宏观直接管理转变为主要通过中间媒介进行间接调控的运行机制。这期间我国财政宏观调控经历了 3 次转折：第一次是“八五”初期，即 1992 年加大改革开放力度，全面启动经济；第二次是从 1993 年年中实行适度从紧的宏观政策，到 1996 年末国民经济实现“软着陆”；第三是经过 1 年左右的政策徘徊，从 1998 年起宏观调控由适度从紧转向积极财政政策。

## 二、我国财政政策工具调控的演变过程

### （一）1990—1991 年治理整顿的财政政策

1. 政策背景

90 年代初的宏观调控，主要是继续执行 80 年代末的治理整顿政策。1988 年

---

① R. A. Musgrave，P. B. Musgrave. Public Finance in Theory and Practise. //Third International Student edn.. Tokyo：McGraw-Hill Kogakusha，Ltd.

出现经济运行过热、经济秩序混乱、通货膨胀不断加速的更为严重的局面。当年基本建设投资增长23.5%，社会商品零售额增长27.8%，银行贷款增长16.8%，零售物价指数上涨18.5%，其中12月份零售物价指数同比增长26.7%。正常的经济运行受到极大威胁，经济体制改革陷入了进退维谷的境地。1988年9月，中央召开十三届三中全会，针对当时严峻的经济现实，提出了治理经济环境，整顿经济秩序，全面深化改革的方针。1990年，国务院决定适当调整1988年以来治理整顿的紧缩度，实际上是采取了紧财政、松信贷的宏观经济政策。从1991、1992到1993年上半年，宏观调控采取了顺应和促进经济回升的扩张性政策。

2. 财政政策的主要内容

一是加强税收政策调控，努力增加财政收入。认真整顿税收秩序，纠正越权减免税收，加强对私营企业、个体工商户和个人收入的税收征管。为增强国家的宏观调控能力，对预算外资金征收预算调节基金，对彩电、小汽车开征了特别消费税，对农林特产税调整了征收范围和税率，对有承受能力的国有大中型企业发行了少量的特种国债。继续开展税收、财务、物价大检查，查补税款和财政收入。1990—1991年国内财政收入分别比上年增长11.8%和9.5%。二是完善国债管理运行机制，积极发挥国债政策的调控作用。增加国债发行的种类，1991年增加了转换债的发行。推进国债发行的市场化。1990年改变以往主要以行政手段加以派购的方式，开始部分采用市场发行的办法，1991年进一步试行了国债的承购包销方式。逐步扩大国债发行规模，对我国筹集建设资金，调整经济结构，发展金融市场，提高政府宏观调控水平，发挥了重要作用。三是贯彻紧缩财政方针，严格控制财政支出增长。根据中央进行治理整顿的方针，实行紧缩性财政政策，从严控制各项支出。四是积极支持企业改革，搞活搞好国有企业。按照国务院的部署，国家财政通过减税让利等各项政策，支持企业改革，扩大企业财权，搞活国有企业。同时，加强社会保障制度建设，重视下岗职工的再就业培训和生活安置工作。1990年专门增拨了国有企业下岗职工基本生活费保障支出等168亿元。1991年中央提出了改善企业外部环境和加强内部管理的二十条措施，财政部门及时制定了增提企业折旧、提取技术开发费、补充企业流动资金等办法，当年增加企业技术改造等方面的财力约85亿元。

3. 财政调控取得成效

经过近两年的治理整顿，经济在经历了低谷运行之后，从1990年第4季度起回升势头明显加快。1991年经济全面回升，固定资产投资增长21.9%，扭转了上年实际负增长的局面；出口在上年增长18.2%的基础上，再增长15.8%；社会商品零售总额增长13.4%，扭转了上年的负增长；城镇居民人均生活费收入，扣除物价因素，在上年增长8.5%基础上继续增长7.2%，农民人均现金收入在上年增长1.8%基础上又增长2%。GDP的增长率，1990年为3.8%，1991年为9.2%，其中农业总产值增长3%，工业总产值增长14.2%。供求失衡矛盾明显缓解，通货膨胀得到控制。供需差率1990年缩小到7.6%，1991年为4%，处于基本正常范围。全国零售物价总水平环比涨幅，1990年回落到2.1%，1991年为2.9%，达到了治理整顿的预期目标。

## （二）1993—1996年适度从紧的财政政策

1. 实施背景

1992年初，政府宣布结束治理整顿，在邓小平同志视察南方重要讲话和党的十四大胜利召开之后，我国的改革开放进入了一个新的发展阶段，国民经济呈现出高速增长的态势，使1993年经济增长达到一个相当高的起点，导致宏观经济环境日趋紧张。一是投资和消费双膨胀。1993年1—5月国有单位固定资产投资比上年同期增长69.3%，新开工项目之多、在建投资规模增幅之大是历史上没有过的。银行工资性现金支出和对个人其他现金支出增长36.4%，行政企事业管理费现金支出增长89.4%。二是基础设施和基础工业“瓶颈”制约强化。交通运输特别是铁路运输十分紧张，一些干线的通过能力仅能满足需求的30%—40%。电力、油品等能源供需缺口越来越大，有的地方出现了“停三开四”的现象。加上“房地产热”、“开发区热”，钢材、水泥、木材等供需矛盾日益突出。三是通货膨胀加速发展。从1992年10月份开始，物价上涨幅度逐月加快。1993年1月份物价上涨幅度达到8.4%，3月份开始突破两位数，5月份达到12.5%，其中35个大中城市生活费用价格指数同比上升19.5%。1—5月，生产资料价格指数上涨43%，农业生产资料价格上涨11.2%，严重地影响到经济的稳定。

2. 政策措施

1993年6月《中共中央、国务院关于当前经济情况和加强宏观调控的意见》提出16条宏观调控措施，确定了实行适度从紧财政、货币政策的基调，先后出台了一系列适度从紧的财政政策措施。一是严格控制税收减免和财政赤字。强化税收征管，堵住减免税漏洞。特别是1996年3月八届全国人大四次会议要求"九五"期间要逐步减少财政赤字，实现财政收支基本平衡。1994—1996年中央财政赤字逐年缩小，分别为667.0亿元、662.8亿元和608.8亿元。二是严格控制社会集团购买力过快增长。中央要求，1993年下半年要严格控制和精简各种会议，各地区、各部门会议经费要在年初预算基础上压缩20%。要严格控制过多过滥的出国活动、无实际效益的各种招商办展活动和无实际意义的节庆活动。严格执行国家对工效挂钩的规定，控制消费基金的过快增长。对购买规定的8种专控商品从严审批，严格控制社会集团购买力。三是完善税收政策的调控机制。1994年对税收制度进行了全面改革，建立了以增值税为主体、消费税和营业税为补充的新的流转税制度；改变了按企业所有制形式设置所得税的做法，将国有、集体、私营企业所得税合并为企业所得税，改变了国有企业承包所得税的做法，规范了企业所得税税前扣除项目和列支标准，取消了国有企业税前还贷制度和上交"两金"等规定；建立了统一的个人所得税制；对资源税等其他税种，也进行了相应的改革和完善。四是支持农业和企业改革。继续增加国家对农业的投入，1994—1996年国家财政用于农业的支出增长16.7%，比1991—1993年高出4个多百分点。支持企业进行技术进步，1993年下半年以后，财政实行了一系列鼓励企业技术进步的措施，财政减税让利2000多亿元。支持国有企业改革，1995年对18个优化资本结构试点城市的国有工业企业实行15%的所得税率，对那些扭亏无望、资不抵债的企业实施关闭破产，同时进一步改革和完善了社会保险制度。

3. 适度从紧财政政策的效果

经过三年的宏观调控，使1996年我国经济成功实现"软着陆"，宏观经济运行环境紧张程度得到明显缓解。一是国民经济保持适度增长，通货膨胀得到有效抑制。1996 年，经济增长 9.6%，物价上涨幅度回落到 6.1%，实现了“九五”计划提出的物价上涨率低于经济增长率的要求。二是社会总供求平衡状况明显改善。1996 年，全社会固定资产投资增长由 1993 年的 61.8% 回落到 14.8%；社会消费品零售总额名义增长 20.1%，实际增长 14%。粮食总产量超过 4800 亿公斤，增加 135 亿多公斤。进出口总额为 2899 亿美元，贸易顺差 122 亿美元，外汇储备达到 1050 亿美元。三是财政收入增长较快，金融形势相对稳定。1993—1996 年财政收入共增加 3924.6 亿元，比上一个五年计划增加的财政收入还要多。1996 年，M1 和 M2 分别增长 18.9% 和 25.3%，增幅回落到基本适度区间。四是居民收入继续增加，城镇居民收入实际增长 3.4% 左右，农村居民实际增长大约 8%，比 1991—1995 年平均增幅高出 3.5 个百分点。同时，这次宏观调控没有像过去那样采取以行政命令为主的计划经济条件下普遍使用的直接调控方式，而是主要运用经济手段进行间接调控，并积累了治理通货膨胀的宏观调控经验。

### （三）1998—2004 年以来积极的财政政策

1. 积极财政政策的实施背景

受 1997 年亚洲金融危机影响，1998 年我国经济形势发生急剧变化，内需不振，出口下降，经济形势面临前所未有的严峻局面。经济周期处于低谷阶段，上半年 GDP 仅增长 7%，与全年 8% 的目标有明显差距。特别是国内物价持续走低，商品零售价格总水平自 1997 年 10 月开始出现绝对下降，截至 1998 年 7 月持续下降了 9 个月；居民消费价格指数从 1998 年 3 月开始出现下降；工业品价格指数自 1996 年 6 月以来持续下降，到 1998 年 7 月已达 25 个月之久，通货紧缩趋势已日渐明显。货币政策采取了连续降息、增加货币供应量等放松银根、刺激需求的政策，但政策效果不明显，其操作余地已经相对狭小。在这种情况下，中央果断调整了适度从紧的财政货币政策，转向实行稳健的货币政策和积极的财政政策。

2. 积极财政政策的主要措施

积极财政政策是在特殊时期采取的特殊政策，是扩大内需的一揽子政策的有机组合。一是增发长期建设国债，加强基础设施建设和技术改造投资。1998—

2004年累计发行长期建设国债9100亿元。二是积极完善税收制度，增强税收政策的调控功能。1999年11月对居民储蓄存款利息恢复征收个人所得税，1999年7月对固定资产投资方向调节税减半征收，2000年暂停征收。同时，对利用国产设备进行技术改造的投资，按40%的比例抵免企业所得税。1999年8月对涉及房地产的营业税、契税、土地增值税给予了一定的减免。多次提高出口商品退税率，实行“免、抵、退”税办法，制定了支持西部大开发的税收优惠政策，对软件产业、集成电路产业实施优惠政策。取消乱收费、乱摊派、乱罚款，1998—2003年共公布取消1805项收费项目，降低469个收费标准，减轻社会负担1417亿元。农村税费改革减负率达39%。三是调整收入分配政策，努力扩大国内需求。四次提高机关事业单位职工工资水平，大力增加社会保障支出，社会保障支出占财政支出比重由1997年的3.3%提高到2002年的13%。五是调整财政体制，加大对中西部地区的转移支付力度。包括增加一般性转移支付资金规模，从2000年起加大对民族地区（包括非民族省区的民族自治州）的转移支付力度，对天然林保护、退耕还林还草、农村税费改革造成的财政减收等进行转移支付补助。

3. 积极财政政策的实施成效

实践证明，积极财政政策的成效显著。首先，刺激了消费需求。通过上调机关事业单位职工工资，加强“两个确保”和“低保”工作，提高了城镇中低收入者的收入水平。通过退耕还林、调整农业结构、实行农村税费改革和按保护价收购农民余粮等措施，增加了农民收入。居民收入增加促进了消费，社会消费品零售总额增速由1998年的6.8%提高到2003年的9.1%。第二，带动了民间投资。1998—2003年累计发行长期建设国债8000亿元，带动地方配套资金和银行贷款2万多亿元，特殊政策投放资金达到3万多亿元，启动了社会投资，2003年1—8月投资增量中，国家预算内资金比重由1998年的14%下降到5.1%，国内贷款、自筹资金和其他资金所占的比重则由85%上升到89.9%，全年全社会固定资产投资增速达26.7%。第三，促进了出口增长。1998—2003年累计出口退税6321.9亿元，使出口增速由1998年的0.5%提高到2003年的34.6%。在这些因素的作用下，积极财政政策每年拉动经济增长1—2个百分点，并办成了不少多年来想办而没有力量办的大事，形成了一大批新增生产能力和优质资产，更为重要的是使通货紧缩趋势得到遏制，2004 年物价已转为上升，从而在“八五”积累治理通货膨胀经验基础上，又初步掌握了应对通货紧缩的基本经验。

**（四）2005 年至今稳健的财政政策**

1. 稳健财政政策的实施背景

2004 年年初我国实行新的宏观调控措施，为了配合此次宏观调控，财政税收政策也进行了调整，开始实施稳健的财政政策。从 1998 年开始实施的积极财政政策，对于抵御亚洲金融危机的冲击、保持经济社会平稳发展作用显著。但随着 2003 年我国经济开始趋于稳定，GDP 增长速度跨入 9% 区间且呈继续攀升态势，社会部分行业投资过旺，经济有偏热迹象，因此宏观调控政策开始发生变化，财政政策转型也就成为必然。2005 年开始，在加强和改善宏观调控，继续实行稳健货币政策的同时，开始调整财政政策取向，由扩张性的积极财政政策转向稳健（中性）财政政策。

2. 稳健财政政策的主要措施

一是长期建设国债在保持一定规模的前提下，绝对量将减少。2004 年我国长期建设国债规模从 2003 年的 1400 亿元调减到 1100 亿元，一些以国债筹资建设的项目资金拨付进度放缓，控制对由预算资金拨款支持的基本建设项目的支出进度。二是继续完善税制与税收征管，新一轮税制改革从 2004 年开始，增值税、企业所得税和个人所得税等三大税种开始改革，增值税从生产型向消费型转型，内外资企业所得税合并以及个人所得税调整等措施。2005 年继续完善出口退税机制，推进农村税费改革等工作。三是在总量调减的同时，显著强化财政资金使用中的结构导向。减少了国债资金用于基础建设的比重，大力支持农业、教育、公共医疗、就业、社会保障、环境保护等重点和薄弱领域的资金投入。2006 年在全国取消农业税，完善并加强“三补贴”政策，13 个粮食主产省（区）的粮食直补资金将再增加 10 亿元，全部达到本省粮食风险基金总规模的 50%。四是收入分配政策的重要举措，例如我国公务员的工资改革。2006 年 7 月我国公务员开始了建国以来的第四次工资制度改革，不仅仅是单纯的工资上涨，而是国家调控宏观收入分配政策的重要举措。

3. 稳健财政政策的实施成效

从2005年开始全面实施“控制赤字、调整结构、推进改革、增收节支”为主要内容的稳健财政政策以来，中央财政逐步减少了国债资金用于基础建设的比重，加大了农业、教育和社会保障等领域的投入，促进了经济和社会的协调发展，且政府投资结构进一步转向农村，转向社会公共事业、生态建设和环境保护，促进了经济平稳较快发展。特别是财政支农工作进入新阶段，在支农理念、支农力度、支农方式、支农措施和支农资金使用管理等方面有了明显的积极变化，2005年仅中央财政安排用于“三农”的支出就将超过3000亿元。2005年，全国牧业税和除烟叶外的农业特产税已全部免征；28个省份已免征农业税，其余3个省也有210个县（市）免征农业税，8亿农民得到了实惠；2006年已经实现全国范围内彻底取消了农业税。

由于稳健财政政策实施不足2年时间，因此其实施成效还有待时间检验，因此这里只是简单介绍一下取得的短期效果。

## 第三节 财政政策传导机制

### 一、财政政策的传导过程

在市场经济条件下，财政政策作为一种总量调控，调控对象最终是社会总供给与社会总需求。因为产出水平和价格水平最终由总供给曲线和总需求曲线的均衡决定。其中，总需求 = 私人投资十私人消费 + 政府购买支出 + 出口，总需求曲线反映“物价水平↑→实际货币供给↓→利率水平↑→投资水平↓→收入水平↓”这样一个复杂而迂回的传导机制；总供给 = 私人消费 + 私人储蓄 + 税收收入 + 进口，总供给曲线表明“物价水平↑→实际工资水平↓→利润水平↑→就业水平↑→实际收入水平↑”这样一个复杂而迂回的传导机制。

财政政策的传导机制，是指利用财政政策各种工具，通过中间媒介的作用，影响总供给和总需求，最终影响宏观经济总体水平，实现经济增长、价格稳定、充分就业和国际收支平衡四大目标（见图3-2）。

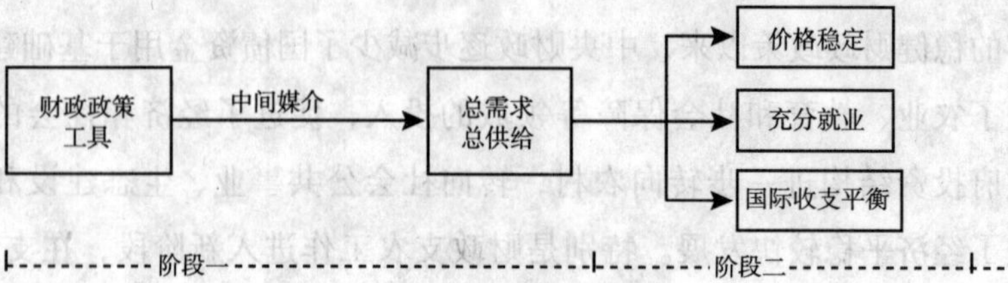


**图3-2 财政政策传导机制**

在财政政策传导过程中，各种政策工具变化通过某种媒介体最终影响宏观经济主要变量。在这个过程中，最重要的媒介体是收入分配、货币供应量和价格。改变财政政策工具变量主要通过引起这些中间变量的变化来影响总供求特别是总需求。

其中，收入分配中主要以居民个人收入分配和企业利润收入分配对GDP分配影响最大。广义的居民个人收入分为货币收入和财富收入，其中货币收入包括工资、奖金、利息、股利和隐性收入；财富收入是指个人从其所有形式的财富中所得的一切利润。财政政策工具的调整主要是通过改变货币收入者实得收入或使货币收入者的实际购买力发生变化，进而影响总供求变动。

货币供应作为最终的存量概念，受到货币供应规模、货币流通速度以及货币存量结构等影响。财政政策可以影响货币供应量。通过向银行发行国债或直接增发货币来弥补财政赤字，财政赤字就具有货币扩张效应。财政政策通过赤字和国债影响货币供应量，进而影响宏观经济目标的实现。

相对价格指国内物价、工资、汇率、远期契约收益和金融资产收益。价格是市场经济中重要指标，税收、财政补贴等财政政策工具的作用可以通过价格作用体现出来，或是与价格相互作用共同发挥调节作用。

财政政策工具一般是通过中间媒介间接影响总需求的。例如，税收工具通过对居民个人征税（个人所得税）和企业所得税的调整，使其税后收入发生变化，通过收入分配中间变量影响总供需；政府转移支付中补贴、抚恤金、养老金、社会保障、失业保险等支付，更是对实得收入的多少产生直接影响。国债发行过程中，视不同的购买者会影响到货币供应量这个中介变量；政府补贴中的价格补贴就直接影响了价格变量。当然有些财政政策工具的效果是直接性的，并没有通过中间媒介，就可以直接到达最终目标，比如政府购买支出变动就可以直接影响总需求。另外，财政政策工具也可以通过影响资本存量，比如财政投资和国债用于投资，在影响总需求的同时，也间接影响总供给。但由于稳定经济的政策都是短期政策，主要是需求管理，因此，下面我们主要分析财政政策对总需求的影响。

总之，各种财政政策工具可以通过中间媒介，也可以直接影响总需求和总供给，再通过总供求的相互作用，决定产出、价格、就业和国际收支水平，来最终达到经济增长和稳定目标（见图3－3）。这说明财政政策既有需求管理也有供给管理，[①] 政府通过调整支出和税收等措施相机实行扩张性或紧缩性财政政策，可以调节社会总需求，消除经济周期波动，实现经济稳定增长。

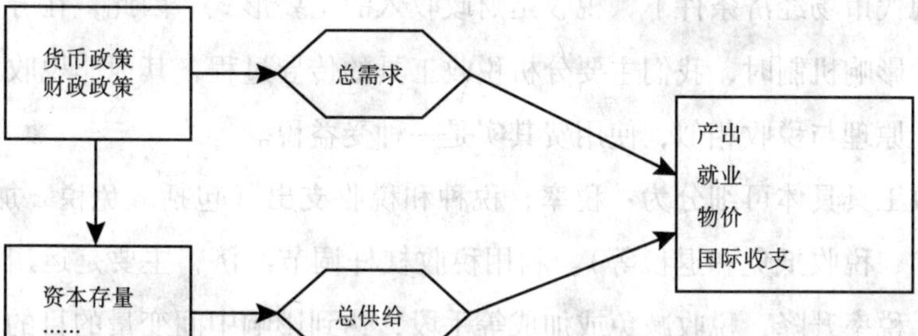


**图3－3 财政政策传导过程图**

① 由于对凯恩斯宏观理论的关注，因此对财政政策需求管理方面的关注远远高于对供给方面的研究。以凯恩斯的构架为基础的财政政策关注税收、公共支出的改变对总需求的影响；而供给管理从微观（价格）理论出发，主要强调生产要素如何以更合理的方式进行配置。本文主要依托凯恩斯宏观经济理论，重点关注财政政策对总需求的影响。强调通过财政和货币手段进行需求管理政策，在理论界被视为“正统手段”。以需求管理为目的的财政政策调整，如果供给反应发生得及时，则该方面的影响并非是微不足道的，此供给反应（以产量、出口额、资本回流额和诸如此类的变量来表示）就意味着不太严格的需求管理是必要的。（维托·坦齐，1986）

## 二、财政政策的传导渠道

研究财政政策及其工具如何通过各种变量对实质经济产生作用，如何从政策工具变量转变到政策目标变量，就是财政政策的传导渠道问题。作为政府调控手段，财政政策具体的工具通过政府收入和支出的水平及结构来影响经济活动，其传导有一个共同特点，即各项财政政策细分工具都是通过放大或缩小财政收入或财政支出，进而影响全社会收入分配、货币供应量和价格，再影响全社会的出口、消费和投资，最终影响总需求以及宏观政策目标的。下面单独分析各种财政政策工具是如何通过改变中间媒介变量，来完成整个传导过程的。在讨论财政政策对总需求水平的影响时，我们主要考虑短期调整，即假设资本存量、人口和技术水平保持不变，考虑收入时利用的也是短期收入模型进行定性和乘数的分析，主要分析财政政策对产出、就业和价格的短期变动影响。

### （一）税收工具

在现代市场经济条件下，税收是财政收入的主要形式。因此，在分析财政收入工具的影响机制时，我们主要分析税收工具的传导过程，其他非税收入主要是使用费，原理与税收相似，使用费其实是一种受益税。

税收工具具体可细分为：税率、税种和税收支出（包括减免税、加速折旧、税收扣除、税收抵免和退税等）。利用税收杠杆调节经济，主要是运用税种、税目设置，税率升降，税收减免或加成等手段，达到影响中间变量的目的，而这些手段的运用，最终归结为税收负担的变化，即微观主体之间的税收负担差异以及税负转嫁作为税收调节经济的支点。在影响中间变量方面，税收对总需求的影响，主要通过税收变动对收入分配，特别是个人可支配收入的影响实现的。因为在总需求中，个人可支配收入主要用于个人消费支出，而个人消费支出又是总需求的重要组成。同时，税收政策也会影响到货币供应和价格。

第一，税收影响收入分配。税收作为财政收入的主要手段，最显著的作用是对收入分配的影响，通过收入的初次分配和再分配来产生作用。税收对居民和厂商货币收支的影响是广泛和深远的（见图3-4）。个人所得税、利息税和股票印花税的调整，直接影响到居民个人的货币收支状况；企业所得税、投资方向调节税、增值税、营业税、消费税直接影响到企业的利润情况。其中所得税类、商品税类主要针对收入的流量征税，财产税主要针对收入的存量征税，但总的来说都是对收入进行征税。

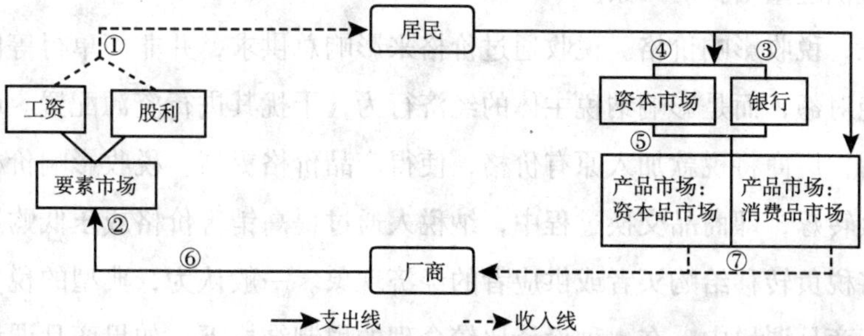


说明：①个人所得税；②企业所得税；③利息税；④印花税，交易税；⑤投资方向调节税；⑥增值税；⑦消费税，营业税。

**图3－4　税收对居民和厂商收入流的影响**

资料来源：理查德．A．马斯格雷夫，佩吉．B．马斯格雷夫．财政理论与实践．中国财政经济出版社：中译本，2003.

在税制结构中，通过累进的所得税制和财产税制（包括遗产税和赠与税）来进行收入分配的调节，通过推行高额累进税和高比例财产税，减少高收入者和富裕阶层的收入和财富，再通过转移支付为低收入和贫困家庭提供补助。遗产税和赠与税是对财富存量——财产的课税，可以削弱财富的过分集中。对主要由高收入消费者购买的产品进行课税，再对主要为低收入消费者使用的产品给予补贴。社会保险税是为转移支付融资的一种手段，是一国社会保障制度的重要组成部分。

税收支出是一种隐性的转移支付，对调节收入分配的作用也很重要。税收支出是指以特殊的法律条款规定的，给予特定类型的活动或纳税人以各种税收优惠待遇而形成的收入损失或放弃的税收收入。政府通过对不同收入阶层的个人或公司实行免税、税额抵免、所得扣除等优惠措施，减少其纳税义务，增加其可支配收入，起到调节收入分配的作用。

第二，税收影响货币供应量。增税，从短期效应看，并不会直接减少货币供应量，因为从个人、企业手中征收到财政手中的货币，在弥补财政赤字的情况下是要支出的，因此货币供应量不变。但如果不用于支出，则就直接减少了货币供应量；但长期看来，该政策会降低新投资积极性，降低对贷款的需求，因此成为控制货币供应量增长的因素。

第三，税收影响价格。税收通过价格来影响总供求，并非简单得等同于所征税款的绝对额，而是影响纳税主体的经济行为，干扰其进行资源配置。政府对厂商征税后，厂商将税款加入原有价格，使得产品价格提高。税收影响价格还主要通过税负转嫁，即商品交换过程中，纳税人通过提高销售价格或压低购进价格的办法，将税负转移给购买者或供应者的经济现象。一般认为，典型的税负转嫁主要存在于商品课税中。在一种设计比较合理的税制结构下，如果商品课税改变了应税商品的相对价格，那么这种变化反映出政府对社会关于市场价格偏好的解释。

税收通过影响以上中间媒介而影响总需求，从而影响总产出，对总产出影响的大小表现为税收乘数。税收乘数指政府增税或减税，倍数影响国民收入。在讨论税收乘数时，一般假定财政支出不变，也不考虑税收转嫁问题，而分析税收政策变化对国民收入水平的影响。为简单起见，我们假定经济是封闭的，首先不考虑进出口因素，并且投资 $I$ 是固定的，则有

$$Y = C + I + G$$

$$C = a + c(1 - t)Y$$

$$Y = \frac{1}{1 - c(1 - t)}(a + I + G)$$

其中，$Y$ 指产出，$C$、$I$ 指消费和投资，$G$ 为政府购买支出，$c$ 为边际消费倾向，且 $0 < c < 1$；$t$ 为所得税税率或宏观税负。这表明所得税乘数为 $\frac{1}{1-c(1-t)}$，其中表明税收变动（包括税率、税收收入变动），引起国民收入反方向变化。

在经济是封闭假设下，但投资是变化的，假定投资变化是由投资需求对利率变动敏感度 $d$ 决定的，则有

$$Y = C + I + G$$

$$C = a + c(1-t)(Y-T)$$

$$I = b - dr$$

$$Y = \frac{1}{1-c(1-t)}[a + b - dr + G - c(1-t)T]$$

$$\Delta Y = \frac{1}{1-c(1-t)}\Delta G - \frac{d}{1-c(1-t)}\Delta r - \frac{c(1-t)}{1-c(1-t)}\Delta T$$

表明这时税收乘数为 $-\frac{c(1-t)}{1-c(1-t)}$。

在考虑到进出口情况下，由于出口是由国外收入确定的，而进口是国内收入决定的，因此只考虑内生的进口需求对收入变化的敏感度 $m$，这时有

$$Y = C + I + G + X - M$$

$$C = a + c(1-t)(Y-T)$$

$$I = b - dr$$

$$M = e + mY$$

$$Y = \frac{1}{1-c(1-t)+m}[a + b - dr + G - c(1-t)T + X - e]$$

$$\Delta Y = \frac{1}{1-c(1-t)+m}\Delta G - \frac{d}{1-c(1-t)+m}\Delta r - \frac{c(1-t)}{1-c(1-t)+m}\Delta T$$

即税收乘数为 $-\frac{c(1-t)}{1-c(1-t)+m}$，其中 $T$ 可以解释为扣除政府转移支出后的净税收。

### （二）政府购买工具

财政支出工具包括政府购买支出和转移支出两种。其中，政府购买是政府利用财政资金购买商品和劳务的支出，其购买规模直接关系到社会总需求的大小以及总需求和总供给之间的平衡问题。

政府购买的最终用途可分为政府投资和政府消费。政府投资既可以投资于私人部门也可以投向公共领域，政府通过向私人部门投资会形成积极的外部条件，提高该部门投资收益率，但同时也会造成对私人投资的“挤出效应”。公共投资主要指投向基础设施、公共事业，具有投资规模大、不以盈利为唯一目标等特点，通过调整产业结构、资源结构、技术结构、劳动力结构等比例关系，改善投

资环境，最终会刺激私人投资。政府消费是政府为了维持国防、文教卫生以及其他政府活动所进行的物资、劳务购买活动，政府消费可以直接增加或减少社会总需求。从对消费需求的影响上来看，政府消费比政府投资的影响更直接和深刻。但无论通过何种方式，政府购买支出的增加，都将最终直接增加个人的收入。比如，通过政府消费为居民个人提供了免费或低收费的教育服务，从另一个角度等于提高了居民的收入；如果是特别针对低收入人群的措施，也相当于改变了个人的收入分配结构；政府投资进行的基础设施建设工程，通过增加就业，也提高了居民和企业的收入以及影响了收入分配结构。通过居民个人和厂商的收入变化会引起居民和厂商消费需求的增加，政府作为买方同时出现在要素市场和产品市场上，因此政府购买成为价格机制的组成部分。另外，政府投资的公共部门或公共服务的低价格，也会间接影响其他替代或互补的私人产品的价格制定。

购买支出影响总需求从而对总产出影响的大小，也由购买支出乘数决定。购买支出乘数指由政府购买物品和劳务支出的变化所引起的国民收入变化的倍数。财政支出变动通过其乘数数倍影响国民收入，直接影响可支配收入的分配；在经济繁荣时期，财政支出的增加将导致国民支出增加，这会刺激价格水平上升；财政支出的增加还会使货币量和公债规模发生变动。因此，通过收入分配、价格和货币供应量中间变量的变动，财政支出乘数最终对总需求变动产生作用。

在不考虑进出口和投资变化的情况下，总产出由消费、投资和政府购买组成，且投资 $I$ 是固定的，可推导出政府购买对产出的影响为：

$$Y = C + I + G$$

$$C = a + c(Y - T) = a + c(1 - t)Y$$

$$Y = \frac{1}{1 - c(1 - t)}(a + I + G)$$

$$\Delta Y = \frac{1}{1 - c(1 - t)}\Delta G$$

因此，政府购买对产出的影响，取决于边际消费倾向 $c$，是边际储蓄倾向的倒数。

同样，由前面的分析可知，在投资变化情况下，购买支出乘数仍然是 $\frac{1}{1-c(1-t)}$。在考虑到进出口情况下，假定进口需求对收入变化的敏感度为 $m$，这时购买支出乘数为$\frac{1}{1-c(1-t)+m}$。

**（三）转移支出工具**

转移支出包括政府对居民个人的转移支出（失业救济金的发放和其他福利费用支出）和政府对企业的转移支出，其实质是政府把税收等形式筹集上来的部分财政资金用于社会保障和社会福利以及财政补贴。在发达国家，用于财政补贴费用的比例很小，转移支出主要指适用于社会福利和保障的支出，支出对象针对最低收入人群，否则该政策工具的效果未必会奏效。

转移支出的作用在于给企业和家庭提供购买力，使其有能力在市场上购买产品和劳务，相当于提高居民和厂商的收入以及改变收入分配结构。同时，在转移支出政策中，社会福利支出实质上是将高收入阶层的部分收入转移给低收入阶层，促进收入分配公平。

财政补贴分为生产性补贴和消费性补贴，其中消费性补贴主要是对是日常消费资料的价格补贴，通过改变价格来影响最终的总供求。生产性补贴包括生产资料价格补贴、投资补贴、利息补贴等，作用相当于减税，通过影响厂商的收入分配和产品价格来改变厂商的投资和供给能力。通过改变价格，财政补贴也影响补贴对象的货币收入或实际购买力。

转移支出制度往往与累进的所得税制度相配合，同时对低收入者和高收入者两方面进行收入分配调节。

转移支出对产出的效应，取决于转移支出乘数大小。同样，在不考虑进出口和投资变化的情况下，国民收入由以下方程决定：

$$Y = C + I + G$$

$$C = a + c(Y - T + TR)$$

$$I = \bar{I}$$

$$G = \overline{G}$$

$$TR = \overline{TR}$$

其中，$TR$ 指转移支出，根据国民收入均衡公式，得到：

$$Y = \frac{a + \bar{I} + \bar{G} - cT + cTR}{1 - c}$$

因此，转移支出乘数为 $c/(1-c)$。事实上，由于转移支出与政府购买 $G$ 截然不同，可视为上述总量税的负税收，由于前面分析中的税收指净税收，即税收收入减去转移支出后的净额，因此转移支出乘数的绝对值与税收乘数相同，但对经济的影响方向与税收相反。在投资是变化的，由投资需求对利率变动敏感度 $d$ 决定时，转移支出乘数为 $\frac{c(1-t)}{1-c(1-t)}$。在考虑到进出口情况下，假定内生的进口需求对收入变化的敏感度为 $m$ 时，转移支出乘数为 $\frac{c(1-t)}{1-c(1-t)+m}$。

**（四）国债工具**

国债作为重要的财政政策工具之一，不仅是弥补财政赤字的一个手段，而且是宏观经济调控的重要变量，对经济增长和经济稳定具有显著的调节作用。政府支出有三种融资方法：征税、发行货币和国债，其中发行国债融资需要支付利息，就存在再次融资问题，其对经济的影响有时是一次性的，有时是持续性的。国债同样可以通过三条中间媒介的传导，对总需求施加影响。

一是对收入分配的影响。民间部门购买国债，如果居民用储蓄资金购买，就相当于用金融资产（国债）代替了货币资产，对居民收入分配没有影响，因此民间消费保持不变，总需求也不受影响；但由于居民对国债资产的偏好大于货币资产，而用消费资金认购国债，就减少了当期现金收入，使当期消费下降，暂时抑制了总需求。特别是由于国债具有收益稳定的特点，居民个人购买国债后将其作为安全可靠的资产来持有，并且每年的利息也增加了其可支配收入。因此国债的持有者分布结构，可以影响国民收入分配格局。国债通过利息支付对居民个人收入分配这个中间变量产生影响，会使消费需求增加，从而增加总需求。

二是对价格的影响。国债除了通过对货币供应量的变动产生价格效应以外，还可以直接影响和引导资金的价格。国债利率，特别是长期国债利率表明政府对长期利率变动趋势的基本预期，该预期对货币资本的价格和实物资产价格产生重要影响，即政府对长期资产价格变动的预期，影响实物资产价格。政府通过调整公债的利率水平和影响其供求状况来影响金融市场利率变化，从而对经济产生扩张性或抑制性效应。公债的利率效应是通过确定公债利率水平和改变公债价格来实现的。国债可以提供市场基准利率，因为在比较健全的金融市场上，有资格成为基准利率的只能是那些信誉高、流通性强的金融产品的利率，而国债利率一般被视为无风险资产的利率，被用来为其他资产和衍生工具进行净价的基准。因此，公债的利率水平对金融市场的利率变化有着重大影响，从而对整个社会的投资需求和消费需求产生影响。当经济萧条时，政府通过调低国债的发行利率，带动金融市场利率水平下降，以刺激投资需求和消费需求；当经济繁荣时，政府通过调高国债的发行利率，推动金融市场利率水平上升，以抑制总需求。另外，由于公债价格与利率呈反向变化，在经济衰退时，政府可以大量买进债券，以刺激公债价格上升，使利率水平降低，产生扩张性效应；在经济繁荣时，政府可以抛售债券，以促使公债价格下跌，使利率水平上升，产生紧缩效应。

三是对货币供应量的影响。国债融资与货币供应关系，可以从国债认购主体、国债期限构成、国债的流通与偿还等角度进行分析。从认购主体来看，国债发行后可以由中央银行、商业银行和民间部门认购，认购来源的不同会影响到货币供应量，并通过该中间变量影响到总需求。其中，中央银行购买国债，意味着基础货币增加，然后按照货币乘数扩张流通中的货币量。增加了货币供应量，会使市场利率降低，民间投资增加，刺激了总需求；而且货币供应量增加，使货币资产增加，刺激了消费需求，同样使总需求扩张。商业银行购买国债，既有扩张总需求的可能，也有抑制总需求的可能，这取决于商业银行是否有闲置资金，认购国债的资金是否会影响向民间贷放的资金量。如果由于认购国债原因，减少了信贷资金投放量，使市场货币量减少，市场利率提高，民间投资下降，抑制了总需求；如果是商业银行闲置资金，对市场货币量的影响就比较小。具体影响程度还取决于发行国债的种类、金融市场状况、整个宏观经济状况以及居民资产偏好等情况。一般说，商业银行购买政府债券会减少信贷资金来源，但政府也会同时在商业银行其“银行存款”账户上增加相同数额，而财政在支出该存款账户时，会有部分现金进入流通领域，因此同样会使货币供应扩张，只是这种扩张会受到一定限制，而且小于中央银行购买国债的货币扩张效应。居民个人购买国债，如果用减少当期消费的节余购买国债，只是购买力的暂时转移，对货币供应量没有过多影响；如果用储蓄资金购买，政府的债券收入是要支出的，因此使潜在购买力转化为现实购买力，扩大了货币供给。

从国债期限构成来看，一般来说，长期国债流动性小、变现能力差，对市场货币流通量影响小；短期国债则对货币供应有着扩张性影响。从国债流通来看，在企业或个人向商业银行贴现国债时，商业银行用于贴现国债的资金，或者来自信贷资金，或者来自其在央行的存款，结果引起货币供给减少；但同时企业或个人将其贴现国债的资金存在商业银行，又增加了其银行存款，结果引起货币供给增加。如果紧缩和扩张影响在量上一致，整个社会货币供给规模不变。在商业银行向中央银行贴现国债时，商业银行在中央银行的存款储备增加，该储备一旦运用，必然引起货币供应量增加。在中央银行进行公开市场操作时，买进和卖出国债直接造成基础货币的投放和回笼。

从国债偿还来看，如果通过增税偿债，那么增加税收会减少纳税人现金或在商业银行存款，使市场货币流通量减少，货币供给减少。但财政将这笔资金用于偿还商业银行或民间部门持有国债，则又增加了商业银行的存款储备或民间部门在商业银行存款，因此总体上不会影响货币供给规模；如果用于偿还中央银行持有的国债，结果减少了财政存款和中央银行持有的国债数量，总体上是收缩效应。如果依靠发新债还旧债，这要考虑发行债券时认购人情况以及归还旧债时被归还人情况，来判断货币供应量的变化情况。若向商业银行或个人发行新债是用于归还他们已有的旧债，则货币供应不受影响；若用于归还中央银行持有的旧债，则缩减了货币供应量。若向中央银行发行新债，用于归还中央银行已有的旧债，则货币供应不受影响；如果用于归还商业银行或个人持有的旧债，则增加了货币供应量。如果通过发行货币偿还国债，这相当于上述向中央银行发行新债，然后偿还旧债的情况。

国债对总产出的影响，具体取决于其使用用途，如果国债用于政府投资等购买支出，则对总产出的扩张效应等于购买支出乘数；如果用于对居民的转移支出，则对总需求的放大效应相当于转移支出乘数。

比较各种财政政策工具对总需求的最终影响结果，由于转移支付乘数和减税乘数受到储蓄漏损的限制，因此政府增加购买支出对国民收入的乘数扩展效应大于前两个乘数，即购买支出乘数 > 转移支出乘数 > 税收乘数，因此政府增加购买支出对经济增长和稳定的作用大于转移支出，增加转移支出是扩张性政策，而增加税收是紧缩性政策，但政府在增加购买支出的同时等量增加税收，对国民收入的影响就是平衡预算乘数1，仍具有一定的扩张效应。因此，当经济处于衰退时期，政府可以通过适当地增税来弥补等量的政府财政支出，这样既可以提高国民产出和就业水平，又可以避免财政赤字。

## 三、我国财政政策的传导特点

我国经济由于处在由计划经济向市场经济转轨，财政由生产建设财政向公共财政转轨过程中，财政政策传导机制与成熟市场经济国家不同，有明显的转轨、过渡、非规范的特征。

### （一）中间传导存在扭曲

由于我国财政支出范围过宽，财政大包大揽，支出“越位”与“缺位”现象，未得到根本扭转，政府仍然包办或管理了一些应由市场调节的事务，各级政府财政仍不同程度地介入一些应由市场配置资源的领域，例如企业亏损补贴，拨付流动资金，贷款担保和贴息，过多的价格补贴，以及可以市场化的事业供给。这些支出不但替代和挤出了私人支出，而且由于这些支出主要支付给国有部门，它们或者是国民收入的漏出，或者对收入分配影响不太明显，甚至是不公平的分配，有些支出冲击了国家对货币供应的调控，有些补贴则严重扭曲了价格，从而对总供求的正面调节效应较小。

### （二）间接传导与直接传导并存

由于我国间接性宏观调控体系不完善，国家在进行宏观调控时，除了利用财税杠杆进行间接调控外，也习惯于采用较多的行政手段。例如近几年实施积极财政政策，通过增发国债和增加预算内资金投资，强化了行政手段配置资源的作用，出现政府行政性配置资源复归。因为我国政府投资职能主要由国家发展和改革委员会通过投资项目审批执行，这种不承担任何责任风险的行政性资源配置，一般是直接影响总需求，往往不需要中间传导。这种直接型调控，在我国财政政策中仍占有相当地位。

**（三）非税收入冲击了税收政策的传导作用**

目前我国税费关系仍未完全理顺，不合理、不合法收费现象依然存在，预算外资金分散管理格局没有根本改变。这种状况，不但增加了企业和居民的社会负担，也挤占了税收，削弱了税收调控经济的功能，存在税费在传导调控方面的协调配合问题。

**（四）税收工具对收入分配媒介的调节作用有限**

居民的收入分为现金收入和实物收入，隐形收入和显形收入，对于现金交易频繁，货币化程度不高的发展中国家，大量的实物收入和隐形收入难以课税。特别是我国目前工资外收入增长迅速，且多采用现金形式，难以征税。另外，个人所得税中纳税项目的扣除，仅有一项扣除标准，即月800元，从收入分配角度看，没有将不同收入阶层加以区分，而且没有考虑纳税人家庭负担，造成税负分配不公平。而且，由于征税手段落后，高收入者容易逃税和避税，使我国个人收入所得税的课征趋向于工薪阶层等中低收入者，难以有效调节收入分配，缩小居民收入差距，刺激和扩大消费需求。

**（五）减税政策的传导渠道不畅**

减税通过影响个人可支配收入，然后影响消费需求，进而影响总需求。但个人可支配收入是通过边际消费倾向来影响消费需求的，在使用减税政策工具时，要充分考虑到边际消费倾向的情况：低收入者边际消费倾向比较高、高收入人群边际消费倾向比较低。一般在税制结构以直接税为主时，减税的传导连锁反应效果才会比较显著，而我国目前税制结构以间接税为主，间接税收入占到全部税收收入的70%左右，影响了税收工具传导机制的发挥。

**（六）国债工具的收入效应大于价格和货币传导效应**

由于我国国债余额规模远远低于发达国家，居民个人并未意识到政府现在的举债要通过将来增加税收来偿还，以及认为国债是一种安全性高、收益稳定的资产来持有，"公债幻觉"比较明显，即认为个人资产增加，再加上国债利息，更增加了可支配收入，从而刺激了消费需求。但对货币供给的扩张作用有限，主要是由于我国国债以中长期债券为主，以增发国债搞投资直接拉动投资需求和经济增长为主，缺乏短期债券，影响了中央银行的公开市场操作，因此对货币供应这个中间变量的影响有限。另外，由于我国国债利率的基准利率地位没有确立，国债发行利率按照存款利率加价确定，不能引导利率，从而对中间媒介价格的影响也不太明显。

**（七）财政政策传导受财政体制影响**

财政体制主要指各级政府间的财政关系。财政体制不完善会影响财政宏观调控作用的发挥。目前中央财力集中度虽有所提高，有了稳定的税基，但地方支出基数刚性较强，转移支付中的相当一部分要用于这些刚性支出，实际的财力安排上缺乏机动性和灵活性，宏观调控能力和区域平衡能力受到限制。同时，省以下财政体制不规范，总体上呈现财力向上一级集中的趋势，省级的资金集中尤其明显。这样的财力集中缺乏划分税种的规范性，同时财权的上收并无相应的事权调整相配套，提供义务教育、本区域基础设施、环境保护等基本事权还有所下移，使县、乡两级支出基数和支出刚性增大，加之过去历次体制调整中或多或少存在的一部分收入空转，包袱越来越重，县、乡财政困难明显加剧。省以下体制的状况使得财政政策的传导和宏观调控效果受到限制。

## 第四节 我国财政政策调控实力的计量分析

### 一、财政政策调控实力的决定因素

**（一）财政收入的决定因素**

财政收入规模反映政府在市场经济中从私人部门集中的资源数量，在一定程度上表明政府在社会经济生活中职能范围的大小。影响财政收入规模的变量是多元的，总体上说，财政收入规模是国家分配政策和经济产出水平的函数：T = F(D;E;…)，其中，向量 D = 经济体制,财政体制，工资分配政策，税制（包括税种、税目、税率和税收优惠规定），税收征管水平，它们主要是外生变量；向量 E = 经济发展水平，生产技术水平，宏观经济效益，产业结构，通货膨胀，它们主要是内生变量。在分配政策既定的情况下，财政收入规模主要取决于以下五个变量。

1. 经济发展水平

经济决定财政，政府的税基最终是国民收入，整个税收就是在国民经济的循环运动中设置的。如图 3 - 5，国民经济存在两种循环流动：生产要素投入和产品产出的生产流动，收入与支出的货币流动。政府税收就是在这种货币资金流动 (1)—(16) 中选择确定一些课税点或课税环节征收的，并形成不同的税种。处在图中上半部分的税种，基本上是以个人、企业的所得额或其所得额中的使用额（消费支出）为课税对象的。处在图中下半部分的税种，则基本上是以企业的销

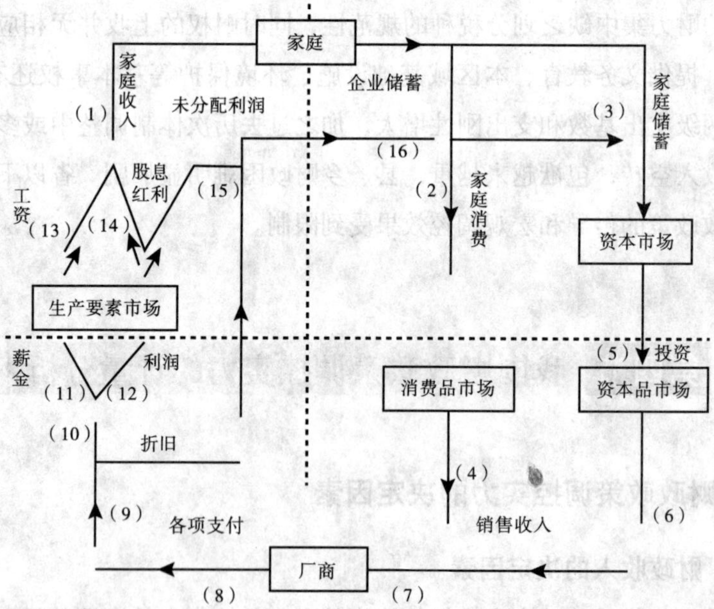


图 3 - 5　税收与国民经济循环运行

售收入额或进行某种扣除之后的销售收入额为课税对象的。因此，国民经济是财政收入的根本源泉。经济发展水平从总体上反映了一个国家生产活动最终成果的大小，决定着私人部门和公共部门可分配利用的资源总量。经济发展水平越高，人均 GDP 越大，税基就比较宽广，经济对税收的承受能力就较强，财政收入的规模就越大。

2. 生产技术水平

生产技术水平指生产中采用先进技术的程度，也称技术进步，在经济增长核算中又称全要素生产率。经济增长理论研究表明，现代经济增长更多地依赖技术进步，技术进步对经济增长的贡献越来越大，生产率甚至是决定性因素，因而也是财政收入的重要来源。生产技术水平内涵于经济发展之中，一定的经济发展水平总是与一定的生产技术水平相适应，较高的经济发展水平往往以较高的技术水平为支柱。生产技术水平对财政收入规模的制约体现在两方面：一是技术进步导致生产速度加快、生产质量提高，技术进步速度越快，社会产品和 GNP 的增加越快，财政收入的增长就有充分的财源；二是技术进步导致物耗降低，经济效益提高，剩余产品价值所占比例扩大，而后者是财政收入的主要来源，因此技术进步对财政收入的影响比较直接和明显。

3. 宏观经济效益

经济效益是决定税收水平的根本性原因之一。从理论上说，税收收入最终来源于剩余产品价值，单位产品提供的剩余价值越多，可提供的税收收入也越多。在市场经济中，特别是在以所得税为主体的税制结构下，税源的基本构成是地租、利润和工资，因为“个人的私人收入，最终总是出于三个不同的源泉，即地租、利润与工资，每种赋税归根到底必定是由这三种收入源泉的一种或三种共同支付的”。① 因此，宏观经济效益的高低，对财政收入规模的影响是直接和明显的。在企业经济效益方面，即使实行间接税为主体的税制结构，企业效益状况仍直接影响企业所得税的多少，流转税也与企业的经济效益密切相关。虽然企业缴纳的流转税从理论上说是可以转嫁的，但转嫁多少却与经济效益、价格水平以及

① 亚当·斯密. 国民财富的性质和原因的研究：下卷. 商务印书馆，1974：384.

产品的供给和需求弹性有关。税收归宿的局部均衡分析表明，如果产品的供给弹性大于需求弹性，则大部分税收可以向前转嫁给购买者负担；如果二者相等，则税收由企业和消费者共同负担；如果供给弹性小于需求弹性，则只有小部分税收可以向前转嫁，这些没有转嫁的税收最终由企业的利润来负担。

4. 产业结构

由于国民经济各行业的自我发展能力、提供的增加值和税收负担能力不同，它们上缴的财政收入也不同，产业结构甚至包括所有制结构也是影响财政收入规模的重要因素。从国际上的一般情况看，第一产业负担的税收较轻，财政收入主要来自非农产业，经济结构转换和升级无疑影响财政收入的规模。从税收收入总量看，目前我国税收收入基本上来自第二、三产业，第一产业提供的税收收入占总收入的比重平均约为4%，第二产业平均约为51%，第三产业平均约为45%。如果剔除特殊的金融保险业提供的税收，则第一、二、三次产业提供的税收分别占总税收的4%、55%、41%。分行业看，在第二产业中，制造业、采掘业、电煤水供应业和建筑业提供的增值税、消费税、营业税和企业所得税约占第二产业全部税收收入的70%。其中，制造业提供的税收占45.2%，建筑业营业税占5.8%。在第三产业中，商业（交通、运输、邮电、通信业和批发零售餐饮业以及进出口行业）、金融保险业提供的税收约占第三产业总收的55%，其中商业提供的增值税、营业税和企业所得税收入约占49%，金融保险业约占14.2%。因此，经济结构也是影响我国财政收入规模的内生变量。

5. 价格变动

财政收入是用一定时点现价计算的货币收入，自然受价格变动的影响。而价格变动对财政收入的影响，又主要取决于通货膨胀诱因和税制两个因素。如果通货膨胀是由财政赤字引起的，财政就会通过赤字从国民收入分配中获得更大的份额。在实行累进所得税为主体的税制时，由于纳税人适用的税率会出现“档次爬升”（名义收入增加，适用税率档次升高），财政收入将有所增长，通货膨胀的影响相对较小。在实行比例税率的间接税为主体的税制时，税收收入的增长与通货膨胀速度较为接近，财政收入名义增长而实际不增长。如果实行定额税，则税收收入的增长要低于通货膨胀率，财政收入名义增长，实际购买力下降。另外，价格总水平的变动往往是和产品比价的变动同时发生的，而产品比价关系变动引起货币收入在企业、个人之间的转移，形成国民收入再分配，使财源结构发生变化，由于不同企业和个人缴纳的税收是不同的，最终影响财政收入的数量。

### （二）财政支出的决定因素

财政支出是政府履行资源配置、公平分配和经济稳定职能所花费的资金数量，它是经济、政治和社会多元变量的函数：$G=G(X)$。其中，向量 $X$ = 经济体制，经济发展水平，政府的经济干预政策，政体结构的行政效率，突发事件冲击，人口状况，文化背景，物价上涨……在经济体制、文化背景、物价水平和财政收入规模既定情况下，财政支出规模主要取决于以下几个因素。

#### 1. 经济发展水平提高需要政府增加提供某些公共服务

在经济发展的早期阶段，政府投资在总投资中占有较高的比重，公共部门为经济发展提供社会基础设施，如道路、运输系统、环境卫生、法律与秩序、健康与教育以及其他人力资本投资等。这些公共投资，对于处于经济和社会发展早期阶段的国家进入起飞和发展的中期阶段，是必不可少的。在发展的中期阶段，政府投资还应继续进行，但这时政府投资只是对私人投资的补充。这是因为无论在发展的早期还是中期，都存在市场缺陷，阻碍经济的发展，因此都需要加强政府的干预。一旦经济达到成熟阶段，公共支出将从基础设施支出转向不断增加教育、保健与福利支出，并且这方面支出的增长将大大超过其他方面支出的增长，也会快于经济增长。① 因为文化、教育、保健和福利服务需求具有收入弹性，随着实际收入的上升（即 GDP 上升），人们对这些服务的需求增加得更快，从而这些项目的支出将快于经济增长。

#### 2. 经济工业化使政府的职能范围不断扩大

工业化带来人均收入增加，导致政府活动扩张，使财政支出不断增长。首先，随着经济的工业化，不断扩张的市场与这些市场中的行为主体之间的关系更

① Musgrave, R. A.. Fiscal systems. Yale University Press, 1969. Rostow, W. W.. Politics and the Stages of Growth. Cambridge University Press, 1971.

加复杂化，这需要建立司法体系和管理制度，以规范市场主体的社会经济活动。其次，城市化以及居住密度提高会导致外部性和拥挤现象，这些都需要政府出面进行干预和管制，带来城市基础设施建设和管理费用的增加。① 第三，随着工业化的发展，不完全竞争市场结构更加突出，市场机制不可能完全有效地配置整个社会资源，市场不能自发地实现经济稳定，政府对经济活动的干预相应扩大。例如，为了扩大有效需求，增加公共支出；为了调节收入分配差距，扩大社会福利支出。

3. 突发性事件冲击引起财政支出增加

一般来说，政府喜欢多支出，纳税人不愿意多缴税，因此，政府在决定财政支出规模时，应密切注意纳税人关于其税收承受能力的反应，纳税人所容忍的税收水平构成财政支出的约束条件。在正常情况下，经济发展，收入水平上升，在税率不变时，税收收入也会增加，财政支出与经济增长呈线性关系。这是内在因素作用的结果。但在发生社会动荡的危急时期，例如发生了战争、大饥荒和经济危机，政府会被迫提高税率，公众对此也会接受，从而财政支出增加，并在一定程度上替代私人支出。由于社会动荡会暴露出许多问题，引起政府和公众重新审视公共部门和私人部门的职能分工，认识到有些社会经济活动应纳入到政府的活动范围，政府需要提供一些新的公共产品，或加强某些公共服务。同时，随着公众觉悟的提高，可容忍的征税水平相应提高。因此，在危急过后，新的财政支出水平不会逆转，即使支出水平下降，也不会低于原来的趋势水平。这就是外在因素的作用。②

4. 官僚机构庞大导致财政支出膨胀

按照公共选择理论的观点，官僚机构是指负责执行通过政治制度做出的集体选择的代理人集团，是具体负责提供公共服务的政府部门。官僚的目标函数使追求机构最大化，机构规模越大，官僚们的权利越大，私人效用也越高。一般来

① Wagner, Adolf. Finanzwissenschaft: 3rd ed.. Leipzig, 1890.

② Peacock, A. T., J. Wiseman. the Growth of Public Expenditure in the United Kingdom. Princeton University Press, 1961.

说，官僚机构在提供公共产品的过程中缺乏竞争，导致公共部门的服务效率低下。官僚机构不以利润最大化为目标，官僚行为的成本相对较高。公共产品不通过市场价格出售，也使公众很难对官僚机构的工作绩效进行评价和监督。因此，官僚机构往往利用低效率的生产技术（增加预算、提高福利、减少工作负荷），来增加提供既定产出量所必需的投入额，从而提高供给成本。同时，官僚机构利用信息的不对称性，使政府和政治家们相信他们确定的公共服务水平和财政资金需要量是必要的。由于交易费用的存在，拨款机构也很难控制官僚行为。最终，官僚行为从产出和投入两方面迫使财政支出规模不断膨胀。

5. 政府服务的成本决定财政支出的规模

由于政府是劳动密集型部门，劳动成本在地方政府的支出中相当重要，例如基本上是“吃饭”财政，工资和劳动生产率的变化是影响政府提供服务成本的重要因素。一般来说，整个经济对劳动的供求变化，会影响地方政府提供服务的成本。按照鲍莫尔定理，经济中某些部门劳动生产率的提高将迫使这个经济中的工资上涨，从而使劳动生产率没有提高的部门的生产成本加大。如果我们把整个经济分成A和B两个部门，其中A是先进部门，容易获得劳动生产率提高的收益；而B却很难获得，它一般是劳动密集的服务部门。A部门劳动生产率的提高，使劳动的边际产出增加，在竞争性市场上会使工资提高，这将导致劳动从B部门向A部门流动，引起B部门劳动供给下降，B部门的工资也会提高。或者由于攀比效应，迫使B部门提高工资。但同样是工资提高，A部门由于劳动生产率提高，单位产出的成本并没有提高，B部门由于没有劳动生产率提高，其生产单位产出的成本就增加了。由于地方政府是提供劳务的服务部门，B可以代表地方政府，那么工业部门生产率提高会迫使地方政府生产公共产品和服务的成本提高。由于地方政府服务的需求一般缺乏价格弹性，那么地方政府服务成本的增加将提高公共产品或服务的价格，但地方政府服务的需求数量没有减少，最终导致地方政府的总支出上升。

另外，人口也是影响财政支出规模的重要因素。因为随着人口的增加，居民对文化、教育、医疗卫生、社会福利等方面的公共需求必然相应扩大，而司法、警察、行政管理、社区建设等方面的公共服务需求则增加更多。人口结构也会影响财政支出的结构，例如贫困人口较多，将使财政增加扶贫和救济支出；人口老龄化，则使社会保障性支出需求较大。

## 二、财政政策调控实力的实证计量

### （一）年度数据计量

在以上理论分析的基础上，考虑到生产技术水平既可以包含在经济发展水平之中，也可以由企业的利润水平反映，改革开放以来我国基本上没有战争等大的突发性事件，我们可以建立以下基本的财政收支模型，从数量方面分析有关因素对我国财政收入和财政支出规模的具体影响：

$$T = c11 + c12PGDP + c13PROF + c14NAGR + + c15P + c16D$$

$$G = c21 + c22PGDP + c23NAGRI + c24POPU + + c25WAGE + c26P + c27D$$

其中，T和G分别指财政收入和财政支出；PGDP指人均GDP，表示经济发展水平；PROF指工业企业利润，可以衡量经济效益状况；NAGR指经济的非农产业化程度，它既可以表示产业结构的变化，也可以表示工业化和城镇化的程度，因为第三产业是在第二产业发展的基础上产生的，第二和第三产业的发展都将加快城镇化进程；POPU指人口，反映人口对财政支出的需求；WAGE指国家机关、政党机关和社会团体在岗职工平均工资，可以代表政府服务的成本因素，在公共部门人员规模既定时也可以表示政府部门的规模；P指GDP缩减指数，用以表示价格水平。D是哑变量，在1993年前取值为0，之后取值为1，用以反映我国在1994年前后财政分配体制和经济体制的制度创新。

以1978年以来我国有关经济变量的取值为样本空间，所有变量都来自于《中国统计年鉴》（2004）、《中国财政年鉴》（2004）和国家统计局2004年国民经济和社会发展统计公报，或根据其有关数据进行计算加工转换而成，具体数据见表3-2。利用最小二乘法（OLS），分别估计财政收入方程和财政支出方程，结果如表3-3。从中可见，两个方程回归的可决系数$R^2$和调整后的$R^2$都接近于1，对数似然率较大，而赤池信息量和施瓦茨信息量也都比较小，说明模型的拟合效果非常好；DW 统计值都接近于 2，两个方程都不存在自相关性；F 统计值高度显著，反映变量间呈高度线性，回归方程高度显著；主要变量系数的 t 统计值都至少在 5% 水平上显著，说明它们对财政收入都有重要影响。

**表 3-2 我国财政收入和支出规模及其影响因素**

| 观测值 | T | G | PGDP | PROF | NAGR | POPU | WAGE | P |
|---|---|---|---|---|---|---|---|---|
| 1978 | 1132.26 | 1122.09 | 379 | 599.3 | 71.90 | 96259 | 655 | 55.04 |
| 1979 | 1146.38 | 1281.79 | 417 | 654.3 | 68.83 | 97542 | 684 | 57.00 |
| 1980 | 1159.93 | 1228.83 | 460 | 692.3 | 69.91 | 98705 | 800 | 59.15 |
| 1981 | 1175.79 | 1138.41 | 489 | 682.4 | 68.21 | 100072 | 815 | 60.48 |
| 1982 | 1212.33 | 1229.98 | 525 | 704.2 | 66.73 | 101654 | 821 | 60.42 |
| 1983 | 1366.95 | 1409.52 | 580 | 772.1 | 66.96 | 103008 | 923 | 61.06 |
| 1984 | 1642.86 | 1701.02 | 692 | 852.4 | 67.99 | 104357 | 989 | 64.07 |
| 1985 | 2004.82 | 2004.25 | 853 | 944.1 | 71.65 | 105851 | 1127 | 70.58 |
| 1986 | 2122.01 | 2204.91 | 956 | 877.58 | 72.91 | 107507 | 1356 | 73.78 |
| 1987 | 2199.35 | 2262.18 | 1104 | 1004.96 | 73.21 | 109300 | 1468 | 77.54 |
| 1988 | 2357.24 | 2491.21 | 1355 | 1189.91 | 74.34 | 111026 | 1707 | 86.97 |
| 1989 | 2664.9 | 2823.78 | 1512 | 1000.34 | 75.00 | 112704 | 1874 | 94.66 |
| 1990 | 2937.1 | 3083.56 | 1634 | 559.81 | 72.95 | 114333 | 2113 | 100.00 |
| 1991 | 3149.48 | 3386.62 | 1879 | 642.78 | 75.54 | 115823 | 2275 | 106.74 |
| 1992 | 3483.37 | 3742.2 | 2287 | 972.35 | 78.23 | 117171 | 2768 | 115.13 |
| 1993 | 4348.95 | 4642.3 | 2939 | 1602.47 | 80.13 | 118517 | 3505 | 131.90 |
| 1994 | 5218.1 | 5792.62 | 3923 | 1796.75 | 79.77 | 119850 | 4962 | 158.06 |
| 1995 | 6242.2 | 6823.72 | 4854 | 1634.93 | 79.49 | 121121 | 5526 | 178.88 |
| 1996 | 7407.99 | 7937.55 | 5576 | 1489.74 | 79.61 | 122389 | 6340 | 189.49 |
| 1997 | 8651.14 | 9233.56 | 6054 | 1703.48 | 80.91 | 123626 | 6981 | 0.97 |
| 1998 | 9875.95 | 10798.18 | 6308 | 1458.11 | 81.43 | 124761 | 7773 | 186.36 |
| 1999 | 11444.08 | 13187.67 | 6551 | 2202.1 | 82.37 | 125786 | 8978 | 182.20 |
| 2000 | 13395.23 | 15886.5 | 7086 | 4393.48 | 84.12 | 126743 | 10043 | 183.92 |
| 2001 | 16386.04 | 18902.58 | 7651 | 4733.43 | 84.99 | 127627 | 12142 | 186.10 |
| 2002 | 18903.64 | 22053.15 | 8184 | 5712.7 | 85.80 | 128453 | 13975 | 185.62 |
| 2003 | 21691.12 | 24607.03 | 9057 | 8152 | 85.22 | 129227 | 15533 | 189.47 |
| 2004 | 26396.47 | 28486.89 | 10561 | 11341.64 | 84.8 | 129988 | 17609 | 207.46 |

注：财政收支和国有企业利润单位为亿元，人口为万人，人均 GDP 和公务员工资水平单位为元，第二和第三产业增加值占 GDP 比重和 1990 年为 100 的 GDP 平减指数单位为%

**表 3-3　我国财政收入和支出方程的 OLS 估计**

| 变　量 | 财政收入方程 | | | 财政支出方程 | | |
|---|---|---|---|---|---|---|
| | 系　数 | 标准误 | t 统计值 | 系　数 | 标准误 | t 统计值 |
| C | -3581.524 | 2477.635 | -1.445542 | -5462.415 * | 1772.235 | -3.082218 |
| D1 | -1039.957 ** | 438.0259 | -2.374191 | -363.0208 | 294.4408 | -1.232916 |
| P | -66.71931 * | 9.302781 | -7.171974 | -59.16691 * | 10.46540 | -5.653575 |
| PGDP | 2.828804 * | 0.192254 | 14.71387 | 1.057045 ** | 0.318522 | 3.318595 |
| PROF | 0.567089 * | 0.098832 | 5.737890 | | | |
| NAGR | 102.4292 ** | 38.04612 | 2.692237 | 46.86123 ** | 26.76947 | 1.750547 |
| POPU | | | | 0.054075 * | 0.020778 | 2.602446 |
| WAGE | | | | 1.376954 * | 0.131635 | 10.46038 |
| 其他统计检验 | $R^2$ = 0.996647，调整 $R^2$ = 0.995809 | | | $R^2$ = 0.999060，调整 $R^2$ = 0.998747 | | |
| | 对数似然比 = -188.2506，DW = 1.734343 | | | 对数似然比 = -165.1956，DW = 2.178552 | | |
| | F = 1188.93，AIC = 14.94236，SC = 15.23269 | | | F = 3188.76，AIC = 13.77565，SC = 14.11694 | | |

注：* 指至少在 1% 水平上显著，** 在 5% 水平上显著；财政收入方程样本区间为 1978—2004 年，NAGR 系数 Wald 检验的 $\chi^2$ 统计值 = 4.322386，仍在 5% 的水平上显著；财政支出方程，样本区间为 1978—2004 年，采用了 Newey-West 异方差相容协方差估计方法处理异方差性

在财政收入方程中，经济发展水平提高，促进财政收入增加，人均 GDP 上升 1 元可使财政收入增加 2.83 亿元；企业经济效益改善与财政收入正相关，企业利润对财政收入的边际影响是 0.57；产业结构升级对财政收入具有正面效应，非农产业比重提高 1 个百分点可使财政收入增加 102.43 亿元；价格水平上升，则使财政收入下降。在财政支出方程中，经济发展水平提高，相应增加财政支出需求，人均收入的边际需求为 1.06 亿元；非农产业和城镇化的发展与财政支出正相关，第二和第三产业占 GDP 比重提高 1 个百分点，导致财政支出增加 46.86 亿元；人口增加对财政支出/增长具有推动作用，人口增加 1 万人引起财政支出增加 0.054 亿元；政府服务成本对财政支出的影响为正，公务员工资水平提高 1 元可引起财政支出增加 1.38 亿元。因此，以上各种因素对我国财政收支增长都具有明显的效应。

## 主要参考文献


1. 马里奥．I. 不莱赫尔. 发展中国家的财政政策、稳定与成长. 中国金融出版社：中译本，1991.

2. 理查德．A. 马斯格雷夫，佩吉．B. 马斯格雷夫. 财政理论与实践. 中国财政经济出版社：中译本，2003.

3. 刘溶沧，赵志耘. 中国财政理论前沿. 社会科学文献出版社，1999.

4. 贾康，主编. 新世纪中国财税改革大思路. 经济科学出版社，2005.

5. 郭庆旺，等著. 积极财政政策及其与货币政策配合研究. 中国人民大学出版社，2004.

6. 高培勇. 中国：启动新一税制改革. 中国财政经济出版社，2003.

7. 李晓西. 宏观经济学（中国版）. 中国人民大学出版社，2005.

8. 萨缪尔森词典. 陈迅，白远良，译释. 京华出版社，2001.

9. 马拴友. 税收政策与经济增长. 中国城市出版社，2001.

10. 马拴友. 财政政策与经济增长. 经济科学出版社，2003.

11. 胡乐亭. 财政学基础. 5 版. 中国财政经济出版社，2000.

12. 陈共. 积极财政政策基本经验的探索. 财政研究，2003（8）.

13. 高培勇. 由“积极”转向“中性”：财政政策经历艰难抉择——关于近期财政政策取向问题的讨论. 财贸经济，2004（8）.

14. 李晓西. 社会主义市场经济条件下的财政体制初探. 财政研究，1993（1）.

# 第4章

# 货币和财政政策对经济增长的影响

经济增长始终是实施财政政策、货币政策的重要目标。本章在对我国经济增长阶段性特征分析基础上，从定性和定量相结合的角度分析了货币政策和财政政策对经济增长的影响，并分别就货币政策对经济增长影响、财政政策对经济增长影响，进行了计量分析和检验。

## 第一节 货币和财政政策对经济增长影响的定性分析

在西方经济学中，货币政策和财政政策是重要的干预经济的手段，货币政策和财政政策的具体工具和实施效果各有不同，我们通过定性分析来比较其不同之处。

## 一、货币政策和财政政策对经济增长影响的文献回顾

从古典学派经济学的鼻祖亚当·斯密提出著名的“看不见的手”原理，到庸俗经济学家萨伊的“供给会自动地创造自己的需求”的法则，其中的根本原理就是认为，自由竞争条件下的“看不见的手”总能够使资源自动流动到边际收益最高的领域，从而既能够使资源充分利用，又能够使经济增长无限逼近其潜在增长率。在此过程中，政府对经济活动不需要进行指手画脚，只需充当“守夜人”的角色就够了。古典经济学派崇尚市场自由，认为政府不应干预市场，市场本身是完全有效率的。这个理论在经过近 200 年的统治后，被 20 世纪 30 年代的经济大危机推翻了。

“市场失灵”成为政府干预的理由，如果市场在资源配置上是低效率的，人们可以而且应当使之得到改善（Bator，1958）。因此，市场虽然通过价格机制能够有效配置资源，但是由于存在外部性、信息不对称以及公共产品等因素，出现了垄断、寡头、商业周期波动、股市崩溃、投资泡沫、金融危机和收入财富分配不公等市场失灵情况（萨缪尔森，1999），需要政府介入，通过货币和财政政策进行调节。

1929—1933 年的大危机，持续时间之长，影响之大都是前所未有的。这次大危机宣告了新古典经济理论的彻底破产和自由市场神话的全面破灭。针对经济危机期间出现的严重失业状况，凯恩斯进行了深入的思考，对古典学派进行了猛烈抨击，认为市场不会自动出清，货币非中性，储蓄不会自动转化为投资。在此基础上，他提出了国民收入和就业水平不是决定于生产，而是决定于总有效需求水平的理论观点和政策主张。凯恩斯认为，由于收入源于社会总产品和劳务的销售，因此，其规模和数量也将取决于社会有支付能力的总需求，即有效需求的大小，并总是随着支出的变动而变动。因此，凯恩斯认为，并不是“供给自动地创造需求”，而是“需求自动地创造供给”。按照凯恩斯的观点，决定投资水平和就业水平的关键因素是总收入的变化，而不是利率的变化。在经济处于萧条和不景气的情况下，增加就业的一个重要方法，就是设法增加人们的收入。只有收入

水平提高了，总需求与总收入的关系才会发生变化。在生产不增长的情况下，要提高收入水平，唯一的办法是增加政府的财政支出，以增加消费需求和投资需求，进而实现充分就业。从此，主张政府的宏观调控政策对经济增长进行积极的干预思想一直影响着整个世界经济的发展。凯恩斯的“需求—供给分析模型”为我们提供了一个有政府参与的宏观经济模型。按照这个模型，政府可以通过操作宏观政策来调节国民经济的运行过程，以保证充分就业，实现稳定增长。

相对于自由主义经济理论来说，凯恩斯的经济理论是革命性的，从它诞生以来的半个多世纪中，这一理论始终处于西方经济理论化体系和政策体系的主流甚至支配地位，世界上大多数国家的政府在对宏观经济的运行进行着不同程度的调节。由于当时凯恩斯所关注的是需求，因此没有对供给进行更深入的研究与考察，英国经济学家哈罗德于1939年首次提出经济的均衡增长问题，美国经济学家多马则在1946年从另一角度提出了几乎与哈罗德完全相同的经济增长模型，后人将他们的模型统称为“哈罗德—多马模型”。哈罗德认为，经济增长本身是由一种叫做自然增长率 $G_m$ 的增长率支配的。自然增长率的高低决定于人口增长率 $P_g$ 和劳动生产率增长率 $P_l$ 的高低。其基本联系是：$G_n = P_g + P_l + P_g \cdot P_l$。人口增长意味着需求增长，劳动生产率增长意味着收入增长，这两方面都会直接转化为需求增长。自然增长率是在没有政府干预的情况下，各种生产要素均得到充分利用时理想状态下的增长速度。由于实际经济增长过程是受许多复杂因素影响的，不可能在纯粹理想状态下实现自然增长，也不可能自动地实现理想状态的增长。因此，需要有政府的理性干预，若没有政府的正确干预，实际增长率是很难超过自然增长率的。“哈罗德—多马模型”从经济运行需达到均衡的角度进一步强调了政府宏观调控对经济增长的重要作用，从而在一定程度上强化了政府干预解决经济运行中存在的问题的必要性。

希克斯和汉森的IS-LM模型将宏观经济政策具体应用的效果进行了完整细致的分析，从而为政府实施宏观经济政策提供了理论和模型支持。IS-LM模型是将消费函数、资本边际效率、灵活偏好和货币数量四个概念联系在一起的一个一般均衡模型。IS模型描述的是商品市场的均衡，重点解决的是收入与利率的动态均衡关系，LM模型描述的是货币市场均衡，重点解决的是货币供给作为外生变量而由货币管理当局从外部加以控制的条件下，货币的交易需求和投机需求间的替代以及货币需求与货币供给间的动态均衡关系。宏观经济管理当局进行管理的目的，就是通过实施有关政策，促使商品市场和货币市场分别达到均衡的同时实现两种市场的全面均衡。这时的均衡是在促进经济增长的基础上实现的达到充分就业的一般均衡。在IS-LM模型中，宏观经济政策成为促进经济增长、实现一般均衡的必要条件，并且各种政策的运用效果在该模型中做出了定性的判断。

新增长理论，又称内生增长理论。在这以前，“哈罗德—多马模型”与索洛的新古典增长理论都强调变量的外生性，认为经济系统本身不能产生增长的机制。内生经济增长理论则认为经济可以实现持续均衡增长，经济增长是经济系统中内生因素作用的结果，而不是外部力量推动的结果。不存在政府干预的情况下，经济均衡通常表现为一种社会最优，经济的均衡增长率通常低于社会最优增长率；经济政策会影响经济的长期增长率等。内生增长理论包含下面两种类型：一类新增长模型是在收益递增和外部性的假设下考察经济增长的决定。这类增长模型认为，技术进步取决于知识资本或人力资本的积累和溢出，因而技术进步是内生的，内生技术进步保证了经济均衡增长路径的存在。第二类新增长模型仍是在完全竞争的假设下考察经济增长，这类模型强调决定经济增长的关键因素是资本积累（包括物质资本积累和人力资本积累）而不是技术进步。Arrow和Kurz（1970）将政府公共投资支出作为生产函数自变量在新古典经济增长模型下研究积极财政政策对经济增长的作用。Barro（1990）提出公共服务在经济中对生产可能性产生积极影响的思想，但与Arrow和Kurz不同，他假定公共投资流量可以直接纳入宏观生产函数，公共资本存量则不能。内生增长理论强调市场的作用而否认政府在经济增长中的宏观调控能力，因此它与凯恩斯主义的政府干预思想相背离。

虽然对于宏观经济政策对经济增长的影响从古典经济学的崇尚自由，到凯恩斯主义的主张政府干预，再到内生增长理论的反对政府干预，经历了理论上的不断交锋，但在现代市场经济运行中，一般内在地要求政府运用一定的宏观经济政策（主要是财政政策和货币政策）来调控经济总量，以降低市场机制调节时滞所产生的高昂成本。宏观调控是政府在宏观经济领域的经济职能，也是现代市场经济国家干预经济的特定方式。因此，本章的研究是基于宏观政策干预经济能够推动经济增长的前提之下展开的。

## 二、货币政策对经济增长影响的定性分析

货币政策对经济增长的影响主要可以通过货币政策与总供求均衡的关系来分析。

货币政策对总供求的影响，主要体现在由中央银行调控的货币供给量如何影响总的产出。这里有一个总需求与总供给框架中的货币政策作用的通俗解释：央行提高准备金率或出售有价证券→商业银行准备金下降→银行存款多倍下降→货币供给量下降→利率上升→投资、消费、净出口下降→总需求下降→实际 GDP 下降。反之，货币供给量上升→利率下降→投资、消费、净出口上升→总需求上升→实际 GDP 上升。①

图 4 -1 是萨缪尔森用来说明货币供给量增加怎样影响总需求并对供给发生

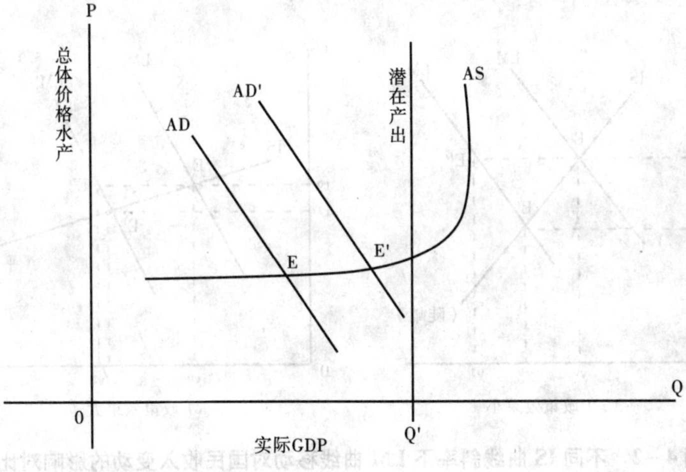


**图 4 -1 货币供给量增加影响总需求示意图**

① 李晓西. 宏观经济学（中国版）. 人民大学出版社，2005：283.

影响的，货币供给量增加引起 AD 曲线右移至 AD′位置，总供求均衡点由 E 到了 E′。在 AS 曲线比较平缓的部分（也可称凯恩斯区间），货币扩张主要影响产量，对价格影响不大。在 AS 曲线接近垂直的部分（也可称为古典学派区间），货币扩张将主要提高价格和名义 GDP，对于实际 GDP 影响很小。其内在机制是，货币扩张压低了市场利率，刺激了企业投资和消费者购买，总需求通过乘数作用扩张，使产量和价格水平提高。如果产量到了最大生产能力，货币再增加就不拉动产量而拉动价格，更多的货币追逐同量的产品。①

就货币政策对经济增长的影响可以通过 IS-LM 模型来说明。在 IS-LM 曲线中，IS 可用于分析财政政策对国民收入影响程度，LM 可用于分析货币政策对国民收入的影响程度②。利率和储蓄变化源自财政政策，而货币供给量变化源自货币政策。

现在需要分析一下，货币政策如何移动了 LM 曲线，进而影响宏观经济核心指标——国民收入的。货币政策的效果，取决于 IS 和 LM 曲线的斜率。在 LM 曲线斜率不变时，IS 曲线越平坦，变动货币供给量政策使 LM 曲线移动，对国民收入变动的影响就越大；反之，IS 曲线越陡峭，LM 曲线移动对国民收入变动的影响就越小，如图 4－2：

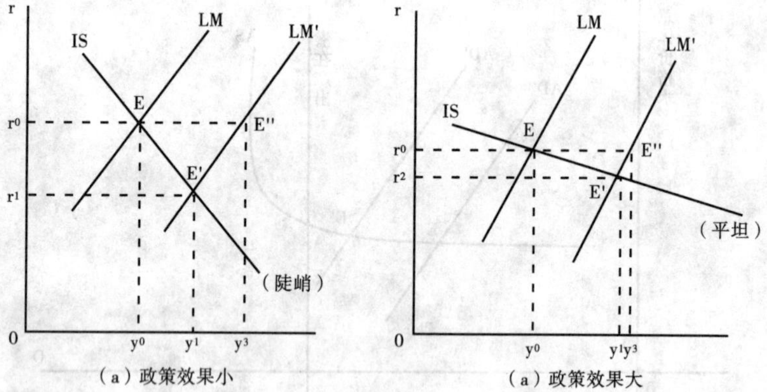


**图 4－2　不同 IS 曲线斜率下 LM 曲线移动对国民收入变动的影响对比③**

① ［美］保罗・A・萨缪尔森等．经济学：下册．14 版．北京经济学院出版社，1996：993.
② 参看第 2 章图 2－1。
③ 高鸿业主编．西方经济学（宏观部分）．中国经济出版社，1996：541，563.

在图4－2中，(1) LM曲线斜率相同，IS曲线斜率不同。货币供给量增加，IS较陡峭时，收入增加较少；IS较平缓时，收入增加较多。这主要是从能不能引致更多的投资来分析的。投资越多，国民收入越多。(2) 在IS曲线不变时，LM曲线越平坦，货币供给增加引致的国民收入增长越小；反之，LM曲线越陡峭，货币政策效果就越大些。这主要是从货币需求受利率变动影响程度而言的。总之，货币供给量变动如果能使利率下降较多（如LM较陡时），并且利率的下降能对投资有较大刺激作用（如IS较平坦）时，货币政策的效果就较强，反之，如果货币供给量变动不能使利率下降较多（如LM较平坦时），并且利率的下降不能对投资有较大刺激作用（如IS较陡）时，货币政策的效果就较差。

## 三、财政政策对经济增长影响的定性分析

财政政策是政府行为，是为达到某种目标而利用的财政手段。财政政策包括同政府收入和支出的水平及结构有关的所有措施。政府收入是指流向政府国库的所有税收收入和非税收收入，包括政府所拥有的国有企业的盈余及国际国内借款。财政政策通过政府预算中的税收和支出两方面共同发挥作用。简而言之，有关政府支出、税收和公债的政策，就是财政政策。当经济在低于合理、充分利用资源的收入和产量水平上运行时，应采取扩张性的财政政策。反之，如果经济在高于合理、充分利用资源的收入和产量水平上运行时，即在已充分利用资源且对价格有强大上涨压力条件下运行时，就应采取收缩性的财政政策。显然，财政政策是对经济运行进行反周期或者说逆向方式调节，以促进经济运行稳定在合理的水平上。所谓合理，是以资源的充分利用为标志。其表现不仅是劳动力的充分就业和自然资源的充分利用，还表现为经济健康、快速地增长，收入水平的提高和最大化的福利，而且达到社会公众可接受的分配差距。

### （一）财政政策与总供求均衡

一国生产的产品和劳务Y，最终分为居民消费C，私人投资者投资I，政府购买G和外国净购买NX。其公式为：$Y = C + I + G + NX$。这个恒等式对中国经济政策的确定有重要影响。消费、投资、政府支出和净出口，已成为分析如何保

持经济持续高速增长的四个基本方面。

从第二个恒等式“产出等于收入”中，我们知道，一国生产的产品和劳务Y，减去政府得到的税收T，就是一国国民得到的各种收入的总和，称之为可支配收入Yd。可支配收入又可化为两部分：一部分是要用掉的，为消费C；另一部分不用的，为储蓄S。公式为：Y = T + Yd。

现在，我们把G作为重点进行分析。G包括了政府消费和政府投资两部分，T是政府扣除转移支付后的净税收。设消费函数C = a + b × Yd。这里a是常数项，b是参数，则Yd是可支配的收入，即Yd = Y − T，那么C = a + b(Y − T)，将此消费函数代入总公式中，就有：Y = a + b(Y − T) + I + G + NX。简化后，得：Y = G/(1 − b) − bT/(1 − b) + (I + a + NX)/(1 − b)。

从这个公式可以看出，在边际消费倾向0≤b≤1时，政府支出G增加则国民生产总值Y增加，反之亦然；税收T则相反，增加时Y减少，减少时Y增加；私人投资I和净出口NX财与Y都是同向的变化。就财政政策而言，政府支出和税收对国民生产总值有影响。具体的影响效果可以通过IS-LM模型来说明。

1. 在LM曲线不变时，IS曲线斜率的绝对值越大，即IS曲线越陡，则移动IS曲线时收入y变化越大；反之，IS曲线越平坦，则IS曲线移动时收入y变化就越小，即财政政策效果越小。如图4－3和图4－4所示。因为IS曲线斜率受消

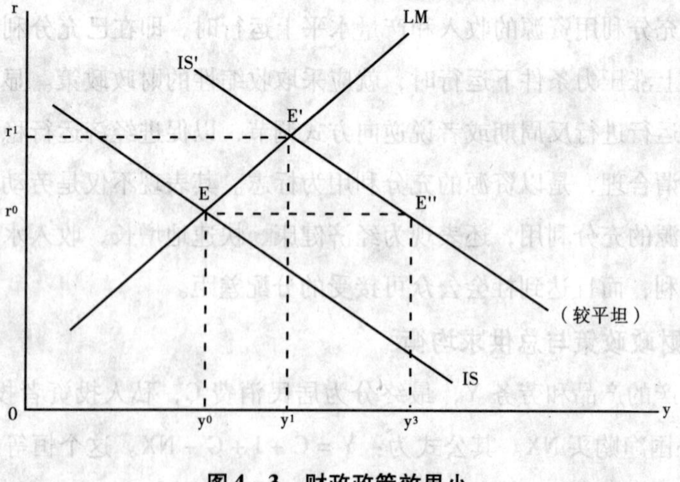


**图4－3 财政政策效果小**

费函数（进而储蓄函数）和投资函数影响，而消费函数中边际消费倾向相对稳定，因此，影响IS曲线斜率大小的，主要是投资对利率的敏感度。若投资对利率变动的反应较敏感，一项扩张性财政政策使利率上升时，就会使私人投资下降很多，这就是“挤出效应”较大。所谓“挤出效应”（Crowding-out），是指扩张性的财政政策引起利率上升，从而会导致私人支出减少，尤其是投资减少，因此，IS曲线越平坦，实行扩张性财政政策时被挤出的私人投资就越多，使国民收入增加减少，即财政政策效果减小了。反之，当IS曲线较陡时，“挤出效应”较小，因而政策效果较大。

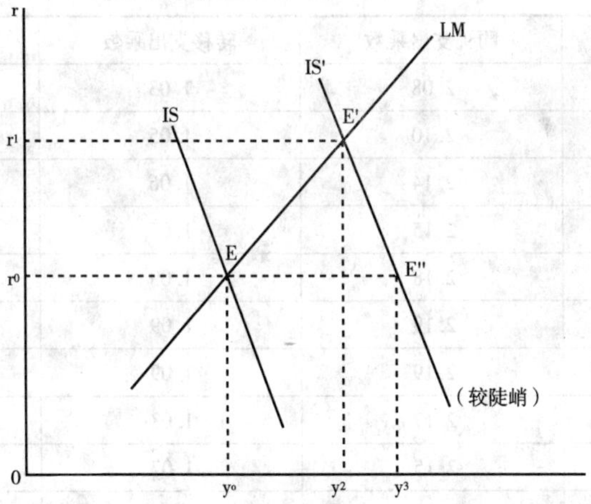


**图4-4 财政政策效果大**

2. 当IS曲线斜率不变时，财政政策效果又随LM曲线斜率不同而不同。LM斜率越大，即LM曲线越陡，则移动IS曲线时收入变动就越小，即财政政策效果就越小，反之，LM越平坦，则财政政策效果就越大。如图4-3和图4-4①，因为LM曲线斜率较大即曲线较陡时，表明货币需求的利率系数较小，货币需求主要取决于交易需求，货币需求对收入的反应比较灵敏，这意味着当收入上升时货币需求增加较大，因此为维持货币市场的均衡，需要利率有

① 高鸿业，主编. 西方经济学（宏观部分）. 中国经济出版社，1996：545，559.

较大浮动的上升，从而对私人部门投资产生较大的挤出效应，结果使财政政策效果减小。反之，货币需求利率系数较大时，即 LM 曲线较平坦时，政府增支不会使利率较大上升，不会影响私人投资，因此，国民收入增加较多，财政政策效果较大。

财政政策作用大小及其比较，是通过财政乘数估算和比较来进行的。具体的在第二章已有详细的介绍和说明。表 4－1 是中国历年财政政策乘数的测算表。

**表 4－1　中国历年财政政策乘数测算**

| 年　份 | 购买支出乘数 | 转移支出乘数 | 税收乘数 |
|---|---|---|---|
| 1990 | 2.08 | 1.03 | －1.03 |
| 1991 | 2.10 | 1.05 | －1.05 |
| 1992 | 2.14 | 1.06 | －1.06 |
| 1993 | 2.15 | 1.07 | －1.07 |
| 1994 | 2.18 | 1.09 | －1.09 |
| 1995 | 2.19 | 1.09 | －1.09 |
| 1996 | 2.19 | 1.09 | －1.09 |
| 1997 | 2.17 | 1.08 | －1.08 |
| 1998 | 2.15 | 1.07 | －1.07 |
| 1999 | 2.12 | 1.06 | －1.06 |
| 2000 | 2.10 | 1.04 | －1.04 |
| 2001 | 2.06 | 1.02 | －1.02 |
| 2002 | 2.03 | 1.01 | －1.01 |
| 2003 | 2.02 | 1.01 | －1.01 |

资料来源：李晓西. 宏观经济学（中国版）. 中国人民大学出版社，2005：224—225.

### （二）财政政策对经济增长的效应测算

财政增支对经济增长的促进效应，扣除增税的抑制作用以后，即是财政政策调控的净效应。它占当年经济增长率的比重，就是财政扩张对经济增长的贡献份额。具体测算结果，见表 4－2。

**表4-2 中国财政调控拉动经济增长的效应测算表**

| | 购买支出 | | | 转移支出 | | | 税收 | | | 净效应 | |
|---|---|---|---|---|---|---|---|---|---|---|---|
| | ±额（亿元） | 拉动经济增长（%） | 贡献份额（%） | ±额（亿元） | 拉动经济增长（%） | 贡献份额（%） | ±额（亿元） | 拉动经济增长（%） | 贡献份额（%） | 拉动经济增长（%） | 贡献份额（%） |
| 1980 | -173 | -4.6 | -58.5 | 55.9 | 0.7 | 9.4 | -50.3 | 0.7 | 8.5 | -3.2 | -40.6 |
| 1981 | -65.5 | -1.6 | -31.3 | 66.1 | 0.8 | 15.7 | -16.9 | 0.2 | 4 | -0.6 | -11.5 |
| 1982 | 125.1 | 3 | 32.8 | 21 | 0.3 | 2.8 | 62.6 | -0.7 | -8.2 | 2.5 | 27.4 |
| 1983 | 191.9 | 4.1 | 37.4 | 42.1 | 0.4 | 4.1 | 231.9 | -2.5 | -22.5 | 2.1 | 19 |
| 1984 | 320.6 | 6.2 | 41 | 17.5 | 0.2 | 1.1 | 325.8 | -3.2 | -20.8 | 3.2 | 21.4 |
| 1985 | 6 | 0.1 | 0.8 | 35 | 0.3 | 2.2 | 327.1 | -2.8 | -21 | -2.4 | -18 |
| 1986 | 214.9 | 3.4 | 38.7 | -17.9 | -0.1 | -1.6 | -57.9 | 0.5 | 5.2 | 3.7 | 42.3 |
| 1987 | 91.8 | 1.4 | 11.7 | 31.8 | 0.2 | 2 | -73.3 | 0.5 | 4.6 | 2.1 | 18.3 |
| 1988 | -79.5 | -1.1 | -9.6 | -13.9 | -0.1 | -0.8 | -11.6 | 0.1 | 0.7 | -1.1 | -9.8 |
| 1989 | 51.9 | 0.6 | 15.6 | 35.5 | 0.2 | 5.3 | 132.6 | -0.8 | -19.8 | 0 | 1.1 |
| 1990 | 110.6 | 1.3 | 34.8 | -11.8 | -0.1 | -1.8 | -59.4 | 0.4 | 9.3 | 1.6 | 42.2 |
| 1991 | 362.7 | 4.2 | 45.3 | -8.2 | 0 | -0.5 | -20.4 | 0.1 | 1.3 | 4.2 | 46.1 |
| 1992 | 327.3 | 3.5 | 24.7 | -74 | -0.4 | -2.8 | 62.2 | -0.3 | -2.3 | 2.8 | 19.6 |
| 1993 | 443 | 4.2 | 31.4 | -33.1 | -0.2 | -1.2 | 362.5 | -1.7 | -12.8 | 2.4 | 17.4 |
| 1994 | 344.2 | 2.9 | 22.8 | -32.4 | -0.1 | -1.1 | 17.5 | -0.1 | -0.6 | 2.7 | 21.2 |
| 1995 | -35 | -0.3 | -2.5 | 12.2 | 0 | 0.4 | 131.8 | -0.5 | -4.6 | -0.7 | -6.7 |
| 1996 | 386.5 | 2.6 | 26.9 | 108.4 | 0.4 | 3.8 | 271.1 | -0.9 | -9.4 | 2 | 21.3 |
| 1997 | 422.6 | 2.5 | 28.9 | 173 | 0.5 | 5.9 | 665.2 | -2 | -22.7 | 1.1 | 12.1 |
| 1998 | 567 | 3.1 | 39.8 | 266.2 | 0.7 | 9.3 | 658.8 | -1.8 | -23 | 2 | 26.1 |
| 1999 | 895.3 | 4.5 | 63 | 233.6 | 0.6 | 8.2 | 892.7 | -2.2 | -31.3 | 2.8 | 39.9 |
| 2000 | 1012.5 | 4.7 | 58.5 | 314.9 | 0.7 | 9.1 | 977.5 | -2.2 | -28.1 | 3.2 | 39.4 |
| 2001 | 763.5 | 3.2 | 44.3 | 96.7 | 0.2 | 2.8 | 1382 | -2.9 | -39.9 | 0.5 | 7.2 |
| 2002 | 687.6 | 2.6 | 31.8 | 190.7 | 0.4 | 4.4 | 1279 | -2.4 | -29.4 | 0.6 | 6.7 |
| 2003 | 642.1 | 2.2 | 24.6 | 278 | 0.5 | 5.3 | 1064 | -1.8 | -20.3 | 0.9 | 9.6 |

资料来源：李晓西．宏观经济学（中国版）．中国人民大学出版社，2005：240—241.①

① 参见马拴友．财政政策与经济增长．经济科学出版社，2003：45.

从表4－2可以看出，通过增减购买支出，包括利用预算内资金和增发国债进行基础设施建设等财政投资活动，调节了投资和消费，对经济增长的拉动效应约占1/3强；通过价格补贴、抚恤社会福利救济费、离退休经费、社会保障补助等调节收入分配，改善了低收入居民的收入和生活水平，调节了消费需求，对经济增长的调控效应平均在0.4个百分点左右；税收政策的自动稳定和相机抉择调控，通过影响企业和居民的可支配收入，也调节了总需求，对经济增长的影响也在1/5至1/3强。因此总体上说，包括购买支出、转移支出和税收工具的财政政策，对中国经济发挥了调控作用。

综合考虑积极财政政策在支出方面扩张、在税收方面紧缩的净效应，1998—2003年积极财政政策分别拉动经济增长2.0、2.8、3.2、0.5、0.6和0.9个百分点。这说明，在实施积极财政政策的后几年，由于财政收入大幅度增长，积极财政政策的净效应相对较低，也反映了社会投资逐步恢复，经济自主增长能力不断增强，对积极财政政策的依赖逐步下降，表明2004年开始调整财政政策的作用方向和力度、2005年正式转向中性的稳健财政政策是完全正确的。

## 第二节 我国经济增长阶段性特征分析

我国经济自改革开放以来，已经度过了20多年的快速增长期，尤其在1992年以后，中国经济在高资本形成的推动下不断增长，经济结构的变革和市场化的推进提高了资本形成的效率，使得经济能够持续地保持增长。下面我们将对我国1992年以来的经济增长情况作具体分析。

### 一、1992—2005年经济增长曲线剖析

图4－5为1992—2005年实际GDP（以1990年不变价计算）变化图。图中的GDP呈现出稳步增长的态势。

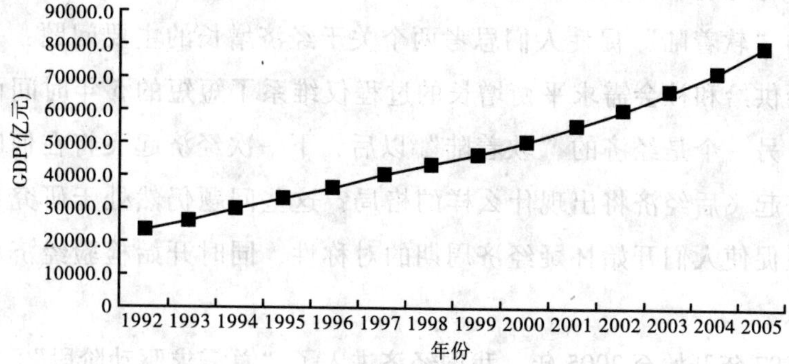


**图4-5 1992—2005年实际GDP变化图**

资料来源：根据《2006中国统计年鉴》有关数据加工整理。

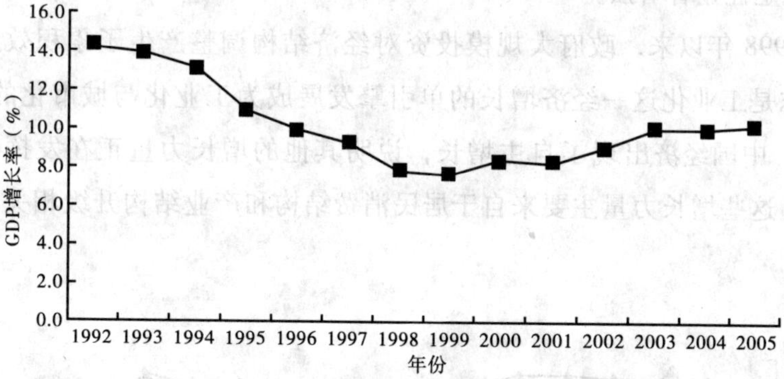


**图4-6 1992—2005年GDP增长率变化图**

资料来源：《2006中国统计年鉴》。

在1992年至1995年期间，实际GDP的平均增长率为12.4%，最高速度为14.2%，最低速度为10.0%，经济增长率的落差为4.2个百分点（见图4-6）。可见，在此期间，经济运行处于高位水平，但波动幅度过大，稳定性不强。

此间的经济周期波动模式是：消费扩张→供给扩张→投资扩张→供给扩张。这个周期以总消费扩张开始，以总供给扩张结束。由于没有实现新一轮的需求扩张，不仅导致以后出现了越来越明显的总需求不足，也使得这样的经济周期无法重复下去。

这个期间结束的标志，就是经济增长过程中的“软着陆”。这个期间经济实现的“软着陆”促使人们思考两个关于经济增长的主要问题：一个是为什么社会供给和社会需求平衡增长的过程仅维系了短短的5年时间而未能持续下去？另一个是经济的“软着陆”以后，下一次经济起飞将在何时以及下一次经济起飞后经济将出现什么样的格局？这些问题仍然处于研究和争论之中，并且促使人们开始怀疑经济周期的对称性，同时开始检验经济周期的非对称性。

从1997年开始至2005年，我国经济进入了“总需求驱动阶段”。在这个阶段，实际GDP的平均增长率为9.0%，最高速度为10.2%，最低速度为7.6%，经济增长率的落差为2.6个百分点。这表明经济增长围绕着9%左右波动，经济运行的稳定性显著增强。

自1998年以来，政府大规模投资对经济结构调整产生了累积效应，最明显的标志是工业化这一经济增长的单引擎发展成为工业化与城市化的双引擎。2003年，中国经济出现了自主增长，说明其他的增长力量正在发挥作用。分析表明，这些增长力量主要来自于居民消费结构和产业结构升级相关的高增长行业。

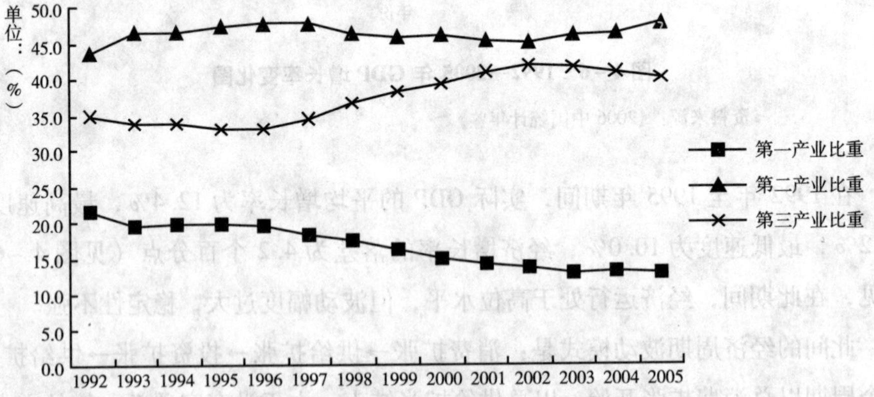


**图4－7　各产业占GDP比重**

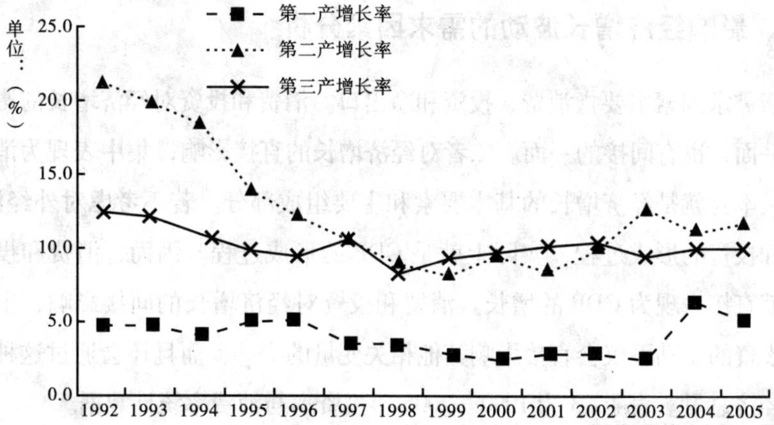


**图4－8　三次产业增长率变化图**

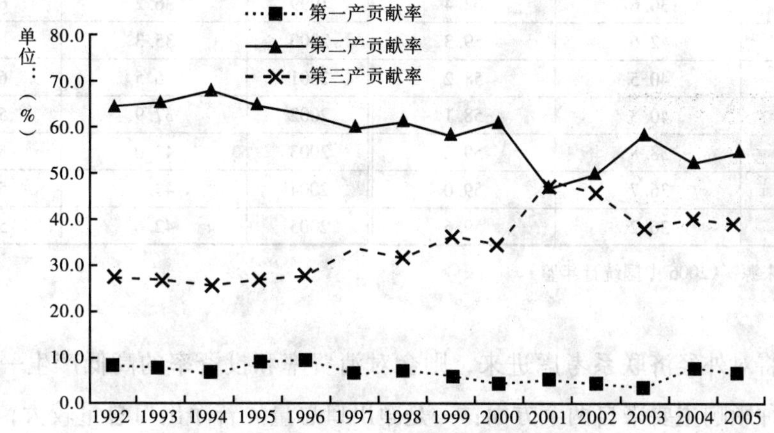


**图4－9　各产业对GDP增长的贡献率**

资料来源：《2006中国统计年鉴》。

从上面各图可以看出，对GDP增长的贡献率最大的是第二产业，其次是第三产业，第一产业的贡献率最低（图4－7、4－8、4－9）。可见我国经济逐步走向新的重工业化阶段，工业和服务业对经济的拉动作用日益增强，农业对经济的拉动作用逐渐减弱，产业结构在不断优化和升级。

## 二、影响经济增长波动的需求因素分析

消费需求因素主要指消费、投资和净出口。消费和投资对经济增长的影响既有直接的一面，也有间接的一面。二者对经济增长的直接影响，集中表现为消费和投资的增长本身就是经济增长的基本要素和主要组成部分。若不考虑对外经济联系，则消费和投资的形成过程，实际上就是GDP的形成过程。因而，消费和投资的增长，也就直接表现为GDP的增长。消费和投资对经济增长的间接影响，主要是指消费和投资的变动不仅会直接影响其他相关变量的变动，而且还会通过这种变动影响国民经济总量。表4-3为1992—2005年投资率与消费率统计数据。

**表4-3　投资率和消费率**

| 年　份 | 投资率(%) | 消费率(%) | 年　份 | 投资率(%) | 消费率(%) |
|---|---|---|---|---|---|
| 1992 | 36.6 | 62.4 | 1999 | 36.2 | 61.2 |
| 1993 | 42.6 | 59.3 | 2000 | 35.3 | 62.3 |
| 1994 | 40.5 | 58.2 | 2001 | 36.5 | 61.4 |
| 1995 | 40.3 | 58.1 | 2002 | 37.9 | 59.6 |
| 1996 | 38.8 | 59.2 | 2003 | 41.0 | 56.8 |
| 1997 | 36.7 | 59.0 | 2004 | 43.2 | 54.3 |
| 1998 | 36.2 | 59.6 | 2005 | 42.6 | 51.9 |

资料来源：《2006中国统计年鉴》。

若将对外经济联系考虑进来，则会对消费率和投资率的高低产生一定的影响。这种影响主要来自两个方面：一是净出口总量。若净出口总量较大，对总需求从而对消费和投资均会产生较大影响。若净出口总量较小，那么，它对消费和投资的影响也较小。到目前为止，我国净出口总量占国民生产总值的比重一直不大，因此从总体上看，净出口需求对消费和投资的影响也较小。二是进出口结构。虽然有时候可能发生出口结构与净出口结构不一致的现象，但是在一般情况下，二者大体是一致的。净出口结构不同，对国内消费与投资的影响也不同。改革开放以来，我国进出口结构发生了较大变化，特别是出口结构，已经彻底改变了改革开放前以农副产品为主的状况，机械、电子、化工、仪表等生产资料出口

所占比重大幅度上升，并已经成为出口的主体，净出口总量也在上升，因此，净出口对国内消费和投资的影响也越来越大。

我国名义 GDP 总量呈现出明显的随区间递增的特性，这种趋势特征可归结为技术进步、劳动力及其素质的增长等具有持久性的因素。

1992 年实行“控制总量、调整结构、强化管理、盘活存量、提高效益”的实质性宽松的货币政策；1993 年整顿金融秩序；1994—1998 年初，实行“适度从紧”的货币政策；1998 年下半年开始，实行“积极”的财政政策和“稳健”的货币政策。

1997 年是个转折点。1992—1996 年，消费率在 58.1%—62.4% 之间波动，投资率在 36.6%—42.6% 之间波动，这 5 年中大部分时间通货膨胀水平都较高，1994 年一度超过了 20%，但值得注意的是：：第一，这次为期 5 年的通货膨胀属于“投资推动型”，而不是由消费过旺引起的；第二，我国的经济体制发生了深刻的变化，市场经济体制正在形成，政府管制进一步放松，市场力量的作用越来越明显；第三，供不应求的矛盾得到缓解，最终通货膨胀率回落。这说明，随着投资率的提高，形成越来越多的生产能力，供给不足的局面渐渐被扭转，从而到 1996 年底才实现了“软着陆”，也就是说“软着陆”不仅仅是政府实施宏观调控政策的结果，更是供求关系发生根本性改变的标志。因此有理由认为，在消费率降到 57%—60%，投资率上升到 36%—41% 的时候，供给的增长速度超过了需求的增长速度，消费率和投资率这时所处的波动区间表明，消费的增长将弱于供给的增长，如果长期保持这种比例，最终将会出现消费不足的情况。这一判断被后来的经济运行结果所验证，1997 年和 1998 年消费率分别为 59.0% 和 59.6%，投资率分别为 36.7% 和 36.2%，我国开始出现通货紧缩，物价持续下滑，消费需求和投资需求均不振；1999 年消费率为 61.2%，投资率为 36.2%，通货紧缩的症状有所缓解，物价止跌趋稳，消费和需求出现复苏迹象。同时，更值得注意的是：第一，我国的市场经济体制已经初步建立，政府对经济的干预基本上由原来的直接计划改变为间接调控，市场的力量进一步加强；第二，市场主体多元化，利益多元化，各种所有制形式的经济实体和经济组织并存，使得价值规律等经济规律发生作用的空间增大。总之，58%多一点的消费率是偏低的，若消费率长期处于这一水平，则会导致通货紧缩。至此，可以做出推断：消费率处于61%—65%，投资率处于35%—38%，我国供给和需求的增长一般会保持相对平衡。也就是说，合理的消费率是61%—65%，合理的投资率是35%—38%。这一消费率水平，无论是与钱纳里的测算值相比，还是与世界平均水平、主要发达国家和典型发展中国家相比都是低的，但与韩国的最终消费率相当，并高出新加坡约10个百分点。

## 三、经济增长指标与就业、价格、国际收支指标的相关分析

1992年，我国经济体制改革与经济发展进入一个重要时期，中共十四大明确了建立社会主义市场经济体制的改革目标，宏观经济管理体制加快改革的步伐，相继在财税、金融、外汇、外贸、计划、投资、流通体制等领域进行改革，并积极推进企业体制改革和对外开放，我国经济开始步入快车道，经济结构调整与转型进入一个新的历史时期。1992年邓小平同志南方谈话后，经济开始明显提速，在宏观经济政策上表现为全社会货币投放加大、固定资产投资规模急剧膨胀和财政赤字增加，1992年，我国经济增长率达14.2%，同比加快5个百分点，通货膨胀率由3.1%提高到6.4%，M2增长率达到31.3%，但由于国有企业开始消化隐性失业及资本深化等原因，城镇就业增长率并没有明显的提高，1992年城镇就业增长率为2.27%，1993年、1994年我国继续采取执行扩张的宏观经济政策，但城镇就业增长率基本稳定。具体情况见表4－4：

**表4－4　1992—1997年主要宏观经济指标比较表**

| 年　份 | 城镇就业增长率(%) | GDP增长率(%) | 通货膨胀率(%) | M2增长率(%) | 财政支出增长率(%) | 国债余额增长率(%) |
|---|---|---|---|---|---|---|
| 1992 | 2.27 | 14.2 | 6.4 | 31.3 | 10.5 | 21.0 |
| 1993 | 2.25 | 13.9 | 14.7 | 37.3 | 24.1 | 20.1 |
| 1994 | 2.14 | 13.1 | 24.1 | 34.5 | 24.8 | 48.4 |
| 1995 | 2.07 | 10.9 | 17.1 | 29.5 | 17.8 | 44.3 |
| 1996 | 4.63 | 10.0 | 8.3 | 25.3 | 16.3 | 32.2 |
| 1997 | 4.31 | 9.3 | 2.8 | 19.6 | 16.3 | 26.3 |

资料来源：根据相关年份《中国统计年鉴》计算整理。

根据表4－4，1993年和1994年，我国通货膨胀持续高涨，1994年达到24.1%，创历史新高。中央政府果断采取适度从紧的财政货币政策，控制基础货币的投放、设立公开市场业务，1995年两次提高再贷款利率和金融机构贷款利率。在财政政策上加大了征税力度和征管手段，减少财政支出；采取了分税制，以增值税为重点，促进了税收的增长，进一步增强了中央的宏观调控的能力。到1996年，国民经济扭转了高通货膨胀的局面，在经济高速增长的局面下保持了物价的平稳。国民经济实现了“软着陆”。

城镇就业体制的放松，同时也导致了大量廉价的农村剩余劳动力大量涌进城市寻找就业机会。隐性失业显性化和农村大量剩余劳动力向城镇转移，导致城镇就业压力增加，城镇失业率上升，逐步形成了高增长率、高失业率的转型时期特有的现象。另外，由于20世纪90年代中期，我国城镇化率提速，使城镇就业增长率提高，1996年和1997年分别达到4.63%和4.31%，但城镇失业率也在提高，同时的城镇调查失业率分别为4.42%和5.33%①。1997年7月，东南亚出现金融危机，国内外经济环境发生了较大的波动，从国际环境看，金融危机给我国对外贸易、利用外资带来了许多困难和压力；从国内环境看，由于国有企业经济结构的调整和资产重组的全面推进，以及一部分生产落后的企业经受不住市场竞争的压力，停产半停产企业增多，失业下岗人数明显增加，就业与再就业成为社会热点问题。另一方面，从宏观经济表现的特征看，国内需求持续降低，经济增长速度放慢，价格出现负增长，国民经济呈现通货紧缩的趋势。

针对这一局面，从1998年起，中央政府实施积极的财政政策和货币政策。在财政政策工具上，增加财政支出和国债，扩大内需，我国积极的财政政策是以扩大政府开支为重点，而不是以减税为重点。因此，积极财政政策的主要工具是财政支出。在货币政策工具的运用上，连续降低存贷款利率和法定准备金率，促进信贷规模的增加，提高社会投资与消费能力。

1998年以来，我国进一步增发长期建设国债，从1998年到2003年，中国累计发行长期建设国债8000亿元，主要用于基础设施建设，扩大国内需求。增发

① 资料来源于《1998年中国劳动统计年鉴》。

长期建设国债筹措上来的资金主要用于基础设施建设，国债余额增长率在1998年和1999年保持在较高的水平上，分别达到41%和35.8%。财政支出水平也有了较快的增长，1999年和2000年，财政支出增长率分别超过20%。积极完善税收制度，增强税收政策的调控功能。1999年11月对居民储蓄存款利息恢复征收个人所得税，1999年7月对固定资产投资方向调节税减半征收，2000年暂停征收。同时，对利用国产设备进行技术改造的投资，按40%的比例抵免企业所得税。1999年8月对涉及房地产的营业税、契税、土地增值税给予了一定的减免。多次提高出口商品退税率，实行"免、抵、退"办法；制定了支持西部大开发的税收优惠政策，取消乱收费、乱摊派、乱罚款，农村税费大幅度降低。

在实行积极的财政政策的同时，加强了货币政策的配合。在加大对国债项目的信贷投入外，中央银行还持续下调存贷款利率，从1996年至2002年，中央银行连续八次下调利率，贷款利率由1996年5月的10.98%下调到2002年2月的5.31%，中央银行法定准备金利率和中央银行对金融机构贷款利率也在继续降低，以扩大信贷规模和货币供应量，刺激居民消费与投资。

在此期间，积极的宏观经济政策促进了经济增长率的提高，GDP增长率由1998年的7.8%提高到2005年的10.2%，但城镇就业增长率相对比较稳定，并没有与宏观经济政策表现出完全的一致性，1999—2005年，城镇就业增长率基本稳定在3.5%左右，详见表4－5：

**表4－5　1998—2005年主要宏观经济指标比较表**

| 年份 | 城镇就业增长率(%) | GDP增长率(%) | 通货膨胀率(%) | M2增长率(%) | 财政支出增长率(%) | 国债余额增长率(%) |
|---|---|---|---|---|---|---|
| 1998 | 4.02 | 7.8 | －0.8 | 14.8 | 16.9 | 41.0 |
| 1999 | 3.68 | 7.6 | －1.4 | 14.7 | 22.1 | 35.8 |
| 2000 | 3.30 | 8.4 | 0.4 | 12.3 | 20.5 | 23.5 |
| 2001 | 3.41 | 8.3 | 0.7 | 17.6 | 19.0 | 20.0 |
| 2002 | 3.51 | 9.1 | －0.8 | 16.8 | 16.7 | 23.8 |
| 2003 | 3.47 | 10.0 | 1.2 | 19.6 | 11.8 | 16.9 |
| 2004 | 3.26 | 10.1 | 3.9 | 14.7 | 15.6 | |
| 2005 | 3.23 | 10.2 | 1.8 | 17.6 | 19.1 | |

资料来源：根据相关年份《中国统计年鉴》计算整理。

可见，从1998年开始，中央政府实施的积极财政政策和货币政策在产出上具有明显的扩张性，但对提高城镇就业潜力的效果并不敏感。有专家甚至指出："无论是调控取向还是调控措施，都不具有显著的推动就业的效果。"[①] 20世纪90年代以来，我国就业弹性持续降低也证明了这点，龚玉泉、袁志刚（2002）[②]、张车伟、蔡昉（2002）[③]、李红松（2003）[④] 等从不同的视角论证了经济增长与就业增长的不一致性，由于我国经济增长与宏观经济政策具有较强的一致性，这点可以从二者的变动关系中求证，那么，这也就在一定程度上论证了宏观经济政策与就业增长的非一致性。

从1998年开始，中央实施的财政政策和货币政策具有了明显的扩张性，旨在刺激消费和投资需求，推动经济增长。然而，无论是调控取向还是调控措施，都不具有显著的推动就业效果。由于20世纪90年代两次宏观调控对就业的包容度不够，都没有将就业纳入主要视野，失去了解决经济增长与就业矛盾的有利时机。

从1992到2005年间，我国净出口对经济增长的贡献率基本上呈逐步提高的态势。在出口贸易迅速扩大的同时，进口贸易也实现了较高的增长速度，促进了国内产业结构的升级。资本大量流入，促进了我国国民经济的持续增长。

投资，尤其是外商直接投资，对我国经济的持续增长起到了良好的促进作用。2005年，独立核算的"三资"工业企业完成增加值占全部独立核算工业企业完成增加值的28.4%。境外投资的大量增加，推动了国内固定资产投资的持续增长。随着1992年以后外商直接投资数量的增加，外商直接投资对固定资产投资的贡献率也不断上升。

外商投资的大量增加，使外资企业迅速增加，从而导致外资企业就业迅速增

---

① 蔡昉等．就业弹性、自然失业和宏观经济政策——为什么经济增长没有带来显性就业?．经济研究，2004（9）．

② 龚玉泉，袁志刚．中国经济增长与就业增长的非一致性及其形成机理．经济学动态，2002（10）．

③ 张车伟，蔡昉．就业弹性的变化趋势研究．中国工业经济，2002（5）．

④ 李红松．我国经济增长与就业弹性问题研究．财经研究，2003（4）．

加，外资企业出口占出口总额的比重不断提高。到1998年，“三资”企业从业人员已达到587万人，占我国全部城镇就业人口的2.8%。到2005年，“三资”企业的出口占我国出口总额的比重已达58.3%。

## 第三节 货币政策对经济增长影响的计量分析

### 一、货币政策具体工具对经济增长的影响效果分析

货币政策五大具体工具包括公开市场业务、存款准备金、基准利率、再贴现率、央行再贷款，我们现选取部分工具指标进行计量分析。

#### （一）研究方法与样本说明

由于我国的公开市场业务自1998年才开始运作，中央银行的再贷款数据在各类统计数据中都无法获得；至于基准利率，中国目前还没有能够真正代表基准利率的利率，因此在此只选择存款准备金利率和再贴现率对货币政策的工具进行分析。在样本中GDP为1990年不变价的实际值，存款准备金利率和再贴现率①为扣除通货膨胀的实际值。由于存款准备金利率和再贴现率实际值出现负值，因此在进行分析时均未进行对数处理②。

#### （二）单位根与协整检验

1. 单位根检验

检验结果如表4-6。检验结果显示，三个序列均具有单位根，为非平稳序列，进而对它们进行单整检验，结果显示它们均为一阶单整序列。

---

① 此处的再贴现利率采用中央银行对金融机构贷款利率（20天以内）指标。

② 此处没有基准利率这一指标，因为我国央行不仅直接规定基准利率（包括法定准备金利率），而且直接决定存贷款利率。这是我国与大多数市场经济国家的不同之处。大多数市场经济国家的央行是通过改变再贴现率或隔夜拆借利率来影响市场利率的，从而最终达到调节市场货币供求的目的。

表 4-6 单位根检验结果

| 变 量 | PP 检验 | 变 量 | PP 检验 |
|---|---|---|---|
| GDP | 1.438614(c,t) | ΔLIR | -3.932712*(c,0) |
| ΔGDP | -11.14350*(c,t) | FIR | -1.501352(c,0) |
| LIR | -1.501012(c,0) | ΔFIR | -3.868831*(c,0) |

注：PP 检验自动给出的滞后期均为 3，括号里的字符表示检验的类型（字符 c 表示含常数项，字符 t 表示含线性趋势项，0 表示不含线性趋势项），* 表示 1% 的显著水平

2. 协整检验

应用 Johansen 方法对三个时间序列的协整关系进行检验。在根据 AIC 和 SC 准则选择滞后阶数为 4 后，检验结果如表 4-7。协整检验结果表明，GDP、再贴现率和法定存款准备金利率之间长期存在着一个协整关系，标准化的协整系数如表 4-8。

表 4-7 Johansen 协整检验结果

| 特征值 | 似然比 | 5% 临界值 | 1% 临界值 | 协整个数假设 |
|---|---|---|---|---|
| 0.549007 | 53.55893 | 29.68 | 35.65 | 无** |
| 0.268701 | 18.52154 | 15.41 | 20.04 | 至少 1 个* |
| 0.102383 | 4.752521 | 3.76 | 6.65 | 至少 2 个* |

表 4-8 标准化协整系数

| GDPSA | LIR2 | FIR | C |
|---|---|---|---|
| 1.000000 | -3657.359 | 3446.212 | -6828.102 |
| | (1085.90) | (1095.10) | |
| 对数似然比 | -306.9825 | | |

协整方程为：

$$vecm = GDP - 3657.359LIR + 3446.212FIR - 6828.102$$

## （三）脉冲响应函数

在确定了协整关系后，对 VAR 模型的参数进行估计，结果是显著的。为

了了解再贴现率、法定存款准备金利率与GDP的动态关系，我们应用VAR模型进行脉冲响应分析，即计算各变量一个单位的标准差冲击对GDP的影响。

首先建立VAR模型，经过多次试验，滞后期取4期（此处省去了具体的数学表达式）。相应的脉冲图为图4-10和图4-11。

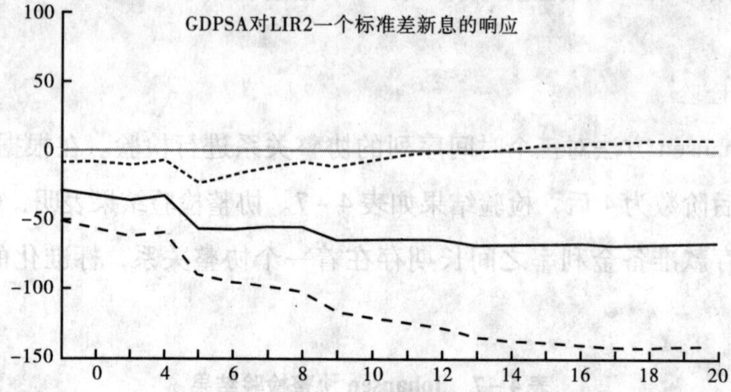


**图4-10　再贴现率的冲击**

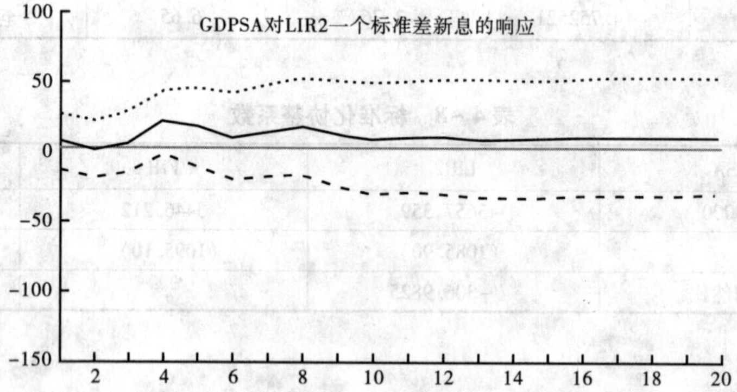


**图4-11　法定存款准备金利率的冲击**

图4-10是再贴现率的冲击引起GDP变化的脉冲响应函数图。从图4-10可以看出，再贴现率的增加对GDP的增长有显著的阻碍作用，当再贴现

率出现一个冲击时，短期内（当季）GDP 便有很大的负向反应，并在第五期达到一个更大值，而后逐渐下降并在第九期后冲击的作用逐渐消失，达到新的均衡水平。说明增加再贴现率在短期和长期所引起 GDP 下降的作用较明显。

图 4－11 是法定存款准备金利率的冲击引起 GDP 变化的脉冲响应函数图。从图 4－11 可以看出，当法定存款准备金利率出现一个冲击时，GDP 与其呈现同方向变动。法定存款准备金利率变化对 GDP 的影响滞后三期。当法定存款准备金利率上升时，第四期后 GDP 呈下降趋势，并在第六期以后达到新的均衡状态。可见法定存款准备金利率变化对 GDP 有长期正向影响，但影响非常小。

**（四）方差分解**

与前文的分析一样，此处对再贴现率和法定存款准备金利率对 GDP 的贡献程度做方差分解，结果如图 4－12 所示。

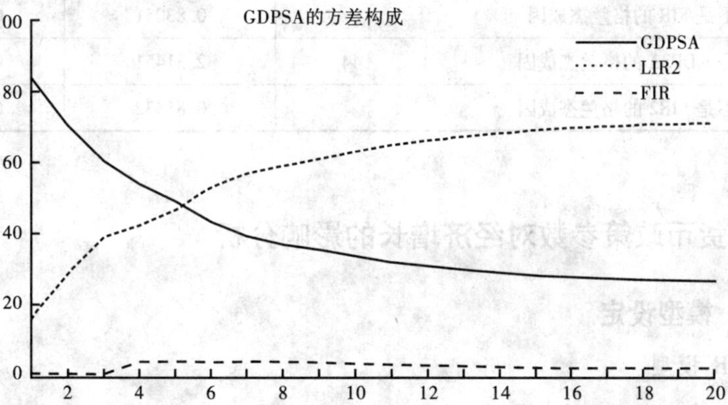


**图 4－12　再贴现率和法定存款准备金利率对 GDP 的贡献程度**

从分解结果来看，GDP 自身冲击的影响对 GDP 的波动在短期内影响较大，但长期呈现出明显的下降趋势，说明 GDP 的变化有明显的惯性作用。再贴现率冲击的影响对 GDP 波动的影响无论是短期还是长期都较大，第一期其方差贡献率为 19%，第七期便达到 60%，而后其影响的重要性缓慢上升，说明再贴现率是对 GDP 最主要的影响参数。而法定存款准备金利率的冲击对 GDP 的影响在短期和长期重要性都非常小，第一期其方差贡献率为 0，到第四期时为 5%，而后呈现出缓慢的下降趋势，说明法定存款准备金利率对 GDP 没有重要影响①。

### （五）格兰杰因果检验结果

检验结果如表 4-9，从检验结果来看，拒绝不是 GDP 格兰杰成因的原假设犯错误的概率都在 7% 左右，表明在 93% 的置信水平下可以认为三者是 GDP 的格兰杰成因。而相反，GDP 是再贴现率和法定存款准备金利率的格兰杰成因的置信水平都在 50% 以下，因此可以否定 GDP 是再贴现率和法定存款准备金利率的格兰杰成因。

**表 4-9　格兰杰因果检验结果**

| 原假设 | 观测值 | F 统计量 | 概率值 |
|---|---|---|---|
| FIR 不是 GDPSA 的格兰杰成因 | 44 | 2.34739 | 0.07346 |
| GDPSA 不是 FIR 的格兰杰成因 | | 0.83051 | 0.51491 |
| LIR2 不是 GDPSA 的格兰杰成因 | 44 | 2.31451 | 0.07670 |
| GDPSA 不是 LIR2 的格兰杰成因 | | 0.81432 | 0.52468 |

## 二、货币政策参数对经济增长的影响分析

### （一）模型设定

1. VAR 模型

向量自回归（VAR）模型是用于相关时间序列系统的预测和随机扰动对变量系统的动态影响。模型避开了结构建模方法中需要对系统中每个变量关于所有内

① 因为所有的金融机构必须按法定准备金率缴纳法定存款准备金，而与法定存款准备金利率的高低无关。因此对货币供应起决定作用的是法定准备金率而非法定存款准备金利率。我国对法定准备金和超额准备金都支付利息（大多数国家，如美国、法国、英国、德国都不支付利息），央行每次利率调整，一般都同时对准备金利率作相应调整，以前法定准备金利率和备付金利率相同，2003 年 12 月 21 日央行把备付金利率降为 1.62%，而准备金利率仍维持在 1.89%。

生变量滞后值函数的建模问题。模型的数学表达式为：

$$Y_t = A_1 Y_{t-1} + A_2 Y_{t-2} + \wedge A_p Y_{t-p} + \varepsilon_t \tag{1}$$

其中，$Y_t = (GDP_t\ LOAN_t\ ER_t\ INTEREST_t)'$，$\varepsilon_t$ 为扰动项，$A_1$、$A_2$、Ap 为参数矩阵。

2. 脉冲响应函数

由上面的方程（1）得到的向量移动平均模型（VMA）为：

$$Y_t = \varphi_0 \varepsilon_t + \varphi_1 \varepsilon_{t-1} + \varphi_2 \varepsilon_{t-2} + \wedge + \varphi_p \varepsilon_{t-p} + \wedge \tag{2}$$

其中 $\varphi_p = (\varphi_p, ij)$ 为系数矩阵，$p = 0, 1, 2 \wedge$。则对 $y_j$ 的脉冲引起的 $y_i$ 的响应函数为：$\varphi_{0,ij}, \varphi_{1,ij,}, \varphi_{2,ij,} \wedge$。

## （二）单位根与协整检验

1. 单位根检验

检验结果如表4-10。检验结果显示，五个序列均具有单位根，为非平稳序列，进而对他们进行单整检验，结果显示它们均为一阶单整序列。

**表4-10　单位根检验结果**

| 变　量 | PP检验 | 变　量 | PP检验 |
|---|---|---|---|
| GDP | 1.438614(c,t) | INTEREST | -1.453563(c,0) |
| ΔGDP | -11.14350*(c,t) | ΔINTEREST | -3.844608*(c,0) |
| ER | -2.376521(c,0) | LOAN | -2.024478(c,t) |
| ΔER | -6.631414*(c,0) | ΔLOAN | -7.070915*(c,t) |

注：PP检验自动给出的滞后期均为3，括号里的字符表示检验的类型（字符c表示含常数项，字符t表示含线性趋势项，0表示不含线性趋势项），*表示1%的显著水平

此处没有研究资产价格对经济增长的影响，虽然多数人不否认股票市场是国民经济运行的晴雨表这个现实，但做出这种判断必须以一定的时间和地点为前提。市场经济越发达，股票市场越成熟，股票指数的变化与国民经济增长的相关程度越高，反之，相关程度越低。相对于发达市场经济国家和地区而言，中国的

股票市场刚刚起步，仅有12年的历史。很多年份中国的股票市场的变动基本上与国民经济运行呈不相关或负相关的关系①。因此股票价格不能较好地反应中国的经济发展水平。

2. 协整检验

应用Johansen方法对五个时间序列的协整关系进行检验，在根据AIC和SC准则选择滞后阶数为4后，检验结果如表4-11。协整检验结果表明，GDP、利率、贷款总额之间长期存在着一个协整关系，标准化的协整系数如表4-12所示：

**表4-11 Johansen协整检验结果**

| 特征值 | 似然比 | 5%临界值 | 1%临界值 | 协整个数假设 |
|---|---|---|---|---|
| 0.621532 | 85.38003 | 47.21 | 54.46 | 无** |
| 0.529706 | 42.62862 | 29.68 | 35.65 | 至少1个** |
| 0.166878 | 9.435103 | 15.41 | 20.04 | 至少2个 |
| 0.031356 | 1.401778 | 3.76 | 6.65 | 至少3个 |

表明至少有两个协整关系存在，因为利率与汇率之间是反方向变动的关系。

**表4-12 标准化协整系数**

| GDPSA | ER | INTEREST | LOANZENSA | C |
|---|---|---|---|---|
| 1.000000 | 239.9271 | -309.1716 | -1.105118 | -30331.95 |
| | (52.7320) | (61.6920) | (0.12074) | |
| 对数似然比 | -819.0991 | | | |

协整方程为：

$$vecm = GDP + 239.9271ER - 309.1716INTEREST - 1.10512LOAN - 30331.95$$

## （三）脉冲响应分析

VAR表达式为：

① 刘迎秋．次高增长阶段的中国经济．中国社会科学出版社，2002：364．

$$
y_t = \begin{bmatrix} 0.2588 & 1.8894 & -25.0505 & 0.0007 \\ 0.03386 & 0.5049 & 1.5495 & -0.0018 \\ 0.0031 & -0.055 & 1.5602 & -0.0002 \\ -5.6189 & -55.7419 & 4.5045 & 0.9881 \end{bmatrix} * y_{t-1}
+ \begin{bmatrix} 0.0468 & -6.6304 & 35.2209 & 0.0127 \\ 0.0033 & 0.1176 & -1.6498 & -0.0004 \\ -0.0018 & 0.1870 & -0.8525 & 0.0001 \\ 3.1493 & 49.1367 & -269.4804 & -0.1526 \end{bmatrix} * y_{t-2}
+ \begin{bmatrix} 0.1535 & 6.9633 & -18.8502 & -0.0027 \\ -0.0292 & -0.4946 & 2.3539 & 0.0010 \\ -0.0015 & -0.1625 & 0.3707 & -0.0001 \\ 1.2735 & -20.1318 & 382.2089 & -0.2193 \end{bmatrix} * y_{t-3}
+ \begin{bmatrix} 0.5608 & -4.3451 & 4.5351 & 0.01537 \\ -0.0105 & 0.0367 & -1.4033 & 0.0035 \\ 0.0005 & 0.0298 & -0.2050 & 0.0001 \\ 1.8546 & 10.7704 & -209.8931 & 0.1789 \end{bmatrix} * y_{t-4}
+ \begin{bmatrix} 559.6555 \\ 93.6861 \\ -2.8882 \\ -637.0730 \end{bmatrix}
$$

在确定了协整关系后，对 VAR 模型的参数进行估计，结果是显著的。为了了解利率、汇率、贷款与 GDP 的动态关系，我们应用 VAR 模型进行脉冲响应分析，即计算各变量一个单位的标准差冲击对 GDP 的影响，脉冲响应曲线如以下各图。

图4－13是贷款的冲击引起 GDP 变化的脉冲响应函数图。从图4－13可以看出，长期贷款的增加对 GDP 的增长有显著的促进作用，当贷款出现一个冲击时，短期内（两个季度）GDP 没有明显的变动，说明 GDP 对贷款冲击的反应有一定的滞后，第二期后 GDP 开始出现上升趋势，并在第六期达到最大值，而后逐渐下降并在第八期后冲击的作用逐渐消失，达到新的均衡水平。说明增加贷款在半年到两年之间内引起 GDP 增加的作用较明显。

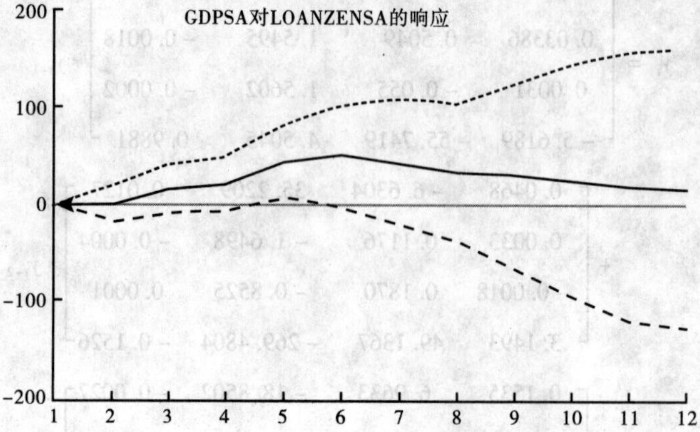


**图 4-13　贷款的冲击**

图4-14是利率的冲击引起GDP变化的脉冲响应函数图。从图4-14可以看出，当利率出现一个冲击时，GDP与利率呈现反方向变动。利率变化对GDP的影响滞后三期。当利率上升时，第三期后GDP呈下降趋势，并在第六期以后达到新的均衡状态。可见利率变化对GDP有长期负向影响。

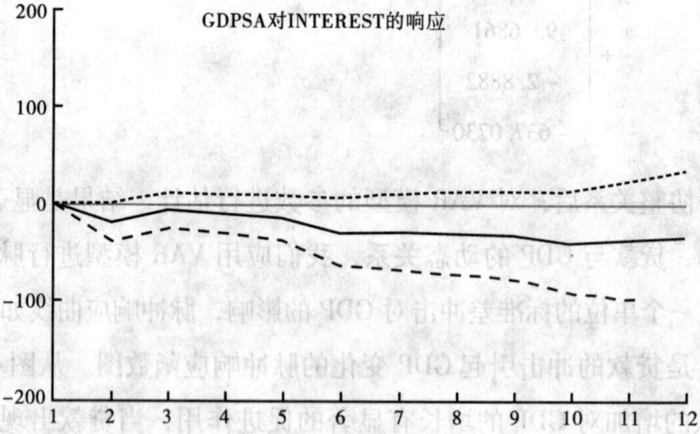


**图 4-14　利率的冲击**

图4-15是汇率的冲击引起GDP变化的脉冲响应函数图。从图4-15可以看出，当汇率出现一个冲击时，GDP与汇率呈现反方向变动，但滞后期较长。GDP

对汇率变化的明显反应发生在第五期以后，当汇率上升即人民币升值时，GDP 在第五期后开始下降，并在第七期趋于稳定达到新的均衡状态。说明汇率变化对 GDP 有长期的负向影响。

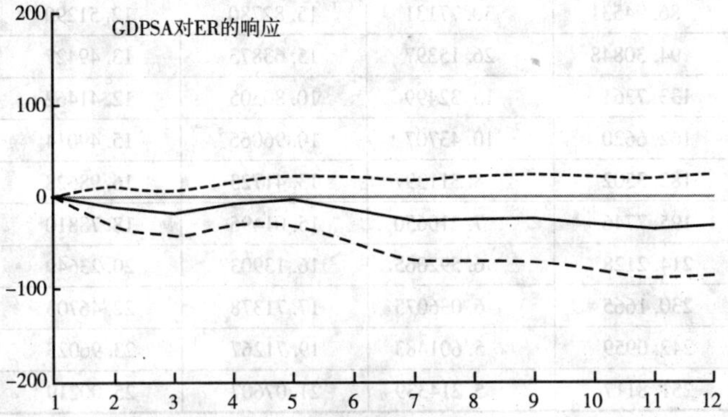


**图 4－15　汇率的冲击**

### （四）各金融参数的贡献率分析

考察 VAR 模型时，还可以采用方差分解方法研究模型的动态特征。其主要思想是，把系统中每个内生变量（共 m 个）的波动（k 步预测均方误差）按其成因分解为与各方程新息相关联的 m 个组成部分，从而了解各新息对模型内生变量的相对重要性。我们在此利用方差分解技术分析各货币政策参数冲击对 GDP 影响的贡献率，以说明每个参数的相对重要性。分解结果如表 4－13 和图 4－16。

$$RVC_{ij}(S)=\frac{\sum_{q=0}^{s-1}(\varphi_{q,ij})^2\sigma_{ij}}{\mathrm{var}(y_{it})}=\frac{\sum_{q=0}^{s-1}(\varphi_{q,ij})^2\sigma_{ij}}{\sum_{j=1}^{k}\left\{\sum_{q=0}^{s-1}(\varphi_{q,ij})^2\sigma_{ij}\right\}}$$

其中，$\varphi_{q,ij}$是脉冲响应函数，$\sigma_{ij}$是白噪声序列第 $j$ 个分量的标准差，$y_{it}$是自回归向量的第 $i$ 个分量，$RVC_{ij}$（$S$）表示第 $j$ 个分量对第 $i$ 个分量的方差贡献率。

**表 4-13 分析结果：金融参数的贡献率分析**

| 时 期 | 标准误差 | GDPSA | ER | INTEREST | LOANZENSA |
|---|---|---|---|---|---|
| 1 | 69.63426 | 44.56959 | 5.697408 | 4.871938 | 44.86106 |
| 2 | 77.60299 | 38.29017 | 9.652029 | 13.08329 | 38.97452 |
| 3 | 86.94531 | 30.77131 | 15.82780 | 12.51290 | 40.88799 |
| 4 | 94.30848 | 26.15397 | 15.63873 | 13.49427 | 44.71304 |
| 5 | 133.7361 | 15.32499 | 10.80305 | 12.41462 | 61.45734 |
| 6 | 162.6620 | 10.43707 | 10.96065 | 15.49014 | 63.11213 |
| 7 | 182.3502 | 8.311397 | 13.41723 | 16.98628 | 61.28509 |
| 8 | 195.7746 | 7.210650 | 15.01495 | 18.78810 | 58.98630 |
| 9 | 214.2128 | 6.592065 | 16.13903 | 20.23649 | 57.03241 |
| 10 | 230.1665 | 6.036075 | 17.71378 | 22.46703 | 53.78312 |
| 11 | 242.0959 | 5.601483 | 19.71267 | 23.96023 | 50.72562 |
| 12 | 251.8117 | 5.314339 | 21.07607 | 25.00219 | 48.60741 |

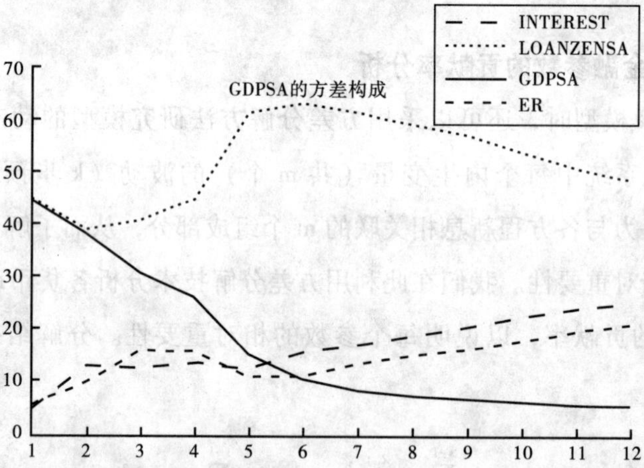


**图 4-16 分析结果：金融参数的贡献率分析**

从分解结果来看，GDP 自冲击的影响对 GDP 的波动在短期内影响较大，第一期其方差贡献率达到 45%，但长期呈现出明显的下降趋势，到第六期下降到 10%，说明 GDP 的变化有明显的惯性作用，但长期其惯性作用会消失。贷款冲击的影响对 GDP 波动的影响无论是短期还是长期都较大，第一期其方差贡献率为45%，第六期达到最大值63%，而后其影响的重要性有所下降，但其方差贡献率一直大于其他变量，说明贷款是对GDP最主要的影响参数。利率和汇率的冲击对GDP的影响在短期内相对重要性都较小，第一期其方差贡献率都只有5%，到第五期时分别为12%和11%，而后都呈现出缓慢的上升趋势，到第十二期分别达到25%和21%，说明利率和汇率对GDP的影响长期重要性更为明显。

### （五）格兰杰因果检验

格兰杰因果检验在考察序列x是否是序列y产生的原因时采用的方法。先估计当前的y值被其自身滞后期取值所能解释的程度，然后验证通过引入序列x的滞后值是否可以提高y的被解释程度。如果是，则称序列x是y的格兰杰成因，此时x的滞后期系数具有统计显著性。在此我们对利率、贷款、汇率三个金融参数分别与GDP做格兰杰因果检验，检验结果如表4-14，从检验结果来看，拒绝利率、汇率、贷款不是GDP格兰杰成因的原假设犯错误的概率都在15%左右，表明在85%的置信水平下可以认为三者是GDP的格兰杰成因。而相反，GDP是利率、汇率、贷款的格兰杰成因的置信水平都在50%以下，因此可以否定GDP是利率、汇率、贷款的格兰杰成因。

**表4-14 格兰杰因果检验结果**

| 原假设 | 观测值 | F统计量 | 概率值 |
|---|---|---|---|
| INTEREST不是GDPSA的格兰杰成因 | 44 | 1.79766 | 0.15138 |
| GDPSA不是INTEREST的格兰杰成因 | | 0.85309 | 0.50150 |
| LOANZENSA不是GDPSA的格兰杰成因 | 44 | 1.79579 | 0.15175 |
| GDPSA不是LOANZENSA的格兰杰成因 | | 0.65129 | 0.62981 |
| ER不是GDPSA的格兰杰成因 | 44 | 1.80813 | 0.14931 |
| GDPSA不是ER的格兰杰成因 | | 0.24959 | 0.90796 |

## 三、货币政策中介工具（货币供给量）对经济增长的影响效果分析

### （一）研究方法与样本说明

此处采用自回归分布滞后（ADL）模型考察GDP与货币供应量的动态关系。

基本模型表达式为：

$$GDP_t = \alpha + \phi_1 GDP_{t-1} + \phi_2 GDP_{t-2} + \Lambda + \phi_p GDP_{t-p} + \sum_{i=0}^{\tau_i} \beta'_i M_{t-i} + u_t - \theta_1 u_{t-1} - \theta_2 u_{t-2} - \Lambda - \theta_q u_{t-q}$$

其中，$GDP_t$ 为季度实际国内生产总值，$M_{t-i}$是滞后 $i$ 期的外生变量向量（季度货币供应量 $M1$），维数与变量个数相同，且每个外生变量的最大滞后阶数为 $\tau_i$，$\beta_i$ 是参数向量。

我们通过两步检验法（EG）进行协整检验来考察 GDP 与货币供应量是否存在长期动态比例关系，并通过误差修正（ECM）模型说明二者短期波动偏离它们长期均衡关系的程度。最后通过格兰杰（Granger）因果检验来说明货币供应量变动是否是 GDP 变动的一个成因。

本模型使用的时间序列向量 GDP 为 1992 年到 2003 年的以 1990 年不变价的实际季度数据，货币供应量为 1992 年到 2003 年的季度 M1 累计余额数据①。一般所说的货币供给量是一种统计概念。各个国家为了计量货币供应量，一般都把货币量分成不同的货币层次：M1、M2 和 M3。不同层次货币量有着不同的现实流通性。从中国的情况来看，最能反映现实流通货币量内涵的是 M1。M1 主要包括现金和单位活期存款。在我国，居民消费品交易所需的货币主要是以现金为媒介的。单位活期存款主要是企业单位在银行的结算户存款和机关团体存款。它是生产资料生产购买力的主要媒介手段。这样，M1 的供应与全部商品和劳务总量交易所需要的货币量基本上是对应的。M1 可以说就是现实流通的货币量，体现市场总需求的水平。M2 中的准货币（城乡居民储蓄存款 + 企业存款中具有定期性质的存款 + 外币存款 + 信托类存款），是作为价值储藏的现实不流通的货币。由于我国货币电子化程度以及金融创新水平比较低，现实不流通的货币向现实流通货币的转化效率也比较低。因此，我们在分析中选取 M1 作为货币供应量的计量指标。

① 数据来源于中国人民银行《统计季报》和国家统计局《经济景气统计月报》。

为了消除数据的季节影响和剧烈波动，我们对数据均用 Gensus X11-Multiplicative 法做了季节调整处理，并取自然对数。

### （二）单位根与协整检验

如果一个时间序列的均值或自协方差函数随时间而改变，那么这个序列就是非平稳时间序列。对非平稳的序列直接以自回归分布滞后（ADL）模型进行相关性分析是没有意义的。因此，我们先用 PP 法进行单位根检验，考察序列是否为平稳时间序列。

序列 GDP 和序列 M1 的单位根检验结果分别如表 4 - 15 和表 4 - 16 所示：检验结果显示，两个序列在 1% 的显著水平均具有单位根，为非平稳序列，进而对他们进行单整检验，结果显示它们均为一阶单整序列。

**表 4 - 15　序列 GDP 的单位根检验结果**

| 变　量 | PP 检验 | 变　量 | PP 检验 |
|---|---|---|---|
| LGDPSA | -3.954191(c,t) | LM1SA | -3.194216(c,0) |
| ΔLGDPSA | -10.16570*(c,t) | ΔLM1SA | -5.833004*(c,0) |

注：PP 检验自动给出的滞后期均为 3，括号里的字符表示检验的类型（字符 c 表示含常数项，字符 t 表示含线性趋势项，0 表示不含线性趋势项），* 表示 1% 的显著水平

由于序列 GDP 与 M1 之间满足协整检验前提，回归方程估计残差序列 e 的取值如图 4 - 17。对序列 e 进行单位跟检验，结果如表 4 - 16。

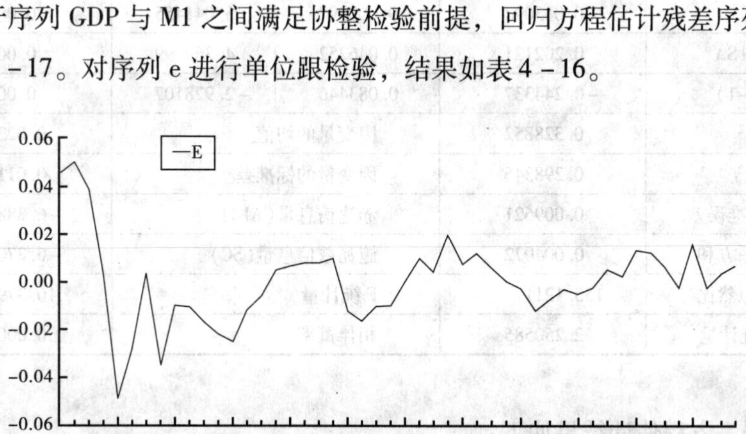


**图 4 - 17　GDP 与 M1 回归方程估计残差序列图**

表 4-16　序列 e 的 PP 检验结果

| | | | |
|---|---|---|---|
| PP 检验统计量 | -3.864645 | 1% 临界值* | -2.6120 |
| | | 5% 临界值 | -1.9478 |
| | | 10% 临界值 | -1.6195 |

由于检验统计量值 -3.864645 小于显著水平 1% 的临界值 -2.6120，因此残差序列 e 为平稳序列，表明 GDP 与 M1 具有协整关系。即二者存在着长期稳定的动态比例关系。

### （三）误差修正模型（ECM）

根据 Granger 定理，一组具有协整关系的变量，一定具有误差修正模型的表达形式存在。我们已经证明序列 GDP 和 M1 之间存在协整关系（表 4-17），故可建立 ECM 模型。误差修正项 ecm 反映了变量在短期波动中偏离它们长期均衡的程度。其模型表达式为：

$$\Delta GDP_t = \beta_0 + \beta_1 \Delta M1_t + \lambda ecm_{t-1} + \varepsilon_t$$

表 4-17　GDP 和 M1 回归估计结果

| 变　量 | 系　数 | 标准误 | T 统计量 | 概率值 |
|---|---|---|---|---|
| C | 0.013094 | 0.002597 | 5.041455 | 0.0000 |
| ILM1SA | 0.202121 | 0.046252 | 4.369999 | 0.0001 |
| E(-1) | -0.244337 | 0.083446 | -2.928107 | 0.0054 |
| $R^2$ | 0.328852 | 因变量的均值 | | 0.022662 |
| $\bar{R}^2$ | 0.298345 | 因变量的标准差 | | 0.011485 |
| 回归标准误差 | 0.009621 | 赤池信息量(AIC) | | -6.388131 |
| 残差平方和 | 0.004072 | 施瓦兹信息量(SC) | | -6.270037 |
| 对数似然比 | 153.1211 | F 统计量 | | 10.77965 |
| DW 统计量 | 2.250585 | 相伴概率 | | 0.000155 |

代入数据，方程估计结果如下：

$$\Delta GDP_t = 0.01309 + 0.20212\Delta M1_t - 0.2443 ecm_{t-1} + u_t$$

该模型显示了 GDP 与 M1 之间存在的长期比例关系。

**（四）脉冲响应函数**

首先建立 VAR 模型，经过多次试验，当最大滞后期取 5 时 AIC 和 SC 均达到最小，所以在此取滞后期为 5。此时的 VAR 表达式为：

$$y=\begin{bmatrix}0.6393 & 0.1266\\ 0.8357 & 0.7405\end{bmatrix}*y_{t-1}+\begin{bmatrix}0.1250 & -0.0818\\ 0.0354 & -0.2465\end{bmatrix}*y_{t-2}+\begin{bmatrix}-0.0215 & 0.0012\\ 0.2087 & 0.3208\end{bmatrix}*y_{t-3}$$

$$+\begin{bmatrix}0.4922 & 0.0126\\ 0.1889 & -0.3416\end{bmatrix}*y_{t-4}+\begin{bmatrix}-0.3913 & 0.0161\\ -0.6175 & 0.1943\end{bmatrix}*y_{t-5}+\begin{bmatrix}0.6844\\ -2.5214\end{bmatrix}$$

脉冲响应图如图 4－17 所示。

图 4－18 是货币供给量 M1 的冲击引起的 GDP 变化的脉冲响应函数图。从图中可以看出，当在本期给货币供应量一个冲击后，GDP 当期就出现上升趋势，在第六期达到最大值，第六期以后 GDP 停止增长且达到新的均衡水平。说明增加货币供给在一年半内引起 GDP 增加的作用较明显。因此，货币在短期是非中性的，但影响的时间不超过 6 个季度，长期来看，货币供应量的变化对产出不会产生永久性影响，货币在长期是中性的，这一点与国际上其他国家的有关研究结论也是一致的。

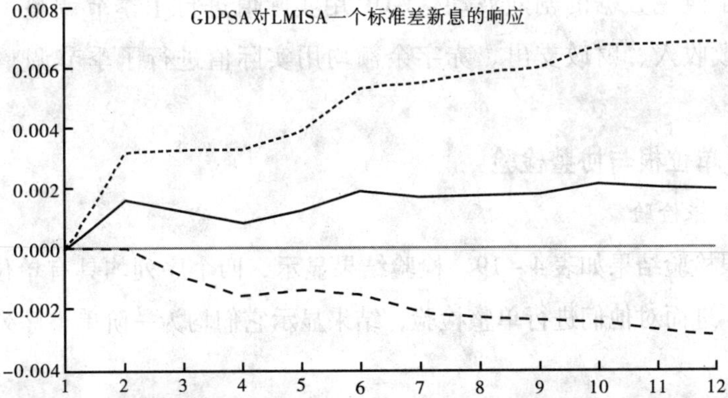


**图 4－18　贸币供给量 M1 的冲击**

### （五）格兰杰因果检验

表 4－18　格兰杰因果检验结果

| 原 假 设 | 观 测 值 | F 统计量 | 概 率 值 |
|---|---|---|---|
| LM1SA 不是 LGDPSA 的格兰杰成因 | 44 | 3.09503 | 0.02782 |
| LGDPSA 不是 LM1SA 的格兰杰成因 | | 9.01672 | 4.1E-05 |

结果显示 GDP 是 M1 的格兰杰成因，M1 也是 GDP 的格兰杰成因（表 4－18）。两者互为因果，互相影响。

# 第四节　财政政策对经济增长影响的计量分析

## 一、财政政策松紧取向与经济增长波动趋势的相关分析

### （一）研究方法与样本说明

在此，我们采取与货币政策研究一样的方法进行分析，即通过协整检验、误差修正、脉冲响应、方差分解等方法具体分析财政政策对经济增长的影响。为了避免数据的剧烈波动，GDP 用实际值进行了季节调整，并取自然对数，财政收入、财政支出、赤字余额均用实际值进行了季节调整并取自然对数①。

### （二）单位根与协整检验

1. 单位根检验

单位根检验结果如表 4－19。检验结果显示，四个序列均具有单位根，为非平稳序列，进而对他们进行单整检验，结果显示它们均为一阶单整序列。

① 在此，我们用到的赤字数据是基本赤字，即不包括到期债务还息，而全额赤字包括到期债务还息。

表4-19 单位根检验结果

| 变 量 | PP检验 | 变 量 | PP检验 |
|---|---|---|---|
| GDP | 1.438614(c,t) | LFOSA | -2.440896(c,t) |
| ΔGDP | -11.14350*(c,t) | ΔLFOSA | -8.806683*(c,t) |
| LFISA | -2.724288(c,t) | LFSSA | -3.262708(c,t) |
| ΔLFISA | -6.996322*(c,t) | ΔLFSSA | -12.04211*(c,t) |

注：PP检验自动给出的滞后期均为3，括号里的字符表示检验的类型（字符c表示含常数项，字符t表示含线性趋势项，0表示不含线性趋势项），*表示1%的显著水平

2. 协整检验

应用Johansen方法对四个时间序列的协整关系进行检验，在根据AIC和SC准则选择滞后阶数为4后，检验结果如表4-20。协整检验结果表明GDP、财政收入、财政支出、赤字余额之间长期存在着一个协整关系，标准化的协整系数如表4-21。协整方程为：

$$vecm = GDP - 1.6370LFISA + 2.1791LFOSA - 0.7008LFSSA - 8.1973$$

表4-20 Johansen协整检验结果

| 特征值 | 似然比 | 5%临界值 | 1%临界值 | 协整个数假设 |
|---|---|---|---|---|
| 0.630154 | 72.41342 | 47.21 | 54.46 | 无** |
| 0.411536 | 28.64796 | 29.68 | 35.65 | 至少1个 |
| 0.113320 | 5.317392 | 15.41 | 20.04 | 至少2个 |
| 0.000579 | 0.025479 | 3.76 | 6.65 | 至少3个 |

表4-21 标准化协整系数

| LGDPSA | LFISA | LFOSA | LFSSA | C |
|---|---|---|---|---|
| 1.000000 | -1.636978 | 2.179102 | -0.700771 | -8.197284 |
| | (0.17293) | (0.22403) | (0.04951) | |
| 似然比 | 445.6118 | | | |

对序列vecm进行单位跟检验，发现它已经是平稳序列，并且取值在0附近上下波动，验证了协整关系是正确的。协整方程反映了四个时间序列之间的长期均衡关系。

### （三）脉冲响应函数

在确定了协整关系后，对 VAR 模型的参数进行估计，结果是显著的。为了了解财政收入、财政支出、赤字对 GDP 的动态关系，我们应用 VAR 模型进行脉冲响应分析，即计算各变量一个单位的标准差冲击对 GDP 的影响，脉冲响应曲线如图 4－19 到图 4－21。

首先建立 VAR 模型，经过多次试验，滞后期取 4 期。其脉冲响应图如下：

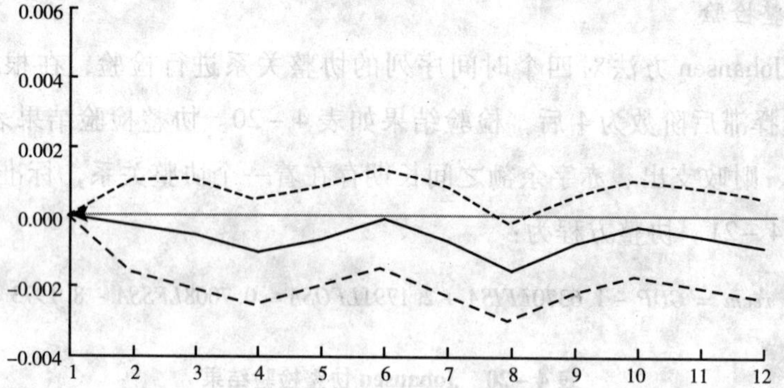


**图 4－19　GDPSA 对 LFISA 的响应**

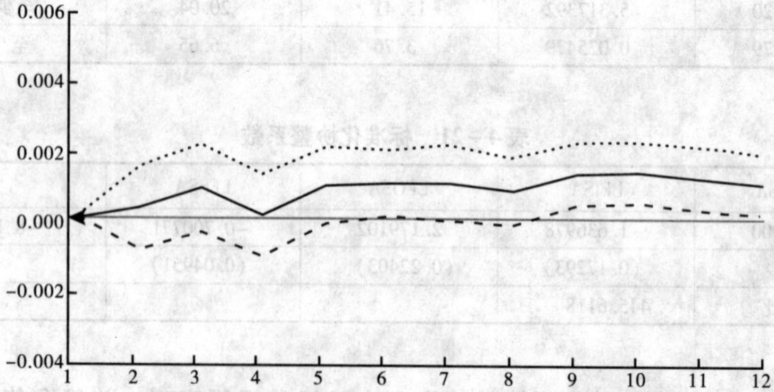


**图 4－20　GDPSA 对 LFOSA 的响应**

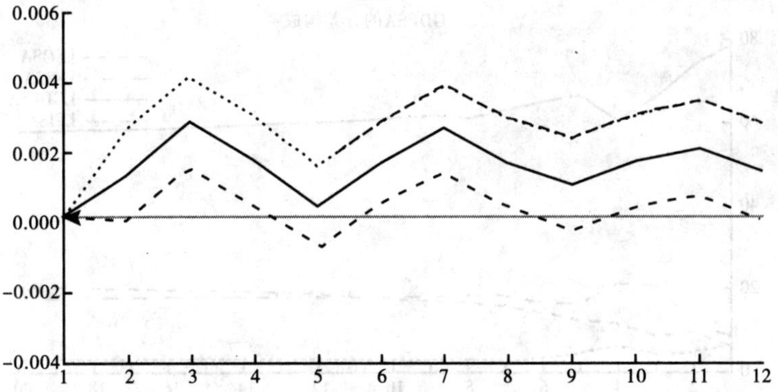


**图4-21 GDPSA对LFSSA的响应**

图4-19是财政收入的冲击引起GDP变化的脉冲响应函数图。从图4-20可以看出，财政收入的增加对GDP的增长有阻碍作用，当财政收入出现一个冲击时，GDP开始出现下降趋势，并且在两年内呈现出波动，在第二年末达到最小，而后逐渐上升达到新的均衡水平。说明财政收入的增加在两年内引起GDP减少的作用较明显。

图4-20是财政支出的冲击引起GDP变化的脉冲响应函数图。从图4-21可以看出，当财政支出出现一个冲击时，GDP与财政支出呈现同方向变动。财政支出变化对GDP的影响在三期后达到最大，而后有小幅度波动，在第五期后冲击的作用基本消失并达到新的均衡状态。可见增加财政支出在短期内对GDP有明显的拉动作用，而长期其拉动作用会消失。

图4-21是赤字的冲击引起GDP变化的脉冲响应函数图。从图4-22可以看出，当赤字出现一个冲击时，GDP与赤字呈现同方向变动，而且效果比较明显。GDP对赤字变化的明显反应发生在第三期，而后GDP会有一个波动，在第七期后趋于稳定达到新的均衡状态。说明赤字变化对GDP有长期的正向影响。

**（四）方差分解分析**

我们在此利用方差分解技术分析各种财政政策冲击对GDP影响的贡献率，以说明每个参数的相对重要性。分解结果如图4-22。

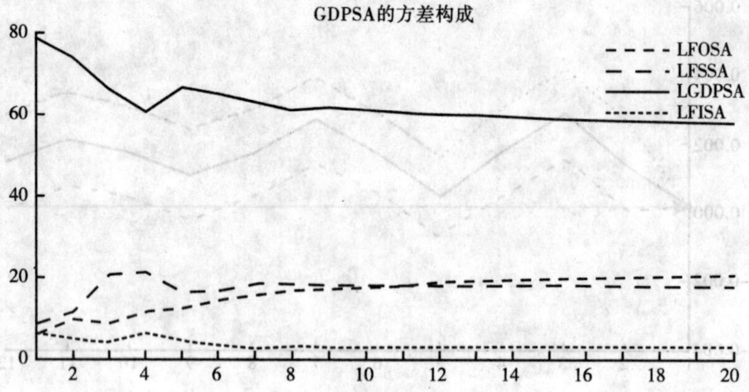


**图4－22　方差分解分析结果**

从分解结果来看，GDP自身冲击的影响对GDP的波动在短期和长期都较大，但长期呈现出明显的下降趋势，说明GDP的变化有明显的惯性作用，但长期其惯性作用会减弱。赤字冲击的影响对GDP波动的影响无论是短期还是长期都较大，说明赤字是对GDP最主要的影响参数①。财政收入的冲击对GDP的影响在短期内相对重要性较小，第一期其方差贡献率都只有6%左右，财政收入的方差贡献率在第四期达到最大值6.37%后便逐渐下降，在第六期后其方差贡献率一直处于3%左右的稳定状态，说明财政收入对GDP增长的冲击作用无论短期还是长期都比较小。财政支出的冲击对GDP波动的影响在短期较小，在第一期其方差贡献率为6%，但在第二期后其方差贡献率不断增加，第十二期已经超过赤字的贡献率达到19%，说明财政支出对GDP的影响长期重要性更为明显，详见表4－22。

因此可以认为，赤字的决定更带有基础性。因为在正常情况下，都是由于先有了政府赤字支出的要求，才会发生政府向社会举债的问题，而不是先有了债务结果，然后再具体考虑作为债务原因的赤字的支出。

① 因此可以认为，赤字的决定更带有基础性。因为在正常情况下，都是由于先有了政府赤字支出的要求，才会发生政府向社会举债的问题，而不是先有了债务结果，然后再具体考虑作为债务原因的赤字的支出。

表 4-22 贡献率分析的结果

| 时期 | 标准误差 | LGDPSA | LFISA | LFOSA | LFSSA |
|---|---|---|---|---|---|
| 1 | 0.005279 | 78.67330 | 6.326066 | 6.154610 | 8.846023 |
| 2 | 0.006091 | 73.93564 | 4.791268 | 9.619934 | 11.65316 |
| 3 | 0.007088 | 66.42250 | 4.198341 | 8.703533 | 20.67563 |
| 4 | 0.008154 | 60.86814 | 6.377088 | 11.52257 | 21.23220 |
| 5 | 0.010393 | 66.67362 | 4.548941 | 12.36340 | 16.41403 |
| 6 | 0.011762 | 65.29786 | 3.597521 | 14.34332 | 16.76130 |
| 7 | 0.013243 | 62.97210 | 2.970451 | 15.55104 | 18.50641 |
| 8 | 0.014973 | 61.25839 | 3.203107 | 16.86380 | 18.67470 |
| 9 | 0.016979 | 61.77170 | 3.004114 | 17.10254 | 18.12164 |
| 10 | 0.018459 | 61.03308 | 3.218355 | 17.68493 | 18.06364 |
| 11 | 0.020070 | 60.50602 | 3.155673 | 18.05035 | 18.28795 |
| 12 | 0.021893 | 60.05812 | 3.078840 | 18.79493 | 18.06811 |

## （五）误差修正模型（ECM）

根据 Granger 定理，一组具有协整关系的变量，一定具有误差修正模型的表达形式存在。我们已经证明序列 GDP 和财政收入、财政支出、赤字之间存在一个协整关系，故可建立 ECM 模型。误差修正项 ecm 反映了变量在短期波动中偏离它们长期均衡的程度。

根据结果可得误差修正模型为：

$$LY_t = \begin{bmatrix} -0.4683 & -0.0866 & 0.0460 & -0.0111 \\ -0.3326 & 0.3275 & -0.6826 & 0.0793 \\ -1.9416 & 0.0874 & -0.0573 & -0.0536 \\ -2.2222 & 1.5347 & -2.8360 & 0.3783 \end{bmatrix} * LY_{t-1}$$

$$+ \begin{bmatrix} -0.3007 & -0.0417 & 0.0424 & 0.02670 \\ -1.3768 & 0.3099 & -0.6408 & 0.0099 \\ -1.8943 & -0.1732 & -0.0037 & -0.0826 \\ 0.9778 & 0.7472 & -1.5887 & 0.1089 \end{bmatrix} * LY_{t-2}$$

$$+\begin{bmatrix} -0.2133 & -0.0151 & 0.0201 & -0.0526 \\ -1.0801 & -0.1484 & -0.0300 & -0.4781 \\ -1.2149 & -0.1741 & -0.0292 & 0.0212 \\ -0.1562 & 1.0734 & 0.0475 & -1.2658 \end{bmatrix} * LY_{t-3}$$

$$+\begin{bmatrix} 0.3007 & -0.0132 & -0.0349 & -0.0084 \\ -2.7303 & -0.2771 & 0.4821 & -0.0165 \\ -1.4246 & 0.0659 & 0.1058 & 0.0610 \\ 1.9771 & 0.5244 & -1.6579 & -0.1764 \end{bmatrix} * LY_{t-4}$$

$$+\begin{bmatrix} -0.0308 \\ 0.2713 \\ -0.0326 \\ 1.1436 \end{bmatrix} * vec_{t-1} + \begin{bmatrix} 0.0396 \\ 0.1821 \\ 0.1811 \\ 0.1121 \end{bmatrix}$$

## （六）格兰杰因果检验

在此我们对财政收入、财政支出、赤字分别与 GDP 做格兰杰因果检验，检验结果如表 4－23：

**表 4－23　GDP 与财政收入、财政支出、赤字的格兰杰因果检验结果**

| 原假设 | 观测值 | F 统计量 | 概率值 |
| --- | --- | --- | --- |
| LGDPSA 不是 LFOSA 的格兰杰成因 | 44 | 2.93792 | 0.03404 |
| LFOSA 不是 LGDPSA 的格兰杰成因 | | 8.98967 | 4.2E-05 |
| LGDPSA 不是 LFISA 的格兰杰成因 | 44 | 2.77236 | 0.04218 |
| LFISA 不是 LGDPSA 的格兰杰成因 | | 6.69012 | 0.00041 |
| LGDPSA 不是 LFSSA 的格兰杰成因 | 44 | 1.31883 | 0.28216 |
| LFSSA 不是 LGDPSA 的格兰杰成因 | | 13.6578 | 8.3E-07 |

从检验结果来看，拒绝财政收入、财政支出、赤字不是 GDP 格兰杰成因的原假设犯错误的概率都不到 1%，表明在 99% 的置信水平下可以认为三者是 GDP 的格兰杰成因。另一方面，GDP 是财政收入、财政支出、赤字的格兰杰成因的置信水平分别为 4%、3% 和 28%，因此可以认为 GDP 是财政收入和财政支出的格兰杰成因，而不是赤字的格兰杰成因。

## 二、国债对经济增长影响的效果分析

### （一）研究方法与样本说明

为了避免数据的剧烈波动，GDP 用实际值进行了季节调整，并取自然对数，国债用实际值并取自然对数。

### （二）单位根与协整检验

首先对序列进行单位根检验，检验结果如表 4－24。检验结果显示，GDP 与国债原序列均为非平稳序列，经过一阶差分后二者均在 1% 的显著水平为平稳序列，满足协整检验前提。检验结果如表 4－25。

**表 4－24　单位根检验结果**

| 变　量 | PP 检验 | 变　量 | PP 检验 |
|---|---|---|---|
| LGDPSA | －3.954191（c，t） | LCD | 0.659848（c，0） |
| ΔLGDPSA | －10.16570**（c，t） | ΔLCD | －3.648148（c，0） |

注：PP 检验自动给出的滞后期均为 3，括号里的字符表示检验的类型（字符 c 表示含常数项，字符 t 表示含线性趋势项，0 表示不含线性趋势项），** 表示 1% 的显著水平，* 表示 5% 的显著水平

**表 4－25　序列 e 的 PP 检验结果**

| | | | |
|---|---|---|---|
| PP 检验统计量 | －3.438523 | 1% 临界值* | －2.6120 |
| | | 5% 临界值 | －1.9478 |
| | | 10% 临界值 | －1.6195 |

由于检验统计量值－3.438523 小于显著水平 1% 的临界值－2.6120，因此残差序列 e 为平稳序列，表明 GDP 与国债具有协整关系。即二者存在着长期稳定的动态比例关系。

### （三）误差修正模型（ECM）

根据 Granger 定理，一组具有协整关系的变量，一定具有误差修正模型的表达形式存在。我们已经证明序列 GDP 和国债之间存在协整关系（表 4－26），故

可建立 ECM 模型。误差修正项 ecm 反映了变量在短期波动中偏离它们长期均衡的程度。其模型表达式为：

$$\Delta GDP_t = \beta_0 + \beta_1 \Delta CD_t + \lambda ecm_{t-1} + \varepsilon_t$$

**表 4－26　回归估计结果表**

| 变　量 | 系　数 | 标准误 | T 统计量 | 概率值 |
|---|---|---|---|---|
| C | 0.031658 | 0.004321 | 7.326938 | 0.0000 |
| ILCD2SA | －0.174259 | 0.077995 | －2.234241 | 0.0306 |
| E(－1) | －0.009169 | 0.027952 | －0.328033 | 0.7444 |
| $R^2$ | 0.177863 | 因变量的均值 | | 0.022662 |
| $\bar{R}^2$ | 0.140493 | 因变量的标准差 | | 0.011485 |
| 回归标准误差 | 0.010648 | 赤池信息量(AIC) | | －6.185213 |
| 残差平方和 | 0.004989 | 施瓦兹信息量(SC) | | －6.067119 |
| 对数似然比 | 148.3525 | F 统计量 | | 4.759515 |
| DW 统计量 | 2.287965 | 相伴概率 | | 0.013452 |

代入数据，方程估计结果如下：

$$\Delta GDP_t = 0.031658 - 0.174259\Delta CD_t - 0.009169 ecm_{t-1}$$

### （四）脉冲响应分析

首先建立 VAR 模型，通过多次试验，滞后期取 5 时 SC 和 AIC 取值最小。在 VAR 模型中做脉冲响应图，从脉冲响应图中可以看出，国债对 GDP 的冲击呈现负向影响。这主要是由于政府财政支出所占的比重较大使得国债出现挤出效应。正如上文分析中得到的结论所示，财政支出在长期贡献率达到20%。因此从国债的这种挤出效应来看，增发建设性国债，是我国用来弥补民间投资需求不足和促进经济增长的办法之一。但实践表明，民间投资需求不足的问题并不是一个短期内能够全面缓解的问题。因此，我国宏观政策操作的关键之一是要尽可能避免政府建设性国债投资效率下降和政府建设性债务挤出民间投资的问题。

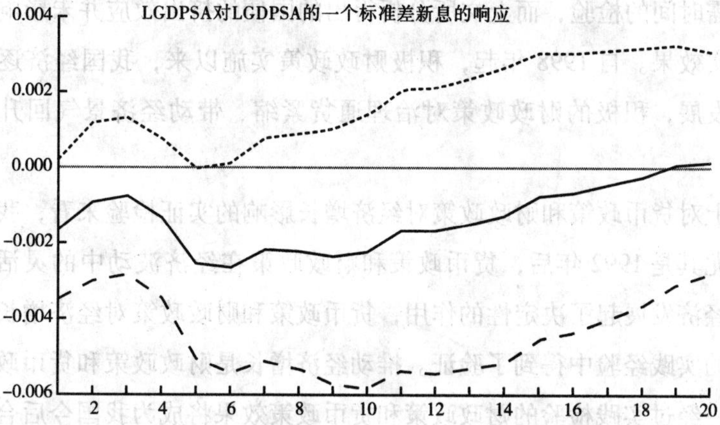


**图4-23 国债对GDP的冲击**

## （五）格兰杰因果检验

**表4-27 格兰杰因果检验结果**

| 原假设 | 观测值 | F统计量 | 概率值 |
|---|---|---|---|
| LCD2SA 不是 LGDPSA 的格兰杰成因 | 44 | 4.20076 | 0.00699 |
| LGDPSA 不是 LCD2SA 的格兰杰成因 | | 3.24505 | 0.02297 |

从格兰杰因果检验结果来看表4-27，拒绝国债不是GDP格兰杰成因的原假设犯错误的概率为0.69%，表明在98.3%的置信水平下可以认为国债是GDP的格兰杰成因。另一方面，GDP是国债的格兰杰成因的置信水平为2.3%，因此可以认为国债的增发是的GDP的格兰杰成因，而GDP不是国债增发的格兰杰成因。

我国国债宏观经济效应尚不明显，主要有以下两方面的原因：其一，利用国债融资的时间较短。我国是从改革开放后，才开始较多地发行国债，利用国债融资进行经济建设的起步较晚，国债的宏观经济效应尚未显现。这样，选取的样本数据就较少，检验结果自然也会受到一定的影响。其二，利用国债融资的项目多为基础设施项目，基础设施项目周期长，真正发挥效益还需要一段时间。

推动经济增长是财政政策的一个基本目标和功能。增发国债对经济增长的真实效果还需时间的检验，而上文所分析得出的国债的挤出效应并未影响积极财政政策的真实效果。自1998年起，积极财政政策实施以来，我国经济逐步走出低谷并快速发展，积极的财政政策对治理通货紧缩、带动经济景气回升起了很大作用。

从以上对货币政策和财政政策对经济增长影响的实证检验来看，我国自改革开放以来尤其是1992年后，货币政策和财政政策在经济波动中的灵活应用，对我国宏观经济发展起了决定性的作用，货币政策和财政政策对经济增长的促进作用在我国的实践经验中得到了验证。推动经济增长是财政政策和货币政策的共同目标之一，经过实践检验的财政政策和货币政策效果将成为我国今后合理运用宏观经济政策的重要依据。

## 主要参考文献

1. 李晓西. 宏观经济学（中国版）. 中国人民大学出版社，2005.

2. 高鸿业，主编. 西方经济学（宏观部分）. 中国经济出版社，1996.

3. 马拴友. 财政政策与经济增长. 经济科学出版社，2003.

4. 刘迎秋. 次高增长阶段的中国经济. 中国社会科学出版社，2002.

5. 易丹辉. 数据分析与EVIEWS应用. 中国统计出版社，2002.

6. 蔡昉等. 就业弹性、自然失业和宏观经济政策——为什么经济增长没有带来显性就业?. 经济研究，2004（9）.

7. 李建伟. 近年来我国宏观调控政策的综合效力评估. 经济纵横，2003（5）.

8. 李建伟，余明. 人民币有效汇率的波动及其对中国经济增长的影响. 世界经济，2003（11）.

9. 龚玉泉，袁志刚. 中国经济增长与就业增长的非一致性及其形成机理. 经济学动态，2002（10）.

10. 于艳萍，郭鹏飞，钱争鸣. 财政政策对经济增长与价格波动影响的动态效应研究——结合货币供应量的SVAR分析. 商业经济与管理，2006（10）.

# 第5章

# 货币和财政政策影响就业的实证分析

促进就业是货币和财政政策的重要目标之一，党的十六届六中全会提出全面构建社会主义和谐社会，促进就业和完善社会保障事业是保持社会和谐的两个重要支柱。20世纪90年代以来，我国市场化改革进程加速，适应市场经济体制的宏观调控体系逐步建立与健全，货币和财政政策对就业影响发生了深刻的变化。本章分析20世纪90年代以来我国货币和财政政策对就业的影响，并对其效果进行综合评价。

## 第一节 货币和财政政策对就业影响的定性分析

货币和财政政策对就业影响的分析最早是由凯恩斯系统建立的①，并不断完善和发展。20世纪30年代以来，各国政府都在运用这一理论来指导本国就业，

① 约翰·梅纳德·凯恩斯. 就业、利息和货币通论：中译本. 2版. 商务印书馆，1983：242—251.

并取得了一定的效果。但同时也要注意到，就业问题确实是一个非常复杂的问题，劳动力市场也具有特殊性，因此，不同时期不同类型的国家，政策对就业的影响也是不同的。

## 一、宏观经济学理论对失业形成的简要分析

宏观经济学各流派对失业的形成分别做出了解释，并提出了各自的政策主张，这些理论反映了不同时期理论和实践发展的阶段，对于增加就业和解决失业问题有重要的参考价值。

以凯恩斯学派为代表的总需求理论认为，在国民经济运行过程中，由于总消费和总投资不足，使总需求小于总供给，形成有效需求不足，从而导致就业总量难以达到充分就业的水平。而以供应学派为代表的总供给理论则认为，在国民经济运行过程中，总供给不足也会减少全社会的就业量，总供给不足的主要原因是政府税率过高。由于税负太高，一方面将减少生产要素收入，从而减少要素的有效供给，特别是弹性大的要素的供给；另一方面将提高要素成本，减少要素需求，最终减少就业量。总需求和总供给政策是政府解决失业问题的重要政策，具体实施中主要采用的是财政政策工具。总需求和总供给理论与政策各自从需求和供给的不同角度，分析了“非自愿性失业”的导因，并提出了扩张性宏观经济政策和减税政策等措施，对解决就业问题具有重要影响。

20世纪70年代，西方主要国家出现了“滞胀”现象。萨缪尔森、托宾等新古典综合学派经济学家认为菲利普斯曲线对通胀和失业间关系的解释缺乏说服力，提出了“结构性失业理论”，认为在市场经济条件下，失业是由于劳动力供求结构不匹配造成的，提出通过对劳动力进行再培训，发展职业中介，建立劳动市场信息平台等减少结构性失业。

20世纪70年代以来，以弗里德曼为代表的货币学派经济学家对失业形成做出了新的解释，他们将失业形成归结为“自然失业率”假说，认为需求政策对解决失业无效，提出供给管理政策，指出政府可以通过改善劳动力市场降低自然

失业率。

发展经济学理论对发展中国家的失业问题提出了新的理解，针对发展中国家现实情况提出了相应的就业理论，比较有代表性的理论是50年代的刘易斯的二元经济模型和70年代的托达罗模型。刘易斯针对发展中国家农业人口众多，剩余劳动力丰富的特点，提出通过工业化途径解决失业问题。而托达罗理论则认为，农村劳动力转移的速度取决于城乡收入差异及转移成本，劳动力转移成本的增加会导致城镇失业的增加。因此，强调解决城镇失业的根本出路在于缩小城乡收入差距和发展农村经济，片面发展城镇工业，只会导致失业在城乡间的转移。

## 二、货币政策影响就业的方式与特点

货币政策是一个由货币政策工具、目标与路径组成的作用与反馈系统。货币政策影响就业的方式有两种：一是利用货币政策的松紧来改变货币供应量，并直接影响货币政策四大参数：资产价格、利率、信贷总额和汇率，使总需求发生相应的变化，从而影响总产出和就业量；二是通过改变信贷政策，调整信贷结构，从而影响产出结构和就业结构，最终影响全社会总产出和就业量的变化。

当一个国家经济衰退、失业率增加、实际经济增长率低于潜在经济增长时，货币管理当局通常会使用扩张性的货币政策工具，采取有利于放松银根的措施，扩大货币供应量，市场利率降低。在既定的生产与组织结构条件下，企业由于融资条件放松和融资成本降低，会扩大规模，提高投资水平，增加劳动力需求，同时增加社会的总产出水平，使实际GDP向潜在GDP靠拢，表现为IS-LM模型中LM曲线向右移动，见图5-1。

货币政策传导机制的特点是，货币政策工具改变货币供应量等中间变量，通过资产价格、利率、信贷总额和汇率等四个渠道来影响投资、消费和净出口三大需求，因此货币政策在传导机制上更具有间接性和滞后性等特点。货币政策就业效果的评价和财政政策有相似之处，货币政策对就业的影响也取决于货币政策的

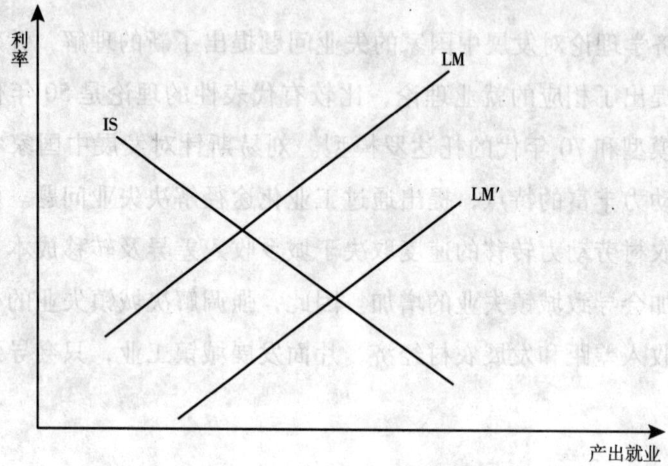


**图 5-1　货币政策对就业影响机理图**

产出乘数与产出的就业弹性，并与二者成正比。产出的就业弹性已经在前面进行了分析，下面对货币政策的产出乘数进行说明。

货币政策的产出乘数是指在实际需求不发生变动的情况下，只有货币供应量变动时的国民收入变动。其计算公式为：

$$\Delta Y = \frac{1+h}{r+h} \times \Delta D$$

其中，$Y$ 表示国民收入，$D$ 表示基础货币发行，$r$ 表示法定准备率，$h$ 表示现金与存款比率。而基础货币的发行又取决于货币的需求弹性和投资对利率的敏感性，货币政策对产出的影响正是这些因素的综合结果①。

在此基础上，我们可以得到货币政策工具对就业的影响量，即 $\Delta L = \Delta Y * E$，其中 $\Delta L$ 是指就业变化量，$\Delta Y$ 指产出的变化量，$E$ 为就业弹性，就业弹性是指单位 GDP 的变化带来的就业量的变化。

① 吴易风，等. 西方经济学. 中国人民大学出版社，1999：431—435.

## 三、财政政策影响就业的方式与特点

财政政策是财政政策工具、政策目标与政策实施手段等要素构成的一个整体。财政政策工具包括财政收入、财政支出和国债三类。从理论上讲，财政政策的作用包括供给和需求政策两个方面，并分别施以不同的宏观经济条件。从需求角度考虑，实际 GDP 低于潜在 GDP 时，通过扩张性的财政政策刺激有效需求，促进产出和就业的提高，并最终实现充分就业。从供给角度来考虑，当存在结构性供给不足时，可以调整财政政策工具，促进产出结构的调整，增加产出和就业能力，实现供求平衡。

当有效需求不足时，政府增加公共投资，通过乘数效应实现社会总供需平衡，并促进充分就业。所谓“乘数效应”，在这里是指增加一笔投资最终引起总就业的增加额，不仅包括这笔投资直接引起的就业增加，而且还包括因引起消费需求增加而间接带来的就业增加。乘数的大小与边际消费倾向有密切关系，边际消费倾向越大，通过乘数的作用导致的就业增加就越多。财政政策对就业的影响是通过扩大开支或促进投资增加，并通过乘数效应影响社会总需求实现的。当一国经济处于衰退和失业率增加时，财政管理当局通常会使用扩张性的财政政策工具，具体包括三个基本工具：首先是财政支出，可以通过扩大政府支出，向社会购买产品和劳务或进行公共工程建设；其次是降低企业和个人税收或调整税收结构，提高企业和个人的可支配收入，增加投资和消费；最后是发行国债，用于基础设施和公共产品的建设，提高或改善供给能力。扩张性的财政政策通过乘数效应提高收入水平，在 IS-LM 模型中，IS 曲线向右上方移动，产出增加。相反，如果采取紧缩性的财政政策，扩大预算盈余，IS 曲线向左下方移动，使总产出和就业量降低。财政政策对就业的影响变化参见图 5－2①。

进入 20 世纪 70 年代后，全球经济一体化加剧，西方国家笼罩在“经济滞胀”的阴影下，各国政府开始意识到政府仅用需求管理是不完善的，运用财政政策进行供给管理同样是宏观财政的重要组成部分，以拉弗为代表的供给学派迅速

① 罗伯特·霍尔，约翰·泰勒. 宏观经济学. 5 版. 中国人民大学出版社，2000：156—157.

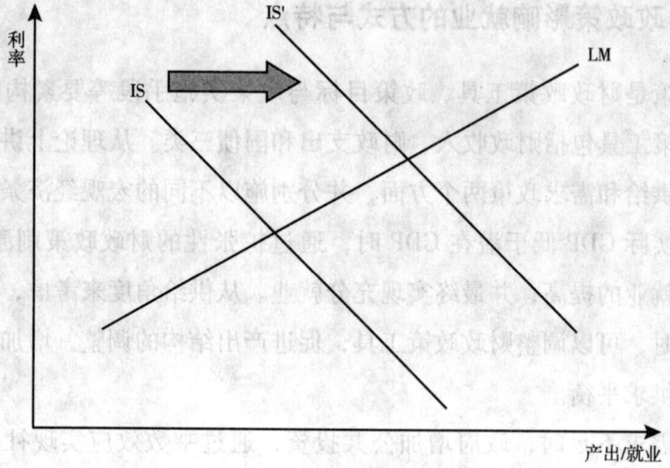


**图5-2　财政政策对就业影响机理图**

崛起。他们主张实行减税，因为在替代效应占主导地位的情况下，减免税收会增加储蓄，利率将下降。市场利率和厂商边际税率的下降促使投资增加，引起劳动力需求的增加。也就是说，当某一行业具有较大的就业吸纳能力时，政府可实行较低的差别税率来降低该行业的相对价格，提高该部门的引致投资，达到增加就业的目的。

财政政策传导机制的特点是，财政政策工具直接作用于总需求，不需要通过中间变量影响，因此财政政策更具有直接性和收效快的特点。财政政策对就业的影响取决于两个方面，一是财政政策对产出的影响，二是产出的就业弹性，即单位产出的变化率带来的就业量的变化率。财政政策的产出乘数计算公式为：

$$\Delta Y = \frac{1}{1 - b(1 - t)} \times (\Delta G - b \times \Delta T + b \times \Delta TR)$$

其中，$Y$ 表示国民收入，$b$ 表示边际消费倾向，$G$ 表示政府支出，$t$ 表示税率，$TR$ 表示转移支付。可见，财政乘数的大小取决于边际消费倾向与税率，与边际消费倾向成正比，与税率成反比。财政政策乘数越大，财政政策的产出和就业的效果越好。当然，扩张性的财政政策会带来利率的提高，引致投资和净出口的减少，会部分抵消货币政策的效果。

同样，我们也可以得到财政政策工具对就业的影响量。产出的就业弹性是影响就业效果的一个重要指标。如果财政支出或国债支出投向于就业弹性高的部门或行业，则财政政策对就业的效果好；如果财政支出或国债投向资本或技术密集型的部门或行业，则对就业的影响可能较小①。

## 四、宏观经济政策调控就业的国际经验

从中外发展经验看，经济增长并不自动带来最大化就业，实行不同经济政策和经济模式的国家，经济增长对就业的贡献大不一样。各个国家失业原因有所不同，有的受经济周期的影响，有的受劳动力市场的影响，有的受结构性和体制性因素的影响，等等。以下通过不同国家的比较分析，对比各国运用宏观经济政策调控就业的基本规律或经验。

发达国家宏观经济政策的重要目标之一是创造就业和治理失业。美国经济在20世纪90年代经历了近十年“高增长、低通胀、低失业”的黄金发展时期，失业率从1992年的7.4%逐年下降到2000年的4.0%的低水平，在这一时期，政府采取了各种宏观政策手段来促进就业。1992年，克林顿出任美国总统时，面对1500万人的失业大军，政府运用宏观经济政策来增加公共投资和私人投资，创造就业机会。比如，在1993和1994年，耗资283亿美元用于公共设施建设，同时向企业提供优惠税收、信贷，耗资120亿美元。在以后几年中，还投资1090亿美元用于公共设施、高技术、教育和科研开支，投资600亿美元用于小企业税收优惠，以刺激经济，扩大就业。为了实现对传统产业的改造和重组，美国通过增加投入、降低利率等手段，大力培植新兴产业，扩大就业机会。美国在近10年的时间里对电脑维修人员的需求就以年均8%的速度增长，创造了大量的就业机会。在克林顿政府时期，美国政府每年拨款近70亿美元资助各州。通过资助，美国每年使100万左右的失业人员得到了培训，并使其中70%以上的人员在培训后找到了工作。2001年初，美国经济陷入了衰退状态。为尽快遏止经济衰退和

① 迈克尔·帕金. 宏观经济学. 人民邮电出版社，2003.

失业增加的趋势，布什政府采取了积极的宏观经济政策，极力推销减税计划，计划10年减税7260亿美元；美联储主席格林斯潘频频动用减息钝刀，一年之内11次采取降息行动，联邦基金利率从年初的6.5%降至年末的1.75%，这在一定程度上缓解了失业的压力①。德国的失业率在20世纪80年代维持在7%—8%的水平，两德统一后，失业率加剧，较高的失业率一直维持至今。长期的高失业中既有劳动力供给总量严重过剩，又有劳动力市场结构失衡问题。为了解决严峻的失业问题，德国政府于20世纪90年代中后期采取稳定财政政策的措施，为降低税收创造就业空间打下了基础。在稳定财政的基础上又进行税制改革，从1992年起，逐步削减直至取消“团结税”，降低所得税率。1994年，西德的失业率为8.2%，东德的失业率为15.2%，为了促进就业的均衡和协调，联邦劳动局将15%的收入都注入东部地区。在失业保险基金不能满足支出需要时，由政府提供财政补贴。德国政府1997年财政预算用于弥补失业保险基金赤字为41亿马克，后进一步追加到150亿马克。在德国的失业保险基金中，相当大一部分用于促进就业的职业培训，与对失业者提供失业保险或救济相比较，政府用于促进就业的再培训费用更多。1991年，国家预算中职业教育的基金为77.21亿马克，鉴于东部劳动力水平相对落后，设立130亿马克的职业教育基金②。从2000年起，继续实施减税政策，降低企业和个人所得税：在企业所得税方面，各类公司和企业只对其所盈利部分缴纳25%的税收；在个人所得税方面，提高免税起征基数。上述宏观经济政策的运用对遏制德国高失业率的进一步恶化起到了积极作用。据统计，德国1995年失业率为10.4%，2001年为10.36%③，虽然德国的失业率仍然很高，这与其特殊的国情有关，但宏观经济政策的作用还是不可忽略的，否则失业率会更高。

发展中国家也高度重视通过宏观经济政策来缓解就业压力。巴西是一个人口

---

① 美国失业为什么增加. 学习时报，2004-4-11. 失业梦魇恶化经济痼疾. 国际金融报，2003-5-6.

② 相关数据来自毕先萍. 国外治理青年失业的政策及其启示//全国青年就业问题与对策研讨会论文集. 2004. 邵国明. 欧盟各国近年失业治理及对我国的启示. 探求，2003（3）. 巴西政府解决劳动就业问题的一些经验. 2004-3-10.

③ 相关数据来自国家统计局：《国际统计统计年鉴》，2004年。

较多的发展中国家，从1982年到1996年，15年的年平均失业率为4.5%，这一失业率在发展中国家是较低的，巴西多年来维持较低的失业率与其运用宏观经济政策的做法是分不开的。巴西政府鼓励中、小型企业扩大再生产，广开就业渠道。政府自1994年起在全国实行“创造就业及收入”计划。其主要做法是：政府与私营及中、小型企业签订合同，由巴西银行、巴西东北银行、联邦储蓄银行和全国社会经济发展银行发放低息信贷，以提高经营者的生产能力，扩大经营范围，吸纳更多就业人员。1997年3月，巴西政府宣布对小型企业实行单一税收政策，即不管企业雇工多少，统一实行一种税，以鼓励小企业多雇佣工人，增加就业人数，这对于非正规就业发展是很有帮助的。非正规就业是指未在政府登记注册的私营小型和卫星公司与企业的就业人员，他们不纳税或很少纳税。在巴西，7000万的从业人口中有约4000万是非正规就业人员，巴西政府对非正规就业实行优惠的财政政策和有效管理为巴西的低失业率带来了巨大的贡献。20世纪90年代末，新一轮地区金融危机和全球经济减速使拉美地区经济陷于困境，巴西失业人口呈逐年上升趋势，从1993年的440万上升到了2001年的780万，失业率由6.2%升至9.4%。卢拉政府2003年1月上台后，高度重视解决就业问题，采取了有效的宏观经济调控政策，维持了金融市场的稳定，严格控制通胀，实施就业优先的经济发展战略，把解决好就业问题作为经济发展的先决条件和社会稳定的基础。政府在短期内重点加大对基础设施建设的投资，以扩大就业机会；在中、长期内将逐步实现从单纯的“增长优先”向“就业优先”的转变，并为全面实现“就业优先”的经济增长策略创造良好的环境。2003年7月1日，政府宣布实施“第一批就业”计划，计划于2003年和2004年分别投资1.39亿雷亚尔和4.189亿雷亚尔（1美元大约兑3雷亚尔），通过部分减免税收或发放补贴等方式鼓励企业招聘无工作经验的年轻人，着重解决16—24岁、首次进入劳动市场的低学历、贫困青年的就业问题。据估计，该计划实施的第一年将有25万青年人受益①。

---

① 巴西政府解决劳动就业问题的一些经验. 2004－3－10. http：//www.fmprc.gov.cn/chn/ziliao/wzzt/jjywj/ldjy/t72529.htm.

俄罗斯等经济转轨国家在改善宏观调控的同时，也强调重视宏观经济政策对失业的治理。从20世纪80年代中后期以来，苏联、东欧国家先后经历了由计划经济向市场经济过渡的转轨时期，从这一时期开始，失业问题就一直困扰着这些国家。进入20世纪90年代以来，俄罗斯处于严重的经济危机之中，这给俄罗斯就业带来了巨大的冲击，1995年，俄罗斯失业率为8.9%，2000年达到10.6%①。近年来，俄罗斯失业率上升势头明显趋缓，这与俄罗斯实行积极的就业政策是分不开的。在普京接掌政权后大刀阔斧的改革下，俄罗斯的经济状况已经明显好转。为解决就业问题，一方面，政府通过在税收上的优惠和财政补贴，鼓励企业提供临时性的、技术含量低的工作；另一方面，政府鼓励自主创业，除了对那些有能力的创业者提供培训外，还对其制定创业计划提供一定金额的资助。2001年，俄罗斯的失业率下降到9%，据统计，2002年6月俄罗斯的失业者人数比1998年8月下降了30%②。可见，宏观经济政策在治理失业上是功不可没的。

20世纪90年代以来各国宏观经济政策治理失业的比较表明，虽然各国治理失业的宏观经济政策工具组合不同，但都有一些共同的规律。其基本经验有：第一，发达国家和发展中国家及转型国家宏观经济政策治理失业在理论和实践上存在很多差异，发展中国家或转型经济国家存在许多结构问题和深层次的制度问题，不宜照搬发达国家的经验，要根据各国的国情提出恰当的治理对策；第二，就业是一个国家的基本民生问题，涉及每一个家庭的切身利益，涉及政治与社会的稳定。因此，各国政府都十分强调就业优先的目标理念；第三，各国既重视货币政策又重视财政政策对就业创造或治理失业的作用，货币政策和财政政策既有分工又有合作，货币政策从总量上进行调节，财政政策主要从结构上进行了调节，需要根据经济发展阶段与特征统筹好政策工具的配合，以达到较好的效果；第四，从宏观经济政策调控对象来看，各个国家都十分强调财税政策和金融政策

① 相关数据均来自IFS在线资料。

② 相关数据来自赖小琼. 中国经济转型时期失业问题的理论研究与实证分析. 厦门大学博士论文，2004年.　王亚飞. 失业成因与对策研究. 河北大学硕士论文，2004.

对中小企业和个人的调节，而主要不是对大型企业进行调节，通过一揽子的金融计划和财政计划来扶持中小企业的发展，特别是劳动力密集型企业的发展，同时，大力鼓励个人创业，制定全社会的创业计划，来解决就业不足问题。

## 第二节 我国20世纪90年代以来就业形势分析

同样的经济增长并不一定带来同等的就业增长。20世纪80年代初，我国每一个百分点的经济增长能拉动就业增长约0.4个百分点，相当于带来180万个就业岗位；而到20世纪90年代初，则只能拉动约0.3个百分点；到2005年下降到0.1%，约80万—90万个就业岗位。总的来看，自90年代以来经济增长的就业弹性在逐步减小，宏观经济循环进入“高增长、低就业”的时代。这一格局的形成，除受宏观经济政策影响外，还受体制转型、技术进步、结构调整等多因素影响，下面对我国20世纪90年代以来的就业形势及成因进行简要分析。

### 一、城镇就业增长率呈现先升后降的“倒U”的变动特征

衡量就业增长的主要指标是城镇就业量的增长，因为在统计上，农业起到的是就业蓄水池的作用，凡是非农产业未能吸纳的就业都被计入农业中了。所以，全社会就业增长这个总量分析的意义是很有限的。进入20世纪90年代，我国城镇化速度加快，我国的城镇化率1992年为27%，而到2005年已增长到43%。城市规模的迅速扩大，对城镇第二产业和第三产业发展的需求加快，城镇就业量不断放大。但90年代后期，一方面受技术进步及宏观经济政策等因素的影响，城镇基础设施、公用设施、大型技术装备等方面的投资快速增加，经济增长主要依靠投资的驱动，资本密集型产业迅速增加，造成经济增长对就业贡献减弱；另一方面受市场化改革的影响，国有企业下岗分流力度加大，下岗失业人员增加，而下岗失业人员是就业的负增加，因此城镇净就业增加量大幅度减少。详见表5-1。

**表 5－1　1992—2005 年我国城镇化率与城镇就业量变动表**

| 年　份 | 城镇就业量（万人） | 城镇化率（%） | 城镇就业增长率（%） |
|---|---|---|---|
| 1992 | 17861 | 27.46 | 2.27 |
| 1993 | 18262 | 27.99 | 2.25 |
| 1994 | 18653 | 28.51 | 2.14 |
| 1995 | 19040 | 29.04 | 2.07 |
| 1996 | 19922 | 30.48 | 4.63 |
| 1997 | 20781 | 31.91 | 4.31 |
| 1998 | 21616 | 33.35 | 4.02 |
| 1999 | 22412 | 34.78 | 3.68 |
| 2000 | 23151 | 36.22 | 3.30 |
| 2001 | 23940 | 37.66 | 3.41 |
| 2002 | 24780 | 39.09 | 3.51 |
| 2003 | 25639 | 40.53 | 3.47 |
| 2004 | 26476 | 41.76 | 3.26 |
| 2005 | 27331 | 42.99 | 3.23 |

资料来源：根据相应年份《中国统计年鉴》整理。

从表 5－1 可以看出，1992—2005 年期间，我国城镇就业量从 17861 万人增加到 2005 年的 27331 万人。就业总量增加 9470 万人，年平均增长 3.25%，从其变动趋势来看，我们可以发现城镇就业增长率经历了一个先升后降的过程，见图 5－3。

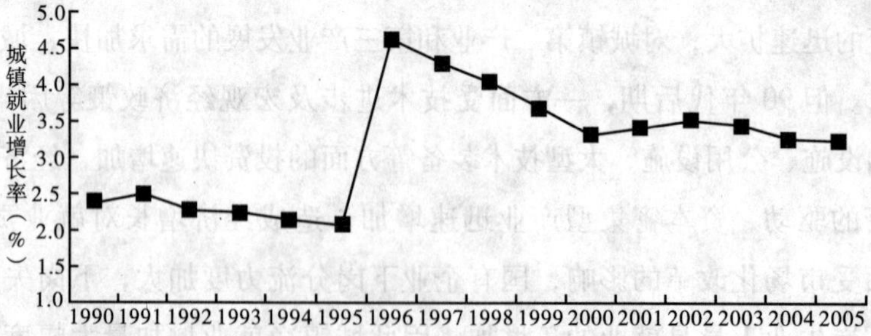


**图 5－3　城镇就业增长率变动趋势**

从图5－3可以看出，我国城镇就业增长率在城镇化的强大驱动力下总体呈上升趋势，并在20世纪90年代中期达到了一个高峰，随后逐渐递减，但是增长率幅度仍然高于90年代初期，这说明我国就业结构还处于一个深刻的变动时期，城镇就业增长还有较大的空间，这一点我们可以通过城镇就业量占全社会总就业量的比重分析得出，表5－2是1992—2005年一些年份的城镇就业量占比。

**表5－2　我国城镇就业量比重变动表**

| 年　份 | 1992 | 1995 | 1998 | 2001 | 2003 | 2004 | 2005 |
|---|---|---|---|---|---|---|---|
| 城镇就业量占全部就业量的比重(%) | 27.0 | 28.0 | 30.6 | 32.8 | 34.5 | 35.2 | 36.0 |

资料来源：《中国统计年鉴》相关年份。

从表5－2可以看出，我国就业需求的增加主要是城镇就业需求的增加。随着工业化和城镇化进程在20世纪90年代中期的加速，我国城镇就业需求总量大幅上升，城镇就业量占全部就业的比例逐年递增，从1992年的27.0%提高到2005年的36.0%，但城镇就业增长的速度低于城镇化率的增长率，造成城镇就业压力的增加。

## 二、失业率水平呈现日益上升的发展趋势

失业率是反映一个国家劳动力供求平衡的最重要的参数。从1992年到2005年，我国城镇和农村的失业率保持着不断上升的趋势，城镇实际失业率水平已经超过了国际上公认的7%的警戒线。下面从城镇和农村两个方面进行分析。

### （一）城镇登记失业率水平逐步提高

城镇登记失业率是反映城镇失业水平的名义失业率，即失业人群去相关部门登记并被确认的规模，但在实际中，很多失业人群由于各种原因并没有去进行失业登记，因此，我国的城镇登记失业率远低于实际的失业率。从城镇登记失业率来看，我国失业水平呈现出一种粘性的上升趋势，详见表5－3。

**表 5-3　1978—2005 年城镇登记失业率变动表**

| 年　份 | 1992 | 1993 | 1994 | 1995 | 1996 | 1997 | 1998 |
|---|---|---|---|---|---|---|---|
| 城镇登记失业率（%） | 2.3 | 2.6 | 2.8 | 2.9 | 3 | 3.1 | 3.1 |
| 年　份 | 1999 | 2000 | 2001 | 2002 | 2003 | 2004 | 2005 |
| 城镇登记失业率（%） | 3.1 | 3.1 | 3.6 | 4.0 | 4.3 | 4.2 | 4.2 |

资料来源：相应年份《中国统计年鉴》。

从我国城镇登记失业人数与登记失业率的变化数据（表 5-3）可以看出，我国城镇登记失业率在 2000 年以前经历了缓慢增长的态势，2000 年以后，城镇登记失业率水平快速增长，从 2000 年的 3.1% 提高到 2005 年的 4.2%，增长趋势见图 5-4。

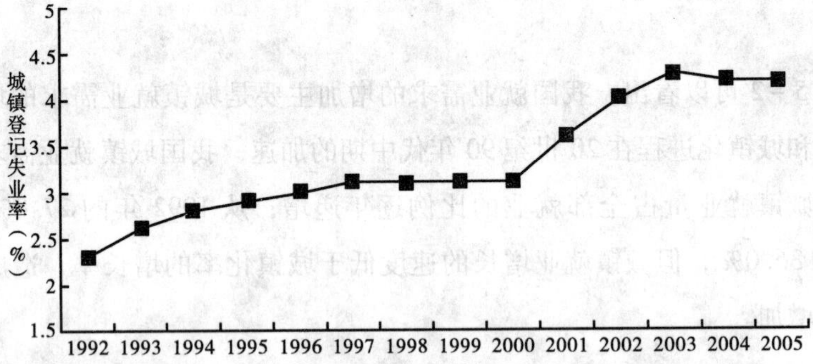


**图 5-4　1992—2003 年我国城镇登记失业率增长趋势图**

从图 5-4 可以看出，城镇登记失业率呈加快攀升趋势。1996 年，全国城镇登记失业率只有 3.0%，1997—2000 年一直保持在 3.1%，2001 年上升到 3.6%，2002 年升至 4.0%。城镇登记失业率上升的速度在逐年加快。其原因，第一是国有企业下岗职工开始陆续离开再就业服务中心，部分人加入失业者行列；第二是新下岗职工不再进入再就业中心，而直接成为失业者；第三是下岗职工的再就业率逐年降低，已经从 50% 降到 15% 左右。自 2000 年开始，我国国有企业下岗职工逐年递减，到 2005 年年末，国有企业实有下岗人员 61 万人，比 2004 年年末减少 92 万人，详见表 5-4。

**表5-4　1997—2005年国有企业下岗职工变动统计表**

| 年　　份 | 1997 | 1998 | 1999 | 2000 | 2001 | 2002 | 2003 | 2004 | 2005 |
|---|---|---|---|---|---|---|---|---|---|
| 国有企业下岗职工数(万人) | 634.8 | 610 | 652 | 657 | 515 | 410 | 260 | 153 | 61 |

资料来源：相应年份《中国统计年鉴》。

可见，我国下岗失业人员的规模在不断减少。随着我国国有企业下岗职工分流措施的完成，城镇登记失业率的快速增长可能会有所缓解。

**（二）城镇实际失业率出现较大幅度增长**

从城镇登记失业率的状况看，尽管逐年攀升，但与国际比较似乎并不是很高。2005年欧盟的失业率为7.6%，美国为5.6%，加拿大为7.6%，转型国家为13.5%，一些发展中国家还达到了30%以上。可是必须看到，这些国家的失业率为调查失业率，与我国城镇登记失业率含义有所不同。排除城镇登记失业率年龄、户口以及不包括下岗职工等限制，根据第五次人口普查，目前我国的城镇实际失业率大约为8.3%，其中男性为7.7%，女性为9.0%。由于我国调查失业制度的滞后，目前我国还没有定期公布城镇或全社会调查失业的统计数据。目前我国城镇的真实失业率是多少？这是难以回答的一个问题。从我国统计部门已经做过的一些工作来看，我们可以发现我国的调查失业率呈快速上升趋势，详见表5-5。

**表5-5　若干年份的调查失业率**

| 年　　份 | 1996 | 1997 | 2000 |
|---|---|---|---|
| 调查失业率% | 4.42 | 5.33 | 8.27 |

资料来源：1996和1997年数据来自《中国劳动统计年鉴1998》，2000年数据来自第五次人口普查资料。

从表5-5可以看出：一方面，我国的实际失业率远高于登记失业率，第五次人口普查数据显示，2000年中国城市失业率为9.4%，镇失业率为6.2%，城镇失业率为8.27%，远高于城镇登记失业率3.1%。实际失业率水平远高于登记失业水平这一现象的形成可能与我国目前社会保障水平较低、社会保障体系不健全等因素相关。从趋势来看，调查失业率呈不断上升的态势，由 1996 年的 4.42% 上升到 2000 年的 8.27%，几乎翻了一倍，这一趋势与城镇登记失业率的趋势是一致的。

### （三）农村隐性失业的估计

除了城镇失业外，我国广大的农村还存在大量的富余劳动力，即隐性失业。国内外的研究者通过定性分析和定量分析的方法，对我国 20 世纪 90 年代农村的隐性失业率进行了估计，详见表 5－6。

**表 5－6　20 世纪 90 年代中国农村隐性失业率的估计**

| 研究者 | 研究方法 | 估计年份 | 估计农村隐性失业率（%） |
|---|---|---|---|
| 牛仁亮 | 国际比较 | 1994 | 12 |
| 钱纳里 | 国际标准模型 | 1994 | 16 |
| 戴园晨、陈东琪 | 定性分析 | 1996 | 26.5 |
| 王诚 | 抽样调查 | 1994 | 31 |
| 杨宜勇 | 定性分析 | 90 年代 | 33.5—38.1 |

资料来源：根据有关资料整理。

根据测算，我国 20 世纪 90 年代农村隐性失业率水平估计最高达到近 40%，最低为 12%，农村隐性失业率 90 年代中期平均水平为 25%，隐性失业人数 1.2 亿，考虑农村劳动力的增加与劳动力转移因素，20 世纪 90 年代末农村隐性失业人数在 1.5 亿左右。

## 三、农村剩余劳动力转移难度加大

20 世纪 80 年代以来，随着中国经济的快速发展和劳动力市场化改革程度的提高，传统的二元经济结构开始松动，各种制约农村劳动力自由流动的制度逐渐弱化。农村劳动力的流动，使得劳动力作为一种生产要素，在城乡之间的配置更合理、更有效。但从农村剩余劳动力转移趋势来看，剩余劳动力向城镇转移难度在加大，具体数据见表 5－7。

表5-7 农村剩余劳动力的转移表

| 年 份 | 年转移劳动力数量(万人) | 增长速度(%) |
| --- | --- | --- |
| 1984—1988 | 1100 | 23 |
| 1992—1996 | 800 | 8 |
| 1997—2003 | 500 | 4 |
| 2003 | 490 | 3 |
| 2005 | 564 | 5.5 |

资料来源：国家农调队．阳俊雄．我国农村劳动力转移速度放慢．中国国情国力，2004（5）．2005年数据来自《2006年就业面临的问题及政策建议》．2006-2-15．国家发展改革委网站．

从表5-7可以看出，在经历了1984—1988年和1992—1996年两次农村劳动力转移的高潮期后，2000之后的农村劳动力转移趋于平稳状态。农村劳动力向城镇转移放缓的原因是多方面的，主要原因是：县域经济吸纳农村转移劳动力的能力减弱，特别是中西部地区县域经济发展仍然较慢；转移劳动力人力资本较低，其知识技能还不能胜任一些新行业的要求；城镇化发展相对滞后，特别是城镇第三产业发展缓慢，不利于吸收大量转移的农村劳动力。同时，农村劳动力大规模进入城市的非国有经济部门和国有企业中的低级岗位就业，一方面这些迁移劳动者以其便于管理、劳动力价格低廉等优势形成对城市劳动力的间接竞争，另一方面主要依靠雇用这些外来劳动力的非国有经济也构成了对国有企业的进一步竞争。这些竞争都会使得城市面临着更加严峻的就业形势。

## 四、就业的结构性矛盾更加突出

当前，我国劳动力供给增量达到峰值，供给总量快速增长。但劳动力需求难以大幅增长，劳动力总量仍然严重供过于求。就业的结构性矛盾随着结构调整和产业升级的推进而日益突出，增加了就业工作的难度。

### （一）劳动力供求矛盾在短期更加明显

2006年16岁以上人口增长达到高峰，劳动力资源增量有1700多万人。预计全年城镇需要安排就业总量约2500万人，其中城镇新成长劳动力约900万人，下岗人员460万人和城镇登记失业人员840万人，按政策需在城镇安排就业的农村劳动力和退役军人约300万人。从需求情况看，如果经济增长和就业弹性保持近年水平，今年可增加就业岗位800万个左右，加上自然减员提供的就业岗位，预计今年城镇可新增就业人员约1100万人。劳动力供大于求将达到1400万人，比2005年增加100万人。因此，如何应对今年的就业压力是一个严峻的考验①。

**（二）体制转轨和产业结构调整中的特殊问题导致失业问题解决难度增大**

计划经济时期形成的产业结构，在面对国际竞争的新形势下面临着紧迫的调整需要。这种调整在90年代之前主要是通过新增资源的重新配置进行的。例如，不符合比较优势、经不起竞争的产业结构主要是通过非国有经济的发展，用增量的方式进行调整的；相应的，劳动力资源配置效率主要是通过发展非国有经济而得到改善的。随着改革的深入以及产业结构调整任务日益紧迫，改革和调整不可避免地涉及资源存量。进一步提高效率以应对日益增强的市场竞争，要求通过对劳动力资源的配置在产业和部门间进行调整，同时需要对就业制度进行改革。在这个过程中，摩擦性失业不可避免地出现。由于改革和调整是比较长期的任务，就业问题的解决也需要假以时日。

**（三）二元结构转换的发展阶段的高失业问题解决具有长期性**

从经济结构的角度看，发展中国家走向现代化的过程就是一个不断从二元经济向一元经济转变的过程，在这个过程中，农业的产值比重和就业比重不断下降，非农产业的产值和就业比重不断提高。这通常表现为一个相当长期的农村劳动力向非农产业和城市转移的过程。由于在计划经济时期，我国的劳动力转移过程被阻断，这种二元经济转换的任务格外紧迫，造成我国就业问题的突出性和长期性。

**（四）高校毕业生面临结构性就业难题**

2006年全国普通高校毕业生达413万人，比2005年增加75万人，就业压力进一步加大。从地区分布看，东部沿海发达地区和大中城市劳动力需求相对旺盛，而西部地区需求不足。从学历层次看，就业困难者主要集中在大专和高职毕

① 发展改革委等部委分析2006年就业问题及政策建议. 2006-2-14. 国家发改委网站.

业生，重点院校、热线专业供不应求。多数新增毕业生的就业岗位层次趋于下降，薪酬、福利减少。非正规就业岗位比重增加，适合高校毕业生就业的高端服务业岗位不足。部分东部城市开始讨论人口控制政策，有可能造成东部就业空间的紧缩。以就业和社会需求为导向的高等职业教育改革仍需进一步深化。

**（五）产能过剩、经济波动和贸易摩擦所引发的就业风险增加**

2006年，由投资过快增长、结构不合理引发的产能过剩以及能源、纺织、房地产、汽车等行业供求关系的变动，都将直接或间接对就业增长产生影响。特别是经济增长方式转变要求整顿甚至关闭一些高耗能、高污染企业，大量人员的分流安置问题不容忽视。国际贸易关系对就业的影响将更加显著。2006年，是全球纺织品贸易配额取消后的第二年，我国纺织业在面临发展机遇的同时，也面临来自美欧等国以及一部分发展中国家变相设限、贸易摩擦加剧的风险，对国内就业的负面影响将进一步加大。

## 五、我国“高增长、低就业”格局的原因分析

20世纪90年代以来，高经济增长没有带来相应的高就业增长。从理论上分析，影响就业增长的主要因素包括技术进步、结构调整、市场化改革、宏观经济政策及国际经济环境等因素。以下从这四个方面进行简要的分析。

1. 20世纪90年代以来，受全球技术进步的影响，一些部门相继采用先进的技术来替代传统技术，劳动生产率得到大幅度提高，对劳动力的需求减少。另外，劳动者素质不能适应劳动力市场的需要。在由于技术进步带来的产业结构调整的过程中，劳动者素质不能得到适应性调整，就难以在劳动力市场上实现就业，从宏观的层次上说，人力资源就未能得到充分开发和利用。

2. 受体制改革及消费结构升级等因素的影响，我国经济处于经济结构调整的关键时期，而相应的第三产业没有得到充分的发展，造成很多劳动力不能适应新的岗位需要，形成结构性失业，导致自然失业率上升。据许多专家的分析，我国的自然失业率在20世纪80年代中期以后呈逐年上升趋势。可以说，近10多年来我国失业率的不断提高，一个主要原因是自然失业率的上升。2004年以来，

由于结构不合理引发的产能过剩以及能源、纺织、房地产、汽车等行业供求关系的变动，都将直接或间接对就业增长产生影响。特别是经济增长方式转变要求整顿甚至关闭一些高耗能、高污染企业，大量人员的分流安置问题不容忽视。

3. 劳动力市场不完善。虽然劳动力市场与改革前相比有了长足的发育，但工资水平适应供求变化进行及时调整的市场机制仍然不完善，市场信息、职业介绍和职业培训等劳动力市场服务也不完善，仍然不能适应重新配置劳动力的需要。

4. 受市场化改革的影响，国有部门就业的吸纳能力不断下降。据测算，20世纪90年代以来，国有经济的经济增长的就业弹性远低于非国有经济的就业弹性，1990—2003年，国有经济的就业弹性为非国有经济就业弹性的6%①，我国就业的增长主要是由民营经济和非正规部门创造的，这些部门已经成为我国就业的主渠道。但是，民营经济部门不管是在融资还是在市场准入等方面，都明显处于不对等地位。因此，在市场化改革过程中，并没有带来就业的显著增长。

5. 20世纪年代90年代后期以来，受积极财政政策和货币政策的影响，基础设施和一些重化工业发展较快，宏观经济政策在一定程度上刺激了投资和消费的增长，但由于所带动的就业主要是资本密集型产业，而非劳动密集型产业，并且还在一定程度上挤出民间的相关投资，因此，尽管近年来的宏观经济政策拉动了经济增长，但却难以带动就业的同步增长。

6. 近年来，由于国际对华贸易摩擦加剧，一些产业和企业不断遭受歧视性的反倾销调查，并被征收高额关税，使我国出口遭受严重损失。2006年，是全球纺织品贸易配额取消后的第二年，我国纺织业在面临发展机遇的同时，也面临来自欧美等国以及一部分发展中国家变相设限、贸易摩擦加剧等风险，对国内就业的负面影响将进一步加大。产能过剩、经济波动和贸易摩擦所引发的就业风险增加。

① 曾学文. 中国转型期就业潜力：第三章，博士论文. 北京师范大学，2005.

## 第三节 货币政策影响就业的计量分析

在20世纪90年代前，由于我国宏观经济体制与就业体制并未发生根本性的变化，货币和财政政策主要是运用直接的、行政的手段，因此并不是完全意义上的宏观调控。20世纪90年代以来，随着市场经济体制改革目标的确立，货币和财政政策才开始真正意义上的调控。在第二节的分析中，我们分析了就业变动引起的综合因素，了解了我国就业变动的一般特征，在这里，我们通过计量的方法来单独分析货币政策对就业的影响。在下面的计量分析中，对1990—2003年的样本数据进行分析，并运用协整与误差修正模型来评估20世纪90年代以来货币政策的就业效果。

### 一、计量模型的变量选择

货币政策对就业影响的计量分析，包括两类变量，一方面是就业变量的选择；另一方面是货币政策变量的选择。从理论上讲，货币政策的就业目标是实现或接近实现充分就业，使失业率处于自然失业率的水平。在我国，由于调查失业率资料的缺失，于是选择全社会就业量或城镇就业量作为被解释变量；而且，用就业增加作为货币政策的目标，更加具有直观性和数据的可靠性。

前面我们介绍了货币政策工具的具体种类。在计量分析中，我们选择货币供应量和信贷规模作为货币政策工具变量①。如前所述，我们选择协整与误差修正模型进行分析，因为该模型既能反映不同经济序列间的长期均衡关系，又能反映

① 在货币政策变量中，包括货币政策工具、中间目标和政策传导途径三个层次的变量。在货币政策工具中，由于公开市场业务、基准利率、再贴现率、央行再贷款等没有系统的数据，不方便做与就业的计量分析，并且工具的变化都会通过中间目标反映出来，因此选择货币供应量作为基本的政策变量；在货币政策的四种传导途径中，我国利率和汇率仍然具有较大程度的管制，灵活性不够，不宜作为被解释变量，而我国的证券市场发育晚，规模小，并且存在较多的人为干预因素，因此也不用作解释变量，而只选择信贷规模这一重要变量作为就业的解释变量。

短期偏离向长期均衡修正的机制，是长短期结合的，具有高度稳定性和可靠性的一种模型，适宜作为政策的评价。

由于我国市场导向的宏观经济管理体制是20世纪90年代建立起来的，只有在市场导向的宏观管理体制下，就业变动与货币和财政政策变量之间才会有内在的关联。因此，在计量分析中，我们选择了20世纪90年代以来的样本数据（1990—2003年）进行分析，个别数据的样本期由于统计检验的要求作了适当调整。样本数据均来源于相关年度的《中国统计年鉴》和《中国劳动统计年鉴》，其中，货币和财政政策变量的数据的名义值均使用年度GDP缩减指数换算成实际值。为了避免数据的剧烈波动，将所有变量均取自然对数。

## 二、计量模型结果与分析

以下将运用协整理论对货币政策的就业效果进行计量分析。根据单位根检验的结果，我们选择货币供应量（M2）和信贷余额（CL）与全社会就业量之间建立协整模型，并分析货币政策影响就业的效果。

### （一）计量模型结果

根据协整分析要求，我们先做单位根检验，各变量1990—2003年单位根检验详见表5-8。

**表5-8　货币政策变量与就业变量单位根检验表**

| 变　量 | 检验类型(c,t,n) | ADF值 | 临界值 | AIC | SC | 结　论 |
|---|---|---|---|---|---|---|
| Ln(E) | (c,0,0) | -2.8353 | -2.718* | -9.9864 | -9.9055 | 不平稳 |
| ΔLn(E) | (c,t,1) | -2.4984 | -3.382* | -10.2353 | -10.0737 | 平　稳 |
| Ln($M_2$) | (c,t,2) | -2.0331 | -3.4104* | -4.622 | -4.5135 | 不平稳 |
| ΔLn($M_2$) | (c,0,2) | -5.3084 | -4.3260# | -5.2393 | -5.0881 | 平　稳 |
| Ln(CL) | (c,t,2) | -3.4766 | -3.4901* | -4.8058 | -4.6963 | 不平稳 |
| ΔLn(CL) | (c,0,2) | -3.3894 | -3.1801※ | -3.3835 | -3.2388 | 平　稳 |

注：Δ表示一阶差分；检验类型中的c、t、n分别表示含常数项，含线性趋势以及滞后阶数；#、※、*分别表示在1%、5%、10%显著性水平下的临界值

根据上述单位根检验，三个原始数据时间序列均不平稳，经过一阶差分后三个序列均已平稳，可以进行变量之间的协整分析，根据1990—2003年M2和全部就业量的样本数据，建立协整模型，回归结果如下：

$$Ln(E) = \underset{(618.9331)}{10.4504} + \underset{(41.4286)}{0.0693} * Ln(M_2)$$

调整的拟合系数 $\bar{R}^2 = 0.9925$，D. W $= 0.7056$。对残差序列进行单位根检验，ADF统计值为 $-2.1895$，5%的临界值为 $-1.9725$。因此，在5%的显著性水平下拒绝原假设，即残差序列是平稳的，货币供应量与全社会就业量具有长期均衡关系。

该计量方程表明，货币供应量的就业弹性为0.0693。其含义为：货币供应量每增加1%，就业增加0.0693%，根据2003年的数据，该年份的货币供应量为221223亿元，如果增加1%，即增加2212亿元，就业可增加0.0693%，即增加就业52万人。也就是说，如果增加1个就业，需要增加货币供应量43万元。并运用相同的计量方法，我们对1998—2003年积极财政政策时期货币供应量的就业效果建立计量模型，可以得出：货币供应量的就业弹性系数为0.072，计量结果表明，积极财政政策期间货币供应量的就业效果比1990—2003年期间的效果略有提高。

对贷款余额与全部就业量1990—2003年的数量进行协整分析，结果如下：

$$Ln(E) = \underset{(395.9662)}{10.2532} + \underset{(34.6155)}{0.0904} * Ln(CL)$$

调整的拟合系数 $R = 0.9893$，D. W $= 1.1638$。对残差序列进行单位根检验，ADF统计值为 $-4.92771$% 的临界值为 $-2.7989$。因此，在1%的显著性水平下拒绝原假设，即残差序列是平稳的，信贷余额与全社会就业量具有长期均衡关系。

该计量方程表明，信贷余额每增加1%，就业增加0.090%，根据2003年的数据，该年度的信贷余额为158996亿元，如果增加1%，即增加1590亿元，就业可增加1%，即67万人，也就是说，增加1个就业需要多增加信贷资金24万元，根据有关调查分析，20世纪90年代末个体工业平均办厂的成本在2万元左右①，这说明信贷支持的产业的就业弹性还比较低。

---

① 谨晓光，等．辽宁省私营、个体工业企业就业潜力分析．中国统计，2002（12）．

### （二）货币政策影响就业效果的因素分析

从上述两个方程来分析，我国货币政策对就业具有内在影响；但从计量模型的参数及国民经济运行的效果来看，货币政策影响就业的效果并不佳。货币政策实现就业增长目标还存在一些障碍与问题。

第一，宏观经济政策目标与就业增长目标出现非一致性。从1998年开始，中央政府实施的积极财政政策和货币政策在产出上具有明显的扩张性，但对提高城镇就业的效果并不显著。有专家甚至指出："无论是调控取向还是调控措施，都不具有显著的推动就业的效果"。20世纪90年代以来，我国就业弹性持续降低也证明了这点，龚玉泉、袁志刚（2002）①、张车伟、蔡昉（2002）②、李红松（2003）③ 等从不同的视角论证了经济增长与就业增长的不一致性，那么，这也就在一定程度上论证了货币和财政政策与就业增长的非一致性。事实说明，由于20世纪90年代两次宏观调控都没有将就业目标纳入主要视野，失去了解决经济增长与就业矛盾的有利时机。

第二，利率的投资效应不敏感。投资是就业的基本动力，而投资又是利率的反应函数。我国利率市场化改革还在进行中，利率的投资效应并不敏感。在1993年经济过热时，投资增长率最高超过60%；1996年开始采取措施，连续降低利率，但固定资产投资并没有显著的增加；2000年起，固定资产投资又开始回升，也主要是由于国家增加发行国债，通过政府投资带动了整个投资的增长。利率投资效应不敏感的主要原因除了国有商业银行制度约束加强导致的"惜贷"外，还在于利率机制发挥作用的微观基础缺乏。经济主体对利率保持比较高的敏感性是利率政策发挥作用的基础，但在我国经济转轨期间，国有企业的投资主体地位并未真正形成，而非国有经济的市场准入又在不同程度上受到限制，企业投资积极性不高，从而导致投资和利率的相关度受到了一定的制约，限制了利率因素的作用。

---

① 龚玉泉，袁志刚．中国经济增长与就业增长的非一致性及其形成机理．经济学动态，2002（10）．

② 张车伟，蔡昉．就业弹性的变化趋势研究．中国工业经济，2002（5）．

③ 李红松．我国经济增长与就业弹性问题研究．财经研究，2003（4）．

第三，商业银行贷款决策机制与方向影响了就业的增长。从目前商业银行贷款决策机制来看，我国国有商业银行的集中度太高，实行高度垂直的管理体制，而中小银行太少，农村金融组织机构很不发达，国有商业银行的运行机制使得贷款偏好于大机构、大项目，而非能较好促进就业的小企业和小项目。因为中小企业贷款和小项目贷款的相对成本太高，贷款审批和决策链太长，抵押资产繁杂而量小，风险分散不容易控制，从成本、收益和风险角度考虑，都是不值得的。于是，国有商业银行大量的贷款变相地贷给了各级政府和大型企业或项目，各级政府用其投资公路、广场、城市道路、大楼等，而这类贷款投资在建成后能够提供的就业机会很少；另外有很大一部分贷款给了电力、石油、原材料等基础工业，而这些工业企业一般都是员工超编，基本不能带动就业的增长。因此，中央银行实行收缩政策，会影响一部分就业，但扩张并不能显著地增加就业，从某种程度上说，当前的国有商业银行贷款决策机制和方向是一种抑制创业和就业的体制。据统计，我国在个体私营企业中就业的劳动力已经接近城镇总就业劳动力的1/4，但个体和私营企业就业人员人均短期贷款余额只有4000元，而其他所有制企业，人均短期贷款余额高达5万元①。

第四，货币政策导向不利于扩大就业。在实施积极财政政策期间，货币政策的主要内容之一，就是与积极财政政策相配合，在财政投资尤其是国债主要投向基础设施建设的同时，予以贷款配套，加大对这些领域的信贷投入。在1998—2002年实施积极财政政策的五年间，国债项目累计投资3.28万亿元，除财政增发国债6600亿元外，其余大部分为银行贷款。仅2000年一年，金融机构直接增加对国债项目的贷款就达2000亿元。在这种政策下，政府主导和引导的投资行业取向非常明显，主要是将农林水利、交通通信、环境保护、城乡电网改造、粮食仓库和城市公用事业等作为重点投资领域，而这些投资领域恰恰是吸纳就业能力较弱的行业，也就是说，扩张性政府投资具有逆就业倾向。

第五，贷款投向行业就业弹性较低。从投资结构看，开采及洗选业、电力热力的生产与供应业、石油和天然气开采业、铁路运输业、交通运输设备制造业等

① 根据《2006中国统计统计年鉴》和《2006中国金融统计年鉴》计算得到。

资本密集型行业，投资比例大、增幅高，轻加工业和服务业等劳动密集程度较高的产业投资比例小、增幅低；资本密集程度较高的国有、外资等大中型企业投资比例大、增幅高，劳动密集程度较高的民营内资企业投资比例小、增幅低；政府大楼、城市马路广场、交通道路等不能持续增加或保持就业岗位的项目投资比例较大，而能增加就业的产业投资，特别是能增加就业的轻加工产业投资比例相对较小。

## 第四节 财政政策对就业影响的计量分析

20 世纪 90 年代初期，我国与市场经济体制相适应的宏观财政体制目标开始确立，财政政策对经济增长和就业产生内在的作用。在本节，我们通过计量的方法来单独分析财政政策对就业的影响。在下面的计量分析中，以 1990—2003 年的样本数据进行分析，并运用协整与误差修正模型来评估 20 世纪 90 年代以来财政政策的就业效果。

### 一、计量模型的变量选择

财政政策对就业影响的计量分析，包括两类变量：一方面是就业变量的选择；另一方面是财政政策变量的选择。从理论上讲，财政政策的就业目标是实现或接近实现充分就业，使失业率处于自然失业率的水平。在我国，由于调查失业率资料的缺失，于是选择全社会就业量或城镇就业量作为被解释变量；而且，用就业增加作为财政政策的目标，更加具有直观性和数据的可靠性。

前面我们介绍了财政政策工具的具体种类。在计量分析中，我们选择财政支出和国债作为财政政策工具变量①。如前所述，我们选择协整与误差修正模型进

① 财政政策变量就是财政政策工具变量。本章分析没有选择财政收入作为解释变量，一是由于财政收入与财政支出有高度的相关性，财政支出的变动在一定程度上代表了财政收入的变动趋势；二是我国财政政策运用过程中，没有特别使用过大幅减税措施，因此不能用它来解释货币和财政政策工具对政策目标的影响。

行分析，因为该模型既能反映不同经济序列间的长期均衡关系，又能反映短期偏离向长期均衡修正的机制，是长短期结合的，具有高度稳定性和可靠性的一种模型，适宜作为政策的评价。

由于我国市场导向的宏观经济管理体制是20世纪90年代建立起来的，只有在市场导向的宏观管理体制下，就业变动与货币和财政政策变量之间才会有内在的关联。因此在计量分析中，我们选择了20世纪90年代以来的样本数据（1990—2003年）进行分析，个别数据的样本期由于统计检验的要求作了适当调整。样本数据均来源于相关年度的《中国统计年鉴》和《中国劳动统计年鉴》，其中，货币和财政政策变量的数据的名义值均使用年度GDP缩减指数换算成实际值。为了避免数据的剧烈波动，将所有变量均取自然对数。

## 二、计量模型结果与原因分析

根据前面的分析，我们选择财政支出（FE）和国债余额（FD）作为财政政策的解释变量，选择全社会就业量（E）作为被解释变量。下面运用协整理论对财政政策变量和就业变量进行协整分析。

### （一）计量模型结果

根据协整分析的要求，我们先对上述变量进行单位根检验，各变量1990—2003年单位根检验结果如表5－9。

**表5－9 财政政策变量与就业序列的单位根检验表**

| 变 量 | 检验类型(c,t,n) | ADF值 | 临界值 | AIC | SC | 结 论 |
|---|---|---|---|---|---|---|
| Ln(E) | (c,0,0) | －2.8353 | －2.718* | －9.9864 | －9.9055 | 不平稳 |
| ΔLn(E) | (c,t,1) | －2.4984 | －3.382* | －10.2353 | －10.0737 | 平 稳 |
| Ln(FE) | (c,t,5) | －2.6008 | －3.4901* | －5.0229 | －4.8695 | 不平稳 |
| ΔLn(FE) | (c,0,3) | －2.8116 | －2.7822※ | －3.7074 | －3.5979 | 平 稳 |
| Ln(FD) | (c,t,1) | －1.1395 | －3.5486* | －2.0985 | －2.0587 | 不平稳 |
| ΔLn(FD) | (c,0,1) | －1.969 | －1.660* | －2.8565 | －3.3168 | 平 稳 |

注：Δ表示一阶差分；检验类型中的c、t、n分别表示含常数项，含线性趋势以及滞后阶数；※、*分别表示在5%、10%显著性水平下的临界值

根据上述单位根检验，五个原始数据时间序列均不平稳，经过一阶差分后三个序列均已平稳，可以进行二者的协整分析。下面分别将财政支出和国债余额量与全部就业量进行协整分析。

根据对1990—2003年的全部就业量与财政支出进行协整建模，参数估计不能通过残差的平稳性检验（10%），所以两者之间不存在均衡关系。通过对模型的反复调试，我们选择1992—2003年的数据进行协整分析，其回归结果如下：

$$Ln(E) = \underset{(274.0650)}{10.5323} + \underset{(16.3265)}{0.0775} * Ln(FE)$$

$$\bar{R}^2 = 0.9602, D.W = 0.3510$$

对残差序列进行单位根检验，ADF 统计值为 -3.57045% 的临界值为 -3.2195。因此，在5%的显著性水平下拒绝原假设，即残差序列是平稳的，财政支出与就业量具有长期均衡关系。

该计量方程表明：财政支出增长1%，全部就业量增长0.0775%。可见，财政支出对就业的影响系数是比较低的。根据2003年的数据，该年份的财政支出为24607亿元，如果财政支出增加1%，即增加246亿元，则全社会就业可增加0.0775%，按2003年全部就业量计算为58万人，该数据大体说明：要增加1个人就业，需要政府增加财政支出4.24万元①，也要高出前述个体工业平均办厂成本（2万元）的一倍，可以说明，政府支出促进安置就业成本要高于民间进行投资就业的成本。通过同样的计量方法，我们对1998—2003年间财政支出与全社会就业量进行回归，可以得出：财政支出的就业弹性系数为0.0636，比1992—2003年的财政支出就业效果（0.0775）还低，说明我国积极的财政政策的就业效果也不甚理想。

为分析国债发行与创造就业的关系，建立国债投资与就业之间的协整模型，以全部就业量（E）作为被解释变量，以国债余额（FD）作为解释变量，我们选择1990—2003年样本数据进行协整建模分析，回归结果如下：

① 这里是按全社会就业的口径来进行分析的，实际上，农业劳动力就业所需要的投资是极小的，如果变量换成非农就业量，则该指标值会大大提高。

$$Ln(E) = \underset{(1066.9540)}{10.7944} + \underset{(35.2623)}{0.0480} * Ln(FD)$$

$$\bar{R}^2 = 0.9896, D.W. = 0.7896$$

对回归方程的残差序列进行单位根检验，ADF 统计值为 -3.38715%的临界值为 -3.1483。因此，在5%的显著性水平下拒绝原假设，即残差序列是平稳的，国债余额与全社会就业量具有长期均衡关系。

该计量方程表明，国债投资每增加1%，就业增加0.048%，协整结果表明，国债余额增长1%，全部就业量增长0.048%。根据2003年的数据，该年份的国债余额为22603亿元，如果增加226亿元，就业可增加36万人，增加一个就业人均增加国债投资6.28万元，就业效应低于财政支出的效果。运用相同的计量方法，对1998—2003年积极财政政策时期国债投资的就业效果建立计量模型，可以得出，国债支出的就业弹性系数为0.04498，比较1990—2003年的国债政策效果，1998—2003年就业效应比20世纪90年代前期略有降低。

**（二）积极财政政策就业效果较差的成因分析**

20世纪90年代后期，我国政府针对国内经济情况采取了积极的财政政策，从1998年起，中央政府实施积极的财政政策，增加财政支出和国债。因此，积极财政政策的主要工具是财政支出。1998年以来，我国进一步增发长期建设国债，从1998年到2003年，中国累计发行长期建设国债8000亿元，主要用于基础设施建设，扩大国内需求。增发长期建设国债筹措上来的资金主要用于基础设施建设，国债余额增长率在1998年和1999年保持在较高的水平上，分别达到41%和35.8%。财政支出水平也有了较快的增长，1999年和2000年，财政支出增长率均超过20%。同时，政府还采取了一系列的减税政策和措施。积极财政政策的一系列措施在当时的背景下刺激了经济的扩张，特别是对于改善国家的基础条件和设施起了重要的作用，但并没有带动就业的同步增长。主要原因如下：

第一，没有处理好财政投入与就业增长、经济增长的关系。积极财政政策促进了经济的较快增长，经济持续高增长对吸纳就业起到了积极作用，功不可没，但并没有带来相应的高就业，经济增长的就业弹性呈现出边际递减的趋势，说明我国政府财政政策的目标没有处理好经济增长与就业增长的关系。从国情来说，我国是劳动力资源相对过剩而资本相对短缺的国家，但积极财政政策的导向主要是发展资本密集型产业，就业目标基本上成为经济增长目标的副产品和派生物，这种产业导向导致资本替代了劳动力的增长，资本深化以及由此引起的经济增长对就业的“挤出效应”自然日益明显。

第二，政府财政投入机制不完善。从理论上讲，政府促进就业政策的实现主要是通过加强劳动力市场建设，开展就业培训、指导和介绍等手段，所以各国政府为此投入大量资金。但我国在这些方面的投入不多，即其机制不是促进就业的目的，而主要是保证下岗失业人员的基本生活保障。我国每年用于下岗职工基本生活保障和再就业资金上百亿元，主要是确保基本生活和代缴社会保障费，这部分资金无疑对社会稳定起到了不可忽视的作用，但各级财政用于促进就业方面的资金比例较低。另外，按规定，失业保险基金可用于职业培训和职业介绍，但在实际执行中这方面的开支很少，不到10%。显然，就业资金投入不足已直接影响到就业规模的扩大和就业工作的开展。再者，地方政府没有财力保证本地就业促进资金的投入，而过多依靠中央财政资金的投入，事权与财政不对等，从2003年支出情况看，在272亿元下岗职工基本生活保障和再就业支持中，中央财政补助为171亿元，占总数的63%；在156亿元的低保支出中，中央财政补助为92亿元，占总数的59%。如果扣除中央财政基本不予补助的7个沿海发达地区，中央财政补助所占比例更高。这说明，不少地方在调整财政支出结构、加大资金投入方面尚未承担起应承担的责任。

第三，减税政策刺激就业的渠道不畅。我国财政政策工具主要是运用财政支出和国债政策，税收政策运用不畅。从理论上讲，减税政策通过影响个人可支配收入，进而影响消费需求，最终影响全社会产出和就业量，是一种重要的政策工具。在西方国家，一般以直接税为主时，减税对就业的传导连锁反应效果比较显著，而我国目前是以间接税为主，间接税收入占到全部税收收入的70%左右，影响了税收工具对产出与就业传导机制的发挥，特别是我国个人所得税比重很低，如果简单运用减税工具来提高个人可支配收入，增加消费需求，效果就不会太好。

第四，政府支出与国债投资的方向不利于就业增加。国债是我国财政政策工具最基本的手段，我国国债投资除了规模小外，从结构上讲，主要是以中长期债券为主，仅长期国债而言，1998—2002 年长期国债发行量分别为 1000 亿元、1100 亿元、1500 亿元、1500 亿元和 1500 亿元，分别占全部国债发行的 30.20%、29.61%、35.48%、32.58%和26.41%①。政府投资和国债项目主要是基础设施项目和重点项目建设，包括农林水利和环保工程、交通通讯、城市基础设施、城乡电网改造、国家直属储备粮库建设、技术改造等，而这些行业恰恰是资金密集型行业或项目，对就业的吸纳能力不强。有人提出，1998 年以来扩张性政府投资具有逆就业倾向②，导致 20 世纪 90 年代中期以来财政政策的就业效果降低。以 2002 年为例，当年国债投资实际完成额约 933 亿元，按照投资比重由高到低排列，分别为农林牧渔业（25.5%）、交通运输邮电业（18.8%）、电力及水的生产和供应业（16.0%）、制造业（13.9%）、建筑业（8.7%），累计占全部国债投资的 83%（刘如海等，2003）。但计算表明，交通邮电、电力及水的生产供应业、制造业、建筑业和商贸餐饮业的就业密集度指数依次大幅度提高，这与在国债投资中的优先顺序恰好相反，即积极财政政策所引导的重点投资领域，却恰恰是就业密集程度低的行业。

## 主要参考文献

1. M. G. KHATHI. *Investigating the Potential for Job Creation in the Tourism Industry with Particular Reference to Disadvantaged Communities.* Economic policy research institute, 2001, 18 (3).

2. Visaria P., Minhas B. S.. Evolving an Employment Policy for the 1990s: What Do the Data Tell Us?. *Economic and Political Weekly*, 1991, 4 (15).

3. Zvi Eckstein, Gerard J. van den Berg. Empirical Labor Search: A Survey, *IZA DP No.* 929, 2003 (11).

① 根据国家统计局：《中国统计年鉴》(2004) 相关数据计算。

② 蔡昉等．就业弹性、自然失业和货币和财政政策．经济研究，2004 (9).

4. 热诺尔·罗兰．转型经济学．北京大学出版社，2002.

5. 李晓西．宏观经济学（中国版）．中国人民大学大学出版社，2005.

6. 袁志刚．失业经济学．上海人民出版社，1997.

7. 蔡昉等．就业弹性、自然失业和宏观经济政策．经济研究．2004（9）.

8. 邓志旺，蔡晓帆，郑棣华．就业弹性系数急剧下降：事实还是假象．劳动经济与劳动关系，2003（1）.

9. 龚玉泉，袁志刚．中国经济增长与就业增长的非一致性及其形成机理．经济学动态，2002（10）.

10. 曾湘泉，李丽林．我国劳动力市场中的就业政策支持．劳动经济与劳动关系，2003（3）.

第6章

# 货币和财政政策对价格总水平影响的实证分析

价格是市场供求的信号，是市场经济运行最重要和最基本的参数。价格总水平的稳定说明市场总供求均衡，这是宏观调控政策，即货币和财政政策的主要目标之一。我国1992年以来，价格总水平变动呈阶段性特点，分别经历了通货膨胀和通货紧缩交替的三个时期，其中财政政策和货币政策对价格变动产生了不同的影响。本章通过分析货币政策和财政政策对价格水平的传导机制，对我国1992年以来宏观调控影响价格总水平进行了计量分析，从政策绩效的角度考察了宏观调控政策对价格总水平变动的影响。

## 第一节 货币和财政政策对价格总水平影响的定性分析

### 一、价格总水平的变动及测度

货币政策和财政政策组成的宏观调控政策，对价格总水平的影响首先是通过影响总供求来实现的，同时价格水平也是产品市场总供求的信号。

**（一）政策通过影响总供求的变动进而影响价格水平**

价格是市场供求的信号，一般价格水平则是产品市场总供求的信号。总供给大于总供求时，一般价格水平会下降，反之，总需求大于总供给时，一般价格水平就上升。因此，价格水平的变动是和总供求的变动紧密联系的。总供求的严重失衡，会通过价格水平的剧烈波动表现出来。因而，价格水平就成为监测总供求均衡的重要指标，同时也是宏观调控政策的主要目标之一。

总供求是通过货币来实现的，货币是总供求的载体。因此，决定价格水平的不仅有产品因素，还有货币因素，价格水平不仅受到产品市场供求的影响，还受到货币市场供求的影响。宏观经济政策都是通过财政政策工具和货币政策工具影响产品市场供求和货币市场供求进而影响总供求来调控价格水平的。在宏观经济学里面，说明财政政策、货币政策对价格水平影响最基本的模型是IS-LM模型和AD-AS模型。扩张性的财政政策使IS-LM模型中代表产品市场均衡的IS曲线右移，产出增加，并使AD-AS模型中的总需求AD曲线右移，价格水平上升；扩张性的货币政策使IS-LM模型中代表货币市场均衡的LM曲线右移，产出增加，并使AD-AS模型中的总需求AD曲线右移，价格水平提高。如果总需求长时间超出潜在总供给，就会产生通货膨胀。而紧缩性的财政、货币政策则会产生相反的过程，使总需求AD曲线左移，价格水平下降。如果总需求长时间低于潜在总供给，就会产生通货紧缩。

而且，财政货币政策还会影响总供给，使AD-AS模型中的总供给曲线AS移动对产出和价格产生影响。例如，政府投资在建设期内会扩大总需求，使AD曲线右移，使价格水平上升；但在形成生产能力后，则会增加供给，AS曲线右移，在产出增加的同时，使价格水平下降。可见，宏观调控政策对价格的影响是通过影响总供求来实现的。

如图6-1所示，总需求变动对价格水平的影响。

从图6-1可以看出，在AD-AS模型中，扩张性的财政政策、货币政策会使

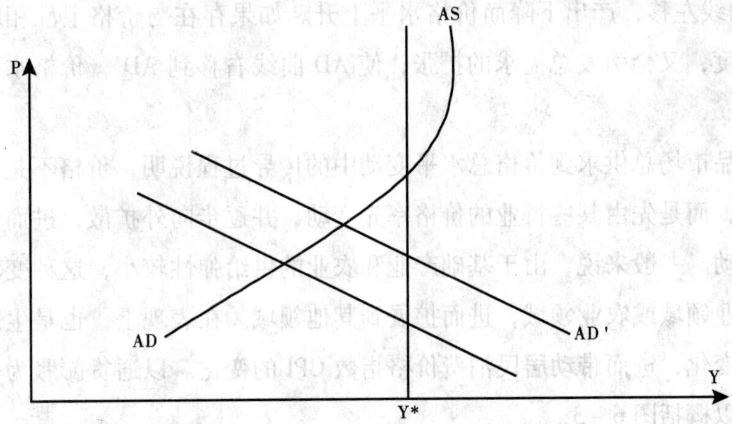


**图 6-1　总需求与 AD 曲线移动**

AD 曲线右移到 AD′，使产出增加的同时，价格水平上升；而紧缩性的财政政策、货币政策会使 AD 曲线左移，使产出减少，价格水平下降。

如图 6-2 所示，总供给对价格水平的影响。

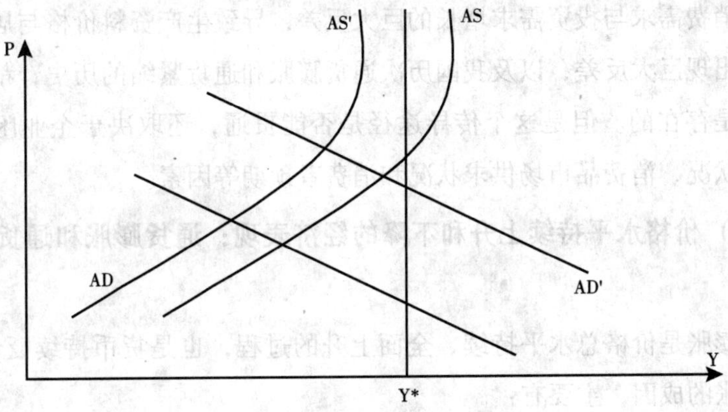


**图 6-2　总供给与 AS 曲线移动**

从图 6-2 可以看出：在快速的投资扩张形成生产能力之后，会使总供给增加，AS 曲线右移到 AS′，产出增加，价格水平下降。当经济受到外部冲击，如石油产量下降导致石油价格上升，或者粮食减产使粮价上升时，会导致总供给减少，AS曲线左移，产出下降而价格水平上升。如果存在与价格上涨相联系的财政补贴制度，又会引发总需求的扩张，使AD曲线右移到AD′，价格水平进一步上升。

从产品市场总供求到价格总水平变动中的传导过程说明，价格不是同时、全面的变化，而是先由某些行业的价格率先变动，并逐步向外扩散，进而引发价格的整体变动。一般来说，由于基础产业和农业的供给弹性较小，这种变动首先来自基础产业领域或农业领域，进而扩展到其他领域。在表现上，也是生产资料价格指数先变化，进而带动居民消费价格指数CPI的变化。以通货膨胀为例，其传导途径可以概括图6－3。

总需求↑→
- →基础产业需求↑→生产资料价格↑→上游工业品价格↑
- →下游工业品价格↑→CPI↑→通胀预期↑→投资消费需求↑
- →企业增加生产↑→就业、收入↑→消费↑→投资↑

**图6－3　总需求增加到通货膨胀的传导途径**

我国消费需求与投资需求增长的巨大反差，导致生产资料价格与居民消费价格涨幅也出现巨大反差，以及我国历次通货膨胀和通货紧缩的历史，都证明这种传导途径是存在的。但是这个传导途径是否能贯通，还取决于企业闲置生产能力、就业状况、消费品市场供求状况和消费者预期等因素。

### （二）价格水平持续上升和下降的经济表现：通货膨胀和通货紧缩的理论成因

通货膨胀是价格总水平持续、全面上升的过程，也是货币持续贬值的过程。对通货膨胀的成因，主要有：

1. 传统的解释：包括需求拉动型通货膨胀和成本推动型通货膨胀两种

需求拉动型通货膨胀是指总需求超过了总供给，出现了通货膨胀缺口，在市场上具体表现为“太多的货币追逐较少的货物”。成本推进型通货膨胀是指货币工资自发的、一次性的增长，而没有劳动生产率的先前提高或价格总水平的先前上升。主要是由于通货膨胀的错误预期或者工会要改变收入分配目标而引起。还有的经济学家提出了混合型通货膨胀，即需求与成本因素共同作用而形成的通货膨胀。

2. 结构性通货膨胀

当经济中总供给与总需求处于平衡时，由于经济结构方面的因素的变动，也会出现价格总水平的持续上升，被称为结构型的通货膨胀。形成原理是：经济中存在先进部门（工业部门）和保守部门（服务部门），工业部门的劳动生产率高于服务部门，但是由于不同部门的货币工资增长率客观上要求一致，服务部门的成本持续地面临着上升的压力，由此造成整个经济部门的价格总水平上涨。其实质是成本或者工资推进的通货膨胀理论的发展。

3. 理性预期的通货膨胀理论

该理论认为经济活动中的个人都是“经济人”，具有充分的信息，能够形成理性预期，因此政府的政策被理性预期所抵消，甚至不能产生效应。在实际情况中，总供给曲线是一条垂直线，不再具有弹性，实际总产出已经达到潜在水平，总供给不发生变化，只有总需求可发生变化。而增加总需求只能引起价格上涨。这也是对滞涨的解释。

4. 货币主义的通货膨胀理论

认为长期持续的通货膨胀只是一种货币现象，是货币数量的增长超过了总产量的增长而引起的。关于货币过快增长的原因，该理论认为有三个：政府开支的迅速增长，政府对于充分就业的承诺以及中央银行的错误货币政策。

与通货膨胀的研究相反，对于通货紧缩的定义和成因有严重的分歧。一种观点将通货紧缩视同于价格下降，即价格普遍持续下降的一种经济现象。另一种意见认为通货紧缩包含但不仅包含价格下降的因素，而要结合“两个特征、一个伴随”，即价格水平的持续下降和货币供应量的持续下降，以及伴随着经济衰退。对于通货紧缩成因的理论解释也是从总需求和总供给两个方面展开的：总需求下降，或者总供给增加。前者可能是由于投资和消费需求下降，产品市场供过于求，生产能力闲置；后者则可能是科技进步带来生产力提高过快，也可能是投资增加太快，生产能力膨胀，而需求增长的速度跟不上生产能力增长的速度。其根本特征都是产品市场的总需求小于总供给。

可以看出，无论通货膨胀还是通货紧缩，其实质都是以货币表示的总供求的失衡。

### （三）测度价格水平变动的价格指数

测量价格水平的变动必须借助相应的指标和指标体系，这些指标体系被称为价格指数。我国在统计上原来主要是通过商品零售价格指数（RPI）作为物价指数衡量指标，同时兼顾居民消费价格指数（CPI）的变化。90年代后期，国家统计局将CPI作为主要的物价衡量指标，并和GDP平减指数、工业品出厂价格指数、原材料燃料动力购进价格指数一起构成我国的物价测度指标体系。

1. 居民消费价格指数（CPI）成为测试价格总水平的主要指数

居民消费价格指数是综合反映居民家庭所购买生活消费品和支付服务费用价格变动总趋势和程度的一种综合价格指数。居民消费价格总指数是由各大类价格指数（简称类指数）构成的；各大类价格指数，是由属于本大类的小类商品价格指数构成的；小类商品价格指数则由具体商品（代表规格品）价格指数构成的。由于居民消费价格指数是通过具体商品和服务项目的价格变动，进行分类、分层计算出来的，它既反映了消费品和服务项目价格变动的总趋势，也包含了具体商品和服务价格变动的态势。我国居民消费价格指数分为食品、衣着、家庭设备及用品、医疗保健用品、交通和通讯工具、娱乐教育和文化用品、居住和服务项目等八个大类。从2001年1月起统计局开始发布以2000年平均价格为固定对比基期的定基比居民消费价格指数，并且在分类上也有所调整。

CPI在全世界范围内被广泛使用，但其不足之处在于它的范围较窄，不包括公共部门的消费、生产资料和资本、进出口商品和劳务，而且不能正确表现消费商品与劳务的质量改善。各国的经验表明，消费价格指数中的食品和能源价格会受到一些异常因素的影响而产生大幅波动，并模糊消费价格的真实变动趋势，因此剔除了食品和能源消费价格的“核心”消费价格指数（Core Rate）受到经济学家的广泛重视，被认为是衡量通货膨胀的最佳指数。

2. GDP平减指数是判断价格总水平最综合的指标

GDP平减指数是衡量一国经济在不同时期内所生产提供的最终产品和劳务的

价格总水平变化程度的经济指标，能综合反映价格水平变动。其度量各种商品价格变动对价格总水平的影响，是覆盖范围最广的价格综合指数，但同时受到价格结构因素的影响。GDP 可以分为现价和不变价两种，而 GDP 平减指数是通过现价 GDP 除以不变价 GDP 得到，有了 GDP 平减指数就可以计算出真实 GDP（现价 GDP/GDP 平减指数 = 真实 GDP）。

GDP 平减指数与 CPI 不同，它不是像 CPI 那样直接根据调查数据计算出来，而是间接计算出来的。而且，由于 GDP 平减指数最短只能量化到季度，因此，反映价格变化不够及时，也无法替代 CPI 的作用。各国中央银行都同时监测多种价格指数的变化，以便准确地判断价格总水平的变化。

3. 商品零售价格指数曾经是测试价格总水平的主要指数

商品零售价格指数是反映商业、工业、餐饮业和其他零售企业向城乡居民、机关团体出售生活消费和办公用品价格变动趋势和程度的价格指数，不包括服务项目价格。商品零售价格指数采用加权算术平均公式计算。权数直接影响指数的可靠性，因此每年要根据居民家庭收支调查的资料调整一次权数，计算工作量非常大。

我国目前编制的商品零售价格指数，包括食品、饮料和烟酒、服装鞋帽、纺织品、中西药品、化妆品、书报杂志、文化体育用品、日用品、家用电器、首饰、燃料、建筑装潢材料、机电产品 14 大类共 300 种代表规格品。

4. 工业品出厂价格指数从生产角度来旁证价格总水平的判断

工业品出厂价格指数是反映各种工业产品以各种价格形式的出厂价格水平变动趋势和程度的相对数。工业品出厂价格指数又分为生产资料出厂价格指数（简称生产资料价格指数，PPI）和生活资料出厂价格指数，各自下面又细分为矿产品、粮食加工产品、纺织产品、化学产品、机械产品等数个大类。其中，生产资料价格指数被认为是一个重要的先行指标，能率先反映出经济运行的方向和 CPI 走势。

5. 原材料、燃料、动力购进价格指数从投入角度旁证价格总水平的判断

原材料、燃料、动力购进价格指数是反映工业企业通过各种价格形式购进的

主要原材料、燃料、动力价格水平变动趋势和程度的相对数。原材料、燃料、动力购进价格指数分为燃料、动力、黑色金属材料、有色金属材料、化工原料、木材、建筑材料及非金属矿、其他工业原材料、半成品，农副产品和纺织原料九个大类，也是一个重要的先行指标。

## 二、货币政策对价格总水平影响的传导机制

货币政策操作通过金融工具影响中间目标继而影响金融市场的相对价格和融资条件（如利率、汇率、信贷、资产价格等）以及金融机构的放款行为，并通过它们的变动影响到实体经济领域，即引起企业和居民资产结构的调整以及投资和消费的变化，对总需求的各个组成部分产生影响，从而改变整个社会的产出和价格。可以看出，货币政策对价格的影响实际上分属于金融领域和实体经济领域，其总体传导机制如图6-4所示。

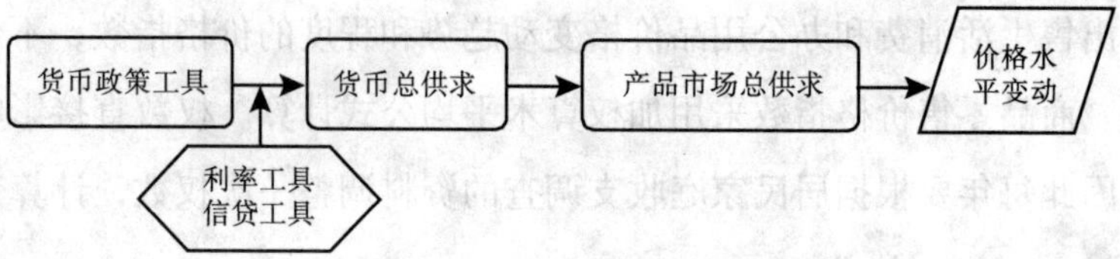


**图6-4　货币政策对价格变动的传导机制**

资料来源：作者整理。

如图6-4，货币政策工具对货币供求产生影响，货币供求对产品市场总供求产生影响，总供求变动对价格产生影响。

### （一）货币政策工具主要通过利率和信贷渠道影响影响货币供求

货币政策工具对货币供求的影响主要是通过利率渠道和信贷渠道（有关利率渠道和信贷渠道的分析前文已有详细论述）完成的。以扩张性的货币政策为例，如中央银行在公开市场的逆回购、降低再贴现率或存款准备金率，会从两个方面影响货币供求。

一方面，扩张的货币政策会导致基础货币投放增加，短期利率下降，货币供应量增加，这是传统的利率渠道。另一方面，中央银行增加货币供给量还会通过信用传导渠道增加商业银行的信用供给，将使商业银行的实际存款准备增加而产

生超额准备，银行可以以之作为扩张信用放款来源；公开市场操作将影响政府债券的价格，政府债券价格提高即收益率降低，这使得政府债券的利率与银行放款利率之间的差距缩小，银行放款利息收益相对提高诱使其以银行放款替代政府债券的保有，贷款增加。反之，实施紧缩性的货币政策时，货币供应量会减少，短期利率上升，银行惜贷，贷款下降。

在利率很低（接近凯恩斯所述的流动性陷阱），或者存在利率管制的时候，信贷渠道对于货币供求的影响更加重要，货币政策主要通过信用供给的变动发挥作用。

**（二）货币供求通过产品市场总供求，最终影响价格水平的变动**

货币供求对产品市场总供求的影响是通过长期利率、信贷、资产价格和汇率的变化对企业和居民的投资、出口、消费的影响来实现的，而产品市场总供求的变动最终决定价格总水平。

具体传导过程如图6－5所示。

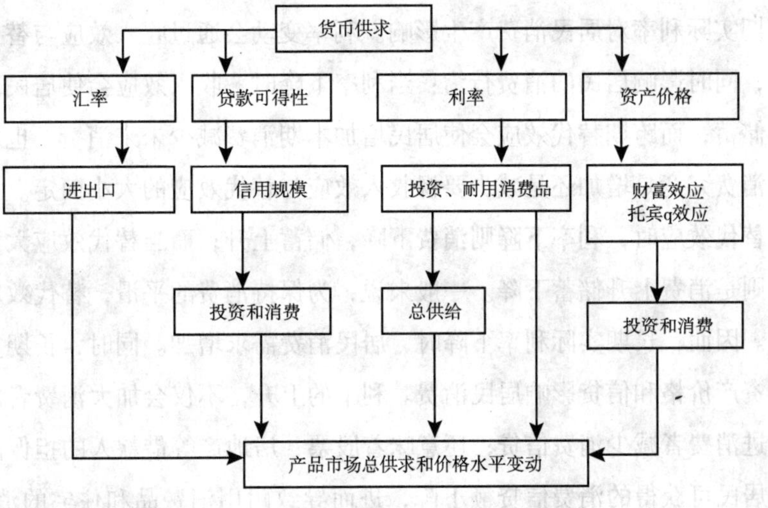


**图6－5 货币供求影响价格总水平的传导机制**

财政政策和货币政策组成的宏观调控通过影响货币供求，即通过汇率、贷款可得性、利率以及资产价格等途径影响投资和需求的总供给情况，进而影响价格总水平的变动。

1. 利率对价格总水平的影响

理论上说，扩张性货币政策的实施，使短期利率降低，进而使长期利率也降低，诱导企业和居民的投资、消费，企业的固定投资、库存投资以及居民的住宅投资、耐用消费品支出上升，所有这些又将导致总需求的上升，通过改变供求从而影响价格总水平。但在实际中，由于价格粘性的存在，对企业和居民的投资、消费行为产生影响的是长期实际利率，短期利率通过影响长期实际利率而发挥作用。扩张性的货币政策降低了短期名义利率，也就降低了短期真实利率，而根据利率期限结构的预期假说，长期利率是预期的未来短期利率的平均数，因此长期实际利率下降。也就是说中央银行使得短期名义利率发生变化，就会导致长期真实利率发生相应变化。

长期实际利率对企业固定资产投资和存货投资产生影响。长期实际利率是企业主要的融资成本，也是存货的机会成本。长期实际利率降低，企业的融资成本和存货机会成本也降低，促使企业扩大固定资产投资和存货投资，投资需求扩大。

长期实际利率对居民消费产生影响。利率变动会通过收入效应与替代效应同时作用，同时影响居民的消费行为：当利率下降时，收入效应会使居民减少消费而增加储蓄，而跨期替代效应会使居民增加本期消费减少未来消费，也就是减少储蓄。消费究竟是增加还是减少要视收入效应与替代效应的大小而定。当收入效应大于替代效应时，利率下降则消费下降，储蓄上升；而当替代效应大于收入效应时，则是消费上升储蓄下降。一般来说，为保持消费的平滑，替代效应大于收入效应。因而，长期实际利率下降时，居民消费需求增加。同时，长期实际利率还通过资产价格和信贷影响居民消费。利率的上升，不仅会加大消费者的借贷成本，促进消费者减少消费信贷；还意味着股票、房地产等借款人的担保品价值下降，使居民可获得的消费信贷额下降，进而导致耐用消费品和住宅的消费下降。此外，利率的变化还会改变消费者的预期。利率急骤上升往往表明较大的经济不稳定和失业率上升就在前头，致使消费者开支较为谨慎。反之，如货币量增长迅速，利率骤然下降，消费者也会预期通货膨胀加速，趋向于缩减储蓄并设法借款，增加开支。

但是，利率通过总供求变化而影响价格水平的传导过程，不仅要求利率市场化，还需要其他条件。在生产能力普遍严重过剩的情况下，企业找不到好的投资机会，利率再低，只要借款要还，企业也不敢向银行借钱投资。且由于企业减少生产，削减存货，在收入增长预期下降，失业风险增加的状况下，利率再低居民也会增加储蓄倾向。其结果是利率政策对投资和消费的刺激效果不显著。同时，在企业的投资倾向和居民的消费倾向下降时，企业和居民的持币倾向必然增加，其结果是货币流通速度下降，政府增发货币的效果为货币流动速度的下降抵消掉，增发货币并不能使价格下降的趋势得到扭转。同样的道理，对居民的利息收入课税的税收政策，在居民对未来收入预期及就业安全预期下降的情况下也不会产生刺激当前消费需求的效果。

2. 信贷对价格总水平的影响

信贷通过信用的可获得性的变化影响企业投资和居民消费的产品市场总供求，最终形成价格总水平。扩张性的货币政策使信用可获得性改善，促使企业投资、出口和居民消费增加。

信贷对企业投资产生影响。在信息不对称环境下，商业银行的资产业务与负债业务一样，具有独特的政策传导功能。换言之，银行贷款与其他金融资产（如债券）不可完全替代，特定类型的借款人的融资需求只能通过银行贷款得以满足，从而使得货币政策除经由一般的利率机制传导以外，还可通过银行贷款的增减变化进一步强化其对经济运行的影响。即随着货币政策紧缩，银行活期存款相应减少，从而当银行资产结构基本不变时，银行贷款的供给也被迫削减，结果在因利率普遍升高而抑制投资的基础上，还致使那些依赖银行贷款融资的特定借款人进一步削减投资。

信贷对居民消费产生影响。现代市场经济条件下，消费者对消费信贷依赖颇深，特别是对购置汽车和其他耐用消费品。因此，货币政策能通过某些特殊的消费信贷政策，如住房贷款、汽车贷款等方式影响消费支出。信贷紧缩时，居民获得的消费信贷的难度增加，导致消费下降；反之，信贷扩张时，消费信贷增加，促进消费。

3. 资产价格对价格总水平的影响

货币政策会导致资产价格的变化，资产价格的变化同样也通过投资和消费渠道影响供求，最终影响到价格总水平的变化。扩张性的货币政策使货币供应量增加，股市上资金供给增多，对股票的需求也会增加，因而推动股票价格上涨。同时，由于利率降低，居民资产选择行为会使股票价格进一步上升。

股票价格变动对投资的影响。主要通过两个渠道：托宾（Tobin）q 理论和资产负债表渠道。托宾（1969）把公司的市场价值与当期重置资本成本的比率定义为 q，q > 1 时，企业的资产价格高于重置成本，相对企业市值而言，新的厂房和设备比较便宜，企业必然会选择发行新股票，以扩张新的投资，投资增加。而当 q < 1 时，企业与其投资新项目，还不如在市场上收购现有企业进行扩张，相应的投资活动会减少，投资萎缩。这样央行运用货币政策工具，比如扩张性的货币政策，使股票价格上升，q 值大于 1，企业投资增加。资产负债表渠道是指，股票市值的下降会直接降低企业净值，这意味着企业在向银行借款的时候所能提供的抵押品价值减少，这会使信贷市场上的逆向选择和道德风险增加，从而导致贷款和投资的下降。

股票价格变动对消费的影响。主要是通过财富渠道来进行的：当股票价格上升时，居民持有的财富总量增加或预期未来收入增加，反之则减少。根据 Modidjani（1977）的生命周期理论，居民消费是财富的函数，财富增加会使消费增加，财富减少则会减少消费。紧缩的货币政策使股票价格下跌，消费者持有的金融资产减少，从而财富减少，最后导致消费下降。

4. 汇率对价格总水平的影响

在资本自由流通和实行浮动汇率的开放经济中，汇率的变动对国内总供求有着重要的影响，因此对价格总水平的形成同样具有重要作用。扩张性的货币政策使货币供应量加大，国内真实利率下降，将降低本币资产收益率，并导致本币的贬值。本国汇率贬值会提高国内生产者的国际成本竞争力，出口增加，同时会提高进口产品价格，使进口减少，这样净出口增加，总需求增加。

在实施资本管制和固定汇率的经济中，外汇占款成为基础货币投放的重要渠道，并通过银行结售汇体系将基础货币迅速转化为企业存款，这导致货币供应量的增加和扩张速度的加快，进而对总供求产生影响。1994 年汇率并轨后，汇率对于我国货币政策传导的重要性日趋上升。汇率还通过财富效应影响消费总量，当以外币表示的资产价值受汇率的影响而导致财富总水平的变化，消费水平也发生相应变化；汇率变化也影响消费结构，如货币贬值将使国内消费者更多地消费本国产品，从而影响国内总需求。

货币政策不仅通过投资、消费和净出口影响总需求，还通过投资新增的生产能力和就业影响总供给，并通过总供求的变动引起价格的变动。对于后者，其作用机理和财政政策是相同的，我们将在下面财政政策部分作分析。

## 三、财政政策对价格水平影响的传导机制

财政政策不仅通过财政政策工具直接影响产品市场总供求，还通过对货币市场供求的影响间接影响总供求。我们分析的主要财政政策工具有：公共支出、政府投资、税收变动和国债。

财政政策同样也是通过总供求来最终影响价格水平，其传导大致过程如图6－6。

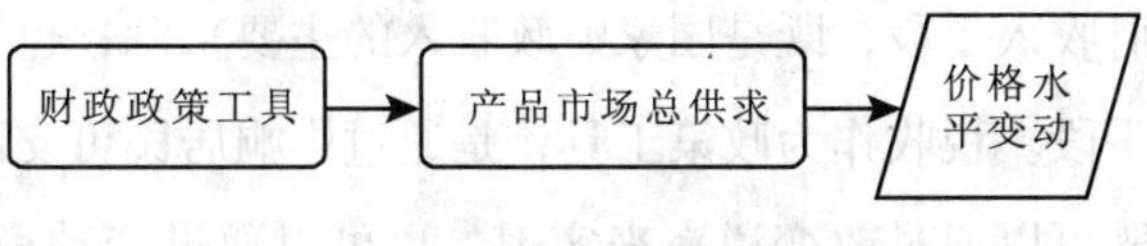


**图6－6　财政政策对价格变动的传导机制**

资料来源：作者整理。

财政政策工具对总供求的影响有以下几个方面：

1. 公共支出对总供求的影响

公共支出包括购买性支出和转移性支出。购买性支出是社会总需求的直接构成部分，其支出规模的扩大将通过财政支出乘数效应直接增加社会总需求。反之，减少公共支出则会降低政府需求和投资需求。政府转移支付也是一项重要的财政政策工具。一般来讲，在总需求不足时，失业会增加，这时政府应增加社会福利费用，提高转移支付水平，从而增加人们的可支配收入和消费支出水平，社

会有效需求因而增加；在总需求水平过高时，通货膨胀率上升，政府减少社会福利支出，降低转移支付水平，从而降低人们的可支配收入和社会总需求水平。政府转移支付中的社会保障支出还会改善消费预期，提高居民的消费倾向，提高消费需求；财政补贴也能起到增加收入、刺激需求或降低成本、增加供给的作用。

2. 政府投资对总供求的影响

政府投资指政府用于资本项目的建设支出，它最终形成各种类型的固定资产。政府投资是通过投资乘数效应和加速原理来影响总需求的，投资过程先刺激需求，带动总需求以乘数倍增加，而总需求的增加又会引导投资的加速增长，又带动总需求的扩张。政府投资对总供给的影响表现为，它一旦形成生产能力就会增加供给，进一步改变总供求的状态。

政府投资如果用于基础产业、公共产品，会作为一种诱发性投资，将基础瓶颈制约的民间投资潜力释放出来，改善投资和消费条件，发挥投资乘数效应。但政府投资用于一般竞争性领域时，则会产生挤出效应，使民间投资收到压抑。但一般认为，即使在存在挤出效应的条件下，投资仍能扩大总需求，只是乘数效应较小。

3. 税收变动对总供求的影响

税收作为政府收入手段，既是国家财政收入的主要来源，也是国家实施财政政策的一个重要手段。税收作为政策工具，是通过影响居民可支配收入和企业利润发挥作用，它既可以通过改变税率来实现，也可以通过变动税收总量来实现。一般来说，降低税率、减少税收，都会增加居民的可支配收入和企业利润，使居民消费和企业投资增加，引致社会总需求以税收乘数倍增加。但减税的方式和种类不同，其扩张效应也不同。企业利润对流转税的减税更敏感，在增加投资需求的同时，还增加供给。所得税尤其是个人所得税的减税主要在于增加可支配收入，扩张效应主要体现在需求上。相反，提高税率或增加税收，就会对总需求和总供给产生抑制作用。

4. 国债发行与使用对总供求的影响

国债最初是用来弥补财政赤字的，现在发展为一种有效的财政政策工具。国债的发行，是社会资金使用权的暂时转移，使分散的购买力在一定时期内集中到国家手中，既可以筹集财政资金，用于公共支出或政府投资，又可以通过国债发行与在资金市场的流通来影响货币的供求，从而调节社会的总需求水平，对经济产生扩张或抑制性效应。

国债对总供求的影响是通过三种效应实现的：第一种是排挤效应，指由于国债的发行，使民间部门的投资或消费资金减少，从而对民间部门的投资或消费起抑制作用；第二种是货币效应，指国债发行引起货币供求变动。购买有两种方式，它一方面使部分潜在货币变成现实中流通的货币（M2 到 M1），另一方面可能由中央银行购买国债增加货币的投放；第三种是收入效应，指持有国债可以获取利息，还引起代际的收入和负担转移问题。所以，国债对总供求有两个方面的作用：一方面，国债发行时会压制投资和消费；另一方面，国债用于公共支出或政府投资时，又会扩大总需求或总供给。其对总供求的最终影响，取决于国债的具体用途。

总之，如果原来总需求不足，扩张性的财政政策使总需求扩大，就会使总供求趋于均衡；如果原来总供求是均衡的，就会产生通货膨胀缺口。当经济出现总需求过旺时，紧缩性的财政政策能消除通货膨胀缺口，达到供求平衡。

## 四、我国货币、财政政策对价格传导机制的特点

上述货币、财政政策工具的传导过程都是以利率市场化为前提的，并以相对完善的货币市场和资本市场为基础的。因此，我国在向市场经济转轨过程中，财政、货币政策工具的传导有其特点。

1. 利率渠道存在特殊性和局限性

由于我国的存贷款利率实行管制，中央银行实际上是通过直接变动长期实际利率来调控货币供求和总供求的。受长期存在的预算软约束和严格的投资管理影响，中国企业投资对利率是不敏感的，近几年我国连续降息，使利率降至 20 年来最低水平。但利率调整对缓解我国通货紧缩形势效果不甚理想。为实现利润最大化和规避风险，商业银行资产将主要分布在国债和央行存款上，对企业的贷款减少。如果利率由市场决定，资金供给的减少会推动利率上升，从而使商业银行

的收益增加，增加部分贷款。而我国没有实现利率市场化，难以缓冲贷款的减少。而且，利率的非市场化不能刺激企业的有效资金需求，反而会助长企业无效的资金需求。这些原因使得货币政策的传导机制受阻，货币政策的作用也难以发挥。

2. 货币政策主要靠信贷渠道控制商业银行的流动性发挥作用

由于利率渠道的局限，再加上资产价格渠道和汇率渠道的不畅通（证券市场不发达，居民金融资产少，以及汇率管制），我国主要是通过信贷渠道发挥货币政策的作用的。90 年代以前，中央银行主要通过信贷规模和对专业银行的再贷款来实现对于货币供给的控制和产业结构调整的双重目标。90 年代以后，随着金融改革的深化，贷款在全社会信用总额中的比例开始降低，信贷计划也逐渐转为建立在资产负债比例的基础上，信贷规模在货币供给控制中的作用下降。随着信贷规模的逐渐取消，基础货币对于货币供给量的影响正逐步加大；央行主要通过公开市场业务调控基础货币，实现对于货币供给的控制。

3. 结构性通货膨胀主要源于国有企业的资金陷阱

在转轨中面临种种困难的国有部门和国有企业，不断得到国家的政策性倾斜贷款。那些为维持和解决国有企业生存问题比如发工资的大量贷款，其贷款质量和资金使用效益是相当低的，风险是很大的。这种不能相应形成市场所需产品的贷款，会使通货膨胀压力增大。这就是“国有企业资金陷阱”问题。

另一个问题是收入攀比问题。在市场经济条件下，企业收入越来越靠市场形成。非国有经济没有历史包袱，经济效益增长很快，员工收入水平高，加之其收入中含有对住房的补贴，工资收入更大大高于国有经济中的就业人员。这对国有经济的部门和企业形成了很大的压力，迫使国有企业千方百计地提高本企业职工收入水平，因而出现了不少一面亏损一面提高职工工资收入的国有企业。从 1990 年到 1993 年，国有经济部门的职工名义工资年均递增 15%，而国有企业全员劳动生产率年均递增 8%。去年上半年，由于机关工资升高的影响，国有部门和非国有部门的收入攀比更为严重，国有部门职工工资同比增长 30%，是历年增长最快的。最值得注意的是，国有部门工资外收入增长更快，有的企业工资外收入已超过工资。因此，国有部门职工的收入增长速度肯定大大高于而不是低于企业经济效益和劳动生产率的增长速度。国有企业工资刚性和收入增加软约束，已成为当前一个突出的问题，同时也是导致我国通货膨胀的一个重要原因。

4. 存在较明显的债务——通货紧缩机制

债务紧缩理论的基本框架是从金融市场的不完全性出发，强调信用市场的紧缩主要是源于信息不对称所造成的金融加速器效应。金融加速器是债务通货紧缩的主因，因为企业市场价值的萎缩引起了银行的惜贷。信用紧缩直接造成了固定资产投资和存货投资的机会成本的上升，进而引起了总需求的紧缩。

对于中国的现实情况，由于1992 春年开始经济启动，使得国有固定资产投资（包括地方政府部门的投资）和信贷迅速膨胀，所以1993 年后政府执行了紧缩性的货币政策。同时，企业的经营状况不好，银行贷款风险加大，因而银行提高了贷款标准，其贷款审批日益谨慎，1996 年后出现了所谓的“惜贷”现象。在这个过程中，又有两个传导机制扩大了债务紧缩的影响：一是国有企业生产效率低，资产负债率很高（据宋国青教授估计在60%以上），因而其经营对于现金流的波动十分敏感；二是名义利率调整的粘性。后者为西方主流的宏观经济理论所忽略，但在发展中国家由于政府的对金融的抑制政策，金融市场的价格刚性却广泛存在。中国政府对银行存贷款利率的长期管制导致了名义利率的刚性，当通货膨胀加剧时，企业融资的成本（实际利率）和居民的储蓄收益同时下降，投资需求和消费需求的膨胀，迅速地导致了宏观经济的过热。而价格水平的下跌使实际利率不断上升，这提高了企业的融资成本，加剧其实际的债务负担，同时又刺激了居民的储蓄倾向，导致了投资需求和消费需求的同时下降。简言之，债务、价格、实际利率、存货投资和总货币供给量增长率之间的相互加强的过程，就形成了中国总需求疲软和实际产出增长率降低的状况。

5. 国债发行同时存在通胀和通缩效应

当经济增长率给定时，通货膨胀水平取决于基础货币的流通速度、基本赤字、国债的增长率及其利率和债务负担率。其中，基本赤字的影响为正；在政府债务存量的增长大于利率时，国债融资对通货膨胀的影响为负，即抑制通货膨胀或产生通货紧缩。积极财政政策的净影响取决于这两种效应大小的比较。1998和1999年国债增长过于迅猛，由于没有货币政策的适当配合，即中央银行通过公开市场业务等渠道增加基础货币供给，积极财政政策开始时可能加剧了通货紧缩，但此后随着国债增长趋缓，积极财政政策的总效应是逐步推动价格适度上涨，从而有助于最终走出通货紧缩。

6. 预期对价格变动的影响加大

预期对我国价格变动的影响越来越大，已经成为价格变动的一个主要推动因素。通胀预期产生后，企业会增加存货，短期供给减少，而居民会增加消费，推动价格的上涨。如果产生通缩预期，企业则会减少存货，压价销售，造成短期供给增加，同时居民的消费减少，进一步推动价格下降。而且，利率的价格粘性又强化了这一过程，并使货币政策的效力衰减。

## 第二节 我国价格总水平变动的阶段性分析

90年代以来，我国的价格走势可明显地划分为三个时期：一是1992—1997年的严重通货膨胀时期；二是1998—2002年的通货紧缩时期；三是2003—2005年的温和通货膨胀时期。

### 一、1992年以来我国价格总体走势和政策调控

1992年邓小平同志的南巡讲话，是我国全面推进和深化经济体制改革的重要里程碑。由于此前我国经济已经持续两年低迷，而且中央政府也缺乏对地方政府和企业的灵敏的调控手段和机制等，因此在大利好的激励下，我国经济迅即出现一轮过热的建设高潮。经济增长速度和通货膨胀直线攀升。在1994年到达最高点，通胀率达到21.7%。

1993年6月,《中共中央、国务院关于当前经济情况和加强宏观调控的意见》发布,简称"十六条",全面、大力度地治理经济建设的过热问题。其中最关键的三条是:紧缩信贷、开仓放粮和压缩项目等。

经过3年多的宏观调控,我国经济基本实现了"软着陆",经济增速和通货膨胀都进入了中长期的合理区间。1995年以来,价格增长率(全国零售价格指数增长率)从高位(1995年1月为21.2%)逐月回落至1997年9月为零。

1997年7月亚洲金融危机爆发以后,我国居民消费价格总水平逐月下降,1998年4月进入负增长区间,1999年4月降到最低水平。

1998年,宏观调控政策由"适度从紧"转向"积极的财政政策与稳健的货币政策"的新组合;同时,发行2700亿元特别国债,以补充国有独资商业银行的资本金,增强其贷款的能力。1998—2002年,中央政府共发行6600亿元长期建设国债,用于基础设施和生态环境建设等,并带动了3.2万亿的社会总投资规模。

随着扩大内需等一系列宏观经济政策的实施,居民消费价格指数于2000年5月转入正增长,一度出现止跌企稳迹象。2001年年底,价格继续下滑,再次进入负增长区间。这一时期,中国是否处于通缩的争论非常激烈。我国的经济状况与90年代以来的商品供过于求现象可能有着更大的相似性和继承性。

2003年,在政府换届、长期低利率、世界经济复苏等多种因素共同作用下,我国经济又开始了新一轮快速增长。受国内需求扩张、国内粮食减产、国际市场初级产品价格上涨等因素的影响,国内价格总水平又有较快上涨。CPI由负转正,并于2004年达到3.9%的较高点;同时,工业品出厂价格、原材料燃料动力购进价格也有较快上涨。为控制经济过热、抑制通胀,国务院自2003年下半年起,出台了一系列以"控制信贷、控制土地"为核心的宏观调控措施,并取得了成效,各类价格指数在2005年都有较大回落,物价过快上涨的势头得到遏制。

表 6－1　各类价格指数走势（各种价格指数上年＝100）

| 年　份 | 1992 | 1993 | 1994 | 1995 | 1996 | 1997 | 1998 | 1999 | 2000 | 2001 | 2002 | 2003 | 2004 | 2005 |
|---|---|---|---|---|---|---|---|---|---|---|---|---|---|---|
| 消费价格指数 CPI | 106.4 | 114.7 | 124.1 | 117.1 | 108.3 | 102.8 | 99.2 | 98.6 | 100.4 | 100.7 | 99.2 | 101.2 | 103.9 | 101.8 |
| 工业品出厂价格指数 | 106.8 | 124 | 119.5 | 114.9 | 102.9 | 99.7 | 95.9 | 97.6 | 102.8 | 98.7 | 97.8 | 102.3 | 106.1 | 104.9 |
| 原材料燃料动力购进价格指数 | 111 | 135.1 | 118.2 | 115.3 | 103.9 | 101.3 | 95.8 | 96.7 | 105.1 | 99.8 | 97.7 | 104.8 | 111.4 | 108.3 |
| GDP 平减指数 | 107.9 | 114.5 | 119.8 | 113.2 | 105.9 | 100.8 | 97.6 | 97.8 | 100.9 | 101.2 | 99.8 | 101.9 | 106.9 | 104.1 |
| 固定资产投资价格指数 | 115.3 | 126.6 | 110.4 | 105.9 | 104 | 101.7 | 99.8 | 99.6 | 101.1 | 100.4 | 100.2 | 102.2 | 105.6 | 101.6 |

资料来源：《2006 中国统计年鉴》

表 6－1 所示为消费价格指数、GDP 平减指数、工业品出厂价格指数、原材料燃料动力购进价格指数和固定资产投资价格指数五大指数 1992—2005 年的年度数据，能够反映出本文开篇提到的三大时期，即 1992—1997 年严重通货膨胀阶段，1998—2002 年通货紧缩阶段以及 2003—2005 年温和的通货膨胀阶段。

## 二、1992—1997 年通货膨胀的特点

这一时期通货膨胀不仅来势凶猛，通胀率创历史最高水平，而且与粮食价格形成相互促进的格局，因而对国民经济和人民生活所造成的负面影响也是前两次通货膨胀所无法比拟的。仔细考察新一轮通货膨胀发生和发展的历程，我们可以发现，这一时期的通货膨胀和粮价上涨具有如下特点和趋势：

### （一）固定资产投资膨胀在先，零售价格，特别是生产资料价格上涨紧随其后

目前，理论界对前两次通货膨胀的类型和性质上虽有较大分歧，但在固定资产投资过度导致通货膨胀这一点上却基本上达成共识。改革开放十几年来，

随着我国经济体制改革的不断深化，大部分国营企业的生产经营都已经面向市场，但投资体制的改革仍然明显滞后于企业经营机制的改革，这是导致前两次固定资产投资过度的体制性原因，即国家财政预算和金融信贷的软约束并未得到有效的根除。进入90年代以来，随着我国国民经济的逐步复苏，地方政府和企业的投资冲动在国家有关政策的刺激和强化下，纷纷转变为现实的投资需求，据国家统计局的有关资料显示，1992年和1993年我国全社会固定资产投资增长率分别达到42.6%和58.6%，由于固定资产投资的过度膨胀，直接导致了1993年和1994年社会总需求的快速增长，进而拉动零售价格迅速上升，通货膨胀率分别达到了13.2%和21.7%。在1993年13.2%的通胀率中，生产资料价格的上涨达到了33.7%，其中，农产品收购价格上涨13.4%，而冶金、电力、煤炭、石油、建材和森工等能源和原材料产品价格则分别上涨57.7%、35.9%、39.7%、71.3%、42.8%和31.8%，大大高于同期全部工业品24%的出厂价格上涨率。1994年和1995年上半年，随着国家抑制通胀力度的进一步加大，固定资产投资涨幅逐渐分别回落到27.8%和22.2%，零售价格指数也从1994年的21.7%下降到1—6月份的18.5%，比1993年全年下降了3.2个百分点。从上述分析可以发现，在1993年之前，我国通货膨胀的发生与前几次并无较大差异，其共同特点都是投资膨胀在先，生产资料价格和零售价格上涨在后。投资过度是引发并维持新一轮通货膨胀的真正原因，生产资料价格的上涨是通货膨胀初期的主要成分。

**（二）零售价格中，生产资料价格先升后降，生活消费品价格一直居高不下**

进入1994年，随着通货膨胀率的急剧上升，国家采取逐步抽紧银根、加大固定资产的调控力度等措施，使1994年的固定资产投资增长率降低为27.8%，这一措施一方面使低效率生产企业在已扩大生产规模的基础上，购进原材料时深感资金不足，效率较高的企业继续上马新项目时受到极大的限制，盲目扩大生产的势头得到了初步遏制；另一方面它也使物资流通企业得到了一个明确的决策信号：宏观经济要开始降温，不能再大规模增加库存，要尽量抛售现有库存产品，于是，生产资料市场的供需矛盾逐渐缓和，其销售价格在1994年比1993下降了16个百分点。1993年钢材购进价上涨72.4%，涨幅为同期原材料、燃料、动力购进价上涨的2.1倍，到年底全社会钢材库存量净增50%，但到1994年底，钢材及制品价格出现了稳中有降的局面，如建筑用圆钢、线材和螺纹钢分别比1993年年底的价格下降了14.6%、18.7%和15.7%。与此相反，生活消费品的价格却一直居高不下，1994年全国居民消费价格上升24.1%，其中，食品消费价格上升31.8%。1995年5月全国零售价格已回落到17.6%，但居民消费品价格的上升已超过生产资料价格的上升，成为新一轮通货膨胀后期持续居高运行的主导因素。

**（三）粮食生产并未出现异常减产，但粮食价格的上涨却后来居上，持续伴随并推动着后期通货膨胀的发展**

从时间上来看，这一时期的通货膨胀，最初发生于1992年下半年，到1993年第3季度零售价格指数已超过10%，1993年全年平均为13%，粮食和其他农产品的突发性价格上涨则主要发生于1993年11月份以后，1993年13%的通货膨胀中，生产资料上涨的因素占主导地位，粮食和其他农产品涨价的影响则比较微弱；1994年全国农产品收购价格上涨了39.9%，上涨幅度居其他产品前列，在1994年居民消费品价格24.1%的上涨幅度中，食品价格上涨31.8%，其中粮食上涨50.7%，食品价格上涨对消费品价格上涨的作用约占60%以上。1995年以来，粮食及与粮食有关产品的持续上涨继续占据新涨价因素的主导地位，据有关资料显示，在4月和5月的18%和17.6%的零售价格指数中，食品类价格分别上涨32.1%和31.6%，其中粮食4月上涨49.8%，5月上涨47.6%，粮食价格上涨仍远远高于零售价格总水平的上涨。

## 三、1998—2002年通货紧缩的特点

我国经济在1998—2002年进入了通货紧缩状态，这一时期的特点主要有以下几个方面：

1. 在经济持续较高速增长同时出现的价格总水平持续下降

从表6-1可以看出，1998—2002年我国经济呈现了通货紧缩的特征，各类

价格指数基本小于100%，个别年份略高于100%，几乎同时出现了全面、持续的下降。其中，原材料燃料动力购进价格指数1998年最低，为95.8%。

但是，与通货紧缩伴随着经济负增长或3%以下的低增长情况相比，我国经济却仍然持续较高速增长。1998年我国GDP增速为7.8%，虽低于1992、1993年的14%，但仍逐年上升，2002年达到了9.1%。

2. 实体经济出现需求不足但投资不足更为突出

就中国当时的客观条件看，主要是实体经济出现需求不足。由于社会信用普遍不好，银行与企业互相难以相信，信贷交易成本上升。负银行债的企业由于大量资金用于支付利息，产品要加快销售以维持生产，只能降价。很多企业亏损，职工大量下岗，社会消费需求明显减少。城镇居民由于三大顾虑（住房、社会保障和医改）不可能短期内解除，既使收入略有提高，大幅地、普遍地提高消费支出仍然难以实现；而农村居民由于人均收入增长慢，内部收入差距在拉大，其现金支出中的消费支出比例也很低。

虽然，通货紧缩多是由于需求不足，但此时期主要是由于投资需求不足。过低的投资增长速度难以拉动经济。另外，由于投融资体制和银行体制这两方面的改革尚未完成，加上现在整体市场需求不旺，投资热点相对不多。在这种情况下，国家投资要带动大量社会投资，靠投资需求缓解通货紧缩压力，实现经济回升，是相当困难的。

3. 虚拟经济中货币供求均出现不足

从货币供给变化看，虽然货币供给量指标表面上正常，实际上信贷已出现萎缩。1982年到1995年13年时间，广义货币供给M2平均增长速度是25%，而从1998年到2002年，M2增长仅16%，相比下降了9个百分点。1998年基础货币供给基本上是零增长，更说明货币供给是不正常的。

同时，虚拟经济中货币需求也出现不足。由于企业货币需求不旺，影响借贷积极性，致使银行收入下降，不良资产增加，有的中小金融机构被迫关闭，使货币供应也大大下降，全社会通货紧缩更加严重。

4. 中国通货紧缩与金融改革尚未完成有直接关系

在我国，通货紧缩与金融体制改革有直接关系，主要是货币流通渠道不畅的问题。由于国有商业银行得了“大银行病”，“动脉炎”。货币流动主渠道有了病，流通速度减慢，来自心脏的血不愿接受了，不再向央行贷款，而是还央行贷款。另外，国有商业银行对向相关小金融机构的金融往来兴趣也不高，大商业银行的分支机构贷款权力已回收，或者本身积极性不高。同时，相关的城乡金融机构，如城市银行，农村信用社，各种基金会，正在整顿，问题不少。因此，可以说是“毛细血管”也出了问题。由于基础货币供给大大下降，M2 的增长不过是反映了存款的增加。如果存款增加而不能相应增加贷款，就表现为储蓄持续增长，而投资持续不振，形成了资金的负缺口。

5. 国内通货紧缩与国际上通货紧缩同时并存

国内通货紧缩与国际上通货紧缩同时并存。世界性的生产能力过剩，从半导体到汽车都存在着生产严重过剩的问题，而经济全球化又意味着任何一个地区的生产过剩都会影响到其他地区，造成世界所有地区的价格下降。据世界银行统计，世界市场非能源产品价格增长指数 1997 年为 2.2%，1998 年下降到 -15.7%；能源产品价格由 -6.9% 进一步下降到 -28.5%。

## 四、2003—2005 年通货膨胀的特点

### （一）温和性、结构性和混合型是本轮通胀的基本特征

温和性。国内普遍认为，低于 5% 的温和通胀对于经济运行没有什么危害。本轮物价上涨虽曾连续 4 个月超过 5%，但 2004 年全年平均涨幅只有 3.9%。所以，本轮通胀还是属于温和性的。

结构性。本轮通胀的三个结构性特点十分明显：一是原材料购进价格涨幅高于工业品出厂价格，而工业品出厂价格又高于居民消费价格；二是 CPI 内的食品、居住、烟酒及用品、娱乐教育文化四类上涨，而其他四类则持续下降；三是城乡和区域差别较大，农村 CPI 涨幅连续 18 个月超过城市，13 个粮食主产地区、资源和能源输出大省涨幅高于全国平均水平。

混合型。食品价格上涨是 CPI 上升的主要原因，能源、钢材、有色金属及化工产品价格上涨是 PPI（生产资料价格指数）上升的主要原因。但粮价上涨

是由于粮食供给出了问题，当属于成本推动；能源、钢材等价格上涨则是投资需求膨胀导致的，主要属于需求拉动。但这些上游产品价格向下传导、并带动下游产品价格上涨时，又变成成本推动了。因此，本轮通胀是典型的混合型通胀。

这些特征的政策含义是：温和性通胀需要温和性的宏观调控措施，而且要综合采取货币、财政政策和产业政策，从需求和供给同时入手，在调控总量的同时又调整结构。

**（二）粮食缺口、投资膨胀和国际传导是本轮通胀的主导因素**

粮食缺口和投资膨胀叠加再次推动本轮物价上涨。CPI 和粮食价格、固定资产投资增长都有较高的相关性，历史经验也证明粮食大幅减产和投资需求膨胀“双碰头”，我国就会出现通货膨胀。这次也不例外。首先，粮食供求缺口逐年扩大导致粮食价格上涨。随后，固定资产投资膨胀带动上游产品涨价。这样，粮食缺口和投资膨胀二者叠加，带动下游产品价格上涨。

国际传导成为本轮通胀新的主导因素。通过数据分析还发现，随着外商直接投资和进出口的高速增长，2001 年以来，CPI 与进出口增长、尤其是进口增长的相关性在不断提高。出口需求的扩张会大量消耗原材料、能源和中间产品，导致其价格上涨。外商直接投资则会先产生巨大的投资需求，后又大大增加出口需求。这两种需求对通胀的影响在我国早已存在，但由于 2003 年和 2004 年我国出口和外商直接投资增速都保持在 30% 以上，这次的影响更加突出。需要特别关注的是进口，尤其是初级产品进口这一新的因素。一方面，近两年我国进口高速增长。2004 年进口增长 36%，初级产品进口增长 61.2%。另一方面，全球经济增长强劲，导致世界初级产品价格大涨，国际原油价格更是屡创新高。这两个方面因素综合作用的结果就是我国进口价格快速上涨。进口价格上涨，同时也刺激了国内同类产品涨价，并推动三大价格指数进一步上升。从 2004 年的数据看上涨最快的行业同时也是初级产品进口最多的行业。

在我国的反通胀政策实践中，对于平抑粮食缺口、控制投资膨胀有成功的经验和比较成熟的做法。但对国际传导这个越来越重要的新因素，却显得准备不足。而这又与某些领域的不合理管制密切相关。

**（三）资源约束和不合理管制是本轮通胀的根本原因**

进一步分析还可以发现，通货膨胀取决于供给对需求的反应能力，即产品的价格需求弹性和供给弹性，尤其是供给弹性。而产品的供给弹性又与资源约束程度负相关，与市场竞争程度正相关。可以说，资源约束和不合理管制正是导致本轮通胀的根本原因。

首先，政府在价格和市场准入方面的不合理管制是诱发和加剧通胀的直接原因。粮食缺口的一个重要原因在于前几年对粮食流通领域的管制，只允许国有粮食企业进入。其结果是，按保护价敞开收购的国家政策在实际中很少得到执行，导致粮食价格连年下降，进而导致产量下降。投资膨胀的一个重要诱因是资源和土地、资金等要素价格因管制而严重低于市场均衡水平，使投资成本大大降低。同时，能源、资源、运输等行业又几乎被国有企业垄断，一旦出现供求缺口，也不能很快增加生产能力，供求缺口会进一步加大。

但是从粮食缺口、投资膨胀到通货膨胀，最根本的原因还是在于资源约束。如果说政府的不合理管制降低了短期供给弹性、使供给不能迅速增加的话，那么资源约束就制约了长期供给弹性、使供给不可能无限制地增加。我国人均耕地、淡水资源、矿产资源量都不到世界平均水平，这些因素正在并将长期制约着国内生产能力的提高，通货膨胀的压力也将长期存在。

## 第三节 货币政策影响价格总水平的计量分析

我国中央银行通过贷款规模、存款准备金率、再贴现利率、中央银行贷款、公开市场操作等货币政策工具来调控货币供应量，从而影响实质经济。货币供应量是货币政策的中间目标，也是货币政策度量的集中指标。所以，考察货币政策对价格总水平的影响可以集中分析货币供应量如何影响价格波动。同时，在诸多货币政策工具中，有些工具对价格波动影响较大，而有些又较小，货币政策工具对价格波动的敏感性分析也是货币政策对价格影响的重要方面。因此，货币政策对价格水平的影响主要是分别分析货币政策中间目标和货币政策工具对价格水平的影响。

## 一、货币政策中间目标对价格的影响分析

我国货币政策中间目标正由信贷规模向货币供应量转变，因此用货币供应量作为货币政策的分析变量。为分析货币政策对价格的考虑所采用时间序列数据具有非平稳性，但可能是协整的，因此我们运用误差修正模型，并且误差修正模型对于分别变量之间的长期作用和短期作用具有很好的效果。

### （一）货币政策对价格作用的长短期效果分析

1. 误差修正模型的建立

货币政策对价格的作用可以集中分析中间变量——货币供应量对价格的影响。选取货币供应量 M2（季度余额）、GDP 平减指数（用 GDPRI 表示，定基当季，以 1990 年为基期）、实际 GDP（以 RGDP 表示）等三个变量的季度时间序列数据。

由于 GDP 平减指数和实际 GDP 呈现出明显的季节性特征，对它们进行季节性调整，分别以 GDPRISA 和 RGDPSA 表示。对 M2、GDPRISA、RGDPSA 取对数，得到 LM2、LGDPRISA、LRGDPSA，一阶差分得 GM、GP、GR，差分后的序列分别表示货币供应量、价格和实际 GDP 的增长率。对这三个变量进行单位根检验，检验结果如表 6-2。

**表 6-2 货币供应量、价格和实际 GDP 的增长率的单位根检验表**

| | LGDPRISA | LM2 | LRGDP | GP | GM | GR |
|---|---|---|---|---|---|---|
| ADF 值 | -2.66 | -2.61 | -2.27 | -7.51* | -6.45* | -3.94* |
| 检验形式(C,T,L) | (C,T,0) | (C,T,1) | (C,T,2) | (C,T,0) | (C,T,0) | (C,T,0) |
| AIC | -4.90 | -5.11 | -5.56 | -4.78 | -4.94 | -4.56 |
| SC | -4.79 | -4.99 | -5.36 | -4.66 | -4.82 | -4.52 |
| DW 值 | 2.37 | 2.13 | 2.49 | 1.91 | 1.99 | 2.22 |

注：检验形式（C，T，L）中 C、T、L 分别表示模型（1）中的常数项、时间趋势和滞后阶数

上述检验结果表明，LM2 和 LGDPRISA、LRGDPSA 是一阶单整 I（1）的时间序列，进行差分后的序列 GM、GP、GR 是平稳的。

以 GDP 平减指数（LGDPRISA）为被解释变量，货币供应量（LM2）和实际 GDP（LRGDPSA）为解释变量，以普通最小二乘法进行回归，结果如下：

$$LGDPRISA = \underset{(8.85)}{13.12024823} + \underset{(8.21)}{1.303054738} * LM2 - \underset{(-6.96)}{2.473304618} * LRGDPSA$$

$R^2$ 值为 0.86，调整后的 $R^2$ 值为 0.85，DW 值为 0.973947，F 统计量为 135.6824。残差图如图 6－7。

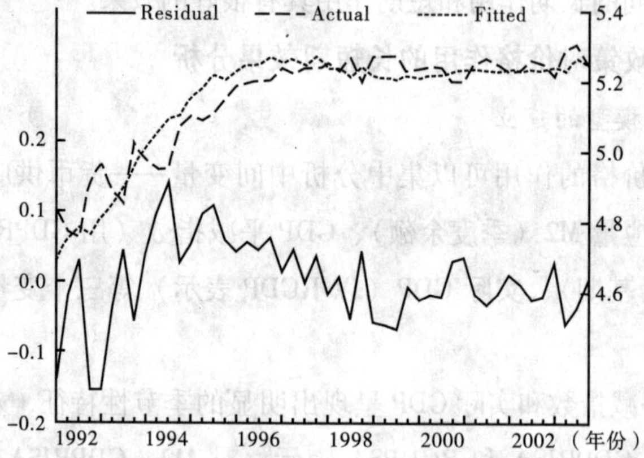


**图 6－7　估计方程的残差图**

对残差进行单位根检验和 LM 检验，接近白噪声。因此，虽然 LM2 和 LGDPRISA、LRGDPSA 是非平稳的，但它们是协整的。并且 DW 值为 0.97，远大于 $R^2$ 值，不会有虚拟回归，大样本下协整回归参数具有超一致性和有效性。

以上面方程的残差序列、实际 GDP 增长率（GR）和货币供应量增长率（GM）为解释变量，价格增长率（GP）为被解释变量，回归结果如下：

$$GP = \underset{(-3.92)}{-0.0265105751} + \underset{(3.25)}{0.5288998178} * GR + \underset{(4.45)}{0.5259312143} * GM$$
$$- \underset{(-3.46)}{0.1845865688} * E(-3)$$

$R^2$值0.51，调整后的$R^2$值为0.48，DW值为1.89，F统计量为14.08。各项参数良好，残差近似白噪声，残差图如图6－8。

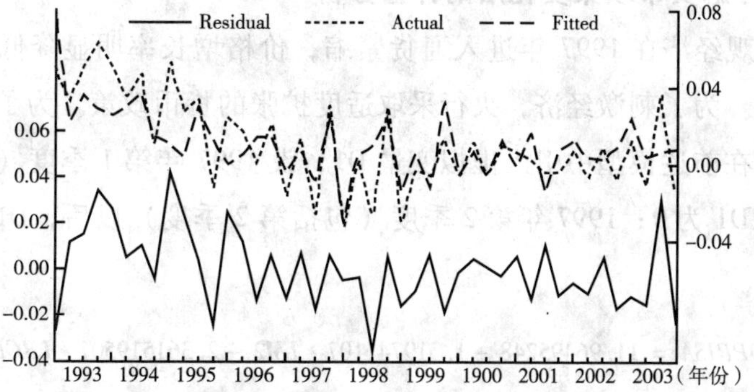


**图6－8　估计方程的残差图**

建立误差修正模型（ECM）如下：

$$GP = \underset{(-3.92)}{-0.0265105751} + \underset{(3.25)}{0.5288998178} * GR + \underset{(4.45)}{0.5259312143} * GM - \underset{(-3.46)}{0.1845865688} * E(-3)$$

$$LGDPRISA = \underset{(8.85)}{13.12024823} + \underset{(8.21)}{1.303054738} * LM2 - \underset{(-6.96)}{2.473304618} * LRGDPSA$$

2. 模型的解释

货币政策通过调节货币供应量这个中间变量，达到促进产出实质增长的目的。因此，货币政策引致的价格波动越小，对实质经济的作用就会越大。凯恩斯学派和货币学派的争论正在于此。货币学派认为货币供应量应该稳定在一定的增长率，过多的货币投放对实体经济作用甚小，还会导致通货膨胀。理性预期学派甚至认为由于人不完全的理性预期，货币政策只会在短期内拉动实体经济的增长；长期内，货币政策对实体经济几乎没有效果。

从误差修正模型的结果来看，短期内，货币供应量每增长1%，价格以0.53%的增长率变化；长期内，货币供应量每增长1%，价格以1.3%的增长率变化；修正系数为－0.1845，且时滞为3个季度。可见，短期内货币政策对实体经济的刺激是有效的，引起的价格变动不是很大；但是长期来看，货币供应量的增长是导致价格波动的重要原因。

### （二）考虑货币政策变化后的计量分析

我国宏观经济在1997年进入通货紧缩，价格增长率明显降低，GDP增长率也有降低。为了刺激经济，央行采取适度扩张的货币政策。为了解释货币政策的变化，在前述模型中引入虚拟变量D1，设1997年第1季度（包括第1季度）之前，D1为0；1997年第2季度（包括第2季度）以后，D1为1；回归结果如下：

$$LGDPRISA = \underset{(8.63)}{11.96495248} + \underset{(9.18)}{1.319741107} * LM2 - \underset{(-7.30)}{2.361519507} * LRGDPSA - \underset{(-3.31)}{0.1049845533} * D1$$

$$GP = \underset{3.87}{0.2756295798} * GM + \underset{(3.42)}{0.4657310131} * GR - \underset{(-4.12)}{0.19289855} * E(-3) - \underset{(-5.62)}{0.02075918513} * D1$$

从方程估计效果来看，D1通过t检验，显著不为零。前一个方程的$R^2$值为0.89，修正后$R^2$值为0.88，后一个方程$R^2$值0.62，调整后的$R^2$值0.60，比未加入虚拟变量之前的要大，方程得到更好的拟合。

上述方程估计结果表明，短期内，货币供应量每增长1%，价格以0.28%的增长率变化；长期内，货币供应量每增长1%，价格以1.3%的增长率变化；修正系数为-0.1929，且时滞为3个季度。可见，短期内货币政策对实体经济的刺激是有效的，引起的价格变动不是很大；但是长期来看，货币供应量的增长是导致价格波动的重要原因。

## 二、货币政策工具对价格影响的敏感性

选取一般性的货币工具，有：金融机构贷款月末余额（以BS表示）、一年期贷款利率（R1）、中央银行对金融机构贷款利率（20天以内）（BS2）、中央银行法定准备金利率（Z）、中央银行对金融机构贷款利率（一年期）（BS3）。对各变量取对数，得LBS、LBS2、LBS3、LR1、LZ。通过单位根检验得知，这些变量都是一阶单整的序列。以LGDPRI为被解释变量，进行多元回归，结果如表6-3所示。

表6-3 方程参数估计表

| 因变量:LGDPRI | | | | |
|---|---|---|---|---|
| 变　量 | 系　数 | 标准误 | T统计量 | 概率值 |
| LBS | 0.377509 | 0.013615 | 27.72737 | 0.0000 |
| LBS2 | 0.445966 | 0.177724 | 2.509314 | 0.0159 |
| LBS3 | 0.291350 | 0.178537 | 1.631871 | 0.1100 |
| LR1 | 0.166879 | 0.098108 | 1.700981 | 0.0962 |
| LZ | -0.465532 | 0.131379 | -3.543438 | 0.0010 |
| $R^2$ | 0.934498 | 因变量的均值 | | 5.144927 |
| $\bar{R}^2$ | 0.928405 | 因变量的标准差 | | 0.164123 |
| 回归标准误差 | 0.043915 | 赤池信息量(AIC) | | -3.314800 |
| 残差平方和 | 0.082926 | 施瓦兹信息量(SC) | | -3.119884 |
| 对数似然比 | 84.55521 | DW统计量 | | 1.837270 |

去掉参数显著为0的序列LBS3、LR1，回归得：

$$LGDPRI = \underset{(62.4)}{0.4034632963} * LBS + \underset{(5.1)}{0.6989989049} * LBS2 - \underset{(-3.21)}{0.3617591204} * LZ$$

$R^2$ 值0.93，调整后的 $R^2$ 值为0.92，DW值为1.54，各项参数良好，残差近似白噪声，残差图如图6-9。

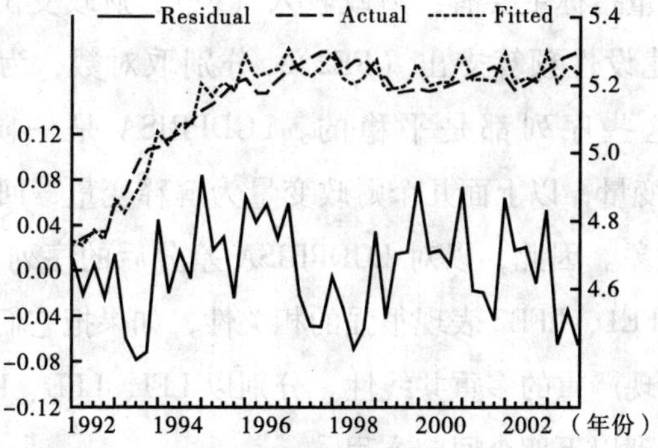


图6-9 估计方程残差图

检验可知，LGDPRI、LBS、LBS2、LZ是协整的。建立误差修正模型（ECM）：

$$LGDPRI = \underset{(62.4)}{0.4034632963} * LBS + \underset{(5.1)}{0.6989989049} * LBS2 - \underset{(-3.21)}{0.3617591204} * LZ$$

$R^2$ 值0.50，调整后的 $R^2$ 值0.47，DW值为2.14，各项参数良好，残差近似白噪声过程。

由误差修正模型可知，短期内金融机构信贷和中央银行对金融机构贷款利率（20天以内）对价格有显著作用（系数分别为0.3582和0.1923），金融机构信贷每增长1%，价格水平上涨0.3582%；贷款利率每增长1%，价格水平上涨0.1923%。长期内，信贷规模、存款准备率及央行再贷款利率（20天以内）对价格水平都有影响。其中金融机构信贷每增长1%，长期价格水平上涨0.40%；法定存款准备金率是负的影响，因为它起收缩货币的作用，法定存款准备金率每增长1%，价格水平下降0.3617%；再贷款利率（20天以内）对价格水平是正的影响，且作用强劲，影响系数达0.70。

## 第四节 财政政策影响价格总水平的计量分析

### 一、财政收支对价格水平的影响

财政政策的变量指标主要有：财政收入（FI）、财政支出（FE）、经常性预算支出（FE1）、建设性预算支出（FE2）；分别取对数，为LFI、LFE、LFE1、LFE2。经检验，这些序列都是平稳的。LGDPRISA是一阶单整的，如果以LGDPRISA为解释变量，以上面几个财政变量为解释变量，回归结果DW值非常小，出现伪回归现象。因此，以对LGDPRISA差分后的序列GP为被解释变量。由于LFI、LFE、LFE1、LFE2表现很强的相关性，如果把它们中的两个以上作为解释变量，都会出现严重的多重共线性。分别以LFI、LFE、LFE1、LFE2为解释变量，可以分别得到以下四个回归方程：

1. GP与LFI的回归方程

$$GP = \underset{(4.18)}{0.1810902092} - \underset{(-3.92)}{0.02187841825} * LFI$$

$R^2$ 值0.25，调整后的 $R^2$ 值0.24，DW为2.22，F统计值为15.36。

2. GP与LFE回归方程

$$GP = \underset{(4.14)}{0.177434649} - \underset{(-3.87)}{0.02122476247} * LFE$$

$R^2$ 值0.25，调整后的 $R^2$ 值0.23，DW值为2.21，F统计值为14.97。

3. GP与LFE1的回归方程

$$GP = \underset{(4.47)}{0.1817595981} - \underset{(-4.19)}{0.02272849482} * LFE1$$

$R^2$ 值0.28，调整后的 $R^2$ 值0.26，DW值为2.19，F统计值为17.56。

4. GP与LFE2的回归方程

$$GP = \underset{(3.47)}{0.1251979161} - \underset{(-3.15)}{0.0173687721} * LFE2$$

$R^2$ 值0.18，调整后的 $R^2$ 值0.16，DW值为2.12，F统计值为9.93。

由上述四个回归方程可知，t值都是显著不为零的，LFI、LFE、LFE1、LFE2都可以解释价格的增长率，但对价格增长率影响很小，且作用是负向的。财政支出每增加1%，价格增长率降低0.02%。另外，由于 $R^2$ 值很小，解释变量不足。

## 二、财政赤字对价格水平的影响

由于单纯考虑财政收入或财政支出对价格的影响不明显，因此我们这里选择财政赤字（FD）作为财政政策的相关变量，选择GDP缩减指数（GDPRI）作为价格的相关变量，运用协整理论对财政政策和价格的相关关系进行定量分析。

根据协整分析的要求，先对财政赤字（FD）和GDP缩减指数（GDPRI）的对数值，即：LOG（FD）、LOG（GDPRI）进行单位根检验，以确定二者之间是否可能存在协整关系。对这两个变量1992—2005年的年度时间序列进行单位根检验，结果如表6－5所示。

表 6－5　财政政策变量与价格序列的单位根检验表

| 变　量 | 检验类型(c,t,n) | ADF 值 | 临界值 | 结　论 |
|---|---|---|---|---|
| LOG(FD) | (c,t,1) | －1.977554 | －3.388330* | 不平稳 |
| ΔLOG(FD) | (c,t,0) | －2.049539 | －1.974028※ | 平　稳 |
| LOG(GDPRI) | (c,t,4) | －1.875104 | －3.515047* | 不平稳 |
| ΔLOG(GDPRI) | (c,0,3) | －4.580837 | －4.246503※ | 平　稳 |

注：检验方法采用：Automatic based on SIC。其中，Δ 表示一阶差分；检验类型中的 c、t、n 分别表示含常数项，含线性趋势以及滞后阶数；※、* 分别表示在 5%、10% 显著性水平下的临界值

根据单位根检验结果，LOG（FD）和 LOG（GDPRI）的时间序列均不平稳，经过一阶差分后序列均已平稳，可以进行二者的协整分析。

我们选择 1992—2005 年的数据建立回归结果如下：

$$LOG(GDPRI) = \underset{(17.3989)}{4.6164} + \underset{(4.5642)}{0.1718} * LOG(FD)$$

$$R^2 = 0.6345, F = 20.8322$$

可以看出，方程的各个系数均显著，拟合度为 0.6345，F 值为 20.8322，均通过检验。下面对方程的残差序列进行单位根检验，其 ADF 统计值为 －3.0329，1% 的临界值为 －2.7719。因此，在 1% 的显著性水平下拒绝原假设，即残差序列是平稳的，财政赤字与价格具有长期均衡关系。

从上述计量方程可以看出，财政赤字增长 1%，GDP 缩减指数增长 0.1718%。可见，财政赤字对 GDP 缩减指数有影响。增发财政赤字的财政政策对价格总水平上升有一定的促进作用。这是因为增发的财政赤字，会转化成流通中的货币，在一定程度上带来货币供应量的增加，促使价格水平上升，加大了潜在通货膨胀的压力。

## 三、财政货币政策对价格的综合作用

以价格增长率 GP 为被解释变量，LBS、LBS2、LBS3、LR1、LZ 的差分序列以及 LFE 为解释变量，回归得：

$$GP = \underset{(2.87)}{0.1302837984} + \underset{(2.21)}{0.2183882766} * D(LBS) + \underset{(2.45)}{0.07297828941} * D(LZ)$$

$$- \underset{(-2.87)}{0.01630507129} * LFI$$

$$R^2 = 0.40, R_a^2 = 0.36, F - stat = 9.59, D - W = 2.36$$

可以看出，金融机构贷款月末余额、中央银行法定准备金利率（Z）、财政支出都能对价格变动发生影响。

货币政策工具通过利率和信贷渠道等影响货币供应量，进而通过市场总供求，最终影响价格；财政政策也同样通过公共支出，税收等财政工具影响市场总供求，然后影响到价格。货币政策变动引起的价格波动，会影响其对经济增长的效果。具体到货币政策对实体经济的影响绩效，本文从货币政策对价格影响传导机制及其实证分析，得出短期内货币政策是有效的，对价格波动影响不大；但长期看来，货币供应量的增长是导致价格波动的重要原因。而通过对财政政策的实证分析发现，财政支出对实质经济增长非常有效，几乎没有带来价格上涨的风险。

## 主要参考文献


1. 张卓元．新世纪新阶段中国经济改革．经济管理出版社，2004．
2. 李晓西．现代通货膨胀理论比较研究．中国社会科学出版社，1991．
3. 李晓西．转轨过程中的结构性通货膨胀．经济研究，1994（3）．
4. 李晓西．外汇占款对通货膨胀影响之我见．国际金融研究，1995（5）．
5. 秦宛顺，王明舰．我国通货膨胀成因分析．数量经济技术经济研究，1997（5）．
6. 胡鞍钢．我国通货紧缩的特点、成因及对策．管理世界，1999（3）．
7. 余永定．打破通货收缩的恶性循环——中国经济发展的新挑战．经济研究，1999（7）．
8. 吕江林．我国通货紧缩的政策成因．经济研究，2001（3）．
9. 毕玉江，朱钟棣．人民币汇率变动的价格传递效应．财经研究，2006（7）．

# 第7章

# 货币政策和财政政策对国际收支的影响

宏观经济政策的目标之一，就是国际收支基本平衡。过多的顺差和逆差，对经济长期发展都会造成一定的不利影响。因此，本章主要从理论上和实证上分析我国财政政策和货币政策对国际收支的影响。

## 第一节 货币和财政政策对国际收支影响的理论分析

考虑货币和财政政策对国际收支的影响，只需要考虑货币和财政政策对国际收支差额的影响。我国的国际收支平衡表由经常项目、资本和金融项目、储备资产项目以及净误差和遗漏四项组成。经常项目差额与资本项目差额之和就构成国际收支差额。经常项目的逆差可以通过资本项目的顺差来弥补。弥补后的差额也就是国际收支的顺差额或逆差额。储备资产差额也称储备资产变动额。

在我国的经常项目差额的组成部分中，货物和服务贸易差额所占的份额最大，货物和服务贸易差额基本就决定了经常项目差额的情况。而收益差额和经常转移差额对于我国经常项目差额的影响一般是反向作用的，并且数值较小。因此，在研究货币和财政政策对经常项目的影响时，通常用货物和服务贸易差额来近似代替经常项目差额。在我国的资产和金融项目差额的组成部分中，资产项目差额所占的比重非常小，通常不到1%。因此，研究我国的资产和金融项目差额，通常只研究金融项目差额，两者的变动方向是一致的。所以，我们在研究货币和财政政策对国际收支影响时，只考虑货币和财政政策对货物和服务贸易项目以及金融项目的影响，货币和财政政策对这两个项目的影响就能够体现其对整个国际收支的影响。

## 一、货币和财政政策对国际收支影响的研究现状

目前国内对国际收支的一些研究中，涉及了货币和财政政策对国际收支的影响，但这些研究主要是理论分析，很少有实证研究。而且这些研究主要围绕货币和财政政策对经常项目的影响，涉及国际收支的其他方面的不多。

凯恩斯理论通过IS、LM和BP曲线理论分析货币和财政政策对国家收支的影响，包括移动IS、LM曲线的政策、移动BP曲线的政策和抵消国际收支盈余或赤字三类政策。第一类政策就是运用货币和财政政策对经济施加影响，通过IS、LM曲线的移动以达到国内均衡和国外均衡同时实现。第二类政策，包括经济政策和直接干预。这类政策就是通过BP曲线的移动达到国内和国外均衡。经济政策是指改变汇率、升降国内价格和利率等，直接干预是指出口补贴、进口关税和限额等措施。第三类政策是通过公开市场业务等措施改变本国的名义货币供应量，以抵消国际收支失衡时对国内经济的影响。当国际收支盈余时，增加货币供给，以吸收过多的外汇供给；当国际收支赤字时，减少货币供给，以减少过剩的本国货币。这样便可以稳定国内的价格水平，同时稳定汇率水平，进而达到国内和国外的双重均衡。

蒙代尔论述了开放经济中如何适当运用货币与财政政策以实现内外均衡。他认为，汇率制度极具重要性，不同的汇率制度下，货币和财政政策的政策效果不尽相同。在浮动汇率下，货币政策的作用大于财政政策；而在固定汇率下，财政

政策的作用大于货币政策。在固定汇率之下，为了维持汇率稳定，中央银行在一定程度上是被动地来调节货币量，而无法按货币政策的要求来控制货币量。利率与汇率水平的维持不变使得货币政策无法发生作用。同样由于利率不变，财政政策不会造成私人支出减少的挤出效应，所以财政政策此时的效果最大。而在浮动汇率下，汇率由市场供求力量决定，中央银行不进行干预。此时，货币政策成为调控经济的有效手段。因为货币量增加可以降低国内利率，一方面使国内总需求增加；另一方面引起资本流出，从而导致汇率下降，进而会增加净出口扩大总需求。相反，财政政策则由于会引起利率和汇率的上升，因此效果不好。

从广义上来说，凯恩斯理论中所论述的三类政策里都包含了货币政策和财政政策，只是三类政策达到国内外均衡的途径不同。而蒙代尔的论述则主要分析在不同汇率制度下货币和财政政策的运用效果。两种理论都分析到了货币和财政政策对国际收支的影响，而且他们都以同时实现国内外均衡为目标。其不同点在于，蒙代尔将汇率制度作为货币和财政政策有效性分析的前提，而凯恩斯理论则将汇率的变动也作为一种调节内外均衡的手段。

国内理论界在货币和财政政策对国际收支的影响方面也有一定的分析。唐国兴分析了我国货币政策对经常项目收支的作用。他认为，扩张性的货币政策，包括增加货币供给和降低利率，使国民生产总值增加，成为推动经济增长的主要驱动力，但是货币政策的作用是滞后的。而贸易收支取决于上一期的国民生产总值的增长。国民生产总值的增长一方面增加了出口供给能力，同时也扩大了对进口的需求。由于出口惯性的存在，出口增长比较稳定；但是进口的变动受国民生产总值增加速度的影响较大，经济增长越快，进口需求的增长也越快，这是导致经常收支逆差的基本经济背景，也是经常收支受货币政策影响的主要机制。扩张性的货币政策，包括增加货币供给、降低利率，都会使经常收支恶化，而偏紧的货币政策有利于经常收支的改善。扩张性的货币政策可维持高的经济增长，但会导致经常收支的恶化，而增加外商直接投资，可以使经常收支得到改善。因此，如果能采取适当的货币政策使经济增长和引进外资相配合，则可以达成经常收支的平衡。

在货币和财政政策对贸易项目的作用方面，有学者认为在促进外贸增长中财政政策的作用突出表现在出口退税政策的实施上，出口退税政策是与外贸出口关联度比较大的税收政策，与其他财政政策相比，提高出口商品退税率其政策效应的发挥较为迅速和明显①。

同时，在积极财政政策影响我国外贸发展的效应方面，有学者认为自积极财政政策实施以来，我国外贸发展的基础日益稳固，进出口贸易增长上了新台阶，国内经济结构与产业结构调整所获得的满足世界市场需求结构变动的政策效应逐渐显现。同时，积极财政政策的实施极大地改善了外商投资环境，FDI成为推动贸易增长的重要力量，出口退税等其他鼓励出口的政策对拉动出口增长也起了重要作用②。

一些专家以小国开放经济为假设条件建立的经常项目决定模型为基础，分别分析了弹性价格和粘性价格下支出增减政策和支出转移政策对经常项目的影响，分析了财政政策和货币政策的效应，并对中国经常项目进行了实证分析。他们认为，支出增减型政策对于调整经常项目是有效的，而支出转移型政策一般是无效的。因此，要保持经常项目的中长期顺差，关键是减少本国吸收③。

可以看到，国内对货币和财政政策对国际收支影响的分析主要集中在两种政策对于经常项目的影响，而且主要分析对贸易项目的影响。虽然贸易项目是我国国际收支中最主要的组成部分，而且与国际收支的变动基本一致，但是仅仅分析对这一方面的影响不能涵盖对整个国际收支的影响。因此，现有的研究在这方面存在着一定的缺陷。要从总体上把握货币和财政政策对国际收支的影响，必须对国际收支的各个组成部分加以分析。

## 二、货币和财政政策对我国国际收支影响的路径

根据凯恩斯以及蒙代尔的理论，使用货币和财政政策对经济施加影响，国内均衡和国外均衡能同时实现。具体来说，这里所指的货币和财政政策是指广义的

① 王元龙．促进外贸增长中的财政政策与倾向政策．经济研究参考，1999（65）．

② 于立新．积极财政政策影响我国外贸发展的效应分析．广东商学院学报，2003（1）．

③ 曾振宇，李卫群．财政政策和货币政策调节经常项目的有效性分析．财经理论与实践，2002（1）．

货币和财政政策，货币政策包括利率和汇率的影响、公开市场操作、出口保险、出口信贷等，财政政策包括出口退税、出口补贴、进口关税和限额等措施。这些政策和措施对国际收支产生的影响是通过不同路径实现的。本部分试图对货币和财政政策不同的实现路径加以分析。

### （一）货币政策对国际收支的影响路径

1. 货币供应量、利率和汇率政策对国际收支的影响

在货币政策对国际收支的影响中，利率和汇率政策的影响是起核心作用的。货币政策中的货币供应量、利率政策和与汇率政策是相互关联的，货币供应量的增加或减少会直接影响利率，而利率的调高和降低会对汇率产生直接影响。

在浮动汇率制下，汇率由市场供求力量决定，中央银行不进行干预。此时，利率政策是通过对汇率的影响，进而影响国际收支的，而利率的变化则是因为货币供应量的变动。货币供应量增加可以降低国内利率，这一方面使国内总需求增加，另一方面引起资本流出，从而导致汇率下降，进而会增加净出口，扩大总需求。汇率和利率的变化，不但会对经常项目产生影响，而且对资本和金融项目同样会产生影响。利率的降低会促使一国资本外流，而资本的外流又会对汇率产生影响。大规模的资本外流会引起汇率的走低。美联储近年来的降息政策，实质上对美元的汇率走低就起到了这种作用。

在固定汇率制下，为了维持汇率稳定，中央银行在一定程度上是被动地来调节货币量，而无法按货币政策的要求来控制货币量。利率与汇率水平的维持不变使得货币政策对经常项目的作用有限。同时，由于实施固定汇率制的国家一般都对资本项目进行严格管制，因此利率和汇率的变化对资本和金融项目影响也很有限。但是，在固定汇率制下，利率依然与汇率高度相关联。提高利率，意味着货币汇率的上浮；反之，降低利率，则相当于货币汇率的下浮。因此，利率与汇率呈正比例变化。当人民币汇率保持稳定时，降低人民币利率，会产生相当于汇率下浮的效应，有利于促进我国外贸出口；降低贷款利率，特别是降低中长期贷款利率，有利于降低企业的融资与投资成本，成本的降低也有利于出口。

我国货币政策的目标是稳定人民币币值，并以此促进经济增长，而汇率政策

作为货币政策的组成部分对宏观经济有重要的影响。我国当前经济发展和体制改革需要人民币汇率的稳定，人民币汇率的稳定也有利于我国国内价格总水平以及社会的稳定。这一切都决定了我国当前和未来一个时期内，人民币汇率政策的基本目标仍然是维护人民币汇率的稳定和国际收支平衡，促进国民经济持续、快速、健康发展。在这一汇率政策指导下，我国人民币汇率的一个基本态势是稳中趋升、较为坚挺，同时外汇储备持续增长。为了保持汇率稳定，人民银行需要吸纳市场上的卖超外汇，平抑供求，这就促使了储备的被动增加。这种通过市场调控汇率的手段，在达到了维持人民币汇率基本稳定的同时，也使国家外汇储备持续大幅增加。储备的增加稳定了汇率，但同时人民银行在市场上收购外汇抛出本币，引起人民银行外汇占款形式的基础货币投放增多。人民银行为了控制货币总量的扩张，通过回收金融机构再贷款、办理国债回购、发性金融债券等减少国内净资产的形式，以对冲国内外净资产增加对货币供应总量扩张的影响。可以看到，储备政策与汇率政策的协调，其实就是货币政策与汇率政策协调的问题。

2. 出口信贷政策、出口信用保险政策和公开市场操作政策对国际收支的影响

货币政策中的出口信贷政策、出口信用保险政策和公开市场操作政策也都会直接或间接对国际收支产生影响。

出口信贷是指一个国家为促进和扩大本国产品的出口，运用信贷手段支持和增加本国产品出口而发放的一种贷款。按贷款对象不同分为出口卖方信贷和出口买方信贷。出口卖方信贷是指在大型机器设备与成套设备交易中，为便于出口商以延期收款方式出售设备，本国银行向出口商提供的信贷支持。出口卖方信贷包括卖方信贷项目贷款、出口卖方信贷中短期额度贷款、对外承包工程贷款、境外加工贸易贷款、境外投资贷款。出口买方信贷是本国银行向国外借款人发放的中长期信贷，用于进口商即期支付中国出口商货款，促进中国货物和技术服务的出口。出口买方信贷主要用于支持中国机电产品、大型成套设备等资本性货物以及高新技术产品和服务的出口。出口信贷政策对扩大出口有直接的促进作用。出口信贷政策、出口信贷利率通过影响出口企业，进而影响国际收支。出口信贷的存在，可以使出口企业加速资金的运转；出口信贷利率的降低，会使出口企业的融

资成本降低。出口信贷政策适用范围的扩大，会通过进口企业直接影响到国际收支的状况。此外，国内的一些商业银行还进行外贸贷款业务，以支持出口企业的发展，进而扩大贸易出口。例如中国银行的外贸贷款包括定额周转贷款、临时贷款、出口打包贷款、出口商品预购定金贷款、出口商品生产中短期贷款以及出口信贷。出口信贷对于我国的国际收支尤其是经常项目中的贸易收支具有直接的影响。

出口保险对企业的出口扩大有间接影响。以出口信用保险方式支持本国出口企业发展是国际惯例和通行做法。出口信用保险是国家为推动外贸出口，保障出口企业收汇安全而制定的一项由国家财政提供保险准备金的非盈利的政策性保险业务。出口信用保险公司与国际贸易中商业性保险的主要区别除了政策性强、不以盈利为目的外，还在于承保的对象和风险范围不同。在当今国际经济环境下，利用出口信用保险这一政策性优势，解决出口企业的实际困难，具有更加重要的现实意义。它会对出口企业规范经营、降低风险、促进发展产生积极作用。在我国，由中国出口信用保险公司唯一开展该业务。出口信用保险公司的存在为外贸企业的业务开展提供了很强的支持作用，仅2003年上半年，该公司就为企业解决融资近60亿元人民币。衡量一国出口信用开展的情况，还可以使用出口信用保险的渗透率指标，即支持的出口信用保险额占同期全国一般贸易出口额的比重。2003年上半年，我国的渗透率指标比2003年全年的渗透率指标提高了34%，已经远远高于2002年中国出口信用保险渗透率2%的水平，并正在逐步缩小与世界平均水平（8.2%）的差距。这意味着，中国出口信用保险所承保的外贸业务量在大幅提高。

公开市场操作也会对国际收支产生影响。通过公开市场操作，可以改变本国的名义货币供应量，以抵消国际收支失衡时对国内经济的影响。这一政策是通过储备政策与汇率政策的协调来实现的。当国际收支盈余时，增加货币供给，以吸收过多的外汇供给；当国际收支赤字时，减少货币供给，以减少过剩的本国货币。这样便可以稳定国内的价格水平，同时稳定汇率水平，达到国内和国外的双重均衡。在我国的具体实践中，由于实行结售汇制度，外汇储备持续增长。为了维持汇率的稳定，人民银行需要吸纳市场上的卖超外汇，以平抑供求。而这一措施造成了货币投放的增加，为了控制货币总量的扩张，人民银行必须通过公开市场操作，包括回收金融机构再贷款、办理国债回购等形式，以对冲储备资产增加对货币供应总量扩张的影响。

### （二）财政政策对国际收支影响的路径分析

1. 出口退税和关税是财政政策中影响国际收支的核心因素

财政政策对国际收支的影响，突出表现在出口退税政策和关税政策的实施上。出口退税政策是与外贸出口关联度比较大的税收政策，与其他财政政策相比，它对提高出口商品退税率政策效应的发挥较为迅速和明显。而关税政策则直接决定了进口的规模和结构。

自1999年以来，我国连续三次调高了一些在国际市场上具有竞争潜力和产业关联度较高的产业的出口退税率，使出口商品的综合退税率达到了15%以上，有效地促进了出口的增加。这一政策措施的实施极大地支撑了我国工业企业的出口，使2000年和2001年进出口额都有了较大的增长。

在三次调高出口退税率之后，我国出口退税率存在着很大的调节空间，因此适时适当提高出口退税率，可以在目前外贸出口大幅增加的前提下，促进出口结构改善。2003年10月13日对现行出口货物增值税退税率进行结构性调整，主要是降低出口退税率。按现行出口结构，出口退税率的平均水平将降低3个百分点左右。这次降低出口退税率，本着“适度、稳妥、可行”的原则，区别不同产品调整退税率：对国家鼓励出口的产品退税率不降或少降，对一般性出口产品退税率适当降低，对国家限制出口的产品和一些资源性产品多降或取消退税。可以预见，这次降低出口退税率势必会对我国出口结构改善起到积极作用。

出口退税政策不仅包括改变出口退税率，而且还包括简化出口退税手续、缩短退税时间，只有同时具备这两个方面，才能成为完整的出口退税政策，才能确保其政策效应的充分发挥。因此，在适时适当提高出口退税率的同时，还必须重视提高出口退税政策的质量即加快退税进度问题，采取有效措施来加快退税进度。由此可见，出口退税政策对一国的贸易项目，进而对一国的国际收支会起到非常大的影响。

出口退税政策是通过对出口的影响来影响国际收支的，而关税政策则主要是通过影响进口而影响国际收支的。国家统计局的一项统计表明，我国的进口关税税率总水平已经从1992年的43.2%降至2002年的12%。1992年以来，我国多次大面积、大幅度调低进口关税，在过去的10年里降低幅度高达31.2个百分点。按照对外承诺，到2005年，我国的进口关税税率总水平将降到10%，更加接近国际水准。我国的进口额已从1992年的806亿美元，增长到2002年的2952亿美元，增幅达266%。

2. 财政政策中的对外资企业的减免税政策、对一些企业的出口补贴政策、政府采购政策以及财政盈余或赤字都会对国际收支产生影响

对外资企业的减免税政策对于吸引FDI有相当大的影响，而FDI在我国国际收支的资本和金融项目中占很大比例。这些外资企业又是出口贸易的重要组成部分，因而也影响经常项目。FDI流入能够导致国内各经济部门因外资流入而带来的国内经济实力的变动，并由此促进出口增长。外国跨国公司及其子公司与当地企业之间通过市场交换关系形成一种长期供给契约。通过这种关联，大量的知识、技术和管理经验可以从外国子公司转移到发展中国家的企业。经过与跨国公司的合作，当地国企业可以逐步形成并提高国际竞争力。由此可以看出，FDI与东道国当地的关联是实现促进经济增长和出口增长目标的重要因素。因此，吸引更多的FDI，一方面可以影响资本和金融项目；另一方面，又可以通过外资企业，促使出口扩大，进而影响经常项目。而对于吸引FDI，目前的税收优惠有直接的影响作用。这些税收优惠包括外商投资企业和外国企业所得税减免、再投资退税、预提所得税减免以及关税和进口环节增值税、城市维护建设税、固定资产投资方向调节税、耕地占用税等方面的税收优惠。这些税收优惠对于我国FDI的大量流入，起到了非常大的促进作用。1992年到2002年，当年外商直接投资协议金额由575亿美元上涨到828亿美元，实际投资由111.6亿美元上涨到527亿美元。2002年，527亿美元的FDI实际外资流入，使中国首次成为全球吸引外资

最多的国家。

自加入WTO以后，我国逐步取消了所有属于《补贴与反补贴措施协定》禁止的出口补贴。但是，对于农业的一定程度的补贴，仍然是WTO所允许的。目前，共有25个WTO成员对428种农产品使用出口补贴。欧盟、瑞士、美国和挪威是目前最大的补贴国家和区域经济体，其出口补贴占到了全球的97%。因此，通过谈判我国保留了与规则相符的20多个补贴项目，包括微量补贴和“黄箱补贴”。对于这些补贴，其他成员不得采取反补贴措施。所谓微量补贴，是指补贴金额不足产品价值1%的补贴，对发展中国家（地区）而言这一标准为2%。通过谈判，在这一点上我国争取到了享受发展中国家的微量标准。“黄箱补贴”是我国获得的对农业提供占农业生产总值8.5%的限制性补贴权利。因此，运用好规则允许的补贴，会对我国的出口尤其是农业出口起到积极的促进作用。

政府采购政策以及财政盈余或赤字也会对国际收支产生影响。购买国外商品的政府采购政策一方面有助于平衡国际收支，另一方面又可以缓解贸易摩擦。而财政状况，也就是政府收支的盈余或赤字，会对政府采购政策产生影响，进而影响国际收支。财政盈余会刺激政府采购的增加，而财政赤字则会引起政府采购的减少。随着国际贸易一体化进程的加快，一些国际或区域组织也从管理公共资金和促进国际贸易的角度出发制定了政府采购规则。目前这些规则主要包括：WTO的《政府采购协议》、欧盟制定的一系列采购指令、联合国贸易法委员会制定的《关于货物、工程及服务采购的示范法》和世界银行的《国际复兴开发银行贷款和国际开发协会贷款采购指南》。政府采购对于国际收支的影响，正在逐渐扩大。在我国政府已于1996年向亚太经合组织提交的单边行动计划中明确表示最迟于2020年向各亚太经济合作组织成员对等开放政府采购市场。因此，政府采购对于我国国际收支的影响将进一步扩大。2002年，我国全年政府采购规模突破1000亿元，达到1009.6亿元。2003年，我国用于购买国外商品的政府采购进一步增加，仅中国与美国签署的三个大宗采购合同，总价值就超过60亿美元。

## 第二节 20世纪90年代以来我国国际收支变化情况

我国的国际收支是对我国居民在一定时期内（通常为一年）与外国居民之间的经济交易的系统纪录。它是这一时期内各种对外经济交往的综合反映。我国自1982年开始编制国际收支平衡表，到2005年已经公布了24年的国际收支平衡表。我国的国际收支平衡表从1997年开始，按国际货币基金组织《国际收支手册》第五版规定的各项原则编制。其内容包括经常项目、资本和金融项目、储备资产项目以及净误差和遗漏四项。其中，经常项目包括货物和服务、收益以及经常转移。资本和金融项目包括资本项目和金融项目。本节将按照国际收支平衡表的分类，对1992—2005年间我国国际收支变化情况进行分析（对于1997年以前的国际收支平衡表，也按新的项目名称进行分析）。

### 一、我国国际收支经常项目变动情况

经常项目是我国在对外经济交往中经常发生的收支项目。1992—2005年期间，我国的经常项目有13年是顺差，仅1992年是逆差。14年的经常项目差额总和为4344.23亿美元，年均310.30亿美元（详见表7-1）。我国国际收支平衡表中的经常项目具体内容，在1997年前后有很大的不同。1997年以前的经常项目包括：对外贸易、非贸易往来和无偿转让项1目。而新的经常项目则包括：货物和服务、收益以及经常转移项目。对外贸易项目相当于1997年以后的货物和服务项目中的货物项目。非贸易往来项目不仅包括服务项目，也包括收益项目。无偿转让项目与新表中的经常转移项目基本相同。

#### （一）货物和服务项目变动情况分析

货物和服务记录货物和服务的进出口收支情况。由于1997年以前的国际收支平衡表使用的是不同的项目，因此，需要对这些年度的数字加以转换。货物项

目衡量的内容与1992—1996年的对外贸易项目基本一致；而服务项目就等于非贸易往来项目减投资收支项目。由转换出的货物项目差额和服务项目差额加总，就可以得到1992—1996年的货物和服务项目差额。由表7-1可见，20世纪90年代以来，除了1993年，我国的货物和服务项目一直是顺差，而且年均顺差达到了316.98亿美元。从增长趋势来看，1993—1997年，货物和服务项目差额保持持续上涨势头，1998—2001年，货物和服务项目差额出现了一定程度的下降，但绝对额依然很高。2001年以后，它又出现了上涨趋势。

**表7-1 1992—2005年货物项目、服务项目和经常项目差额**

| 年 份 | 货物项目差额（亿美元） | 服务项目差额（亿美元） | 货物和服务项目差额（亿美元） | 经常项目差额（亿美元） |
| --- | --- | --- | --- | --- |
| 1992 | 51.83 | -1.85 | 49.98 | 64.01 |
| 1993 | -106.54 | -11.37 | -117.91 | -119.03 |
| 1994 | 72.9 | 0.67 | 73.57 | 76.58 |
| 1995 | 180.5 | -60.92 | 119.58 | 16.18 |
| 1996 | 195.35 | -19.85 | 175.5 | 72.42 |
| 1997 | 462.22 | -57.25 | 404.97 | 297.17 |
| 1998 | 466.14 | -66.1 | 400.04 | 293.24 |
| 1999 | 362.06 | -75.09 | 286.97 | 156.67 |
| 2000 | 344.74 | -56 | 288.74 | 205.2 |
| 2001 | 340.17 | -59.31 | 280.86 | 174.05 |
| 2002 | 441.67 | -67.84 | 373.83 | 354.22 |
| 2003 | 446.52 | -85.73 | 360.79 | 458.75 |
| 2004 | 589.82 | -96.99 | 492.84 | 686.59 |
| 2005 | 1341.89 | -93.91 | 1247.98 | 1608.18 |
| 平 均 | 370.66 | -53.68 | 316.98 | 310.30 |

资料来源：根据国家外汇管理局公布的中国收支平衡表（1992—2005年）整理而成。

1. 货物项目的变动情况

货物项目记录的是我国商品进出口情况。1992—2005年，我国的商品进出口总额从1992年的1090.95亿美元上涨到2005年的14221.2亿美元。14年间，商品进出口总额一直保持增长势头，商品进出口总额的平均增长率达到17.19%。

但在1998年，由于受到亚洲金融危机的影响，商品进出口均受到极大影响，商品进出口总额增长率迅速回落，当年仅为0.42%。我国的商品进出口总额在1995突破2000亿美元，1997年突破3000亿美元。2000年以后，我国的进出口总额一年一个台阶，到2005年已经达到14221.2亿美元，是1992年的13.04倍。货物项目差额在14年间，仅在1993年是逆差，其他年份均为顺差，而且均值达到了370.66亿美元。如表7－1所示，货物项目差额一般比经常项目差额大。1994年以前，两者基本一致，而1995年以后，两者之间出现了很大差距，这说明服务项目在经常项目中所占的比重在逐步提高。但是，货物项目的差额仍然是经常项目最重要的组成部分。因此，经常项目的差额状况一般与货物项目相一致。

2. 服务项目的变动情况

服务记录的是运输、旅游、通讯、建筑、保险、金融服务、计算机和信息服务、专有权使用费和特许费、各种商业服务、个人文化娱乐服务以及政府服务的收支状况。1997年以前的国际收支平衡表将这类收支计入非贸易往来项目，而且非贸易往来项目还包括投资收支。因此，1997年以前的非贸易往来项目减投资收支的数字与服务项目大体相当。

从表7－1中可以看到，我国的服务项目一直处于逆差状态，年均达到了53.68亿美元。这说明我国的服务贸易从90年代以来，基本上进口大于出口。如表7－1所示，服务贸易对经常贸易差额起到的是反向冲减的作用，部分货物贸易顺差被服务贸易的逆差所抵消。但是由于服务项目差额与货物项目差额相比较小，因此服务项目差额不会改变经常项目差额的方向。从表中也可以看到，历年来服务项目差额的波动很小，但在总体上基本呈现一种扩大趋势。这说明我国目前服务贸易的竞争力依然不强，今后需要在政策上加以支持。

**（二）收益项目变动情况分析**

收益项目包括职工报酬和投资收益。对于1997年以前的国际收支平衡表，投资收支是记录投资收益情况的项目。因此，可以近似地将投资收支项目看作收益项目。1992—2005年的收益项目差额如表7－2所示：

**表 7－2　1992—2005 年收益项目和经常转移项目**

| 年　份 | 收益项目差额（亿美元） | 经常转移项目差额（亿美元） | 经常项目差额（亿美元） |
|---|---|---|---|
| 1992 | 2.48 | 11.55 | 64.01 |
| 1993 | －12.84 | 11.72 | －119.03 |
| 1994 | －10.36 | 13.37 | 76.58 |
| 1995 | －117.74 | 14.34 | 16.18 |
| 1996 | －124.37 | 21.29 | 72.42 |
| 1997 | －159.22 | 51.43 | 297.17 |
| 1998 | －166.44 | 42.78 | 293.24 |
| 1999 | －179.73 | 49.43 | 156.67 |
| 2000 | －146.66 | 63.11 | 205.2 |
| 2001 | －191.73 | 84.92 | 174.05 |
| 2002 | －149.45 | 129.84 | 354.22 |
| 2003 | －78.38 | 176.34 | 458.75 |
| 2004 | －35.23 | 228.98 | 686.59 |
| 2005 | 106.35 | 253.85 | 1608.18 |
| 均　值 | －90.24 | 82.35 | 310.30 |

注：1982—1996 年的收益项目差额使用投资收支差额数字，同期的经常转移项目差额使用无偿转让差额数字

资料来源：根据国家外汇管理局公布的中国收支平衡表（1992—2005 年）整理而成。

可以看到，除了 1992 年以外，其他年份的收益项目差额都是逆差。而且从来源来看，造成收益项目逆差的主要原因是投资收益的支出。这说明每年有大量的外资的利润、证券投资收益和其他投资收益汇出。1995 年以后，每年都在 100 亿美元以上。而且随着进入成熟期的外资企业增多，这一数额还会继续扩大。与此同时，也可以看到，虽然收益支出对经常项目的影响在扩大，但是经常项目的差额状况依然由商品和服务项目来决定。

**（三）经常转移项目变动情况分析**

对于单方面的无偿转移的记录，1997 年前后的国际收支平衡表大体相同。1997 年以前使用无偿转让项目来记录，之后用经常转移项目来记录，但内容上都包括侨汇、无偿捐赠和赔偿等项目，包括货物和资金形式。1992 年以来，我

国的经常转移项目一直是顺差，而且数额逐步增大（见表7-2）。2001年已经超过了80亿美元，2005年更是达到了253.85亿美元。

## 二、我国国际收支资本和金融项目变动情况

资本和金融项目记录的是资本转移如债务减免、移民转移以及我国对外资产和负债的所有权变动的所有交易，它包括资本项目和金融项目。1992年以来的14年间，我国资本和金融项目12年顺差，2年逆差，差额总额为4539.27亿美元，年均324.23亿美元（见表7-3）。1997年以前，我国的对外资产和负债的所有权变动情况记录在资本往来项目中，但其中没有包括债务减免、移民转移的情况。因此，资本往来项目相当于现在的金融项目。

### （一）资本项目变动情况分析

资本项目专门记录资本转移的情况，包括债务减免、移民转移等内容。我国1997年以前的国际收支平衡表中，没有专门的项目记录这一情况。因此，这里仅对1997—2002年的资本项目情况加以分析。由于资本项目记录的是债务的减免和移民转移情况，债务减免的发生具有很大的不确定性，因此，资本项目一般记录的是移民向外转移资本的情况。资本项目差额为负值时，说明有资本的流出。从1997年以来，我国的资本项目数额一直很小，9年的均值仅为4.17亿美元（见表7-3）。因此，资本项目对于我国资本和金融项目差额的影响不大。

**表7-3 资本项目、金融项目以及资本和金融项目差额情况表**

| 年　份 | 资本和金融项目差额（亿美元） | 资本项目差额（亿美元） | 金融项目差额（亿美元） |
|---|---|---|---|
| 1992 | -2.51 | | -2.51 |
| 1993 | 234.74 | | 234.74 |
| 1994 | 326.44 | | 326.44 |
| 1995 | 386.75 | | 386.75 |
| 1996 | 399.67 | | 399.67 |
| 1997 | 229.59 | -0.21 | 229.79 |
| 1998 | -63.21 | -0.47 | -627.46 |
| 1999 | 74.42 | -0.26 | 76.68 |

续表 7－3

| 年　份 | 资本和金融项目差额（亿美元） | 资本项目差额（亿美元） | 金融项目差额（亿美元） |
|---|---|---|---|
| 2000 | 19.22 | －0.35 | 19.58 |
| 2001 | 347.75 | －0.54 | 348.29 |
| 2002 | 322.91 | －0.5 | 323.4 |
| 2003 | 527.26 | －0.49 | 527.74 |
| 2004 | 1106.6 | －0.69 | 1107.29 |
| 2005 | 629.64 | 41.02 | 588.62 |
| 均　值 | 324.23 | 4.17 | 281.36 |

资料来源：根据国家外汇管理局公布的中国收支平衡表（1992—2005 年）整理而成。

### （二）金融项目变动情况分析

金融项目记录的是我国对外资产和负债的所有权变动的所有交易。按投资方式分为直接投资、证券投资和其他投资；其中直接投资分为外国在华直接投资（视同于负债）和我国在外直接投资（视同于资产）。金融项目顺差表示在对外金融交易中资金净流入，金融项目逆差表示在对外金融交易中资金净流出。1992—2005 年，我国的金融项目仅有 1992 年和 1998 年是逆差，其余年度都是顺差，14 年间我国的金融项目差额的均值为 281.36 亿美元。这说明在此期间我国的资金净流入大于净流出，我国属于资本输入国。

#### 1. 直接投资变动情况分析

直接投资项目记录的是外国在华直接投资和我国在外直接投资两部分。直接投资项目差额为正，是顺差；差额为负，是逆差。直接投资项目顺差表示直接投资的净流入，直接投资项目逆差表示直接投资的净流出。1992—2005 年，我国的直接投资项目一直是顺差，历年均值达到了 341.25 亿美元，而且直接投资项目差额基本处于平稳的上升状态。从直接投资差额对金融项目差额的影响来看，1996 年以前，直接投资项目差额对金融项目差额起着决定作用。直接投资项目差额基本就是金融项目差额。1997—2000 年，两者之间出现了很大的差距，原因在于证券投资和其他投资在金融项目的比重逐渐增大。总体而言，虽然证券投资和其他投资项目的影响在增大，直接投资项目仍然是金融项目差额的决定因素。

(1) FDI变动情况分析

由于外商直接投资在我国的经济发展中起着非常大的影响作用，因此这里对1992—2005年我国的FDI变动情况加以单独分析。从表7-4中可以看到，我国的FDI数额在90年代前期持续增长；1996年以后，每年都稳定在450亿美元左右。2005年我国吸引的FDI达到了855.06亿美元，是1992年的7.66倍。1992—1996年，金融项目差额主要受直接投资项目差额左右，随着后者的迅速上升而上升。出现这一情况的原因是当时外国在华直接投资的迅速增加，而且同期证券投资差额和其他投资差额变动幅度较小。

表7-4 1992—2005年我国FDI变动情况

| 年 份 | FDI数额(亿美元) | 年 份 | FDI数额(亿美元) |
|---|---|---|---|
| 1992 | 111.56 | 1999 | 404.12 |
| 1993 | 275.15 | 2000 | 407.72 |
| 1994 | 337.87 | 2001 | 468.46 |
| 1995 | 377.36 | 2002 | 527.43 |
| 1996 | 423.5 | 2003 | 535.05 |
| 1997 | 452.78 | 2004 | 606.3 |
| 1998 | 454.63 | 2005 | 855.06 |
| 合 计 | 6236.99 | 均 值 | 445.50 |

资料来源：根据国家外汇管理局公布的中国收支平衡表（1992—2005年）整理而成。

FDI的大量流入不但可以产生金融项目的顺差，而且由于利用FDI所兴办的企业主要是出口企业，因此FDI对于我国的出口贸易也有极大的影响。2001年外商投资企业出口额达到了1332.35亿美元，占到了我国出口总额的50.06%。FDI已经成为促进我国经济增长的一个重要因素。

(2) 我国在海外的直接投资变动情况

我国在海外的直接投资在1992年和1993年数额很大，均在40亿美元以上。此后，每年都徘徊在20多亿美元，只有在2001年达到了峰值，为70.92亿美元。总体而言，我国的海外直接投资还很小。但是随着我国经济实力的增强，我们应该逐步增加海外的直接投资，既要“引进来”，也要“走出去”，这样才能真正提高我国企业的国际竞争力，形成具有国际规模的跨国公司。

2. 证券投资变动情况分析

证券投资记录外国在华证券投资和我国在海外的证券投资情况，包括股本证券和债务证券两种形式。证券投资项目下的负债差额表示外国在华证券投资净增加额；证券投资项目下的资产差额的相反数表示我国在海外证券投资净增加额。证券投资项目顺差表示证券投资资金的净流入，证券投资项目逆差表示证券投资资金的净流出。1992—1997 年，证券投资项目是顺差，但金额很小，年均只有 25.27 亿美元。同期，中国在海外的证券投资金额更有限，因而导致了证券投资项目的顺差。1998 年以后，我国在海外的证券投资金额逐步扩大，均值为 117.446 亿美元，2001 年，更是达到了 207.23 亿美元。而同期，外国在华的证券投资增长却不明显，年均仅有 31.82 亿美元。外国在华证券投资的相对稳定和我国在海外证券投资的大幅增加，使得我国的证券投资项目在 1998 年以后出现逆差。但是，由于证券投资项目差额的相对有限，它对我国金融项目差额只能起到一定的影响作用，而不能起到决定作用。

3. 其他投资变动情况分析

其他投资记录除直接投资和证券投资外的所有金融交易，分为贸易信贷、贷款、货币和存款及其他资产负债四类形式。1992 年到 1996 年，其他投资项目的数额较小，因此对金融项目的影响不大。从 1997 年开始，我国的其他投资项目金额逐渐增大，决定了金融项目差额的变动趋势。这种情况的出现主要是因为亚洲金融危机期间我国短期对外贸易信贷迅速增加形成的。此后，我国其他投资项目出现了多年的连续逆差，1997—2005 年的平均逆差额为 176.66 亿美元。同时，由于这一时期 FDI 增长基本稳定，我国金融项目差额的变动趋势基本与其他投资项目差额的变动相一致。

## 三、我国国际收支储备资产项目变动情况

储备资产记录我国中央银行拥有的对外资产变动情况，包括外汇、货币黄金、特别提款权、在基金组织的储备头寸。储备资产项目也叫储备资产变动项目，当储

备资产变动额为正值时，表明储备资产减少；为负值时，表明储备资产增加。

储备资产变动额的正负，要视经常项目差额与资本和金融项目差额的相对情况而定。经常项目顺差与资本和金融项目顺差都可能导致储备资产的增加。但只有经常项目顺差引起的储备资产的增加，才是我国对外金融资产的净增加。而资本和金融项目顺差在增加储备资产的同时，也增加了对外负债，因此我国对外金融资产总额不会增加。

**表7-5 1992—2005年我国储备资产、外汇储备变动差额以及外汇储备额情况表**

| 年 份 | 储备资产变动差额（亿美元） | 外汇储备变动差额（亿美元） | 外汇储备额（亿美元） |
|---|---|---|---|
| 1992 | 21.02 | 22.69 | 194.43 |
| 1993 | -17.67 | -17.56 | 211.99 |
| 1994 | -305.27 | -304.21 | 516.2 |
| 1995 | -224.81 | -219.77 | 735.97 |
| 1996 | -316.43 | -314.31 | 1050.49 |
| 1997 | -357.24 | -348.62 | 1398.9 |
| 1998 | -64.26 | -50.69 | 1449.6 |
| 1999 | -85.05 | -97.16 | 1546.75 |
| 2000 | -105.48 | -108.98 | 1655.74 |
| 2001 | -473.25 | -465.91 | 2121.65 |
| 2002 | -755.07 | -742.42 | 2864.07 |
| 2003 | -1170.23 | -1168.44 | 4032.51 |
| 2004 | -2063.64 | -2066.81 | 6099.32 |
| 2005 | -2070.16 | -2089.4 | 8188.72 |

资料来源：根据国家外汇管理局公布的中国收支平衡表（1992—2005年）整理而成。

从表7-5中可以看到，储备资产变动差额主要由外汇储备变动差额形成。1992—2005年，我国每年的外汇储备除了1992年以外，每年都是增加。因此，我国的外汇储备额呈现上涨的趋势。从外汇储备变动差额的阶段来分，可以分为四个阶段：（1）1992—1993年是我国外汇储备差额由逆差向顺差过渡的时期。（2）从1994年开始到1997年，是我国外汇储备第一个高速增长的时期，外汇储备增长年均达到了296.73亿美元。（3）1998年由于受到亚洲金融危机的影响，当年外汇储备增长有限，仅为50.69亿美元。1999年和2000年，由于受到惯性的影响，外汇储备增长也不多。（4）从2001年开始，我国的外汇储备进入高速增长时期，2001年为465.91亿美元，2005年更是达到了2089.4亿美元。正是由于我国外汇储备变动差额的持续增长，我国外汇储备额在2005年底已经达到了8188.72亿美元。

## 四、我国国际收支净误差与遗漏项目变动情况

净误差与遗漏项目是为了使国际收支平衡表平衡而设立的项目。如果借方总额大于贷方总额，其差额记入此项目的贷方，反之，记入借方。国际货币基金组织出版的《国际收支手册》认为，尽管净误差与遗漏在实际统计时不可避免地会出现，但如果这个项目的差额太大，则会妨碍对国际收支平衡表的解释。我国的这一差额在20世纪90年代中期曾经一度偏大。但总体来说，还在可以接受的范围内。但这一方面说明了我国的统计制度尚不完善，另一方面也说明了我国对外经济贸易规模的变化。

由于储备资产的变动相对来说是准确的，因此净误差与遗漏项目主要是由经常项目及资本和金融项目造成的。净误差与遗漏既可能来源于经常项目，也可能来源于资本和金融项目。一般认为，该项目的大部分来自于难以统计的资本流出。我国的净误差与遗漏项目如表7-6所示。

表7-6　我国净误差与遗漏项目情况表

| 年　份 | 净误差与遗漏项目（亿美元） | 年　份 | 净误差与遗漏项目（亿美元） |
|---|---|---|---|
| 1992 | -82.52 | 1999 | -177.88 |
| 1993 | -98.04 | 2000 | -118.93 |
| 1994 | -97.75 | 2001 | -48.56 |
| 1995 | -178.12 | 2002 | 77.94 |
| 1996 | 155.59 | 2003 | 184.22 |
| 1997 | -222.54 | 2004 | 270.45 |
| 1998 | -187.24 | 2005 | 167.66 |

资料来源：根据国家外汇管理局公布的中国收支平衡表（1992—2005年）整理而成。

从表7-6中可以看到，1992—2001年我国的净误差与遗漏项目一直是负值。这说明我国存在着一定程度的资本外逃。但是从2002年开始，我国的净误差与遗漏项目却出现了正值，而且数额越来越大。2002年为77.94亿美元，到2005年已经达到了167.66亿美元。这说明出现了外资从非正常渠道流入我国的情况在逐步增大。这一情况的出现是由于许多国外投机者对人民币有升值的预期，因此大量资金涌入准备套利的结果。

## 第三节 货币政策、财政政策影响经常项目收支的计量分析

### 一、经常项目计量研究简述

在国内外宏观经济模型中，国际收支经常项目的计量建模是必不可少的，一方面是因为国际收支经常项目，尤其是进出口的数据比较容易获得；另一方面，经常项目在一个国家宏观经济中的地位确实非常重要。因此，有很多进出口方程的计量研究成果，这些研究成果对我们建立经常项目模型进行计量分析有很重要的借鉴作用。

我们特别考察了英格兰银行模型、美国宏观经济模型、中国人民银行宏观经济模型、中国年度宏观经济计量模型、中国宏观经济季度模型、小型中国宏观经济模型等众多研究成果，发现在出口方程的设定中，影响出口的变量主要是实际汇率、世界贸易总需求、政策变量等。值得注意的是，在小型中国宏观经济模型（张斌、杨越，2002）中，采用进口作为解释出口的一个重要因素，原因是中国的加工贸易占比重较大，因此由于加工贸易形成的出口是出口中的重要内容。在进口方程设定方面，各项研究通常采用国内总需求、进口的相对价格（实际汇率）、前一期进口额、政策变量等因素。

尽管各项研究成果在变量选择范围上大体一致，但是在一些具体指标计算

上、数据来源上有所不同。主要是实际汇率的计算问题，汇率可以近似地代表进出口价格水平的比较，但是官方名义汇率、名义有效汇率和实际有效汇率的计算方法不同，数值也不一样，采取不同的指标则计量效果也不同。

## 二、建模方法及变量选择

根据以上经常项目方程研究成果，以及本项研究的实际需要，我们从建模方法和变量选择两个角度，对货币政策、财政政策影响经常项目收支的计量研究进行整体的初步说明。

### （一）建模方法

本部分的建模方法主要包括以下三个方面。

1. 经常项目的计量，主要选择进口方程和出口方程

这其中有两点原因：第一，进口和出口在经常项目中占的地位是最主要的。我们通过历年的国际收支平衡表可以看出，尽管包括服务贸易在内的其他经常项目份额，在一些年份有过扩大的趋势，但是总体上看，我国进出口占经常项目收支的比重还是比较高的。如图 7－1 所示，我国出口占经常项目贷方的比重，1985 年为 83.48%，2004 年这一比重上升到 84.69%，20 年间最高为 1989 年的 86.11%，最低为 1994 年的 81.12%，波动幅度并不大。进口占经常项目借方的

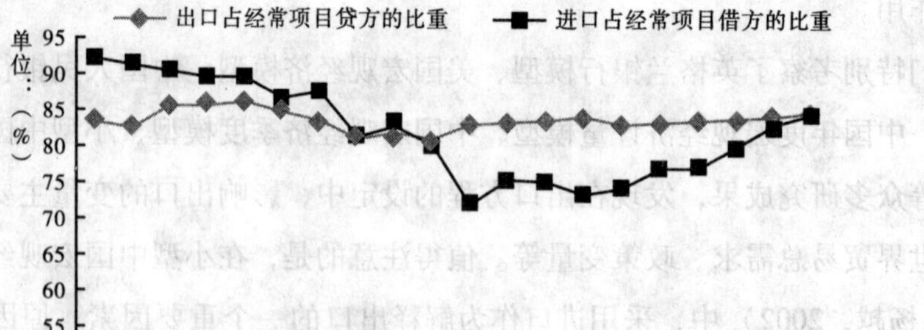


**图 7－1　我国进出口占经常项目的比重**

资料来源：根据国家外汇管理局历年《中国国际收支平衡表》数据整理。

比重20年来经历了一个先下降后上升的过程，1985年这一比重为20年间最高，达到92.13%，之后不断下降，到1995年下降到72.10，为20年间最低；接着又不断上升，2004年上升到了84.55%。因此，尽管进出口占经常项目的比重有所波动，但是总体上，它们仍是国际收支经常项目中最重要的组成部分。对进出口的计量，可以近似地反映我国国际收支经常项目的变动情况。

第二，20年来，经常项目中货物进出口数据统计最稳定，影响因素较为一致，便于计量分析。我们用以实证分析的数据，大部分从中国国家外汇管理局公布的历年《中国国际收支平衡表》中得来。20年来，我国国际收支平衡表经常项目的统计，在1997年开始发生了变化。1985年至1996年，我国经常项目收支的统计包括三部分：对外贸易、非贸易往来和无偿转让。其中，有关服务的贸易被包含在"非贸易往来"项目中。1997年开始这一统计方式发生变化，经常项目分为货物和服务贸易、收益两大类，其中服务贸易专门列出。因此，统计口径的变化，使得其他非货物贸易收支的数据情况不稳定。同时，由于各项目的统计情况变化，影响因素也更为复杂，不便于计量分析。所以，我们只对货物进出口方程进行计量。

2. 分别建立进口和出口单方程，采用OLS的方法进行估计

我们将采用比较流行的统计软件EVIEW4.1进行数据处理，采用OLS的方法进行估计。我们将对进口和出口分别进行单方程估计，并不对其进行联立。原因是，在联立模型中，如果采用三阶段最小二乘法，那么每个方程的变量系数，都会受到联立系统中其他方程的变量的影响。在单个模块中采用单方程估计，可以更好地反映出被解释变量与解释变量之间的关系，不受其他因素的干扰，从而更明确地看出各变量系数的经济含义。

3. 采用1985—2004年的数据，对进出口方程分别做年度和季度的计量模型

我们将采用年度数据和季度数据相结合的方法，对进出口方程进行估计。其中，对于年度方程，我们将选取1985年到2004年共20年的各类数据进行估计，数据的基本来源是各年《中国统计年鉴》、商务部网站各年数据、国际货币基金组织IFS在线数据库（中国、美国1980—2005年各年数据）等，数据来源真实可靠。

季度模型对数据的要求比较高，因此我们选取了从1992年到2003年的数据进行估计，数据来源主要是各年《中国统计年鉴》、商务部网站各年数据、国家统计局等。数据来源真实可靠。

还有两点需要补充说明。第一，不同来源的统计数据，有一定的误差，例如IFS在线数据库的数据和《中国统计年鉴》的个别数据之间，会有一定的误差，但是总体上很小。我们在计量过程中，一方面尽量选取数据来源一致的数据进行处理；另一方面，在建立模型中我们多取对数，取了对数之后，这些小的误差基本可以忽略不计。

第二，年度模型和季度模型选取的变量有所不同。这可能有三个方面的原因：一是数据选取的时间不一致，年度模型选取20年的数据，季度模型虽然数据多，但是年份少，可能造成变量不一致；二是有些变量季度数据缺失，因此年度模型里的变量，季度模型不一定有；三是季度模型时间上更为细致，因此可以反映出一些变量更具体的滞后期；而年度模型时间上跨度大，一些变量的滞后期不能准确地反映出来，也可能造成选取变量或者同一变量滞后时间的不同。

### （二）变量选择

由于我们进行货币政策、财政政策影响进出口的计量分析，那么在选择变量建模的过程中就要突出这一点。依据货币政策、财政政策影响进出口的因素、传导过程选择变量，首先要对货币政策、财政政策工具进行分类、分层，然后对照可能影响进出口的所有因素，归类、归层地对照货币政策、财政政策各变量工具，进而筛选出合理的政策变量进行数据分析。因此，选择变量，我们分为以下三类。

第一类：直接的财政政策、货币政策变量。众所周知，货币政策的主要变量工具有利率、存款准备金率、再贴现率、公开市场业务、汇率、信贷等。央行通过调控这些工具，进而控制货币供应量和货币投放结构，达到调控目的。财政政策变量有财政支出、财政收入（税收）、国债等。

第二类：间接的货币、财政政策变量。从某种意义上讲，除了直接的货币、财政政策操控的变量之外，其他受到货币、财政政策影响的经济变量，都可以看做是间接的货币、财政政策影响的变量。从货币政策的角度看，价格水平，包括居民消费价格指数（CPI）、GDP 缩减指数、工资指数等，都受到货币政策，更准确地说是货币供应量的影响。从财政政策的角度看，间接的影响变量包括GDP、投资、消费、进出口本身等。财政收支的增减会影响到这些变量，而 GDP 的变动又会影响到经常项目收支。

第三类：中国在转轨过程中的一些特殊变量，用虚拟变量表示。这一点在年度模型中反映比较突出。由于中国在 1985—2004 年的 20 年间，改革是渐进的，因此在一些年份会有比较特殊的政策颁布，这也是影响经常项目收支的政策变量。这些政策变量可以用虚拟变量的形式加以确定。

## 三、货币政策、财政政策影响进口的年度计量分析

根据以上关于建模方法和变量选择的说明，我们首先对财政政策、货币政策影响进口进行年度计量分析。

### （一）建立模型进行回归

在以上变量和数据基础上，建立模型进行回归分析。为了使被解释变量和解释变量之间是线性化的关系，我们对每个非政策变量取对数。

得到进口方程为：

$$LRIMRMB = \underset{(-2.141542)}{-2.274131} + \underset{(5.882357)}{0.781992}LRIMRMB(-1) - \underset{(-2.293653)}{0.294033}LREER$$

$$+ \underset{(4.005829)}{0.900355}LRGDP - \underset{(-4.847117)}{0.746833}LRGDPD + \underset{(3.161156)}{0.248191}DDIM$$

$$\bar{R}^2 = 0.990486, D.W. = 2.168036$$

因此，可以认为，进口可以被 GDP、实际有效汇率指数、GDP 缩减指数、上期进口数和进口虚拟变量进行解释。上期进口和本期进口之间存在较为明显的正相关关系，系数为 0.78；实际有效汇率指数和进口之间负相关，系数为 -0.29；实际 GDP 和进口之间正相关程度最高，系数达到 0.90，可见进口最主要还是由经济增长拉动的；进口和国内价格水平（GDP 缩减指数）之间存在负相关，系数为 -0.75；虚拟变量的系数为 0.25。

进口关税税率由于系数不显著被剔除了，但是可以单独观察关税税率和进口之间的关系，毕竟关税税率是财政政策的一个重要工具。

### （二）货币政策影响进口的年度计量分析

根据多次调整，我们最终得到了一个结果比较理想的模型。从模型中，我们也可以较好地解释货币政策、财政政策对进口的影响。在年度进口方程中，与货币政策有关的变量有两个，分别是实际有效汇率指数和GDP缩减指数。

对官方名义汇率进行调整，是我国货币政策的手段之一。长期以来，我国对人民币实行盯住美元的有管理的浮动汇率制，人民币兑美元的官方名义汇率不能完全反映市场供求的情况。而实际有效汇率指数代表了一国货币的实际有效汇率，该数据从IFS数据库中获得，并不是一国对另一国的货币比价，而是一国对其他国家货币的综合比价指数，具有更广泛的代表意义。两者对比，尽管人民币兑美元的官方名义汇率在一定时间内基本保持不变，但是人民币实际有效汇率指数还是在变化的，如图7-2所示。

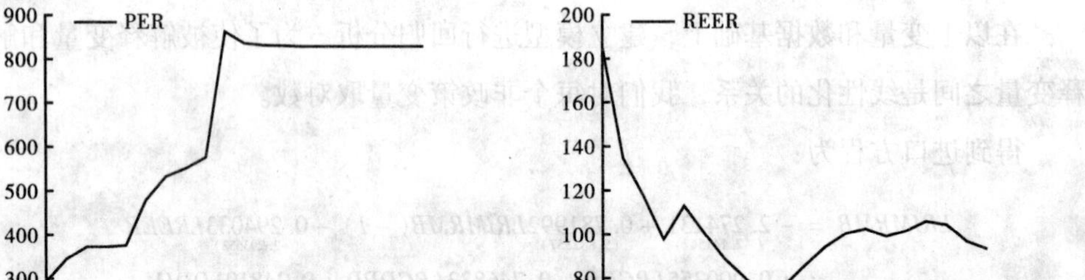


**图7-2 官方名义汇率和实际有效汇率指数变化的对比**

资料来源：历年《中国统计年鉴》、IFS在线数据库。

就实际有效汇率指数对进口的影响而言，我们可以看到，实际有效汇率指数增加1个百分点，进口就减少大约0.29个百分点，两者之间成相反的变动关系。而经济理论上，实际有效汇率指数的上升，意味着人民币升值；

反之，实际有效汇率指数下降，人民币则贬值。人民币升值，进口商品相对便宜，出口商品则相对变得更加昂贵，则有抑制出口和鼓励进口的作用，因此人民币升值和进口增加之间是正向关系。但是通过计量我们发现，人民币升值，实际有效汇率指数增加，但是进口却减少，这和经济常理是相悖的。如图7－3所示。

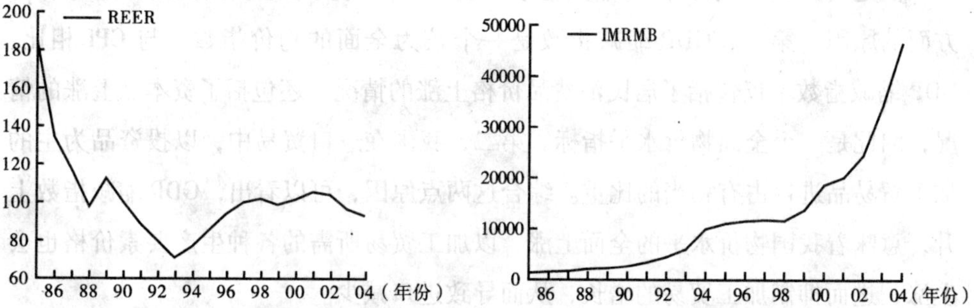


**图7－3　我国进口和人民币实际有效汇率变化情况对比**

资料来源：历年《中国统计年鉴》、IFS在线数据库。

造成这种现象的原因可能有两方面：第一，可能与REER的计算方法有关。REER的计算，一般是指人民币和多种贸易国货币的加权平均汇率，然后剔除本国物价相对于其他国家物价水平的上涨因素。因此，在人民币实际有效汇率的计算过程中，对贸易国的选择、贸易国货币汇率权重的确定和贸易国物价水平，成为决定的因素。人民币实际有效汇率是由多种因素决定的，相对比较复杂，有可能造成其与进口的关系和经济理论上的不一致。第二，可能与方程中其他变量的影响有关。我们仅在逻辑上做如下推理：人民币升值，会导致出口受到抑制，进而和GDP之间也是负相关关系。而GDP和进口之间具有较强的正相关，从方程可以看出，GDP的变动增加1个百分点，进口的变动就增加0.9个百分点。因此，实际有效汇率和进口之间呈负相关关系。

同时，货币政策还通过价格水平影响进口。用GDP缩减指数来反映国内价格水平，通过计量发现，GDP缩减指数对进口的影响是负的，与传统经济理论相悖。GDP 缩减指数受到货币发行量的影响（具体计量分析见第六章），货币发行量越多，价格水平越高，GDP 缩减指数的数值也就越高。本国物价水平越高，无论是投资品还是消费品都变得相对昂贵，于是国内企业和居民在进行生产和消费的时候，更倾向于相对变得便宜的外国产品，于是进口增加。因此，GDP 缩减指数和进口之间应该是正相关关系。

但是我国 20 年来，GDP 缩减指数和进口之间的关系是负相关的。这也有两方面的原因。第一，GDP 缩减指数是一个较为全面的物价指数。与 CPI 相比，GDP 缩减指数不仅包括了居民消费品价格上涨的情况，还包括了资本品上涨的情况，因此是一个全面物价水平指标。第二，我国在进口贸易中，以投资品为主的加工贸易品进口占有相当的比重。综合这两点原因，可以看出，GDP 缩减指数上升，意味着我国物价水平的全面上涨，以加工贸易所需的各种生产要素价格也会上涨，进而抑制加工贸易的增长，从而导致进口减少。

**（三）财政政策影响进口的年度计量分析**

财政政策对我国进口的影响，主要是通过进口关税这一直接变量和 GDP 等间接指标来实现的。

降低进口关税税率，有助于扩大进口。尽管在模型中进口关税税率的系数是不显著的，但是如果单独将进口关税税率和进口之间做分析，我们不难发现，进口关税税率无疑对进口有较强的负相关关系。

进口关税税率对进口影响的计量分析，回归结果得：

$$LRIMRMB = \underset{(-6.462761)}{-1.107970} * LIMTR + \underset{(37.34305)}{10.20348}$$

$$\overline{R^2} = 0.680486, D.W. = 0.308036$$

由以上回归方程可见，进口关税税率正向变动 1 个百分点，则进口就反向变动 1.11 个百分点。1985 年我国平均进口关税税率为 16.31%，以后则不断降低，特别是 2001 年我国加入世界贸易组织以来，我国进口关税税率逐年下降，2002 年我国平均进口关税税率由 2001 年的 4.17% 降低到 2.88%，2003 年又进一步降低到 2.70%。到 2004 年，平均关税税率已经降低到 2.25%。与此同时，我国进口则在不断增加，按照 1990 年不变价格计算的我国实际进口，1985 年只有 1792 亿元，到2001年增加到10358亿元，2004年更是比2001年翻了一番，达到21790亿元。尽管不能把我国进口的迅猛增加全部归因于进口关税税率的不断降低，但是后者确实对前者起到一定的作用（见图7-4）。

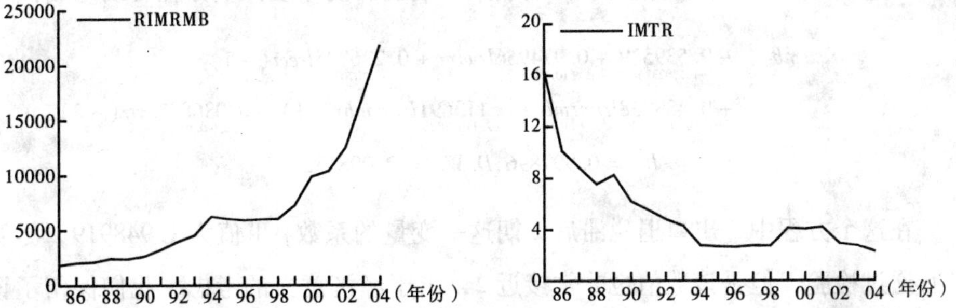


**图7-4 实际进口和平均进口关税税率之间的反向变化关系**

资料来源：历年《中国统计年鉴》。

从财政政策影响进口的间接途径看，扩张性的财政政策有利于增加GDP，从而有利于增加进口。GDP与进口之间是正相关关系。在一些学者的研究中，把对进口的需求因素总称为“总吸收”（张斌、杨越，2002），“总吸收”就包含了国内消费、国内投资和政府部门的经常性支出等。GDP这一指标实际上已经包含了“总吸收”的全部内涵，扩张性的财政政策，增加了政府消费、政府投资，增加了“总吸收”，对进口有一定正向作用。

**（四）1994年外贸立法对进口的促进作用**

在模型中我们设置了一个虚拟变量，即1994年为1，其余年份为0。原因是，1994年全国人大通过了《中华人民共和国对外贸易法》，确立了实行统一的外贸政策的原则，统一内外资贸易权政策；增强贸易政策的规范性，推进国营贸易企业制度改革；完善以出口信贷和出口信用保险为重点的外经贸支持体系；改革进口许可程序及进口配额的发放、产品的指定经营制度，简化出口手续，等等。《中华人民共和国对外贸易法》的颁布对进口无疑是一个比较重要的促进。模型也证明该虚拟变量是显著的。

## 四、货币政策、财政政策对出口的年度计量分析

### （一）建立模型并进行回归分析

根据估计结果，货币政策、财政政策影响出口的年度计量方程可以写成：

$$lrexrmb = \underset{(-10.30232)}{-9.539539} + \underset{(10.20463)}{0.974956lrwim} + \underset{(3.170703)}{0.226395lreer(-1)} + \underset{(8.868342)}{0.488938lrimrmb} + \underset{(2.110150)}{0.113691lrexrmb(-1)} + \underset{(1.948919)}{0.086887extr(-2)}$$

$$\overline{R}^2 = 0.997896, D.W. = 2.098132$$

在这个方程中，出口退税滞后2期这一变量的系数，T值为1.948919，尽管没有通过检验，但是该数值也非常接近2，出于经济意义的考虑，我们保留了该变量。而且从计量上看，如果去掉该变量，方程拟合效果有所下降。

因此，我们可以认为，在年度数据条件下，出口是由世界需求、上期实际有效汇率指数、当期进口、上期出口和上两期的出口退税率共同决定的。世界需求对出口的正相关作用最强，系数达到0.97；上期的实际有效汇率指数和本期出口之间是正相关关系，系数为0.23；本期进口和本期出口之间是正相关关系，系数为0.49。

### （二）货币政策变量对出口的年度影响

货币政策影响出口，主要是通过实际有效汇率来直接实现的。

计量发现，实际有效汇率对出口的影响为正，这一结论和传统经济理论不符。实际有效汇率指数上升，人民币升值。传统经济理论认为，人民币升值会提高本国商品的出口相对价格，进而减少出口，但是本文的结论与之相反。如果不考虑其他变量，那么在出口和实际有效汇率之间进行回归，回归结果位为：

$$LREXRMB = \underset{(-2.050532)}{-1.688659 * LREER(-1)} + \underset{(4.324064)}{16.42242}$$

$$\overline{R}^2 = 0.151131, D.W. = 0.115277$$

可见实际有效汇率指数和实际出口之间是负相关关系，符合经济学意义（图7-5）。但是加入其他变量之后，汇率符号发生了改变，这意味着实际有效汇率和方程中其他变量之间存在相关关系。

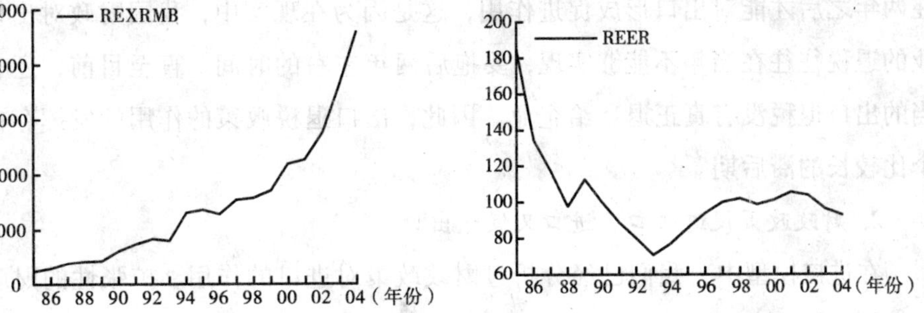


**图7－5　实际出口和实际有效汇率指数之间的关系**

资料来源：历年《中国统计年鉴》、IFS在线数据库。

除了汇率对出口的影响之外，货币政策还影响了进口，但进口和出口之间有一定的相互关系。张斌、杨越（2002）在一个开放条件下的小型宏观经济模型中指出，我国出口主要是“三来一补”的加工贸易出口，因此需要用进口来解释出口。通过本模型，我们也可以得到这样的类似结论。进口变动1个百分点，出口就同方向变动0.49个百分点。

而在进口模型中，我们已经论述过，进口受到货币政策的影响。这种影响是通过实际有效汇率和价格水平这两个变量进行传导的。而进口和出口之间又是同方向的正相关关系，那么可以近似地认为，货币政策对出口的影响是通过进口变量传导的，是更为间接的一种影响。

### （三）财政政策变量对出口的年度影响分析

财政政策变量中，起直接作用的是出口退税税率，间接影响因素是进口。

*1. 出口退税税率与出口之间是正相关关系，但是出口退税需要两年才能起作用*

出口退税是鼓励企业出口的重要政策手段，出口退税税率越高，企业出口积极性也就越高；相反，企业出口积极性越低。我们通过模型可以看出，出口退税与出口之间存在正相关关系，这一点符合经济意义，但是存在两个问题。一是这种正相关关系非常微弱，系数只有0.086，这说明我国出口和出口退税之间的关系不是那么紧密，影响出口的因素更多地在于世界市场需求，这也从一个侧面反映了我国经济参与全球化程度的不断提高。另一方面，出口退税要在两年之后才能对出口形成促进作用，这是因为在现实中，我国财政对出口企业的退税往往在当年不能够实现，要拖后两年左右的时间。直至目前，还有相当的出口退税没有真正退还给企业。因此，出口退税政策的作用的发挥存在一个比较长的滞后期。

2. 财政政策促进进口，进口又促进出口

在进口模型中，我们已经分析过财政政策对进口的作用。扩张性的财政政策，能够促进进口的增加。在出口模型中，出口受到进口的影响，这是由于我国对外贸易中，加工贸易占很大比重所致。模型中反映出进口和出口之间是正相关关系，进口变动增加 1 个百分点，出口同方向变动 0. 49 个百分点。因此，从财政政策角度看，扩张性财政政策可以促进进口增加，进而也促进出口增加。

## 第四节 货币财政政策影响资本和金融项目收支的计量分析

### 一、有关资本和金融项目的计量研究简述

国内对于经常项目下的模型实证有过不少研究，但是对于资本项目的模型，系统研究的成果不多见。在国内比较有影响的宏观经济模型中，大多没有引入国际收支平衡表中的资本项目。因此，对资本和金融项目的模型化是完善国际收支模块的重点。

对资本和金融账户的实证分析，主要围绕三个方面：直接投资、证券投资和其他投资。关于外商直接投资（FDI）的计量，现有的研究成果从汇率角度、人力资本角度和宏观经济政策因素进行分析。李建伟、余明（2003）的研究主要分析了汇率对 FDI 的影响，认为人民币实际有效汇率与利用外资之间存在高度显著的正相关关系，其对利用外资影响的重要程度，超过利用外资政策、国内投资需求和国外需求等因素。黄华云（2004）的研究认为，人力资源对 FDI 的规模有重

要作用。杨柳勇（2002）认为，市场规模决定了外资流入的潜在规模，已有外资存量通过示范效应和再投资的形式对现有外资流量也有影响，国内生产率水平和外资之间也有正向关系，鼓励外资流入的政策有利于外资的流入。

对国际收支平衡表中证券投资和其他投资项目的研究不是很多，一方面是因为人民币资本项目没有开放，相对于直接投资，证券投资和其他投资规模不是特别大；另一方面因为证券投资和其他投资中，资本流动相对频繁和不稳定。杨柳勇（2002）对证券投资和其他投资项目进行了较为系统的研究，并建立了模型。他认为，证券投资在中国目前尚未完全放开，受政策影响比较突出。其他投资主要受到储备资产和汇率的影响，储备资产越多，其他投资逆差越大；人民币贬值，其他投资顺差扩大。

储备资产可以包含在广义的资本和金融项目之中。因此在此选取比较有代表性的有关外汇储备的实证研究成果进行简述。近年来对外汇储备的实证研究，选取的被解释变量是外汇储备的年度余额，也就是外汇储备的存量而并非外汇储备的流量。杨柳勇（2002）认为我国外汇储备有部分年份主要来自于经常账户的差额，有部分年份来自于资本和金融账户的差额，因此不能简单地用两个账户的差额对外汇储备进行解释，三者之间是等式关系，不是因果关系。唐国兴（1999）在《中国国际收支和货币供给模型》[①] 中对外汇储备也进行了计量分析。他认为我国外汇储备的增减要和综合收支同步，两者是近似的。因此可以用上期外汇储备存量、利率变动和综合收支来解释本期外汇储备存量。

## 二、建模方法和变量选择

根据以上对资本和金融项目的计量研究成果，以及本项研究的实际需要，我们从建模方法和变量选择两个角度，对货币政策、财政政策影响资本和金融项目收支的计量研究进行整体的初步说明。

本部分模型的建立，主要有以下三个方面。

---

① 唐国兴. 中国国际收支和货币供给模型//王慧炯，李泊溪，李善同. 中国实用宏观经济模型1999. 中国财政经济出版社，1999：199，217.

1. 主要建立直接投资、证券投资和其他投资三大部分的模型

每一部分的模型又分为贷方和借方两个方程，因此一共有六个方程。

2. 采用 OLS 的方法，分别建立资本和金融项目 6 个单方程

与经常项目的计量方法保持一致，我们将采用比较流行的统计软件 EVIEW4.1 进行数据处理，采用 OLS 的方法进行估计。对资本和金融项目，我们将建立 6 个单方程，分别是：直接投资贷方方程，即外商在华直接投资（FDI）方程；直接投资借方方程，即我国在国外和港澳台地区直接投资方程（XDC）；证券投资贷方方程，即国外和港澳台地区在华证券投资方程（MCC）；证券投资借方方程，即我国在国外和港澳台地区证券投资方程（XCC）；其他投资贷方方程（MOC），衡量其他投资流入量；其他投资借方方程（XOC），衡量其他投资流出量。

3. 采用 1985—2004 年的数据，对 6 个方程做年度计量模型

与进出口方程的数据相比，国际收支资本和金融项目的各个方程所需的季度数据较难获得，因此，对 6 个方程只做年度计量分析模型。数据选取的时间与经常项目模型保持一致，为 1985 年到 2004，共 20 年。数据的来源主要是中国国家外汇管理局发布的 1985—2004 年《中国国际收支平衡表》、《中国统计年鉴》、IFS 在线数据库、国家统计局和中国人民银行网站等公布的数据，来源真实可靠。

## 三、货币政策、财政政策影响 FDI 年度计量分析

根据以上变量的初步选择和实际分析需要，我们从货币政策和财政政策角度出发建立 FDI 年度计量分析模型。

### （一）建立模型

根据以上变量数据，我们用 OLS 方法进行回归。

经过多次试算，我们发现，用 GDP、上一期 FDI、美国利率、实际有效汇率和上一期平均工资来解释 FDI，并加入政策变量，方程效果最好。结果如下：

$$LRFDIRMB = \underset{(11.56203)}{0.578119} * LRFDIRMB(-1) + \underset{(8.204580)}{2.107365} * LRGDP - \underset{(-4.690778)}{0.898228} * LUSR - \underset{(-3.174980)}{0.518821} * LREER - \underset{(-6.867759)}{1.854642} * LRAWAGE(-1) + \underset{(5.287299)}{0.239248} * DDFDI$$

$$\overline{R}^2 = 0.996001, D.W. = 2.258636$$

从估计结果和方程可看出，各变量的系数都比较显著，方程整体拟合度很高，调整后的拟合度为0.996。上一期FDI对本期FDI有正相关关系，相关系数达到0.58；实际GDP的变动和FDI的变动也有很强的正向关系，系数达到2.11；美国利率和FDI之间有负相关关系，美国利率变动1个百分点，流向中国的FDI反向变动0.90个百分点；实际有效汇率指数和FDI之间也是负相关关系，系数达到-0.52；平均工资和FDI之间也是负相关关系，系数为-1.85，政策变量的系数为0.24。

**（二）货币政策影响FDI的年度计量分析**

根据计量分析的模型可以看到，货币政策对FDI的影响通过两个直接变量来传导。一是实际有效汇率，二是利率。

1. 实际有效汇率对FDI的影响是负的（图7-6）

在对经常项目收支的计量分析中，我们已经讨论过实际有效汇率指数的计算方法。实际有效汇率指数下降，意味着人民币贬值。1985年到2004年，人民币实际有效汇率指数（1990年为基期）从184.4降低到92.7，贬值1倍左右；而FDI（实际值，以1990年为基期）的流量，从69.4亿元人民币增长到2354.8亿元人民币，增长了30多倍。

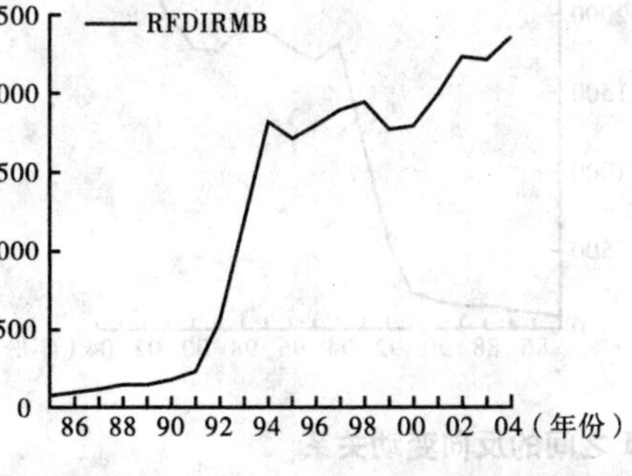


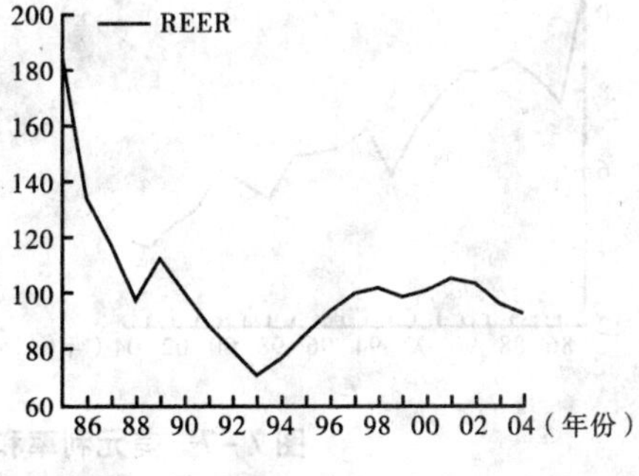


**图7-6 FDI和实际有效汇率指数之间的反向变动关系**

资料来源：历年《中国国际收支平衡表》、IFS在线数据库。

人民币贬值意味着外国在中国投资的货币成本降低，也就是其他单位的货币可以换得更多的人民币。因此，人民币升值不利于外资流入，实际有效汇率指数和外商直接投资之间是负向关系，这一点也符合经济意义。以美国在华直接投资为例，人民币相对于美元的汇率，由20世纪80年代初期的严重高估到逐渐接近合理水平，极大地降低了美国跨国公司在中国直接投资的货币成本，推动了美国在华直接投资的不断增长。1994年与1983年相比，美元对人民币的实际汇率上升了约9倍，使美元在中国境内购买土地、劳动和工业原料的能力大大增强，对美国跨国公司在中国的直接投资是个极大的刺激。1994年之后，美元与人民币的汇率基本保持稳定，这样稳定的货币体系环境也促使了美国在华直接投资的进一步增长。①

2. 利率对FDI的影响

在计量过程中，我们选取了中国一年期贷款利率和美国政府长期债券利率，作为利率变量进行测算，结果是中国一年期贷款利率系数不显著，而美国政府长期债券利率系数是显著的。由于美元具有的世界货币的作用，因此用美国政府长期债券利率作为美元的长期利率，是具有一定实际意义的。美元的长期利率升高，资本将会留在美国进行投资，因此美元利率和FDI之间是相反的关系（图7－7）。

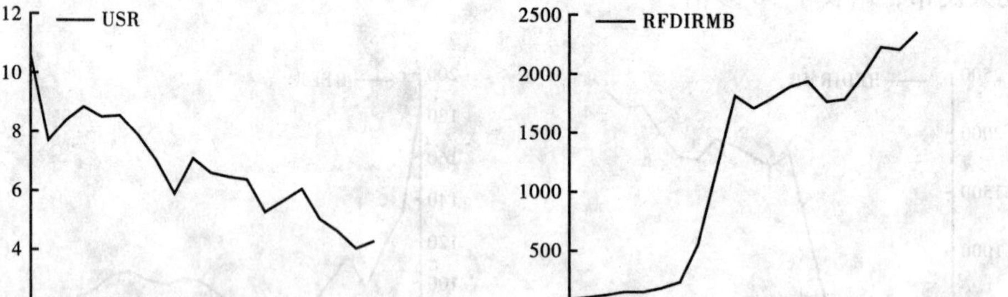


**图7－7　美元利率和FDI之间的反向变动关系**

资料来源：历年《中国国际收支平衡表》、IFS在线数据库。

① 徐康宁，王剑. 美国对华直接投资决定性因素分析（1983—2000）. 中国社会科学，2002（5）.

如果把人民币一年期贷款利率单独作为解释变量，经过回归后结果为：

$$LRFDIRMB = \underset{(-1.604390)}{-1.731999} * LLR1 + \underset{(4.489226)}{10.10053}$$

$$\overline{R}^2 = 0.076507, D.W. = 0.115083$$

尽管利率的系数不显著，但是两者之间确实存在一种反向的相关关系。外商直接投资到中国更多是为了形成生产能力，但是利率提高，无异于增加了外商利用资金的成本，因此会减少一部分外商直接投资。同时，利率提高意味着紧缩性的货币政策，会减少投资和消费，因此对外商直接投资也有一定的负面影响。

### （三）财政政策影响 FDI 的年度计量分析

财政政策对 FDI 的影响主要是通过 GDP 来间接实现的。通过模型可以看到，GDP 和 FDI 之间有非常高的正相关关系。GDP 增长提高 1 个百分点，会带动 FDI 增长提高 2.46 个百分点。之所以有如此强的正向关系，是因为 FDI 母国在进行海外投资的时候，首先考虑的是东道国的市场规模等因素。中国经济在过去 20 多年间快速发展，GDP 增速越高，就意味着中国国内市场规模越大，因此就更能吸引外资进入。

财政政策对 FDI 的另一个重要影响是税收优惠政策，税收优惠政策隐含在政策变量里。关于政策变量，我们设置 1992 年、1993 年、1994 年和 2002 年为 1，其余各年份为 0，这意味着在这四年中有鼓励 FDI 流入的优惠政策或是有利条件。2001 年我国加入 WTO，2002 年 FDI 流入增速加快，因此加入 WTO 促进了 FDI 的流入。1992 年之前，我国的 FDI 流入量不是很大，但是 1992 年邓小平南方谈话之后，全国各地纷纷出台一系列税收优惠政策，鼓励外商直接投资，因此从 1992 年到 1994 年 FDI 增长迅速。通过模型可以看出，政策变量的系数是显著的，且为正数，说明有关 FDI 的优惠财政政策促进了 FDI 的增长。

## 四、货币政策、财政政策影响我国对外直接投资的年度计量分析

我国对外直接投资（XDC）是直接投资的贷方。与外商在华直接投资相比，我国对外直接投资数量较小。

### （一）建立模型

经过调整，我们认为，上一期的对外直接投资、上一期的一年期贷款利率、上一期 GDP 的实际值和虚拟变量，能够对对外直接投资进行很好的解释。结果如下：

$$LRXDIRMB = \underset{(-3.929167)}{-7.654807} + \underset{(2.076296)}{0.216603} * LRXDIRMB(-1) + \underset{(3.229406)}{0.743517} * LLR1(-1)$$
$$+ \underset{(4.852200)}{0.914022} * LRGDP(-1) + \underset{(0.359299)}{1.200643} * DDXDI$$
$$\bar{R}^2 = 0.923737, D.W. = 1.774964$$

方程的拟合度比较高，调整后的拟合度为 0.923737，D. W. 值为 1.774964 也比较理想。各个变量的系数也都显著，其中本期对外直接投资和上期对外直接投资之间是正相关关系，相关系数达到 0.22；本期对外直接投资和上期人民币一年期贷款利率之间是正相关关系，相关系数为 0.74；本期对外直接投资和上期 GDP 之间也是正相关关系，系数为 0.91；对外直接投资和虚拟变量之间的正相关系数为 1.20。

### （二）货币政策对对外直接投资的影响分析

在对外直接投资方程中，货币政策变量是人民币一年期贷款利率。本期对外直接投资和上年一年期贷款利率之间有比较强的正相关关系。从经济意义上看，本国贷款利率越高，意味着国内投资成本比较高，在国内进行直接投资，生产过程中需要资金的成本就会提高。因此，当上一年的利率提高时，在资本流动没有壁垒的情况下，厂商会选择投资到利率水平低的国家。所以本国利率提高对资本流向国外有一种正向的作用。紧缩性的货币政策能提高人民币利率，进而促进对外直接投资流出。

关于利率对对外直接投资的影响，不仅要看我国利率水平，还要看其他国家利率水平。如果将美元长期利率单独作为解释变量，对我国对外直接投资进行分析，回归结果为：

$$LRXDIRMB = \underset{(8.358339)}{7.802231} - \underset{(-3.762447)}{1.856252} * LUSR$$
$$\bar{R}^2 = 0.409131, D.W. = 0.953541$$

可见美元利率越高，我国对外直接投资（特别是对美国投资）就越少；美元利率降低，在国外生产的融资成本低，我国对外直接投资也就越多。因此，对外直接投资的多少，不仅取决于我国的货币政策，还取决于其他国家的货币政策。

**（三）财政政策对对外直接投资的影响**

从方程中可以看出，财政政策没有直接影响对外直接投资的变量，只是通过GDP对对外直接投资产生间接影响。上期GDP和本期对外直接投资之间有较强的正相关关系。这是因为，第一，GDP代表了一国的生产能力和经济规模。扩张性的财政政策可以刺激GDP的进一步发展，从而促进对外直接投资。对外直接投资理论认为，只有一国达到了一定的经济实力的时候，才有可能对外进行投资。按照不变价格计算，我国20年间GDP增长了17倍，迅速成为世界主要经济体。与此同时，在我国成长出一批具有相当实力的大企业和跨国公司，近年来这些大型跨国公司的海外并购和直接投资也迅速增加。海尔集团就在非洲、美国、欧洲等多个国家进行投资，联想集团也在2005年并购了IBM集团的个人PC部门。GDP的迅速增长无疑为对外直接投资提供了良好的基础。第二，我国GDP的增长，不仅是数量的增长，而且是质量的提高。随着我国经济增长方式的转变，一些技术水平发展迅速的产业也开始了全球的产业转移之路。这些产业需要国外低成本的生产要素，因此具有对外直接投资的动机。

**（四）虚拟变量的解释**

我们设置虚拟变量是为了更好地解释来自体制等因素的冲击。我们设置1992年、1993年和2001年为1，其余年份为0，这具有一定的合理性，也可以由此看出这些年份有影响对外直接投资的重大事件或政策。

1992年党的十四大召开，促进我国对外直接投资的增加。这次会议确立了建立“有中国特色社会主义市场经济”的发展目标，明确提出利用海内海外“两个市场”、海内海外“两种资源”。因此，1992年和1993年，我国对外直接投资猛涨，1991年为91亿美元，到1992年迅速增加到40亿美元，1993年继续增加到44亿美元。1994年以后则有下滑，一直徘徊在20多亿美元。

2001年我国对外直接投资从2000年的22.39亿美元，猛涨到70.92亿美元，在一定程度上受到了中国加入WTO预期的影响。但是令人费解的是，2002年以后，对外直接投资却并没有维持2001年的高增长，反而迅速下降，回落到2001年以前的水平。

## 五、货币政策、财政政策影响外国在华证券投资年度计量分析

分析国外和港澳台地区对我国进行证券投资的标准是证券投资的流入量。对我国证券投资模型的计量，很多研究都无法得到很好的拟合结果，原因是证券投资数额受到的影响因素非常复杂。我们在做证券投资项目的计量时，首先对主要影响证券投资的变量进行估计，再设置合理的政策变量，解释外来的扰动因素。

### (一) 建立模型

经过调整，我们发现人民币一年期存款利率、GDP、外商直接投资、美元兑人民币官方名义汇率、对外开放度和虚拟变量能够较好地解释国外在华证券投资。

$$
\begin{aligned}
LRMCCRMB = & \underset{(6.531852)}{62.99018} - \underset{(-4.038571)}{1.290553} * LLR1 - \underset{(-5.126645)}{5.515208} * LRGDP \\
& + \underset{(12.40631)}{1.354858} * DDMCC + \underset{(8.629661)}{3.053653} * LRFDIRMB \\
& - \underset{(-5.187564)}{5.046236} * LPER + \underset{(4.601189)}{3.337478} * LOD \\
& \overline{R}^2 = 0.957604, D.W. = 1.859241
\end{aligned}
$$

从以上结果可以看出，方程拟合度经过调整后，达到0.958，结果较好。各变量的系数也都显著，其中人民币一年期存款利率和国外在华证券投资之间是负相关关系，系数为 -1.29；GDP和被解释变量之间也是负相关，系数达到 -5.52；外商直接投资和被解释变量之间正相关，系数为3.05，美元对人民币的名义官方汇率和被解释变量之间是负相关，系数为 -5.04，对外开放度和被解释变量之间有较强的正相关关系，系数为3.34。虚拟变量的系数也为正值，数值为1.35。

### (二) 货币政策对外国在华证券投资的影响

在方程中，和货币政策有关的变量有两个：人民币一年期存款利率和美元对人民币的官方名义汇率。

1. 利率的影响

按照经济意义，一国存款利率上升，更多的资金将会倾向于储蓄。证券市场投资和储蓄之间有较强的负相关关系。因此，当存款利率提高时，证券投资数量

必然下降。

我国存款利率和外国在华证券投资之间具有比较强的负相关关系，是符合经济意义的。我国人民币一年期存款利率，1985 年为 7.2%，到 2004 年下降到 2.25%。外国在我国的证券投资，1985 年规模很小，仅有 30.49 亿美元，到 2004 年达到 202.62 亿美元。这种变化虽然不能完全归为利率下降的作用，但是从变化方向上看，两者确实是相反的（图 7－8）。

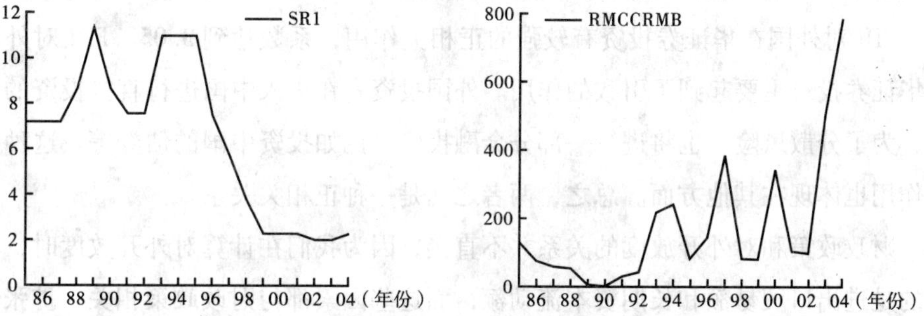


**图 7－8　人民币一年期存款利率和外国在华证券投资的反向关系**

资料来源：根据历年《中国统计年鉴》、《中国国际收支平衡表》整理。

2. 名义汇率的影响

我们最初用实际有效汇率指数进行回归，该变量系数不显著。但是用美元对人民币的官方名义汇率进行回归，系数非常显著，且对被解释变量有较强的负向作用。该名义汇率上升，表明人民币贬值，反之则表明人民币升值。也就是说，人民币升值，外国在华证券投资增加；人民币贬值，外商在华证券投资减少。

从经济意义上看，一国货币升值，外汇市场上对该国货币的需求就增加，更多的外国货币进入该国，以期图利。因此，人民币升值将导致更多的外国资本流入我国。一部分外国资本将投资在证券市场，会引起外国在华证券投资的增加。

### （三）财政政策对外国在华证券投资的影响

从方程中可以看出，没有直接的变量来传导财政政策的作用，但是 GDP、FDI 和对外开放度可以间接地传导财政政策的作用。

GDP对外国在华证券投资而言具有很强的负相关性。GDP增长提高1个百分点，外国在华证券投资增长将下降5.52个百分点。从统计结果来看，这一点和中国的现实情况相矛盾。中国经济的高速发展是建立在改革和开放的基础上的，经济快速发展需要对外开放，而不断放宽外国在中国的投资限制，是对外开放不断加深的重要措施。而这一结果显示，经济发展和外商对中国的证券投资是反向变动的，最有可能的解释是，中国的证券市场特别是股票市场，还很不完善，受到的非市场因素干扰比较多，因此在一些变量的解释上出现与现实不符的情况。

FDI对外国在华证券投资有较强的正相关作用，系数达到3.05。FDI对外国在华证券投资主要起到了引致的作用。外国投资者在进入中国进行直接投资的同时，为了分散风险，也将进行一部分金融投资，比如投资中国的债券等。这种引致作用也体现在其他方面。总之，两者之间是一种正相关关系。

财政政策和对外开放度的关系并不直接，因为我们在计算对外开放度时，考虑的是进出口贸易额和长期资本流动额，而这些因素都与财政政策相关。扩张性的财政政策可以扩大进出口和长期投资，因此两者之间具有一定的正相关关系。

从模型中可以看出，对外开放度和外国在华证券投资之间是一种较强的正相关关系，系数为3.33，超过了FDI对外国在华证券投资的作用。对外开放度越高，外国在华进行证券投资的壁垒就越低，资本流动就越频繁。我们从图7－9中也可以看出两者之间的正向变动关系。

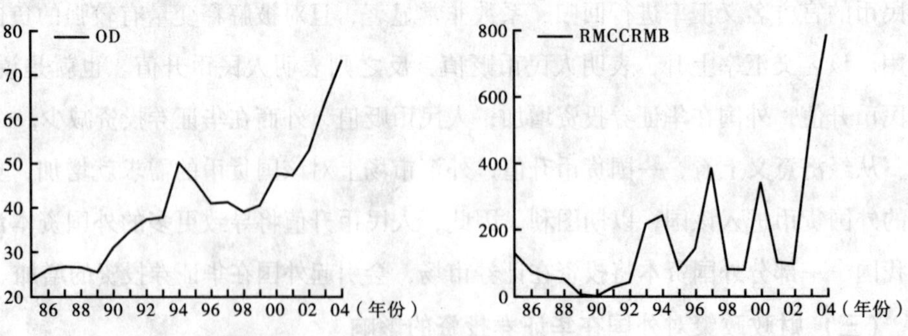


**图7－9　对外开放度和外国在华证券投资的关系**

资料来源：根据历年《中国统计年鉴》、《中国国际收支平衡表》整理。

## 六、货币政策、财政政策影响我国对外证券投资的年度计量分析

我国对外证券投资在国际收支中所占的比重一直很小，进行计量分析有一定的难度。我国对外证券投资主要是一些机构在外国证券市场上进行的投资，受到政策等非市场因素影响比较突出。

### （一）建立模型

考虑所有备选变量，进行回归分析，方程可以写为：

$$
\begin{aligned}
LRXCCRMB = & \underset{(2.142213)}{12.40103} + \underset{(19.05952)}{0.970245} * LRXCCRMB(-1) - \underset{(-4.714864)}{3.268762} * LRGDP \\
& + \underset{(6.918617)}{4.206229} * LGDPD - \underset{(-6.174837)}{2.044089} * LLR1 + \underset{(4.640657)}{2.529695} * LUSR \\
& + \underset{(14.89844)}{0.633931} * DDXCC \\
& \bar{R}^2 = 0.988271, D.W. = 2.950526
\end{aligned}
$$

方程意味着：我国对外证券投资和它自身上年的值有较强的正相关关系，系数为0.97；GDP和我国对外证券投资之间是负相关关系，系数为-3.27；GDP缩减指数代表价格水平，与我国对外证券投资之间是正相关关系，系数为4.21；人民币一年期贷款利率和我国对外证券投资之间也是负的相关关系，系数为-2.04；美国长期利率和我国对外证券投资之间有正相关关系，系数为2.53；虚拟变量的系数为0.63。

### （二）货币政策、财政政策对我国对外证券投资的影响

在我国，证券资金流出管理严格，渠道有限，除外汇指定银行可以买卖境外非股票类证券、经批准的保险公司的外汇资金可以自身资金开展境外运用外，其他境内机构和个人不允许投资境外资本市场。目前，已批准个别保险公司外汇资金境外运用，投资境外证券市场。另外，批准中国国际金融有限公司进行金融创新试点，开办外汇资产管理业务，允许其通过专用账户受托管理其境内客户的外汇资产并进行境外运作，国际开发机构在中国境内发行人民币债券也已开始试点。因此，货币政策、财政政策对我国对外证券投资的影响是十分有限的。

1. 价格水平对我国对外证券投资的影响

GDP缩减指数代表价格水平。从经济意义上看，一国的价格水平上升，意味

着通货膨胀和货币贬值，促使本国对外投资的增加，规避通货膨胀带来的风险，因此价格水平提高和对外直接投资之间是正相关的。从模型计量结果来看也印证了这一点，GDP 缩减指数和我国对外证券投资之间正向作用非常强，系数达到4.21。

2. 利率水平的影响

如果本国利率上升，资本将会选择投资本国的证券市场，减少对外证券投资；如果外国利率上升，本国资本将会投资外国证券市场，增加对外证券投资。因此，本国利率和对外证券投资之间，有负相关关系；外国利率和对外证券投资之间有正相关关系。我国对外证券投资模型也清晰地反映了这一点。人民币一年期贷款利率和我国对外证券投资之间的相关系数为 -2.04，人民币利率越高，对外证券投资越少；相反，美元长期利率和我国对外证券投资之间的相关系数为2.53，美元利率越高，我国对外证券投资就越多。

## 七、货币政策、财政政策影响其他投资(流入)的年度计量分析

本节开始对“其他投资”进行比较详细的说明，以区分此处的“其他投资”和1997 年之后的《中国国际收支平衡表》中其他投资的不同。其他投资（流出）的数据，是资本和金融项目贷方数值减去外商直接投资和证券投资贷方数值而得到的。因此，其他投资（流入），在 1997 年以前的《中国国际收支平衡表》中，包括长期资本往来项下的国际组织贷款、外国政府贷款、银行借款、地方部门借款、延期付款、延期收款、加工装配补偿贸易中应付客商作价设备款、租赁、对外贷款和其他项目的贷方，以及短期资本往来的贷方；在 1997 年及以后的《中国国际收支平衡表》中，包括资本项目的贷方、金融项目中其他投资的贷方。

### （一）建立模型

经过多次调整，得到如下结果：

$$LRMOCRMB = -\underset{(-8.306574)}{1.219346} * LLR1(-1) + \underset{(15.93903)}{1.387648} * LRGDP(-1)$$

$$-\underset{(-4.736967)}{0.955782} * LREER + \underset{(6.422975)}{0.586103} * DDMOC$$

$$\overline{R}^2 = 0.946901, D.W. = 1.821017$$

由方程可知，其他投资（流入）和上年人民币一年期存款利率之间有负相关关系，系数为 -1.219346；与上年实际 GDP 之间有正相关关系，系数为 1.387648；与实际有效汇率指数之间有负相关关系，系数为 -0.955782；与虚拟变量之间的相关系数为 0.586103。

### （二）货币政策对其他投资（流入）的影响

货币政策对其他投资（流入）的影响，是通过利率和汇率两个变量来实现的。

1. 利率对其他投资（流入）的影响

从模型结果来看，利率和其他投资（流入）之间是反向变动的关系，如图 7-10所示。我国从 1985 年到 2004 年，人民币一年期贷款利率总体上是降低的，1985 年利率为 7.92%，到 2004 年为 5.58%；而其他投资（流入）额却是在迅速增长的。1985 年，其他投资（流入）只有 161.69 亿美元，到了 2004 年，增加到 2621.82 亿美元，20 年增长 16.2 倍。

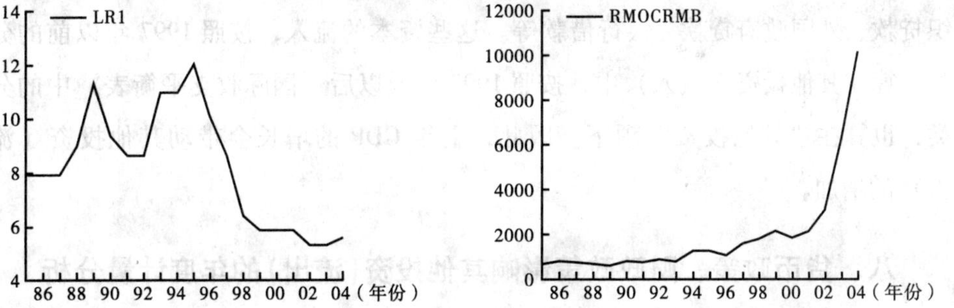


**图 7-10　人民币一年期贷款利率和其他投资（流入）之间的反向关系**

资料来源：历年《中国国际收支平衡表》、《中国统计年鉴》。

2. 实际有效汇率指数的影响

从模型结果看，实际有效汇率指数和其他投资（流入）之间是反向变化关系。实际有效汇率指数的变动每提高 1 个百分点，其他投资（流入）的变动就减少 0.96 个百分点，如图 7-11 所示。

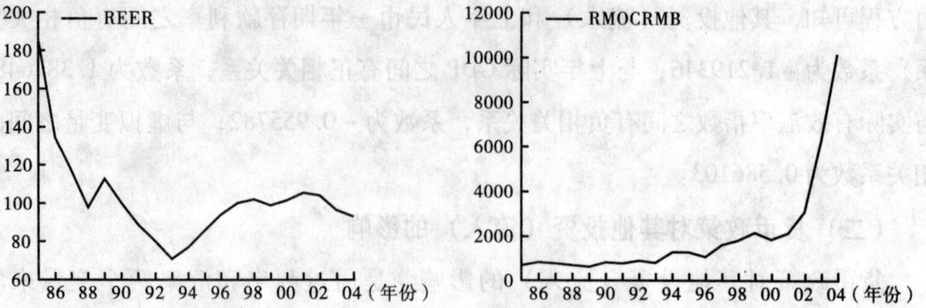


**图 7－11　人民币实际有效汇率指数和其他投资（流入）之间的反向关系**

资料来源：历年《中国国际收支平衡表》，IFS 在线数据库。

### （三）财政政策对其他投资（流入）的影响

财政政策主要通过间接变量——GDP 对其他投资（流入）产生影响。扩张性的财政政策和 GDP 之间是正相关关系。GDP 和其他投资（流入）之间也是正相关关系。这是因为，GDP 的增长会使本国对资金的需求增加，进而增加国际组织贷款、外国政府贷款、银行借款等。这些资本的流入，按照 1997 年以前的分类，算在其他投资（流入）中，按照 1997 年及以后《国际收支平衡表》中的分类，也算在“其他投资”项下。因此，上年 GDP 的增长会带动其他投资（流入）的增加。

## 八、货币政策、财政政策影响其他投资(流出)的年度计量分析

其他投资（流出）是我们所定义的“其他投资”的借方。与其他投资（流入）类似，根据 1997 年前后《中国国际收支平衡表》编制方法的改变，其所包含的具体项目有所不同。为了方便起见，我们采用类似于处理其他投资（流入）的办法，计算出其他投资（流出）的数值。

### （一）建立模型

选用实际 GDP、人民币一年期贷款利率和虚拟变量解释其他投资（流出），结果如下：

$$LRXOCRMB = -\underset{(-3.814888)}{5.605458} + \underset{(11.79935)}{1.337266} * LRGDP - \underset{(-2.070762)}{0.447778} * LLR1$$

$$+ \underset{(5.743439)}{0.413388} * DDXOC$$

$$\overline{R}^2 = 0.951149, D.W. = 2.340609$$

从方程可知，实际GDP对其他投资（流出）起到正向作用，系数为1.34；人民币一年期贷款利率和其他投资（流出）之间是负相关关系，系数为-0.45；虚拟变量系数为0.41。

**（二）货币政策、财政政策对其他投资（流出）的影响**

其他投资（流出）方程的变量比较少，与货币政策有关的解释变量为人民币一年期贷款利率；与财政政策有关的间接解释变量为实际GDP。

由模型可知，人民币一年期贷款利率和其他投资（流出）之间是反向变动关系。人民币一年期贷款利率变动增加1个百分点，那么其他投资（流出）的变动就减少0.45个百分点。我国其他投资（流出）20年来稳步增长，1985年其他投资（流出）为112.54亿美元，到2004年增长至2300.37亿美元，20年间增长20.44倍。而20年来人民币一年期贷款利率总体上看是下降的。这种反向变动的趋势可由图7-12反映出来。

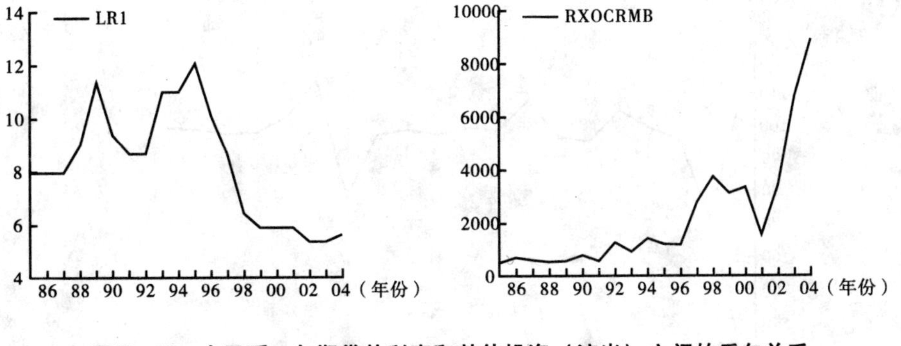


**图7-12 人民币一年期贷款利率和其他投资（流出）之间的反向关系**

资料来源：历年《中国国际收支平衡表》、《中国统计年鉴》。

实际GDP和其他投资（流出）之间有着较强的正相关关系。GDP变动增加1个百分点，其他投资（流出）变动增加1.34个百分点。从理论上看，一个国家的经济规模越大，经济增长速度越快，对外投资的能力也就越强。其他投资（流出）中，对外贷款和延期收款等项目占有相当的比重，而对外贷款、提供援助以及延期收款等又和 GDP 的规模和增长有密切关系，这种关系是正相关的。因此，从财政政策角度看，扩张性财政政策有助于 GDP 的增长，也能进一步促进其他投资（流出）的增加。

## 九、货币政策、财政政策对外汇储备的影响

储备资产是我国国际收支平衡表的一项重要内容。前文中已经提到，储备资产可以包含在广义的资本和金融项目之中。储备资产由 5 个部分组成：黄金储备、外汇储备、特别提款权、在基金组织的储备头寸和其他储备。从历年数据来看，外汇储备是我国储备资产中最主要的组成部分，而且由于近年来我国外汇储备增长迅速，其在储备资产中所占比重也越来越高。图 7－13 反映了我国当年外汇储备（流量）差额在储备资产差额中所占的比重。可以看出，1986 年外汇储备差额在储备资产差额中的比重最小，为 71.6%，1998 年这一比重也比较低，为78.9%，其余各年比重都很高，在 100% 左右。因此，用外汇储备可以近似地看出我国储备资产的变动趋势。

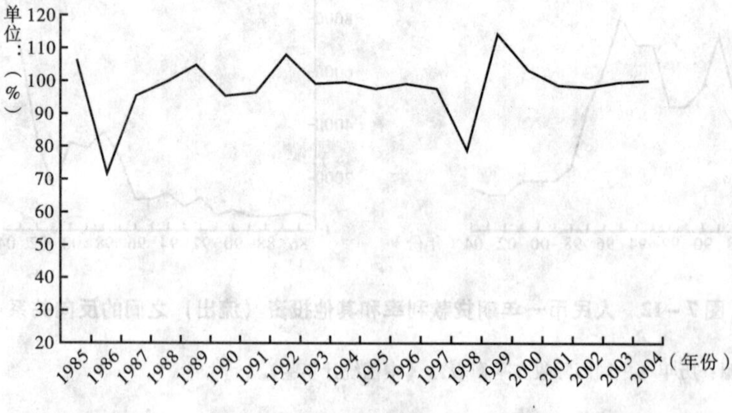


**图 7－13　1985—2004 当年外汇储备差额占储备资产差额的比重**

资料来源：历年《中国国际收支平衡表》。

### （一）建立模型

按照数据进行回归，方程可以写为：

$$LFE = \underset{(-5.774048)}{-21.47310} + \underset{(7.165250)}{0.626598} * LFE(-1) + \underset{(5.656105)}{1.948793} * LRGDP$$
$$+ \underset{(4.153995)}{0.393079} * LSR1 + \underset{(2.461721)}{0.672936} * LREER + \underset{(7.547157)}{0.598849} * DDFE$$
$$\bar{R}^2 = 0.995986. D.W. = 2.297467$$

从模型中可以看出，上期外汇储备的存量和本期外汇储备的存量之间有较强的正相关关系，系数达到0.63；实际GDP和外汇储备存量之间正相关关系最强，系数达到1.95；人民币一年期存款利率和外汇储备存量之间也是正相关关系，系数达到0.39；实际有效汇率指数和外汇储备存量之间正相关，系数为0.67；虚拟变量的系数为0.60。

### （二）货币政策对外汇储备存量的影响

影响外汇储备的各因素中，利率和实际有效汇率与货币政策有关。

1. 存款利率的影响

与一些研究者的结论（唐国兴，1999）相同，本模型中人民币一年期存款利率和外汇储备存量之间也呈正相关关系。按照经济学理论，人民币存款利率提高，拥有外汇的人们更愿意把手中的外汇换成人民币进行储蓄。事实上，提高人民币贷款利率，人们也会把手中的外汇换成人民币进行投资。如果把人民币一年期存款利率这个解释变量换成人民币一年期贷款利率，回归之后，方程拟合度也非常高，系数也同样显著。因此，无论是存款利率还是贷款利率，对外汇储备的影响都是正向的。

2. 实际有效汇率的影响

关于实际有效汇率对外汇储备的影响，本模型和的研究结论和杨柳勇（2002）相同，即实际有效汇率和外汇储备的存量之间是正相关关系。从经济意义上看，实际有效汇率提高，意味着人民币升值。人民币升值会导致更多的居民愿意持有人民币而放弃其他货币，于是引起我国外汇储备的增加。模型的计量结果是符合经济意义的。

但是如果把实际有效汇率指数单独作为解释变量，可以看出它与外汇储备存量之间是相反的相关关系，见表7－7。

表 7－7　计算结果：实际有效汇率对外汇储备存量的影响

| 变　量 | 系　数 | 标 准 误 | T统计量 | 概 率 值 |
|---|---|---|---|---|
| C | 23.27926 | 8.808538 | 2.642806 | 0.0165 |
| LREER | －3.757436 | 1.911697 | －1.965497 | 0.0650 |

从 1985 年到 2004 年，我国实际有效汇率指数是下降的，因为我国采取了盯住美元的有管理的浮动汇率制，随着美元的贬值，人民币也在贬值。但是外汇储备却在不断增加，而且近年来增加幅度非常大（图 7－14）。2001 年我国外汇储备余额首次突破 2000 亿美元，到 2004 年底，外汇储备存量已经达到 6000 多亿美元。图 7－7 也能反映出这一点。

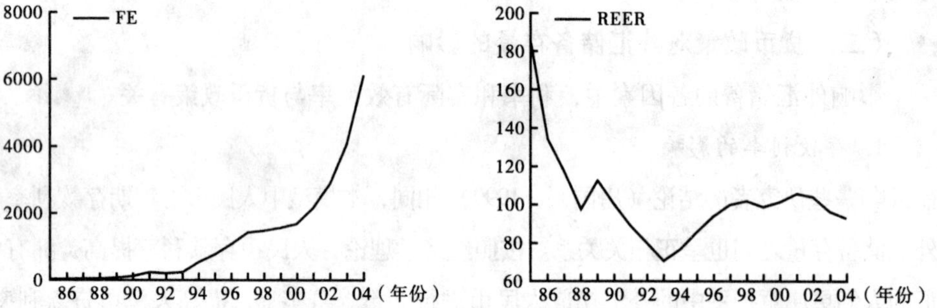


图 7－14　人民币实际有效汇率指数和外汇储备之间的反向关系

资料来源：历年《中国国际收支平衡表》，IFS 在线数据库。

## （三）财政政策对外汇储备的影响

扩张性的财政政策包括增加财政支出、减少税收，这些会引起 GDP 的增长。GDP 对外汇储备有较强的正向作用，相关系数为 1.95，这说明扩张性的财政政策对外汇储备是正向影响的。

我国外汇储备主要来自经常项目和资本项目的顺差，扩张性的财政政策能够刺激 GDP，增加出口；GDP 增长提高 1 个百分点，会带动 FDI 增长提高 2.46 个百分点，因此扩张性财政政策对 FDI 具有较强的正向作用。从这两方面可以看出扩张性财政政策可以造成我国国际收支的顺差，从而为外汇储备的高速增长打下基础。

### （四）其他因素对外汇储备的影响

其他因素主要包括两方面：一是上期外汇储备存量对本期外汇储备存量的影响；二是虚拟变量的设置对外汇储备存量的影响。

由于我们对外汇储备的存量进行解释，那么本期外汇储备的存量之中，相当一部分就是上期外汇储备存量，因此两者之间具有高度的相关性。同时，外汇储备作为一种储备资产，在一定利率下是可以增值的，这部分增加的“利息”也会对储备存量形成正向的影响。如果把上期外汇储备存量作为单独的解释变量，对本期外汇储备进行解释，我们可以看出两者之间的相关程度非常高，方程的拟合度也很高。回归结果为：

$$LFE = \underset{(1.507953)}{0.352903} + \underset{(25.70760)}{0.988618} * LFE(-1)$$

$$\bar{R}^2 = 0.973447, D.W. = 1.576702$$

我们对虚拟变量的设置为：1990 年、1991 年和 1994 年为 1，其余各年份为 0。这样设置虚拟变量，包含了我国对外贸易、外汇管理改革的历史背景。1990 年我国颁布了第一个对外资金融机构管理的办法《上海外资金融机构、中外合资金融机构管理办法》，从此以后许多外资银行和金融机构纷纷在北京、上海成立代表处，这些措施对我国外汇储备的增长起到一定促进作用。1991 年 4 月以后，人民币牌价汇率实行有管理的浮动，根据市场汇率进行调整，使人民币向合理的汇率水平逼近。这在一定程度上也鼓励资本的国际流动，促使我国外汇储备的增加。由于政策上的逐步放开，1990 年外汇储备由 1989 年的 55.50 亿美元猛增到 110.9 亿美元，到 1991 年一下突破了 200 亿美元大关，达到 217.12 亿美元。

1994 年对我国外汇储备的增长来说具有重要意义。当年我国外汇储备由 1993 年的 211.99 亿美元，猛增到 516.20 亿美元，是 1993 年的 2.44 倍。原因是 1994 年 4 月我国实行外汇管理体制改革，构筑以市场供求为基础的、单一的、有管理的浮动汇率制度，实行银行结售汇制度，建立统一的外汇市场。这些举措使我国当年的外汇储备明显增加。①

① 李晓西．宏观经济学（中国版）．中国人民大学出版社，2005：352，353.

## 主要参考文献

1. 李晓西. 宏观经济学（中国版）. 中国人民大学出版社，2005.

2. 王慧炯，李泊溪，李善同等. 中国实用宏观经济模型 1999. 中国财政经济出版社，1999.

3. 何新华等. 中国宏观经济季度模型. 社科文献出版社出版，2005.

4. 杨柳勇. 国际收支结构研究. 浙江大学博士论文，2002.

5. 江小涓，杜玲. 国外跨国直接投资理论研究的最新进展. 世界经济，2001（6）.

6. 余永定. 关于外汇储备和国际收支结构的几个问题. 1995 年 7 月文稿.

7. 李晓西. 外汇占款、外汇储备及其他. 现代金融导刊，1995（2）.

8. 李晓西. 中、日、美市场体系的动态比较. 财贸经济研究，1987（11）.

9. 李建伟，余明. 人民币有效汇率的波动及其对经济增长的影响. 世界经济，2003（11）.

10. 张斌，杨越. 外部经济环境变化对中国经济的影响：基于联立方程的经验分析. 世界经济，2002（6）.

11. 王建. 国际经济环境与中国经济增长前景的展望. 中国宏观经济学会内部报告，1999（1）.

12. 徐康宁，王剑. 美国对华直接投资决定性因素分析：1983—2000. 中国社会科学，2002（5）.

13. 黄华云. 中国利用外商直接投资的影响因素分析. 重庆工商大学学报（西部论坛），2004（8）.

14. 国家外汇管理局. 外汇管理的历史沿革. 国家外汇管理局网站.

http://www.safe.gov.cn/model_safe/whjjs/whjjs_detail.jsp?id=1&ID=16050000000000000.

# 第8章

# 中国货币和财政政策效力的联立模型

货币政策和财政政策与经济系统的诸多经济变量之间，存在着互相影响、互为因果的关系，这在单方程计量模型中难以全面反映。同理，从单方程计量模型出发分析货币政策和财政政策的效果，难以分析经济政策的间接效果，特别是无法反映经济变量之间互相影响而形成的反馈机制。为全面地分析货币政策和财政政策的宏观经济效果，就需要建立描述各种经济变量相关关系的联立方程模型。在本章里，我们建立了一个中国货币政策和财政政策效果季度模型（Quarterly Monetary and Fiscal Policy Performance Model of China，简称 China-QMFP)。在以下各节中我们介绍建模原则与框架、China-QMFP 方程估计结果以及分析 China-QMFP 模拟运行的效果。

## 第一节 China-QMFP 建立的原则与框架

本节分两部分说明中国财政政策和货币政策效力模型（China-QMFP）的建立情况，首先全面描述 China-QMFP 的结构和方程，然后介绍模型的建模思路。

## 一、China-QMFP 模型及其基本结构

中国财政政策和货币政策效力模型（China-QMFP）是以 1992 年到 2003 年的数据为基础建立的季度宏观经济计量模型，主要用于货币政策和财政政策效力的模拟分析和研究。模型包括 16 个方程，其中 1 个定义方程和 15 个行为方程，外生变量 8 个，内生变量 16 个。在模型估计过程中，这 16 个方程是同时联立估计的，从这个意义上讲本模型只有一个统一的模块。但为了说明和理解的方便，模型根据方程功能划分为 4 组，即 4 个模块：现实 GDP 模块（5 个方程）、价格模块（2 个方程）、财政收支模块（3 个方程）、货币金融模块（6 个方程）。以下分别介绍模型的基本结构和联立方程组的基本情况。

### （一）模型结构

China-QMFP 模型结构如图 8－1 所示。

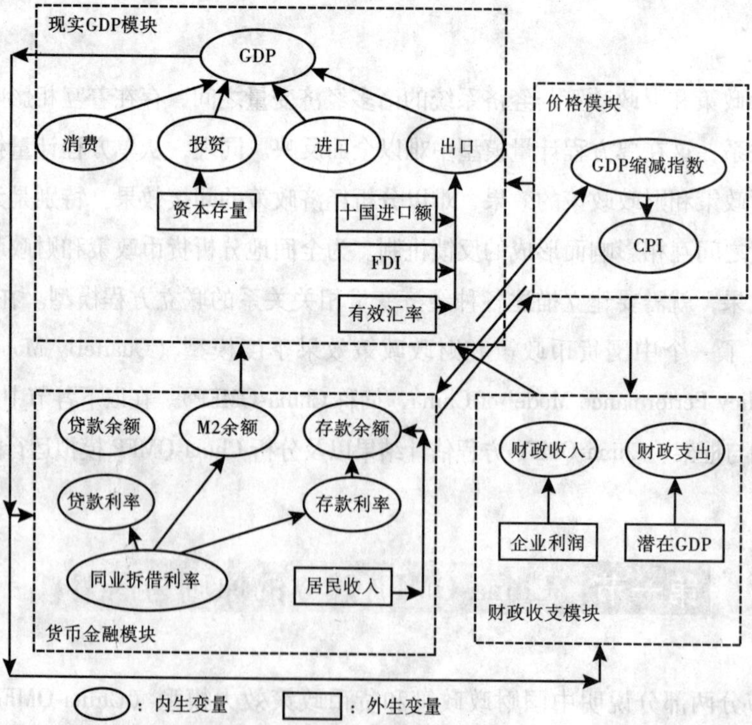


**图 8－1　China-QMFP 模型结构图**

1. 现实GDP模块由现实GDP方程、消费方程、投资方程、进口方程和出口方程5个方程组成，其中现实GDP方程是定义方程，其他4个方程是行为方程。本模块最重要的功能是刻画经济运行总量现实GDP是如何组成的。模型根据凯恩斯理论，以需求为导向建立现实GDP的定义方程，将GDP分解为消费、投资和净出口三大组成部分，然后分别建立消费、投资、进口和出口的行为方程，这些方程描述了现实宏观经济运行的基本状况。现实GDP模块决定了现实GDP的规模，而现实GDP的规模将成为财政收支模块、货币金融模块和价格模块的重要影响因素。货币金融模块通过影响消费、投资、进出口进而影响现实GDP。

2. 财政收支模块由财政收入方程和财政支出方程组成，其中财政支出方程根据财政支出的类型分为经常性财政支出方程和经济建设性财政支出方程，本模块共计3个方程，都是行为方程。其中，经济建设性财政支出是影响投资规模的重要因素，财政收支模块正是通过该变量影响现实GDP的规模的。

3. 货币金融模块由6个行为方程组成，分别是货币供求方程、同业拆借利率方程、存款余额方程、存款利率方程、贷款余额方程和贷款利率方程。因为可以获得的季度数据比较丰富，本模块方程是最多的。从计量分析的结果来看，金融变量对现实GDP形式的各个主要因素都有作用，其中规模变量金融机构贷款余额和居民储蓄余额的影响较为显著，而利率变量对现实GDP的组成部分（消费、投资等）有影响，但力度较小。

4. 价格模块由GDP缩减指数和消费价格指数两个行为方程组成。其中GDP缩减指数是更为基本的价格变量，消费价格指数在本模型中是用GDP缩减指数来解释的。本模块的价格是其他各个模块进行价格调整的基准。

### （二）China-QMFP模型联立方程组

为了能够更加清楚地说明China-QMFP模型，我们分别从方程组结构、方程组各方程变量说明、方程组内外生变量一览表三个方面介绍本模型的联立方程组。

1. China-QMFP联立方程组结构

China-QMFP联立模型方程组由16个方程组成，方程组结构如表8-1所示。

**表 8－1　China-QMFP 模型联立方程表**

| 序号 | 方　程 | 方程形式及变量说明 | 模块 |
|---|---|---|---|
| 1 | 现实 GDP 方程 | LOG(GDP/GDPRI) = C(01) + C(02) * LOG(RETC/CPI) + C(03) * LOG(II/GDPRI)<br>+ C(04) * LOG(EX/GDPRI) + C(05) * LOG(IM/GDPRI) | 现实 GDP 模块 |
| 2 | 消费方程 | LOG(RETC/CPI) = C(10) + C(11) * LOG(RETC(－1)/CPI(－1))<br>+ C(12) * LOG(RETC(－4)/CPI(－4))<br>+ C(13) * LOG(GDP/GDPRI) | |
| 3 | 投资方程 | LOG(II/GDPRI) = C(21) * LOG(II(－4)/GDPRI(－4))<br>+ C(22) * LOG(LOANAMT/CPI) + C(23) * LOG(FE2/GDPRI) | |
| 4 | 进口方程 | LOG(IM/GDPRI) = C(30) + C(31) * LOG(ER(－1))<br>+ C(32) * LOG(GDP/GDPRI)<br>+ C(33) * LOG(IM(－4)/GDPRI(－4)) + C(34) * DEXIM | |
| 5 | 出口方程 | LOG(EX/GDPRI) = C(41) * LOG(ER(－1)) + C(42) * LOG(RWRLDIMRMB)<br>+ C(43) * LOG(IM(－3)/GDPRI(－3))<br>+ C(44) * LOG(EX(－4)/GDPRI(－4))<br>+ C(45) * LOG(RFDI(－4)) | |
| 6 | GDP 缩减指数方程 | LOG(GDPRI) = C(50) + C(51) * LOG(GDPRI(－2))<br>+ C(52) * LOG(M2(－1)) | 价格模块 |
| 7 | 消费价格指数方程 | LOG(CPI) = C(60) + C(61) * LOG(CPI(－4)) + C(62) * LOG(SAVAMT) | |
| 8 | 财政收入方程 | LOG(FI/GDPRI) = C(70) + C(71) * LOG(GDP/GDPRI)<br>+ C(72) * LOG(CORPPROF/GDPRI)<br>+ C(73) * LOG(GDP23I) | 财政收支模块 |
| 9 | 经常性财政支出方程 | LOG(FE1/GDPRI) = C(80) + C(81) * LOG(FE1(－4)/GDPRI(－4))<br>+ C(82) * LOG(GDP/GDPRI) + C(83) * LOG(RPGDP) | |
| 10 | 经济建设性财政支出方程 | LOG(FE2/GDPRI) = C(90) + C(91) * LOG(FE2(－4)/GDPRI(－4))<br>+ C(92) * LOG(GDP(－4)/GDPRI(－4)) | |
| 11 | 货币供求方程 | LOG(M2/GDPRI) = C(100) + C(101) * LOG(GDP/GDPRI) + C(102) * MR | 货币金融模块 |
| 12 | 贷款余额方程 | LOG(LOANAMT/CPI) = C(110) + C(111) * (LR1 － CPI/CPI(－4) + 1)<br>+ C(112) * LOG(SAVAMT(－1)/CPI(－1)) | |
| 13 | 存款余额方程 | LOG(SAVAMT/CPI) = C(120) + C(121) * LOG(INC/GDPRI)<br>+ C(122) * (SR1(－2) － CPI(－2)/CPI(－6) + 1) | |
| 14 | 同业拆借利率方程 | MR = C(131) * MR(－1) + C(132) * (CPI/CPI(－4) －1) | |

续表 8－1

| 序号 | 方 程 | 方程形式及变量说明 | 模块 |
| --- | --- | --- | --- |
| 15 | 贷款利率方程 | (LR1－CPI/CPI(－4)+1)=C(140)+C(141)*(LR1(－1)－CPI(－1)/CPI(－5)+1)<br>+C(142)*(MR－CPI/CPI(－4)+1) | 货币金融模块 |
| 16 | 存款利率方程 | (SR1－CPI/CPI(－4)+1)=C(151)*(SR1(－1)－CPI(－1)/CPI(－5)+1)<br>+C(152)*(MR－CPI/CPI(－4)+1) | |

2. China-QMFP 联立方程组变量解释

为了使大家更清楚 China-QMFP 模型的内容，表 8－2 对 China-QMFP 模型的联立方程以列表方式做进一步解释。

表 8－2 China-QMFP 模型联立方程解释表

| 序号 | 方 程 | 方程形式及变量说明 |
| --- | --- | --- |
| 1 | 现实 GDP 方程 | LOG(GDP/GDPRI)=C(01)+C(02)*LOG(RETC/CPI)+C(03)*LOG(II/GDPRI)<br>+C(04)*LOG(EX/GDPRI)+C(05)*LOG(IM/GDPRI) |
| | | GDP:国内生产总值(当季)<br>RETC:社会消费品零售总额(当季)<br>II:全社会固定资产投资(当季)<br>EX:出口商品额(按人民币计)(当季)<br>IM:进口商品额(按人民币计)(当季)<br>GDPRI:GDP 缩减指数(定基当季,以 1990 年为基期)<br>CPI:居民消费价格指数(定基当季,1990 年 1 月＝100) |
| 2 | 消费方程 | LOG(RETC/CPI)=C(10)+C(11)*LOG(RETC(－1)/CPI(－1))<br>+C(12)*LOG(RETC(－4)/CPI(－4))<br>+C(13)*LOG(GDP/GDPRI) |
| | | RETC:社会消费品零售总额(当季)<br>GDP:国内生产总值(当季)<br>GDPRI:GDP 缩减指数(定基当季,以 1990 年为基期)<br>CPI:居民消费价格指数(定基当季,1990 年 1 月＝100) |
| 3 | 投资方程 | LOG(II/GDPRI)=C(21)*LOG(II(－4)/GDPRI(－4))+C(22)*LOG(LOANAMT/CPI)<br>+C(23)*LOG(FE2/GDPRI) |
| | | II:全社会固定资产投资(当季)<br>LOANAMT:金融机构贷款余额<br>FE2:生产建设性财政支出(当季)<br>GDPRI:GDP 缩减指数(定基当季,以 1990 年为基期)<br>CPI:居民消费价格指数(定基当季,1990 年 1 月＝100) |

**续表 8－2**

| 序号 | 方　程 | 方程形式及变量说明 |
|---|---|---|
| 4 | 进口方程 | LOG(IM/GDPRI) = C(30) + C(31) * LOG(ER(－1)) + C(32) * LOG(GDP/GDPRI)<br>+ C(33) * LOG(IM(－4)/GDPRI(－4)) + C(34) * DEXIM |
| | | IM:进口商品额(按人民币计)(当季)<br>ER:实际有效汇率指数(计算得到)<br>GDP:国内生产总值(当季)<br>DEXIM:虚拟变量,我国加入 WTO 之前设为 0,我国加入 WTO 之后设为 1。<br>GDPRI:GDP 缩减指数(定基当季,以 1990 年为基期) |
| 5 | 出口方程 | LOG(EX/GDPRI) = C(41) * LOG(ER(－1)) + C(42) * LOG(RWRLDIMRMB)<br>+ C(43) * LOG(IM(－3)/GDPRI(－3))<br>+ C(44) * LOG(EX(－4)/GDPRI(－4)) + C(45) * LOG(RFDI(－4)) |
| | | EX:出口商品额(按人民币计)(当季)<br>ER:实际有效汇率指数(计算得到)<br>RWRLDIMRMB:实际十国进口额(按人民币计)(当季)<br>IM/GDPRI:进口商品额(按人民币计)(当季)<br>RFDI:实际利用外商直接投资额(按人民币计)(当季)<br>GDPRI:GDP 缩减指数(定基当季,以 1990 年为基期) |
| 6 | GDP 缩减指数方程 | LOG(GDPRI) = C(50) + C(51) * LOG(GDPRI(－2)) + C(52) * LOG(M2(－1)) |
| | | M2:M2 余额<br>GDPRI:GDP 缩减指数(定基当季,以 1990 年为基期) |
| 7 | 消费价格指数方程 | LOG(CPI) = C(60) + C(61) * LOG(CPI(－4)) + C(62) * LOG(SAVAMT) |
| | | SAVAMT:城乡居民储蓄存款余额<br>CPI:居民消费价格指数(定基当季,1990 年 1 月 = 100) |
| 8 | 财政收入方程 | LOG(FI/GDPRI) = C(70) + C(71) * LOG(GDP/GDPRI)<br>+ C(72) * LOG(CORPPROF/GDPRI) + C(73) * LOG(GDP23I) |
| | | FI:财政收入(当季)<br>GDP:国内生产总值(当季)<br>CORPPROF:国有及规模以上非国有工业企业利润总额(当季)<br>GDP23I:第二、三产业增加值占 GDP 的比重<br>GDPRI:GDP 缩减指数(定基当季,以 1990 年为基期) |
| 9 | 经常性财政支出方程 | LOG(FE1/GDPRI) = C(80) + C(81) * LOG(FE1(－4)/GDPRI(－4))<br>+ C(82) * LOG(GDP/GDPRI) + C(83) * LOG(RPGDP) |
| | | FE1:经常性财政支出(当季)<br>GDP:国内生产总值(当季)<br>RPGDP:实际潜在 GDP(当季)<br>GDPRI:GDP 缩减指数(定基当季,以 1990 年为基期) |

续表 8-2

| 序号 | 方程 | 方程形式及变量说明 |
|---|---|---|
| 10 | 经济建设性财政支出方程 | LOG(FE2/GDPRI) = C(90) + C(91) * LOG(FE2(-4)/GDPRI(-4)) + C(92) * LOG(GDP(-4)/GDPRI(-4)) |
| | | FE2:生产建设性财政支出(当季)<br>GDP/GDPRI:国内生产总值(当季)<br>RPGDP:实际潜在 GDP(当季)<br>GDPRI:GDP 缩减指数(定基当季,以 1990 年为基期) |
| 11 | 货币供求方程 | LOG(M2/GDPRI) = C(100) + C(101) * LOG(GDP/GDPRI) + C(102) * MR |
| | | M2:M2 余额<br>GDP:国内生产总值(当季)<br>MR:7 天期同业拆借加权平均利率<br>GDPRI:GDP 缩减指数(定基当季,以 1990 年为基期) |
| 12 | 贷款余额方程 | LOG(LOANAMT/CPI) = C(110) + C(111) * (LR1 - CPI/CPI(-4) + 1) + C(112) * LOG(SAVAMT(-1)/CPI(-1)) |
| | | LOANAMT:金融机构贷款余额<br>LR1:一年期贷款利率<br>SAVAMT:城乡居民储蓄存款余额<br>CPI:居民消费价格指数(定基当季,1990 年 1 月 =100) |
| 13 | 存款余额方程 | LOG(SAVAMT/CPI) = C(120) + C(121) * LOG(INC/GDPRI) + C(122) * (SR1(-2) - CPI(-2)/CPI(-6) + 1) |
| | | SAVAMT:实际城乡居民储蓄存款余额<br>INC:城乡居民收入总额<br>SR1:一年期存款利率<br>CPI:居民消费价格指数(定基当季,1990 年 1 月 =100) |
| 14 | 同业拆借利率方程 | MR = C(131) * MR(-1) + C(132) * (CPI/CPI(-4) - 1) |
| | | MR:7 天期同业拆借加权平均利率<br>CPI:居民消费价格指数(定基当季,1990 年 1 月 =100) |
| 15 | 贷款利率方程 | (LR1 - CPI/CPI(-4) + 1) = C(140) + C(141) * (LR1(-1) - CPI(-1)/CPI(-5) + 1) + C(142) * (MR - CPI/CPI(-4) + 1) |
| | | LR1:一年期贷款利率<br>MR:7 天期同业拆借加权平均利率<br>CPI:居民消费价格指数(定基当季,1990 年 1 月 =100) |
| 16 | 存款利率方程 | (SR1 - CPI/CPI(-4) + 1) = C(151) * (SR1(-1) - CPI(-1)/CPI(-5) + 1) + C(152) * (MR - CPI/CPI(-4) + 1) |
| | | SR1:一年期存款利率<br>MR:7 天期同业拆借加权平均利率<br>CPI:居民消费价格指数(定基当季,1990 年 1 月 =100) |

3. China-QMFP 模型内外生变量一览表

表8-3 对 China-QMFP 模型的变量类型和数据来源进行简介（按英文字母排序）。

**表 8-3　China-QMFP 变量类型和数据来源表**

| 序号 | 变量名称 | 变量说明 | 数据来源 | 变量类型 |
|---|---|---|---|---|
| 1 | CPI | 居民消费价格指数 | BNU-CMQD | 内生变量 |
| 2 | CORPPROF | 国有及规模以上非国有工业企业利润总额 | BNU-CMQD | 外生变量 |
| 3 | DEXIM | 中国加入 WTO 政策变量 | 加入以前为0,加入后为1 | 虚拟变量 |
| 4 | ER | 实际有效汇率指数 | BNU-CMQD | 外生变量 |
| 5 | EX | 出口商品额(按人民币计) | BNU-CMQD | 内生变量 |
| 6 | FDI | 实际利用外商直接投资额(按人民币计) | BNU-CMQD | 外生变量 |
| 7 | FE | 财政支出 | BNU-CMQD | 内生变量 |
| 8 | FE1 | 经常性财政支出 | BNU-CMQD | 内生变量 |
| 9 | FE2 | 生产建设性财政支出 | BNU-CMQD | 内生变量 |
| 10 | FI | 财政收入 | BNU-CMQD | 内生变量 |
| 11 | GDP | 国内生产总值 | BNU-CMQD | 内生变量 |
| 12 | GDP23I | 第二、三产业增加值占 GDP 的比重 | BNU-CMQD | 外生变量 |
| 13 | GDPRI | GDP 缩减指数 | BNU-CMQD | 内生变量 |
| 14 | II | 全社会固定资产投资 | BNU-CMQD | 内生变量 |
| 15 | IM | 进口商品额(按人民币计) | BNU-CMQD | 内生变量 |
| 16 | INC | 城乡居民收入总额 | BNU-CMQD | 外生变量 |
| 17 | LR1 | 一年期贷款利率 | BNU-CMQD | 内生变量 |
| 18 | LOANAMT | 金融机构贷款余额 | BNU-CMQD | 内生变量 |
| 19 | M2 | M2 余额 | BNU-CMQD | 内生变量 |
| 20 | MR | 7 天期同业拆借加权平均利率 | BNU-CMQD | 内生变量 |
| 21 | RETC | 社会消费品零售总额 | BNU-CMQD | 内生变量 |
| 22 | RPGDP | 实际潜在 GDP | 估计值 | 外生变量 |
| 23 | RWRLDIMRMB | 实际十国进口额(按人民币计) | BNU-CMQD | 外生变量 |
| 24 | SAVAMT | 城乡居民储蓄存款余额 | BNU-CMQD | 内生变量 |
| 25 | SR1 | 一年期存款利率 | BNU-CMQD | 内生变量 |

注：1. BNU-CMQD（Beijing Normal University-Macroeconomic Quarterly Database of China）是北京师范大学经济与资源管理研究院开发建立的“中国宏观经济季度数据库”。

2. 除 RPGDP 即实际潜在 GDP 是用生产函数法估计出来的中国潜在 GDP，其余数据均来源于 BNU-CMQD。

## 二、China-QMFP 的建模思路和建模过程

本部分介绍 China-QMFP 建模的建模思路，包括：为什么建立 China-QMFP 和在什么指导思想下建立 China-QMFP。另外，本部分还简单介绍 China-QMFP 研制的过程。

### （一）China-QMFP 的建模思路

1. 为什么建立 China-QMFP

从我国的实际情况出发，基于以下两大原因，我国的政策分析模型特别适合采用季度模型。

（1）季度模型能够对经济政策效果做出更加及时和准确的评价

宏观经济季度模型其中一个优点是能更好地从量上反映经济政策的时滞，能够对经济政策的效果做出更加及时和准确的评价。经济政策通过直接或间接影响政府、企业和个人的行为，希望最终能实现宏观经济的四大目标，即经济平稳增长、物价稳定、充分就业和国际收支平衡。在实际操作过程中，经济政策从执行到产生效果往往需要一段时间，也就是说存在政策时滞。如果没有准确地认识和把握政策时滞，决策者就分不清楚政策是否对经济产生了效果、产生了多大效果，难于准确评价经济政策的有效性。如果不能对政策时滞有较好的认识，就有可能难以及时调整政策的偏误，或者过早改变本来有效的经济政策。在我国现阶段，对市场经济运行规律的认识尚待深入，围绕各项经济政策和预期政策目标之间的关系的理论和实践经验都还不足，各级政府对制定的经济政策的效力并没有足够的经验，存在“摸着石头过河”的问题。此时，建立能够及时、准确反馈经济政策效果的宏观季度模型就显得尤为重要。

（2）我国经济体制的稳定期较短，建立季度模型较为有效

宏观经济计量模型有效的一个重要前提是在比较长的时间内经济结构保持基本稳定。我国经济改革开放以来，经济体制有较大变化，经济结构相对稳定的时间比较短，这个基本条件很难满足。这使得确定我国经济模型样本区间时面临两难选择：如果时间跨度很大，就势必需要引入大量虚拟变量，对经济各个阶段的

不同特征进行微调，这样的模型不一定符合当前经济运行的现实；如果时间跨度过小，又会导致样本数过少，使得估计结果可能有较大偏差。年度模型很难克服以上困难，但季度模型就要好得多，比如：China-QMFP 模型选择的样本区间是 1992 年第 1 季度到 2003 年第 4 季度，该阶段我国经济体制改革出台的重大措施较少（主要是 1994 年财税体制改革和 1998 年加入 WTO），样本区间经济结构相对稳定，样本数量达到 48 个。同样的年度模型就只有 12 个样本。显然，在这一阶段建立宏观经济模型，季度模型要比年度模型的估计可靠得多。

截至 2003 年，我们发现国内用于政策分析的宏观经济模型都是年度模型，几乎没有季度模型。从公开发表的成果来看，比较完善的只有中国社会科学院数量经济与技术经济研究所的“中国季度宏观经济计量协整模型”[①]，一直到 2006 年，也只是增加了中国社会科学院世界经济研究所研制的“中国宏观经济季度模型”[②]。这远不能满足我国政策分析和政策效力评估的需要。

所以，我们计划建立用来进行中国经济政策效力分析的 China-QMFP 模型，以期能通过 China-QMFP 的建立和不断完善，对我国宏观经济政策效果分析提供支持。

2. China-QMFP 的建模指导思想

在进行模型设计时，China-QMFP 采用了以下思路。

（1）以中国转轨经济理论和实践为基础

发达国家的宏观经济政策模型多是建立在凯恩斯和新古典理论基础上的。中国正在向成熟市场经济转型，正在融入全球市场经济体系之中。因此，中国宏观经济政策分析模型也要充分借鉴凯恩斯理论、新古典理论和近几年形成的新的经济理论，如理性预期理论、新制度经济学理论等的有益成分，吸收西方宏观经济模型的建模思路与方法。但另一方面，中国是一个大国，中国有自己的国情和特色，因此中国的宏观经济政策模型理应植根于中国转轨经济实践，理应建立在国内转轨经济理论和观点的基础上。所以，在进行模型设计时，一定要根据中国宏

① 汪同三，沈利生，主编．中国社会科学院数量经济与技术经济研究所经济模型集：第二章．社会科学文献出版社，2001.

② 何新华等．中国宏观经济季度模型．社会科学文献出版社，2005.

观经济的实践，对各个经济模块之间的关系进行设计。

（2）借鉴国内外有代表性的宏观经济计量模型

国内经济学界对消费、投资、财政收支、货币供求和进出口等都有非常丰富的研究成果，这是本模型在这些具体模块中设计相应行为方程的基础。我们在设定行为方程时，将各种理论的研究成果都纳入候选范围，并进行仔细分析比较，确定可选方程和可选变量集，在此基础上通过实证分析估计得到模型方程的最终变量。

（3）采用各种计量分析方法来确定方程的最终结构

China-MFQ 在经济理论基础上，确定了可选方程和可选变量集合。但最终变量的选择和方程的确定，还需要结合实际数据进行分析比较。为此，我们参照动态建模理论，较为全面地进行“估计—检验—比较”，选择在计量检验意义上最好的结果来确定方程的最终结构。

**（二）China-QMFP 的建模过程**

China-QMFP 模型研制经历了资料准备（国内外比较借鉴）、模型初步设计和宏观经济季度数据库（BNU-CMQD）建设完善和模型开发测试等三个阶段。

1. 资料准备（国内外比较借鉴）

正如本书第一章所介绍的，国内很多研究机构在宏观经济模型方面做了很多工作。通过认真地分析比较，我们对这些模型有了较为全面的认识和理解。在 China-QMFP 模型研制过程中，我们吸收和借鉴这些模型的研究成果，集中表现在以下三个方面：

第一，借鉴了模型的结构设计思路，包括模型模块划分、方程选择等。

第二，重点借鉴了模型方程设定、变量选择。方程设定和变量选择是宏观经济计量模型的核心，这部分内容集中凝集了建模专家们的研究成果。我们在建立每一个方程时都要参考其他模型对应或者类似方程的具体形式和选择变量。

第三，与这些模型的结果进行比较分析，也是判断 China-QMFP 模型合理性的重要内容。我们也将这些模型的结果与 China-QMFP 模型重要的结果进行比较、对比和分析，并作为判断和分析模型合理性的重要内容。

2. 模型初步设计和宏观经济季度数据库（BNU-CMQD）的建立

数据是模型的基础，反之，只有初步建立了相关模型才能够全面展现模型需要的数据。因此，模型的初步设计和模型数据库的建设是需要互相促进、同时推进的两项工作。在 China-QMFP 模型实际研制过程中，我们发现最大的困难是如何获得丰富、准确的中国宏观经济季度数据。因为我国目前并没有像《中国统计年鉴》那样的中国经济季度数据统计年鉴，季度数据需要从各种分散的渠道获得，所以我们采取模型设计和数据库建设相互推动的方式，一方面根据模型的设定要求收集数据库数据，另一方面，在收集数据的过程中我们也尽量保留能够获得的但模型中尚没有运用的季度数据，以丰富模型未来扩展的空间。这是一个不断循环、由粗到细、逐步扩大的过程，每个循环包括以下三个步骤：

第一，设定模型。我们从理论模型或原来设定的模型出发，借鉴其他实际模型的经验，设定模型可能包括的方程和变量，列出相应的数据需求。

第二，搜集整理数据。根据模型数据要求搜集季度数据，对于无法搜集的数据及时反馈，而模型原来没有包括的季度数据也尽量搜集和整理。

第三，评价和整理现有的模型和数据。评估现有模型从应用上是否有进一步细化的必要，同时评估现有数据是否支持模型的进一步细化。如果需要进一步细化，将转到第一步再次设定模型，进入下一个工作循环。

通过以上工作，China-QMFP 完成了模型初步设计工作，同时也完成了 BNU-CMQD的建设工作。

3. 模型开发测试

在以上工作完成后，我们对模型方程的设定、变量选择等进行估计分析，并从经济意义、统计检验、计量检验和模型运行模拟比较等四个方面不断细化、优选，选择了其中目前效果最好的结果作为 China-QMFP 的最终结果。

## 第二节 China-QMFP 方程估计结果与分析

China-QMFP 的变量选择和参数估计是模型研制最重要的阶段之一。在上一节描述全部模型方程的基础上，本节首先列出 China-QMFP 模型方程参数估计的结果，然后介绍变量选择和参数估计的具体方法、采用的软件工具等，最后就每一个方程的变量选择、估计结果和经济意义进行简短说明。

## 一、China-QMFP 方程估计结果

采用三阶段最小二乘法（3SLS）对 China-QMFP 方程组进行估计，得到的结果如表 8-4 所示。

**表 8-4 China-QMFP 方程参（系）数估计结果一览表**

<table>
<tr><th>序号</th><th>方程</th><th colspan="6">参数估计结果</th></tr>
<tr><td rowspan="5">1</td><td rowspan="5">现实 GDP 方程</td><td>方 程</td><td colspan="5">LOG(GDP/GDPRI) = C(01) + C(02) * LOG(RETC/CPI)<br>+ C(03) * LOG(II/GDPRI) + C(04) * LOG(EX/GDPRI)<br>+ C(05) * LOG(IM/GDPRI)</td></tr>
<tr><td>系 数</td><td>C(01)</td><td>C(02)</td><td>C(03)</td><td>C(04)</td><td>C(05)</td></tr>
<tr><td>系数估计值</td><td>2.481638</td><td>0.525944</td><td>0.221257</td><td>0.312320</td><td>-0.218048</td></tr>
<tr><td>t 值</td><td>17.38433</td><td>19.49330</td><td>23.07602</td><td>8.416392</td><td>-6.493305</td></tr>
<tr><td colspan="6">$\bar{R}^2$ = 0.978988 D.W. = 1.694894</td></tr>
<tr><td rowspan="5">2</td><td rowspan="5">消费方程</td><td>方 程</td><td colspan="5">LOG(RETC/CPI) = C(10) + C(11) * LOG(RETC(-1)/CPI(-1))<br>+ C(12) * LOG(RETC(-4)/CPI(-4))<br>+ C(13) * LOG(GDP/GDPRI)</td></tr>
<tr><td>系 数</td><td>C(10)</td><td>C(11)</td><td>C(12)</td><td colspan="2">C(13)</td></tr>
<tr><td>系数估计值</td><td>-0.717965</td><td>0.155474</td><td>0.740768</td><td colspan="2">0.175235</td></tr>
<tr><td>t 值</td><td>-5.297113</td><td>3.779001</td><td>11.25672</td><td colspan="2">5.138280</td></tr>
<tr><td colspan="6">$\bar{R}^2$ = 0.990231 D.W. = 1.555683</td></tr>
<tr><td rowspan="5">3</td><td rowspan="5">投资方程</td><td>方 程</td><td colspan="5">LOG(II/GDPRI) = C(21) * LOG(II(-4)/GDPRI(-4))<br>+ C(22) * LOG(LOANAMT/CPI)<br>+ C(23) * LOG(FE2/GDPRI)</td></tr>
<tr><td>系 数</td><td>C(21)</td><td colspan="2">C(22)</td><td colspan="2">C(23)</td></tr>
<tr><td>系数估计值</td><td>0.867478</td><td colspan="2">0.039713</td><td colspan="2">0.128152</td></tr>
<tr><td>t 值</td><td>32.87933</td><td colspan="2">2.808382</td><td colspan="2">4.890856</td></tr>
<tr><td colspan="6">$\bar{R}^2$ = 0.982229 D.W. = 1.743872</td></tr>
</table>

**续表 8-4**

| 序号 | 方程 | 参数估计结果 | | | | | |
|---|---|---|---|---|---|---|---|
| 4 | 进口方程 | 方　程 | LOG(IM/GDPRI) = C(30) + C(31) * LOG(ER(-1)) + C(32) * LOG(GDP/GDPRI) + C(33) * LOG(IM(-4)/GDPRI(-4)) + C(34) * DEXIM | | | | |
| | | 系　数 | C(30) | C(31) | C(32) | C(33) | C(34) |
| | | 系数估计值 | 2.722967 | -0.772220 | 0.446903 | 0.584315 | 0.150724 |
| | | t 值 | 4.210047 | -6.506118 | 4.841731 | 7.037775 | 4.245553 |
| | | $\overline{R}^2=0.931380$　D. W. = 1.315313 | | | | | |
| 5 | 出口方程 | 方　程 | LOG(EX/GDPRI) = C(41) * LOG(ER(-1)) + C(42) * LOG(RWRLDIMRMB) + C(43) * LOG(IM(-3)/GDPRI(-3)) + C(44) * LOG(EX(-4)/GDPRI(-4)) + C(45) * LOG(RFDI(-4)) | | | | |
| | | 系　数 | C(41) | C(42) | C(43) | C(44) | C(45) |
| | | 系数估计值 | -0.847961 | 0.418157 | 0.237677 | 0.625020 | 0.145456 |
| | | t 值 | -8.932597 | 7.611157 | 5.065015 | 9.657107 | 2.934520 |
| | | $\overline{R}^2=0.922730$　D. W. = 0.667891 | | | | | |
| 6 | GDP 缩减指数方程 | 方　程 | LOG(GDPRI) = C(50) + C(51) * LOG(GDPRI(-2)) + C(52) * LOG(M2(-1)) | | | | |
| | | 系　数 | C(50) | | C(51) | | C(52) |
| | | 系数估计值 | -0.479729 | | 0.247495 | | 0.085322 |
| | | t 值 | -2.202179 | | 4.355641 | | 4.109821 |
| | | $\overline{R}^2=0.607419$　D. W. = 1.569202 | | | | | |
| 7 | 消费价格指数方程 | 方　程 | LOG(CPI) = C(60) + C(61) * LOG(CPI(-4)) + C(62) * LOG(SAVAMT) | | | | |
| | | 系　数 | C(60) | | C(61) | | C(62) |
| | | 系数估计值 | 0.636964 | | 0.587951 | | -0.026780 |
| | | t 值 | 5.691034 | | 18.00783 | | -2.213454 |
| | | $\overline{R}^2=0.916993$　D. W. = 0.338145 | | | | | |
| 8 | 财政收入方程 | 方　程 | LOG(FI/GDPRI) = C(70) + C(71) * LOG(GDP/GDPRI) + C(72) * LOG(CORPPROF/GDPRI) + C(73) * LOG(GDP23I) | | | | |
| | | 系　数 | C(70) | C(71) | C(72) | C(73) | |
| | | 系数估计值 | -4.907724 | 1.266081 | 0.085805 | 0.713335 | |
| | | t 值 | -6.983976 | 13.87383 | 2.474498 | 3.156537 | |
| | | $\overline{R}^2=0.919398$　D. W. = 1.491985 | | | | | |

**续表 8-4**

| 序号 | 方程 | 参数估计结果 | | | | |
|---|---|---|---|---|---|---|
| 9 | 经常性财政支出方程 | 方　程 | LOG(FE1/GDPRI) = C(80) + C(81) * LOG(FE1(-4)/GDPRI(-4)) + C(82) * LOG(GDP/GDPRI) + C(83) * LOG(RPGDP) | | | |
| | | 系　数 | C(80) | C(81) | C(82) | C(83) |
| | | 系数估计值 | -4.784126 | 0.481008 | -4.215288 | 5.126243 |
| | | t 值 | -8.363708 | 8.336698 | -5.771680 | 6.808889 |
| | | $\overline{R}^2$ = 0.975703　D. W. = 1.871006 | | | | |
| 10 | 经济建设性财政支出 | 方　程 | LOG(FE2/GDPRI) = C(90) + C(91) * LOG(FE2(-4)/GDPRI(-4)) + C(92) * LOG(GDP(-4)/GDPRI(-4)) | | | |
| | | 系　数 | C(90) | C(91) | C(92) | |
| | | 系数估计值 | -4.315920 | 0.609395 | 0.729275 | |
| | | t 值 | -2.942202 | 7.540639 | 3.801183 | |
| | | $\overline{R}^2$ = 0.806368　D. W. = 2.462711 | | | | |
| 11 | 货币需求方程 | 方　程 | LOG(M2/GDPRI) = C(100) + C(101) * LOG(GDP/GDPRI) + C(102) * MR | | | |
| | | 系　数 | C(100) | C(101) | C(102) | |
| | | 系数估计值 | 4.987198 | 0.670052 | -0.057021 | |
| | | t 值 | 8.161280 | 10.53254 | -12.64971 | |
| | | $\overline{R}^2$ = 0.935207　D. W. = 0.911265 | | | | |
| 12 | 贷款余额方程 | 方　程 | LOG(LOANAMT/CPI) = C(110) + C(111) * (LR1 - CPI/CPI(-4) + 1) + C(112) * LOG(SAVAMT(-1)/CPI(-1)) | | | |
| | | 系　数 | C(110) | C(111) | C(112) | |
| | | 系数估计值 | 3.135230 | -0.013655 | 0.748503 | |
| | | t 值 | 8.475983 | -2.201452 | 22.88728 | |
| | | $\overline{R}^2$ = 0.981810　D. W. = 0.764510 | | | | |
| 13 | 存款余额方程 | 方　程 | LOG(SAVAMT/CPI) = C(120) + C(121) * LOG(INC/GDPRI) + C(122) * (SR1(-2) - CPI(-2)/CPI(-6) + 1) | | | |
| | | 系　数 | C(120) | C(121) | C(122) | |
| | | 系数估计值 | -1.815974 | 1.213517 | -0.034708 | |
| | | t 值 | -3.182129 | 21.63912 | -8.842095 | |
| | | $\overline{R}^2$ = 0.967888　D. W. = 1.883031 | | | | |
| 14 | 市场利率方程 | 方　程 | MR = C(131) * MR(-1) + C(132) * (CPI/CPI(-4) - 1) | | | |
| | | 系　数 | C(131) | C(132) | | |
| | | 系数估计值 | 0.925862 | 5.552931 | | |
| | | t 值 | 79.43751 | 7.321548 | | |
| | | $\overline{R}^2$ = 0.988137　D. W. = 1.134553 | | | | |

续表 8－4

| 序号 | 方程 | | 参数估计结果 | | |
|---|---|---|---|---|---|
| 15 | 贷款利率方程 | 方　程 | (LR1－CPI/CPI(－4)＋1)＝C(140)＋C(141)＊(LR1(－1)－CPI(－1)/CPI(－5)＋1)＋C(142)＊(MR－CPI/CPI(－4)＋1) | | |
| | | 系　数 | C(140) | C(141) | C(142) |
| | | 系数估计值 | 2.642286 | 0.370794 | 0.341381 |
| | | t 值 | 9.559689 | 5.998388 | 9.954844 |
| | | $\overline{R}^2$＝0.976628　D.W.＝1.070363 | | | |
| 16 | 存款利率方程 | 方　程 | (SR1－CPI/CPI(－4)＋1)＝C(151)＊(SR1(－1)－CPI(－1)/CPI(－5)＋1)＋C(152)＊(MR－CPI/CPI(－4)＋1) | | |
| | | 系　数 | C(151) | C(152) | |
| | | 系数估计值 | 0.827084 | 0.124805 | |
| | | t 值 | 12.82797 | 2.306757 | |
| | | $\overline{R}^2$＝0.972221　D.W.＝1.159224 | | | |

注：参数估计过程（包括所用软件、数学工具和数据来源等）将在后面说明。

## 二、China-QMFP 的变量选择和参数估计方法

China-QMFP 模型的变量选择和参数估计是一个在经济理论、实践经验和数据分析的基础上进行的系统估计、比较和选择过程。以下从系统的选择和估计过程、联立估计方法和检验以及估计所用的软件工具等三个方面进行分别介绍。

### （一）China-QMFP 的系统选择和估计过程

为了充分利用现有数据，充分借鉴现有的理论和实证研究成果，China-QMFP 模型在建立过程中进行了大量计算、分析和比较，对于方程的设定本着从一般到简化的原则进行逐步优选，从大量的可能变量中进行筛选，最后选择出单方程估计和联立方程估计的效果都比较好的变量组合作为最后的方程解释变量。方程的具体设定、估计和选择过程分为以下三个步骤。

1. 单方程变量的确定

本模型先从以下方面确定单方程初选变量集：第一，从该方程对应的经济理论出发，选择、确定其必须含有的关键变量。第二，借鉴现有计量实证研究的成

果，综合各家的设定方法，原则上取最大变量集，即所有相关研究考虑过的变量都是该方程需要估计的候选变量。第三，从现有数据出发，确定最后的初选变量集。由于本模型是季度模型，受制于季度数据的局限性，将剔除没有数据对应的候选变量，然后确定可行的候选变量集。第四，根据经济理论和实践检验确定哪些变量包括滞后项，包括几期滞后项等。由于是季度模型，我们一般对关键经济变量都考虑其1—8期滞后项，并重点考察1—4期滞后项。

2. 单方程的初步估计

应用逐步回归方法对包含关键变量滞后项的候选变量集进行估计、比较和筛选，选择出单方程估计的最佳结果。因为逐步回归的结果与变量顺序有关，所以我们尽量选择多种变量顺序进行回归，在条件许可时甚至对变量及其滞后项的全面排列进行逐步回归。通过这样的过程，选取经济意义和计量统计检验都比较好的变量组合。最后，因为单方程估计的最佳结果未必是联立方程估计的最佳结果，因此，我们除保留单方程估计时的最佳结果，还保留了一些备选的较好的解释变量组，以在联立估计时进行取舍和调整。

3. 模型方程的联立估计

在单方程计量模型（包括备选的单方程模型）的基础上完成联立方程组的估计，选择相对最好的结果作为China-QMFP的最终方程组。

### （二）China-QMFP方程组联立估计方法和检验

联立方程计量模型估计有很多方法，这些方法可以分为两大类：

1. 单方程估计方法

即每次只估计联立方程组中的一个方程，逐一完成全部方程的估计方法。这类方法包括最小二乘法（OLS）、间接最小二乘法（ILS）、两阶段最小二乘法（2SLS）和有限信息最大似然法（LIML）等。

2. 系统估计法

即同时对全部方程进行估计，同时得到所有方程参数的估计量。其主要方法包括三阶段最小二乘法（3SLS）和完全信息最大似然法等。

联立方程模型的系统估计法利用了联立方程组的全部信息，和单方程估计方法相比，参数估计结果更加有效。因此，China-QMFP 模型在估计时采用系统估计方法中的三阶段二乘法（3SLS）进行估计。同时，China-QMFP 在模型各个方程设定时进行了系统优选，尽可能保证各个方程设定的合理性，以尽量避免在使用系统估计法时，个别方程的设定偏误对整个系统估计结果产生影响。

在参数估计完成后，China-QMFP 对结果进行以下三个方面的检验。

（1）单方程系（参）数的经济意义检验：保证各个方程参数的符号、大小符合相关经济理论的要求，或者符合我国经济运行的实际经验，能够言之成理地得到解释和说明。

（2）单方程系（参）数的计量检验：保证各个方程的参数都通过 t 检验，方程能够有比较高的拟合优度。

（3）单方程残差的单位根检验：通过单位根检验，保证方程残差没有尚未系统解释的信息。

（4）联立方程组的模拟检验：根据模型整体运行的结果和实际结果对比，考察各个内生变量的模拟效果，比较均方根误差（RMSE）的大小，一般要求 RMSE 小于 5%。如果拟合结果不满意，还需要修改方程设定，对联立方程进行重新估计和检验。

### （三）China-QMFP 建模和估计所用的工具

China-QMFP 建模和估计使用了以下工具。

1. 单方程估计主要使用 SPSS 12.0 和 Eviews 5.0，利用 SPSS 逐步回归选择单方程变量，利用 Eviews 5.0 完成单位根检验。

2. 联立方程估计使用 Eviews 5.0。

3. 部分数据准备和运算使用 Microsoft Excel。

## 三、各方程的变量和参数估计的结果说明

### （一）现实 GDP 方程

按照支出法，则有：GDP = 消费支出 + 投资支出 + 政府购买 + 净出口。

一般宏观计量模型将上述等式作为平衡式引入到模型中。但在本模块中，它

是作为定义方程引入的，原因主要是我们没有获得消费、投资和政府购买的直接季度数据，在消费方程和投资方程中是用社会商品零售总额和社会固定资产投资总额来替代的，政府购买的季度数据则完全无法获得，所以就无法用平衡式来描述 GDP。

根据以上设定，联立估计后得到现实 GDP 方程为：

$$LOG(GDP/GDPRI) = \underset{(17.38433)}{2.481638} + \underset{(19.49330)}{0.525944}LOG(RETC/CPI) + \underset{(23.07602)}{0.221257}LOG(II/GDPRI)$$
$$+ \underset{(8.416392)}{0.312320}LOG(EX/GDPRI) - \underset{(-6.493305)}{0.218048}LOG(IM/GDPRI)$$
$$\bar{R}^2 = 0.978988, D.W. = 1.694894$$

其中：

GDP：国内生产总值（当季）；

RETC：社会消费品零售总额（当季）；

II：全社会固定资产投资（当季）；

EX：出口商品额（按人民币计）（当季）；

IM：进口商品额（按人民币计）（当季）；

GDPRI：GDP 缩减指数（定基当季，以1990 年为基期）；

CPI：居民消费价格指数（定基当季，1990 年1 月 =100）。

从方程可以看到，消费（实际社会消费品零售总额）的系数为 0.525944，高于出口额的系数 0.312320 和投资（全社会固定资产投资）的 0.221257。因此，消费增长对 GDP 增长的拉动力度最大，出口其次，投资最小。消费、出口和投资每增加 1 个百分点，现实 GDP 将分别增加 0.525944、0.312320 和 0.221257 个百分点。

**（二）消费方程**

1. 消费方程的建立思路

消费方程描述的是影响消费支出的主要因素。从消费理论上看，凯恩斯消费理论认为可支配收入决定了消费；生命周期假说认为可支配收入和拥有的资产都是影响消费的主要因素；持久收入假说则认为消费取决于长期平均收入；预期理论认为消费是一个随机过程。这些消费理论的计量形式经过变换都可以近似表示为如下形式：

$$C_t = f(Y_t, C_{t-1}) + \mu_t$$

其中：

$C_t$：第 $t$ 期消费；　　　　　　消费计量方程 2

$C_{t-1}$：第 $t-1$ 期消费；

$Y_t$：第 $t$ 期收入。

因此，从消费理论可以得出，在消费方程的设定中需要考虑以下因素：

第一，可支配收入。收入是消费的来源，没有收入就没有消费，无论何种消费理论都将收入作为影响消费的重要因素。

第二，资产状况。影响人们消费的因素除了当期可支配收入外，还有个人所拥有的资产规模大小，财富水平是影响消费行为的重要因素。

第三，投资机会，即消费的机会成本。消费实际上是个人可支配收入在当前支出（消费）和未来支出（储蓄和投资）之间的分配。当储蓄和投资收益水平上升时，用于储蓄和投资的支出就会增加，而当前消费将相应减少。

第四，消费惯性。从消费理论的一般计量形式看，当前消费会受到前期消费的影响。

2. 变量选择

首先，因为没有社会总消费的季度数据，China-QMFP 用社会零售商品总额作为消费的替代变量，作为消费方程的被解释变量。

上面我们从理论上分析了消费方程设定中需要考虑的四个方面的因素。在参考英格兰银行模型、美国宏观经济模型、中国人民银行宏观经济模型、小型中国宏观经济模型、中国年度宏观经济计量模型（1999 年版）、中国宏观经济季度模型等关于消费方程设定的基础上，结合现有的季度数据，并根据变量估计和优选的情况，消费方程选取了如下解释变量：

（1）实际 GDP：消费最重要的决定因素是可支配收入，在没有获得可支配收入季度数据的条件下，选择和可支配收入关系密切的实际 GDP 作为对应的解释变量。

（2）前期社会商品零售总额：前期消费对当期消费具有一定的惯性影响，所以模型中选择前期消费作为解释变量。因为是季度模型，同时经过比较，我们选择效果比较好的滞后4期（即上一年同期）的消费作为当前消费的解释变量。

3. 估计结果和经济意义说明

根据上述估计、选择过程，最终设定了消费方程，在进行联立估计后，估计结果为：

$$
\begin{aligned}
LOG(RETC/CPI) = & \underset{(-5.297113)}{-0.717965} + \underset{(3.779001)}{0.155474}LOG(RETC(-1)/CPI(-1)) \\
& + \underset{(11.25672)}{0.740768}LOG(RETC(-4)/CPI(-4)) \\
& + \underset{(5.138280)}{0.175235}LOG(GDP/GDPRI) \\
& \bar{R}^2 = 0.990231, D.W. = 1.555683
\end{aligned}
$$

其中：

RETC：社会消费品零售总额（当季）；

GDP：国内生产总值（当季）；

GDPRI：GDP缩减指数（定基当季，以1990年为基期）；

CPI：居民消费价格指数（定基当季，1990年1月=100）。

从本消费方程可以看到，消费有很强的季节性和惯性，上期消费和去年同期消费对当期消费影响都很大，可以说明我国的消费具有较大的刚性。另外，当期GDP每增长1个百分点，当期消费将增加0.175235个百分点，不到GDP增长率的五分之一。

## （三）投资方程

1. 投资方程的建立思路

投资可以分为非住宅投资、居民住宅投资和存货投资，也可以划分为政府投资、非政府投资和外商直接投资，这些投资行为的决定因素并不相同，所以较为理想的情况是能够分别建模估计。但由于数据的原因，China-QMFP投资方程只包括全社会固定资产投资方程。目前主要的投资理论有加速模型、新古典投资模型和Q理论等，这些投资理论大多数包含两个重要因素：最佳资本存量的决定和实际资本存量如何调整到最佳资本存量。因此，投资方程应该包括影响最佳资本存量的因素和造成实际资本存量和最佳资本存量差异的因素。

另外在我国，政府投资行为对总投资影响十分显著，这是投资方程必须考虑的因素。

2. 变量选择

China-QMFP 的投资方程的被解释变量是全社会固定资产投资总额。

在参考了英格兰银行模型、美国宏观经济模型、中国人民银行宏观经济模型、小型中国宏观经济模型、中国年度宏观经济计量模型（1999 年版）、中国宏观经济季度模型等关于消费方程设定的基础上，结合现有的季度数据，并根据变量估计和优选的情况，投资方程选取了如下解释变量：

（1）实际 GDP；

（2）实际金融机构贷款余额；

（3）前期全社会固定资产投资；

（4）生产建设性财政支出。

3. 估计结果和经济意义说明

根据上述估计，选择过程最终设定了投资方程。在进行联立估计后，估计结果为：

以上参数要重新估计，以下需要重新修改：

$$
\begin{aligned}
LOG(II/GDPRI) = & \underset{(32.87933)}{0.867478} LOG(II(-4)/GDPRI(-4)) \\
& + \underset{(2.808382)}{0.039713} LOG(LOANAMT/CPI) \\
& + \underset{(4.890856)}{0.128152} LOG(FE2/GDPRI)
\end{aligned}
$$

$$\overline{R}^2 = 0.982229, D.W. = 1.743872$$

其中：

II：全社会固定资产投资（当季）；

LOANAMT：金融机构贷款余额；

FE2：生产建设性财政支出；

GDPRI：GDP 缩减指数（定基当季，以 1990 年为基期）；

CPI：居民消费价格指数（定基当季，1990 年 1 月 =100）。

从该方程可以看出，全社会固定资产投资具有很强的季度性。与经济建设性财政支出关系也很密切，经济建设性财政支出每增加1个百分点，全社会固定资产投资将增加0.128152个百分点。同时也可以看到，方程中金融机构贷款总额对投资增长有影响，但比经济建设性财政支出影响小。另外，在筛选方程变量的过程中，我们发现在不考虑经济建设性财政支出时，金融机构贷款增长率对投资增长率有很大影响。这样的情况可能意味着，我国大量的金融机构贷款是财政支出带动的，也就是说我国的全社会固定资产投资具有很强的政策性。

**（四）进出口方程**

净出口是拉动GDP增长的三驾马车之一，反映了国外对中国商品和劳务的净需求，因此有必要对进口和出口建立季度模型进行分析。出口与进口之差即为当季净出口，即可与GDP方程相对应。

1. 进口方程

进口反映了我国对国外商品和劳务的需求，在国际收支账户中进口是经常项目的重要组成部分。我们首先根据相关理论对进口方程进行设定，并进行变量选择；在此基础上对方程参数进行估计并描述其经济意义。

（1）进口方程的设定

设定进口方程的最基础理论，是国际贸易理论。一般来讲，由于各国要素禀赋所导致的生产的比较优势不同，各国之间用贸易代替国内生产，以增进各国福利。但是具体到进口的决定因素时，我们主要考虑以下三个点。

第一，国内需求是决定进口的主要因素。一国国内总需求越大，意味着对来自于国外的商品和服务的需求就越大，这体现在消费、投资和出口等方面。随着生产的国际化，一国国内消费者不仅需要消费本国生产的产品和服务，也需要消费来自于其他国家生产的商品和服务，这是形成进口的最根本原因。同时，一国进行投资，也需要从其他国家购进生产所需的设备技术等。在出口中，由于一部分是加工贸易引起的出口，所以必须从国外购进加工所需的原材料等。这些都是引起进口的重要原因。

第二，进口商品的价格水平也影响进口的多少。如果进口商品的价格水平高于国内价格水平，那么一国就会减少进口，相反就会增加进口。两国价格水平之比，可以通过两国货币的汇率来反映。

第三，政策因素对进口的影响。一国往往出于保护国内某些产业的考虑，限制这些产业的商品进口，例如欧洲和美国对农产品的补贴，以及一些发展中国家对国内幼稚产业实施关税保护策略等。降低关税或非关税壁垒，进口就会增加；如果提高关税或者增加非关税壁垒，进口的规模就会相应减少。

因此，根据以上因素的考虑，我们设定进口方程一定要包含国内需求因素、国内外商品价格水平因素和政策因素。

(2) 进口方程的变量选择

在分析进口方程需要包含的主要因素之后，我们根据国内外有关进口方程计量的研究结果、季度数据情况来选择变量。

在参考了英格兰银行模型、美国宏观经济模型、中国人民银行宏观经济模型、小型中国宏观经济模型、中国年度宏观经济计量模型（1999 年版）、中国宏观经济季度模型等关于进出口方程设定的基础上，进口方程的变量选择考虑如下：

①选择实际 GDP 作为反映国内需求的变量。与实际 GDP 类似，可以将全社会固定资产投资、社会零售品消费总额和出口之和，视作“国内总吸收”，来进行计量；但是这些数据加总，一是不能很好地满足季度的要求，二是统计中 3 类数据的误差比 1 类大。因此，选择实际 GDP 作为解释变量。

②选择实际有效汇率指数作为反映国内外商品价格水平变化的变量。由于在季度数据中，进口商品价格指数从 1993 年开始编制，而本模型的数据从 1992 年开始，因此无法直接用进口价格指数作为变量，而采用实际有效汇率指数作为替代。

③政策变量。设置我国加入 WTO 之前的政策变量为 0，加入 WTO 之后则为 1。这样设置的原因是假设我国加入 WTO 之后，能够对进口的增长起到较为显著的促进作用。

④选择去年同季进口额作为今年当季进口的解释变量。一般而言，经济变量

时间序列分析中，会考虑到惯性的问题。之所以选择去年同季数据，而不是上一季度的数据，是因为进口的数据季节变化趋势比较明显，因此选择去年同季数据可避免季节因素的扰动。

根据以上变量选择的结果，方程可以写成如下形式：

$$LOG(IM/GDPRI) = C(30) + C(31)^{*}LOG(ER(-1)) + C(32)^{*}LOG(GDP/GDPRI) + C(33)^{*}LOG(IM(-4)/GDPRI(-4)) + C(34)^{*}DEXIM$$

其中：

IM：进口商品额（按人民币计）（当季）；

ER：实际有效汇率指数（计算得到）；

GDP：国内生产总值（当季）；

DEXIM：虚拟变量，我国加入 WTO 之前设为 0，我国加入 WTO 之后设为 1；

GDPRI：GDP 缩减指数（定基当季，以 1990 年为基期）。

（3）方程估计结果和经济含义描述

模型联立并进行参数估计之后，进口方程的估计结果为：

$$LOG(IM/GDPRI) = \underset{(4.210047)}{2.722957} - \underset{(-6.506118)}{0.772220}LOG(ER(-1)) + \underset{(4.841731)}{0.446903}LOG(GDP/GDPRI) + \underset{(7.037775)}{0.584315}LOG(IM(-4)/GDPRI(-4)) + \underset{(4.245553)}{0.150724}DEXIM$$

$$\bar{R}^2 = 0.931380, DW = 1.315313$$

通过估计，我们看到实际有效汇率的系数估计值为 -0.772220，这意味着实际有效汇率变动率增加 1，进口的变动率减少 0.772220，两者之间呈反向变动关系。

GDP 的系数估计值为 0.446903，意味着 GDP 的变动和进口变动之间是正相关关系。

LOG（IM（-4）/GDPRI（-4））的系数估计值为 0.584315，表明当期进口与去年同期进口变动之间有正相关的变动关系。这是由于进口自身存在一定惯性。但是在不做季节调整的情况下，进口的季节波动比较明显，因此选择滞后期的时候，滞后 4 期即去年同期，比滞后一期即上季度对当期进口的影响更为显著。

政策变量系数估计值为0.150724，意味着自从我国加入WTO以来，进口是增加的。这不仅与按照WTO的要求降低进口关税税率有关，而且也和贸易环境等其他因素有关。

方程整体拟合情况：调整后的拟合度为0.931380，拟合度较高，拟合情况还是比较理想的。DW值为1.315313，也能通过检验。

（4）实际有效汇率对进口的季度影响

就实际有效汇率对进口的影响而言，我们可以看到，上一个季度的实际有效汇率指数增加1个百分点，进口就减少大约0.772220个百分点，两者之间成相反的变动关系。而在经济理论上，实际有效汇率指数的上升，意味着人民币升值；反之，实际有效汇率指数下降，人民币则贬值。人民币升值，进口商品相对便宜，出口商品则相对变得更加昂贵，则有抑制出口和鼓励进口的作用，因此人民币升值和进口增加之间是正向关系。但是通过计量我们发现，人民币升值，实际有效汇率指数增加，但是进口却减少，这和经济常理是相悖的。

对此现象我们有如下理解：实际有效汇率提高，会导致出口受到抑制，使出口需求下降，进而使GDP下降，而GDP的下降会使进口减少。如果GDP下降所带来的出口减少，大于实际有效汇率本身上升带来的出口增加额，那么就会出现实际有效汇率和进口之间成负相关的情况。

（5）关税税率对进口的季度影响

财政政策对进口的季度影响，可以通过进口关税的季度税率变量来体现。我们可以单独观察进口关税税率和进口之间的关系，见表8－5。

**表8－5　计算结果：关税税率对进口的季度影响**

| 变量 | 系数 | 标准误 | T统计量 | 概率值 |
|---|---|---|---|---|
| C | 8.134081 | 0.287550 | 28.28757 | 0.0000 |
| LITR | －0.554636 | 0.233468 | －2.375642 | 0.0217 |

结果表明，在季度数据条件下，进口关税税率和进口之间是负相关关系，也就是说，进口关税税率降低，进口则增加。比如，2005年有980个税目的关税税

率降低，关税总水平由2004年的10.4%降低到9.9%（国务院关税税则委员会办公室，等.《中华人民共和国进出口税则（2006）》：1版. 中国财政经济出版社，2006.）。但是在进口季度模型中，在若干个变量共存的情况下，由于共线性等原因，进口关税税率没有通过显著性检验，因此在我们的方程中没有选用。

2. 出口方程

出口反映了国外对我国商品和劳务的需求，与进口方程类似。我们首先根据相关理论对出口方程结构进行设定，并进行变量选择，并在此基础上对方程参数进行估计并描述其经济意义。

（1）出口方程的设定

出口方程设定的基础理论也是国际贸易理论。我们在考虑出口方程结构的时候，也要从以下几个方面入手。

第一，来自国外的需求。与进口方程的考虑相反，从需求角度看，出口主要是由于国外对本国生产的商品和劳务的需求引起的。因此，国外需求是一个重要因素。

第二，出口商品相对价格。出口商品相对于国外的价格水平而言，如果上升，则出口会减少；如果下降，出口会增加。

第三，我国的出口能力。从供给的角度看，形成出口能力主要在于我国要素禀赋带来的比较优势。

第四，政策变量因素。由于出口是带动经济增长的重要因素，因此一国往往把促进出口作为重要经济目标。促进出口的办法除了从生产角度提高生产效率、降低成本之外，直接对出口企业进行出口退税或其他形式的补贴是非常有效的。

（2）出口方程的变量选择

我们根据出口方程设定的理论基础和相关研究成果，对出口方程中的变量进行选择。在参考了英格兰银行模型、美国宏观经济模型、中国人民银行宏观经济模型、小型中国宏观经济模型、中国年度宏观经济计量模型（1999年版）、中国宏观经济季度模型等关于进出口方程设定的基础上，结合季度数据情况，出口方程选择变量如下：

第一，选择十国进口额作为反映国外需求的变量。由于季度数据来源的限制，我们从 IFS 数据库中选取了中国出口额前十位的国家的进口额作为世界需求的替代。这十个国家分别是：美国、日本、英国、韩国、荷兰、意大利、法国、德国、加拿大和澳大利亚。该变量原始数据为美元，用当季人民币兑美元的官方名义汇率进行调整，得到人民币计的数值，而后用以 1990 年第一季度为基期的 GDP 缩减指数调整为实际值。

第二，实际有效汇率指数。由于出口价格指数也是从 1993 年开始编制的，所以和进口方程类似，我们采用实际有效汇率作为解释变量。

第三，实际利用外商直接投资额（RFDI）。按人民币计的当季额，用以 1990 年第一季度为基期的 GDP 缩减指数调整为实际值。采用这个指标的原因在于 FDI 的进入形成了我国大量出口能力。由于我国贸易中很大比重是加工贸易，而加工贸易又是 FDI 带来的，所以 FDI 对出口有一定解释作用。

第四，实际进口额。和 FDI 解释出口类似，由于加工贸易的存在，进口的原材料、设备和技术，构成我国的相当一部分出口能力。因此，进口也能在一定程度上解释出口。

根据以上变量选择的结果，方程可以写成如下形式：

$$
\begin{aligned}
LOG(EX/GDPRI) = {} & C(41)*LOG(ER(-1)) + C(42)*LOG(RWRLDIMRMB) \\
& + C(43)*LOG(IM(-3)/GDPRI(-3)) \\
& + C(44)*LOG(EX(-4)/GDPRI(-4)) \\
& + C(45)*LOG(RFDI(-4))
\end{aligned}
$$

其中：

EX：出口商品额（按人民币计）（当季）；

ER：实际有效汇率指数（计算得到）；

RWRLDIMRMB：实际十国进口额（按人民币计）（当季）；

IM：进口商品额（按人民币计）（当季）；

RFDI：实际利用外商直接投资额（按人民币计）（当季）；

GDPRI：GDP 缩减指数（定基当季，以 1990 年为基期）。

(3) 方程估计结果和经济含义描述

联立模型中出口季度方程的估计结果如下：

$$
\begin{aligned}
LOG(EX/GDPRI) = & -\underset{(-8.932597)}{0.847961}LOG(ER(-1)) + \underset{(7.611157)}{0.418157}LOG(RWRLDIMRMB) \\
& + \underset{(5.065015)}{0.237677}LOG(IM(-3)/GDPRI(-3)) \\
& + \underset{(9.657017)}{0.625020}LOG(EX(-4)/GDPRI(-4)) \\
& + \underset{(2.934520)}{0.145456}LOG(RFDI(-4)) \\
& \overline{R}^2 = 0.922730, D.W. = 0.667891
\end{aligned}
$$

从各个变量来看，实际有效汇率系数估计值为 -0.847961；十国进口额系数估计值为0.418157，可见国际市场需求对我国出口有较强的正向作用；进口（-3）系数估计值为0.237677；出口（-4）系数估计值为0.625020，表明在季节因素下，当期出口和去年同期出口有正相关关系；RFDI（-4）系数估计值为0.145456，表明 FDI 对出口的作用是正的。

(4) 实际有效汇率与出口之间是负相关关系

这一结论与经济意义相符。实际有效汇率指数上升，人民币升值，那么会起到减少出口、增加进口的作用。模型中实际有效汇率的系数为 -0.847961，也就是说实际有效汇率指数变动 1 个百分点，出口反向变动 0.847961 个百分点。

实际有效汇率指数对出口的作用，不仅体现在较强的负作用上，而且还存在 1 个季度的滞后期。我们在模型估计的过程中选用了不同滞后时期的实际有效汇率指数进行测算，发现在滞后一期的情况下统计效果最好。这在一定程度上反映了现实的情况。

(5) FDI、进口与出口之间是正相关关系，但影响时间不同

用 FDI 解释出口，原因是我国的 FDI 很大一部分是由于外国产业转移所致，即发达国家由于产业升级的需要，利用我国劳动力等生产要素成本低的有利条件，对我国进行直接投资，将一部分加工制造工业转移到我国，进而增加我国出口。因此，FDI 变动 1 个百分点，出口同方向变动 0.145456 个百分点，两者之间是正相关的。但是需要注意的是，FDI 需要滞后 4 期才能发挥作用。

季度模型条件下，用进口解释出口，也是因为我国进口的产品中，很大一部分

是加工贸易所需要的生产资料，这部分进口会形成出口能力，因此两者之间是正相关关系。从模型上看，进口变动1个百分点，出口就同向变动0.237677个百分点。

经过测算，进口的滞后期应该为3个季度。与进口相比，FDI需要滞后4个季度才能起作用，这是因为FDI作为资本进入中国，而进口的生产资料作为原材料，形成生产能力的时间要比资本形成生产能力的时间要短。因此，进口对出口产生作用的滞后期要短于FDI。

（6）出口退税对出口的影响并不显著

出口退税对出口有重要影响。但是由于实际出口退税在税率和规模上是相当不稳定的，实际出口退税的滞后时间也比较长，所以在季度模型中出口退税变量对出口并未显示出显著的影响力。因此我们在方程中就特别慎用这个变量。

### （五）财政收入方程

#### 1. 财政收入方程的建立思路

财政收入的规模要受到各种政治经济条件的制约和影响，这些条件包括经济发展水平、生产技术水平、价格及收入分配体制等，其中最重要的是经济发展水平和生产技术水平。

经济发展水平对财政收入的影响表现为基础性的制约作用，经济发展水平越高，社会产品越丰富，该国的财政收入总额就大。生产技术水平也是影响财政收入规模的重要因素，但它是内含于经济发展水平之中的，事实上是对经济发展水平制约财政收入研究的深化。价格水平的影响表现为财政收入的实际增长与名义增长的区别。分配制度和分配政策影响着在经济发展水平一定时期内财政收入规模相对其他收入的大小。

有专家[①]认为，影响财政收入的三大因素是经济增长、税收政策（比如增加或减少税种，提高或降低税率等）、税收的征管力度。有专家将公共收入增长因素分为：一定时期的社会经济发展水平、一定的经济体制（计划与市场）、政府职能范围的大小、传统及社会习俗（由此导致税收政策的不同）、国家的宏观经济政策。

① 邱晓华，郑京平. 解读中国的经济指标. 中国经济出版社，2003：232.

2. 变量选择

财政收入方程的被解释变量是实际财政收入。

根据财政收入理论上的主要决定因素，在参考克莱因美国宏观经济模型、北京市宏观经济与财政税收模型、柳州发展模型、张风波“中国宏观经济计量模型”、马拴友财政模型、吉林大学商学院《国家财政模型》课题组、中国年度宏观经济计量模型（1999 年版）等关于财政收入方程设定的基础上，结合现有的季度数据，并根据变量估计和优选的情况，财政收入方程选取了如下解释变量：

（1）实际 GDP；

（2）实际国有及规模以上非国有工业企业利润总额；

（3）第二、三产业增加值占 GDP 的比重。

3. 估计结果和经济意义说明

根据上述估计、选择过程最终设定了财政收入方程，在进行联立估计后，估计结果为：

$$\begin{aligned} LOG(FI/GDPRI) = & \underset{(-6.983976)}{-4.907724} + \underset{(13.87383)}{1.266081} LOG(GDP/GDPRI) \\ & + \underset{(2.474498)}{0.085805} LOG(CORPPROF/GDPRI) \\ & + \underset{(3.156537)}{0.713335} LOG(GDP23I) \\ & \bar{R}^2 = 0.919398, D.W. = 1.491985 \end{aligned}$$

其中：

FI：财政收入（当季）；

GDP：国内生产总值（当季）；

CORPPROF：国有及规模以上非国有工业企业利润总额（当季）；

GDP23I：第二、三产业增加值占 GDP 的比重；

GDPRI：GDP 缩减指数（定基当季，以 1990 年为基期）。

从上述方程可以看到，实际 GDP 是决定财政收入最重要的因素，而且实际财政收入的增长速度高于实际 GDP 的增长速度。从系数值看，在其他条件不变的情况下，GDP 每增长 1 个百分点，财政收入将增加 1.266081 个百分点。另外，标志经济结构的第二、三产业占 GDP 比重的数值对财政收入也有较大影响，该数值每增加 1 个百分点，财政收入的增长将增加 0.713335 个百分点。作为企业经营效应标志的实际国有及规模以上企业利润对财政收入也有正向的影响，但相对力度较小，该数值每增加 1 个百分点，财政收入增加 0.085805 个百分点。

### （六）财政支出方程

1. 财政支出方程的建立思路

对财政支出增长原因的各种解释涉及经济、政治、社会及个人心理等许多方面。

国外学者对财政支出理论研究较早，最早的解释来自于瓦格纳（1958）。瓦格纳认为随着工业化的发展，一方面，各种摩擦和社会冲突空前增加，这就要求更多的公共管制和保护活动；另一方面，人们对分配问题关心加强，因此文化和社会福利的服务会增加。这些导致了政府活动的扩张。从统计检验的角度，瓦格纳法则往往被简化为：人均收入（作为衡量工业化的合适指标）的增加会引起公共支出的绝对增长。[①] 马斯格雷夫（1996）从经济发展阶段的角度解释了公共支出的增长。他认为在经济发展的初期、中期以及成熟阶段，出于经济发展的不同需要，政府支出的增长是必需的[②]。缪勒（1989）讨论了影响公共支出的几项重要因素：收入弹性、价格弹性和偏好。其中引入了如下具体的影响因素：人口因素、技术进步和一国的开放程度[③]。鲍莫尔（1967）强调了公共生产较低的生产效率而导致的较高的生产成本对公共支出的影响。国内学者黄恒学将公共支出增长因素分为：经济因素（经济发展水平、人均收入水平）、人口因素、市场失灵因素、技术进步因素和都市化因素[④]。

2. 变量选择

财政支出分为经常性财政支出和生产建设性财政支出，两个都有完整的季度数据，所以本模型分别建立了经常性财政支出方程和生产建设性财政支出方程。根据财政支出的理论，在参考克莱因美国宏观经济模型、北京市宏观经济与财政

① 陈共．财政学．人民大学出版社，2000：72.
② 刘宇飞．当代西方财政学．北京大学出版社，2003：229.
③ 刘宇飞．当代西方财政学．北京大学出版社，2003：222.
④ 黄恒学．公共经济学．北京大学出版社，2002：182.

税收模型、柳州发展模型、张风波“中国宏观经济计量模型”、马拴友财政模型、吉林大学商学院《国家财政模型》课题组、中国年度宏观经济计量模型（1999 年版）等关于财政支出方程设定的基础上，结合现有的季度数据，并根据变量估计和优选的情况，选定了财政支出方程的解释变量，具体如下：

经常性财政支出方程的解释变量：

（1）实际 GDP；

（2）潜在 GDP；

（3）前期经常性财政支出。

经济建设性财政支出方程的解释变量：

（1）实际 GDP；

（2）前期生产建设性财政支出。

3. 估计结果和经济意义说明

根据上述估计、选择过程最终设定了财政收入方程，在进行联立估计后，估计结果为：

（1）经常性财政支出方程

$$LOG(FE1/GDPRI) = \underset{(-8.363708)}{-4.784126} + \underset{(8.336698)}{0.481008}LOG(FE1(-4)/GDPRI(-4))$$
$$\underset{(-5.771680)}{-4.215288}LOG(GDP/GDPRI) + \underset{(6.808889)}{5.126243}LOG(RPGDP)$$
$$\bar{R}^2 = 0.975703, D.W. = 1.871006$$

其中：

FE1：经常性财政支出（当季）；

GDP：国内生产总值（当季）；

RPGDP：实际潜在 GDP（当季）；

GDPRI：GDP 缩减指数（定基当季，以 1990 年为基期）。

由上述方程可以看到，经常性财政支出的增长率和 GDP 缺口成正比。如果潜在 GDP 大于实际 GDP，那么意味着经常性财政支出还有增长的空间；如果潜在 GDP 小于实际 GDP，意味着经济过热，经常性财政支出会相应减少。在本模型中，我们用“潜在 GDP/实际 GDP”来反映 GDP 缺口。另外，前期经常性财政支出对本期支出也有较强的影响，说明经常性财政支出具有较强的惯性。

（2）经济建设性财政支出方程

$$LOG(FE2/GDPRI) = \underset{(-2.942202)}{-4.315920} + \underset{(7.540639)}{0.609395}LOG(FE2(-4)/GDPRI(-4))$$

$$+ \underset{(3.801183)}{0.729275}LOG(GDP(-4)/GDPRI(-4))$$

$$\bar{R}^2 = 0.806368, D.W. = 2.462711$$

其中：

FE2：生产建设性财政支出（当季）；

GDP：国内生产总值（当季）；

RPGDP：实际潜在 GDP（当季）；

GDPRI：GDP 缩减指数（定基当季，以 1990 年为基期）。

从方程可以看到，经济建设性财政支出具有较强的季度性，每年同季度经济建设性财政支出有较强的相关关系。另外，前期实际 GDP 对本年度经济建设性财政支出的影响很大，可能说明本年度的经济建设性财政支出的决策实际上是上一年度确定的，并且在进行规划时受到当时 GDP 增长情况的强烈影响。

**（七）货币金融模块方程**

货币金融模块把货币政策调控工具和政策最终目标联系起来。根据宏观经济政策分析总框图，货币供应量作为货币政策的中间目标；根据货币供求理论，当货币供给等于货币需求时，货币市场实现均衡；根据中国的实践，建立货币供求方程；同时，资产价格、利率、信贷规模和汇率对我国货币政策传导起到重要作用，从这四方面进行考虑，由于资产价格数据获取困难，汇率的外生性较强，因此货币金融模块的其他方程分别包含利率、信贷的决定方程，即贷款余额方程、存款余额方程、同业拆借利率方程、贷款利率方程、存款利率方程。

1. 货币供求方程

根据已有理论从货币供求的角度建立货币政策模块。虽然在我国货币供应量受经济运行和其他经济变量的影响，但中央银行实际上对货币供应量的调节作用还是很大的，因此这里将货币供应量视为外生变量。同时从货币需求角度考虑，选择实际国民收入、利率作为解释变量。由于从长期看，货币供给和需求是均衡的，因此可以建立如下方程：

$$M2 = f(Y,r)$$

其中，M2 表示广义货币供应量，Y 表示实际国民收入，r 代表利率。在对相关变量的选取上，M2 作为广义货币供给量反映我国货币的货币供给；国民收入 Y 选择实际 GDP 这一变量。由于我国利率市场化程度有限，存贷款利率受央行的调节力度较大，相比之下，同业拆借利率更能反映对货币的需求，同时考虑数据的可获取性，利率指标选择为 7 天期同业拆借加权平均利率。

根据以上变量选择的结果，方程可以写成如下形式：

$$LOG(M2/GDPRI) = C(100) + C(101)^{*} LOG(GDP/GDPRI) + C(102)^{*} MR$$

其中：

M2：M2 余额；

GDP：国内生产总值（当季）；

MR：7 天期同业拆借加权平均利率；

GDPRI：GDP 缩减指数（定基当季，以 1990 年为基期）。

根据 1992—2003 年的季度数据建立联立模型，得到货币需求方程的估计结果为：

$$LOG(M2/GDPRI) = \underset{(8.161280)}{4.987198} + \underset{(10.53254)}{0.670052}^{*} LOG(GDP/GDPRI)$$

$$- \underset{(-12.64971)}{0.057021}^{*} MR$$

$$\bar{R}^2 = 0.935207, D.W. = 0.911265$$

从上面可以看出，方程中各变量的估计均通过检验，方程整体拟合效果很好。方程的估计结果表明，实际 M2 对实际 GDP 的弹性系数为 0.670052，意味着实际 GDP 增长 10%，带来的实际 M2 增长 6.70052%；实际 M2 对 7 天期同业拆借加权平均利率的半弹性系数为 -0.057021（即 7 天期同业拆借加权平均利率每增加 1 个百分点，实际 M2 将减少 5.7021%），意味着 M2 在长期内将随货币持有成本的上升而减少。

对方程中出现 M2 的增长速度低于 GDP 增长速度的情况，我们的理解是：在过去的十几年里，经济出现过需求不足和经济过热这两种情况。当需求不足的时候，我们采取扩大需求的办法，即实行扩张的财政政策和货币政策，此时通过增加货币供给满足 GDP 增长的需要，本方程就部分反映出货币供给不足的情况，或者说反映出 GDP 增长与货币增长之间的矛盾。反之，在经济过热的情况下，因投资过热和外汇储备过高等原因，促使货币供给量增长过快，在这种情况下，本方程则部分反映了过热的经济增长与正常货币供给的缺口。因此，本方程中 M2 的增长率是实际增长率，不是年初制定的计划增长率。

2. 贷款余额方程

信贷作为我国主要的货币政策工具，对我国货币政策调控目标起到重要作用。这里以金融机构贷款余额为被解释变量建立贷款余额方程，从供给和需求角度考虑其影响因素。从供给方面看，由于贷款受国家宏观调控政策的影响，金融机构贷款余额主要取决于实际城乡居民储蓄存款余额；从需求角度出发，金融机构贷款余额受到贷款成本即利率的影响，这里选择实际一年期贷款利率。

根据以上变量选择的结果，方程可以写成如下形式：

$$\begin{aligned} LOG(LOANAMT/CPI) = {} & C(110) + C(111)^*(LR1 - CPI/CPI(-4) + 1) \\ & + C(112)^*LOG(SAVAMT(-1)/CPI(-1)) \end{aligned}$$

其中：

LOANAMT：金融机构贷款余额；

LR1：一年期贷款利率；

SAVAMT：城乡居民储蓄存款余额；

CPI：居民消费价格指数（定基当季，1990 年 1 月 =100）。

根据 1992—2003 年的季度数据建立联立模型，得到贷款余额方程的估计结果为：

$$\begin{aligned} LOG(LOANAMT/CPI) = {} & \underset{(8.475983)}{3.135230} - \underset{(-2.201452)}{0.013655}^*(LR1 - CPI/CPI(-4) + 1) \\ & + \underset{(22.88728)}{0.748503}^*LOG(SAVAMT(-1)/CPI(-1)) \end{aligned}$$

$$\bar{R}^2 = 0.981810, D.W. = 0.764510$$

从上面可以看出，方程中各变量的估计均通过检验，方程整体拟合效果很好。方程的估计结果表明，实际金融机构贷款余额对实际一年期贷款利率的半弹性系数

约为 -0.013655，即实际一年期贷款利率每增加1个百分点，会导致实际金融机构贷款余额下降1.3655%，意味着实际金融机构贷款余额在长期内将随贷款成本的上升而减少；实际金融机构贷款余额对上期实际城乡居民储蓄存款余额的弹性系数为0.748503（即上期实际城乡居民储蓄存款余额每增长1%，会导致实际金融机构贷款余额增长0.748503%），意味着实际金融机构贷款余额会随着上期实际城乡居民储蓄存款余额的增加而上升。

3. *存款余额方程*

实际城乡居民储蓄存款余额作为我国解释贷款余额的重要变量，其行为很大程度上受到需求的影响，主要因素有：实际城乡居民收入、实际一年期存款利率。在这里实际城乡居民收入是流量指标，而实际城乡居民储蓄存款余额是存量指标。由于流量能够对存量进行解释，同时，如果用收入解释新增存款这一流量的计量结果检验效果不好，因此根据以上变量选择的结果，方程可以写成如下形式：

$$\begin{aligned}LOG(SAVAMT/CPI) = C(120) + C(121)^{*}LOG(INC/GDPRI) + C(122)^{*}(SR1(-2)\\ - CPI(-2)/CPI(-6) + 1)\end{aligned}$$

其中，*SAVAMT*：城乡居民储蓄存款余额；

*INC*：城乡居民收入总额（=城镇居民人均纯收入×城镇人口+农村居民人均纯收入×乡村人口，然后根据算得的年度数据差分得到季度数据）；

*SR*1：一年期存款利率；

*CPI*：居民消费价格指数（定基当季，1990年1月=100）。

根据1992—2003年的季度数据建立联立模型，得到存款余额方程的估计结果为：

$$\begin{aligned}LOG(SAVAMT/CPI) = &\underset{(-3.182129)}{-1.815974} + \underset{(21.63912)}{1.213517}^{*}LOG(INC/GDPRI)\\ &\underset{(-8.842095)}{-0.034708}^{*}(SR1(-2) - CPI(-2)/CPI(-6) + 1)\\ \overline{R}^2 &= 0.967888, D.W. = 1.883031\end{aligned}$$

从上面可以看出，方程中各变量的估计均通过检验，方程整体拟合效果很好。方程的估计结果表明，实际城乡居民储蓄存款余额对实际城乡居民收入总额的弹性系数为1.213517（即上期实际城乡居民收入总额每增长1%，会导致当期实际城乡居民储蓄存款余额增长1.213517%），意味着实际城乡居民储蓄存款余额会随着实际城乡居民收入总额的增加而上升；实际城乡居民储蓄存款余额对上期实际一年期存款利率的半弹性系数为-0.034708，即上期实际一年期存款利率每增加1%，实际城乡居民储蓄存款余额减少3.4708%，意味着实际城乡居民储蓄存款余额将随存款收益的增加而上升。

4. 同业拆借利率方程

泰勒规则是一项以公开市场操作为操作工具，以短期利率（联邦基金利率）作为操作目标，以利率为中介目标，以通货膨胀和经济稳定作为政策目标，以“逆风向行事”作为基本原则的一种货币政策当局的行动指南。我国货币政策的目标是在稳定币值并促进经济增长，因此可以说在一定程度上建立同业拆借利率方程可以参考泰勒规则，简单地表示为下面的形式：

$$i = \pi + r^* + b_1(\pi - \pi^*) + b_2(GDP - GDP^*)$$

其中，i是名义利率，$r^*$是自然失业率水平下的实际利率，π是通货膨胀率，$\pi^*$是预期通货膨胀率，GDP是实际产出，$GDP^*$是潜在产出。$b_1$与$b_2$分别为通货膨胀缺口以及GDP缺口进行相应调整的反应系数。

在众多利率指标中，7天期同业拆借加权平均利率是最能体现利率市场化程度的，选其为被解释变量。但由于我国货币政策调节重在币值稳定，同时潜在GDP数据的测算存在一定的误差，因此选择被解释变量为通货膨胀率（这里用CPI-100表示）、7天期同业拆借加权平均利率的一期滞后项。

根据以上变量选择的结果，方程可以写成如下形式：

$$MR = C(131)^* MR(-1) + C(132)^* (CPI/CPI(-4) - 1)$$

其中：

MR：7天期同业拆借加权平均利率；

CPI：居民消费价格指数（定基当季，1990年1月=100）。

根据1992—2003年的季度数据建立联立模型，得到同业拆借利率方程的估计结果为：

$$MR = \underset{(79.43751)}{0.925862} * MR(-1) + \underset{(7.321548)}{5.552931} * (CPI/CPI(-4) - 1)$$

$$\overline{R}^2 = 0.988137, D.W. = 1.134553$$

从上面可以看出，方程中各变量的估计均通过检验，方程整体拟合效果很好。方程的估计结果表明，同业拆借加权平均利率表现出明显的惯性，前期同业拆借加权平均利率对当期利率水平的影响系数为0.925862；通货膨胀率对利率水平的影响系数为5.552931，即通货膨胀率增加1，会导致同业拆借加权平均利率上调5.552931。

5. 贷款利率方程

贷款利率在很大程度上受到央行的制约，但同时利率市场化改革也在不断完善，因此将其内生化处理，建立行为方程，解释变量分别为：上期实际一年期贷款利率，实际7天期同业拆借加权平均利率。

根据以上变量选择的结果，方程可以写成如下形式：

$$\begin{aligned}(LR1 - CPI/CPI(-4) + 1) = {} & C(140) + C(141) * (LR1(-1) \\ & - CPI(-1)/CPI(-5) + 1) \\ & + C(142) * (MR - CPI/CPI(-4) + 1)\end{aligned}$$

其中：

LR1：一年期贷款利率；

MR：7天期同业拆借加权平均利率；

CPI：居民消费价格指数（定基当季，1990年1月=100）。

根据1992—2003年的季度数据建立联立模型，得到贷款利率方程的估计结果为：

$$\begin{aligned}(LR1 - CPI/CPI(-4) + 1) = {} & \underset{(9.559689)}{2.642286} + \underset{(5.998388)}{0.370794} * (LR1(-1) \\ & - CPI(-1)/CPI(-5) + 1) \\ & + \underset{(9.954844)}{0.341381} * (MR - CPI/CPI(-4) + 1)\end{aligned}$$

$$\overline{R}^2 = 0.976628, D.W. = 1.070363$$

从上面可以看出，方程中各变量的估计均通过检验，方程整体拟合效果很好。方程的估计结果表明，贷款利率表现出一定的滞后性，即前期贷款利率对当期利率水平的影响系数为0.370794；实际7天期同业拆借加权平均利率对贷款利率水平的影响系数为0.341381。

6. 存款利率方程

存款利率在很大程度上受到央行的制约，但同时利率市场化改革也在不断完善，因此将其内生化处理，建立行为方程，解释变量分别为：上期实际一年期存款利率，实际7天期同业拆借加权平均利率。

根据以上变量选择的结果，方程可以写成如下形式：

$$(SR1 - CPI/CPI(-4) + 1) = C(151)^{*}(SR1(-1) - CPI(-1)/CPI(-5) + 1) + C(152)^{*}(MR - CPI/CPI(-4) + 1)$$

其中：

SR1：一年期存款利率；

MR：7天期同业拆借加权平均利率；

CPI：居民消费价格指数（定基当季，1990年1月=100）。

模型联立并进行参数估计之后，方程的估计结果为：

$$(SR1 - CPI/CPI(-4) + 1) = \underset{(12.82797)}{0.827084}^{*}(SR1(-1) - CPI(-1)/CPI(-5) + 1) + \underset{(2.306757)}{0.124805}^{*}(MR - CPI/CPI(-4) + 1)$$

$$\overline{R}^2 = 0.972221, D.W. = 1.159224$$

从上面可以看出，方程中各变量的估计均通过检验，方程整体拟合效果很好。方程的估计结果表明，前期存款利率对当期利率水平影响显著，其系数为0.827084；实际7天期同业拆借加权平均利率对存款利率水平的影响系数为0.124805。

## （八）价格模块方程

由于通货膨胀常常通过货币贬值和不同形式的物价上涨表现出来，所以通货膨胀率一般用常见的价格指数——居民消费价格指数、商品零售价格指数、批发物价指数和GDP价格缩减指数等来计算求得。至于何种价格指数最能准确度量通货膨胀程度，理论界存在较大的分歧。

（1）GDP价格缩减指数是综合衡量价格水平变动的主要变量

GDP价格缩减指数的优点为：它的统计范围包括一切产品和劳务，也包括进出口商品，所以它能较准确反映社会物价总水平，不少经济学家认为它是测度通货膨胀率最适合的指标。但是，编制这一指数的资料很难收集，多数国家只能一年公布一次，我国也从1997年才开始公布其季度数据。尽管难度最大，但是与商品零售价格指数、居民消费价格指数和批发物价指数等反映价格水平变动的指标相比，GDP缩减指数更加全面、准确地反映了价格水平的变动，因此我们在模型中将GDP缩减指数作为被解释变量，并建立方程。

（2）居民消费价格指数是直观反映价格水平变动的重要变量

居民消费价格指数从消费者主体来观察物价变动。它的优点是：资料容易收集，能够直观地反映消费者的价格负担，并且可以每月公布一次，能较快地反映价格趋势。另外，它与工资收入结合起来，还可以较好地说明消费者生活水平的变化状况，可作为工资、津贴调整的依据。其缺点是指标的范围较窄，国家消费、集团消费、生产资料、进出口商品均不在其中。需要特别指出的是：居民消费价格指数是市场经济发达的西方工业化国家常用的通货膨胀指标，用它来衡量像我国这样的市场经济不完善的发展中国家的通货膨胀率是有失偏颇的。因为该指标没包含投资品，而目前我国的经济增长却又主要是由投资来拉动的。

因此，用GDP价格缩减指数和居民消费价格指数共同描述通货膨胀，既全面又直观，所以本模块主要建立GDP价格缩减指数方程和CPI方程。

1. GDP价格缩减指数方程

在参考了吉林大学商学院《国家财政模型》、国家计委宏观经济研究院课题组《中国经济增长潜力和经济周期研究》、中国年度宏观经济计量模型（1999）、中国季度宏观经济计量协整模型（1993）、北京市宏观经济与财政税收模型、《中国宏观经济季度模型China-QEM》（2004）等研究成果的基础上，结合季度数据情况，我们选择以下变量作为GDP价格缩减指数方程的被解释变量。

（1）实际货币供给（M2）余额：通过考察理性预期假设下货币供给变化对通货膨胀的影响（可参考：袁志刚、宋铮. 高级宏观经济学. 复旦大学出版社，2001：372—379.），发现：没有货币供给的持续增长，通货膨胀不可能持续下去，因此价格指数的解释变量中引入货币供应量的增长率。

（2）GDP价格缩减指数变化的惯性因素：考虑到GDP价格缩减指数的变动

存在惯性影响，选取上一季度的 GDP 价格缩减指数作为当季的解释变量。

根据以上变量选择，我们建立方程如下：

$$LOG(GDPRI) = C(50) + C(51) * LOG(GDPRI(-2)) + C(52) * LOG(M2(-1))$$

其中：

M2：M2 余额；

GDPRI：GDP 缩减指数（定基当季，以 1990 年为基期）。

根据 1992—2003 年的季度数据建立联立模型，得到 GDP 价格缩减指数方程的估计结果为：

$$LOG(GDPRI) = \underset{(-2.202179)}{-0.479729} + \underset{(4.355641)}{0.247495} * LOG(GDPRI(-2))$$
$$+ \underset{(4.109821)}{0.085322} * LOG(M2(-1))$$
$$\overline{R}^2 = 0.607419, D.W. = 1.569202$$

方程的各个系数均显著，调整后的拟合度为 0.607419，DW 值为 1.569202。通过检验以上估计结果表明，当季 GDP 价格缩减指数的变化，和滞后两个季度的 GDP 价格缩减指数的变化有较强的正相关关系，系数达到 0.247495，也就是说，上期国内价格指数上涨 1%，国内价格水平上涨 0.247495%；与上一季度的货币供应量 M2 之间存在正相关关系，系数为 0.085322，即货币供应量增长 1%，国内价格水平上涨 0.085322%。

2. CPI 方程

参考吉林大学商学院《国家财政模型》、国家计委宏观经济研究院课题组《中国经济增长潜力和经济周期研究》、中国年度宏观经济计量模型（1999）、中国季度宏观经济计量协整模型（1993）、北京市宏观经济与财政税收模型、《中国宏观经济季度模型 China-QEM》（2004）等研究成果，结合季度数据情况，我们选择以下变量作为 CPI 方程的被解释变量。

（1）CPI 变动的惯性因素：和 GDP 价格缩减指数类似，CPI 的变化也存在一个惯性的因素。我们可以选择当季之前的若干季节的 CPI 进行试算，最终得到一个较为理想的结果。

（2）名义金融机构存款余额：名义金融机构存款余额对价格的影响可以理解为：存款余额增加，转换为投资的资金就越多，则用于消费需求的资金越少，实际购买力下降，消费需求减少，促使 CPI 降低。

根据以上选择，建立方程如下：

$$LOG(CPI) = C(60) + C(61)^{*}LOG(CPI(-4)) + C(62)^{*}LOG(SAVAMT)$$

其中：

CPI：居民消费价格指数（定基当季，1990 年 1 月 =100）；
SAVAMT：城乡居民储蓄存款余额。

根据 1992—2003 年的季度数据建立联立模型，得到 CPI 方程的估计结果为：

$$\begin{aligned} LOG(CPI) = &\underset{(5.691034)}{0.636964} + \underset{(18.00783)}{0.587951} * LOG(CPI(-4)) \\ &- \underset{(-2.213454)}{0.026780} * LOG(SAVAMT) \\ &\overline{R}^2 = 0.916993, D.W. = 0.338145 \end{aligned}$$

从上述方程可以看出，方程各个系数均显著，调整后的拟合度为 0.916993。以上估计结果表明，当季 CPI 的变化，和滞后四期的 CPI 变化有较强的正相关关系，系数达到 0.587951，也就是说，上期 CPI 指数上涨 1%，国内价格水平上涨 0.587951%；与居民名义存款余额之间存在负相关关系，系数为 0.026780，即居民名义存款余额增长 1%，CPI 价格水平下降 0.026780%。

## 第三节 China-QMFP 模拟运行效果分析

### 一、模型的模拟分析

China-QMFP 模型建立后，我们通过模拟对模型的整体效果进行评价，各个内生变量模拟效果的评价标准采用两个标准：

（1）均方根误差（RMSE），其计算公式为：$RMSE = \sqrt{\frac{1}{T}\sum_{t=1}^{T}\left(\frac{Y_t^s - Y_t^a}{Y_t^a}\right)^2}$，其

中 T 为模型时期数，为第 t 期 Y 的模拟值，为第 t 期 Y 的实际值。

（2）模拟误差平均值比，其计算公式为：模拟误差平均值比 $=\frac{1}{T}\sum_{t=1}^{T}\left(\frac{Y_t^s-Y_t^a}{Y_t^a}\right)$，其中 T 为模型时期数，$Y_t^s$ 为第 t 期 Y 的模拟值，$Y_t^a$ 为第 t 期 Y 的实际值。

在 China-QMFP 模型的模拟过程中，考虑到有滞后 4 期的内生变量，选择 1993 年 1 季度（1993Q1）到 2003 年 4 季度（2003Q4）作为模拟区间。

## （一）样本期内（1993Q1—2003Q4）模拟结果

1993Q1 至 2003Q4 期间，China-QMFP 模型动态模拟的结果如下：

### 1. 模拟结果评价

通过模拟我们可以得到模型各个内生变量的 RMSE 比值和模拟误差平均值比，见表 8－6。

**表 8－6　模型 1993Q1 至 2003Q4 模拟的 RMSE 比值、模拟误差平均值比**

| 估算值 | C PI | EX | FE1 | FE2 | FI | GDP | GDPRI | II |
|---|---|---|---|---|---|---|---|---|
| RMSE 比值 | 0.030472 | 0.126563 | 0.530192 | 0.331488 | 0.135647 | 0.058518 | 0.058288 | 0.156963 |
| 模拟误差平均值比 | －0.005934 | 0.023361 | 0.045215 | 0.039094 | 0.019542 | －0.000060 | －0.012760 | 0.004004 |
| 估算值 | IM | LOANAMT | LR1 | M2 | MR | RETC | SAVAMT | SR1 |
| RMSE 比值 | 0.108053 | 0.071674 | 0.094985 | 0.095077 | 0.352341 | 0.059813 | 0.052975 | 0.473479 |
| 模拟误差平均值比 | 0.001664 | －0.012909 | 0.005338 | －0.023641 | －0.006131 | －0.007008 | －0.013271 | 0.166108 |

从 RMSE 值可以看出，CPI、GDP、GDPRI、RETC、SAVAMT、LOANAMT 的 RMSE 比值在 5% 左右，II、FI、IM、LR1 的 RMSE 比值在 10% 左右，MR、RSR1、FE1、FE2 结果不大理想。但是，我们从上表可以看出所有内生变量的模拟误差平均值比都比较小。所以，本模型的系统误差比较小，但由于变量特性（如利率变量 SR1 本身变化呈现明显阶段性）等原因，使得 RMSE 比值不容易很小，但是模型模拟的趋势和实际情况比较接近，系统误差比较小。

### 2. 内生变量的模拟拟合图

所有内生变量的模拟值和实际值的拟合图如图 8－2。

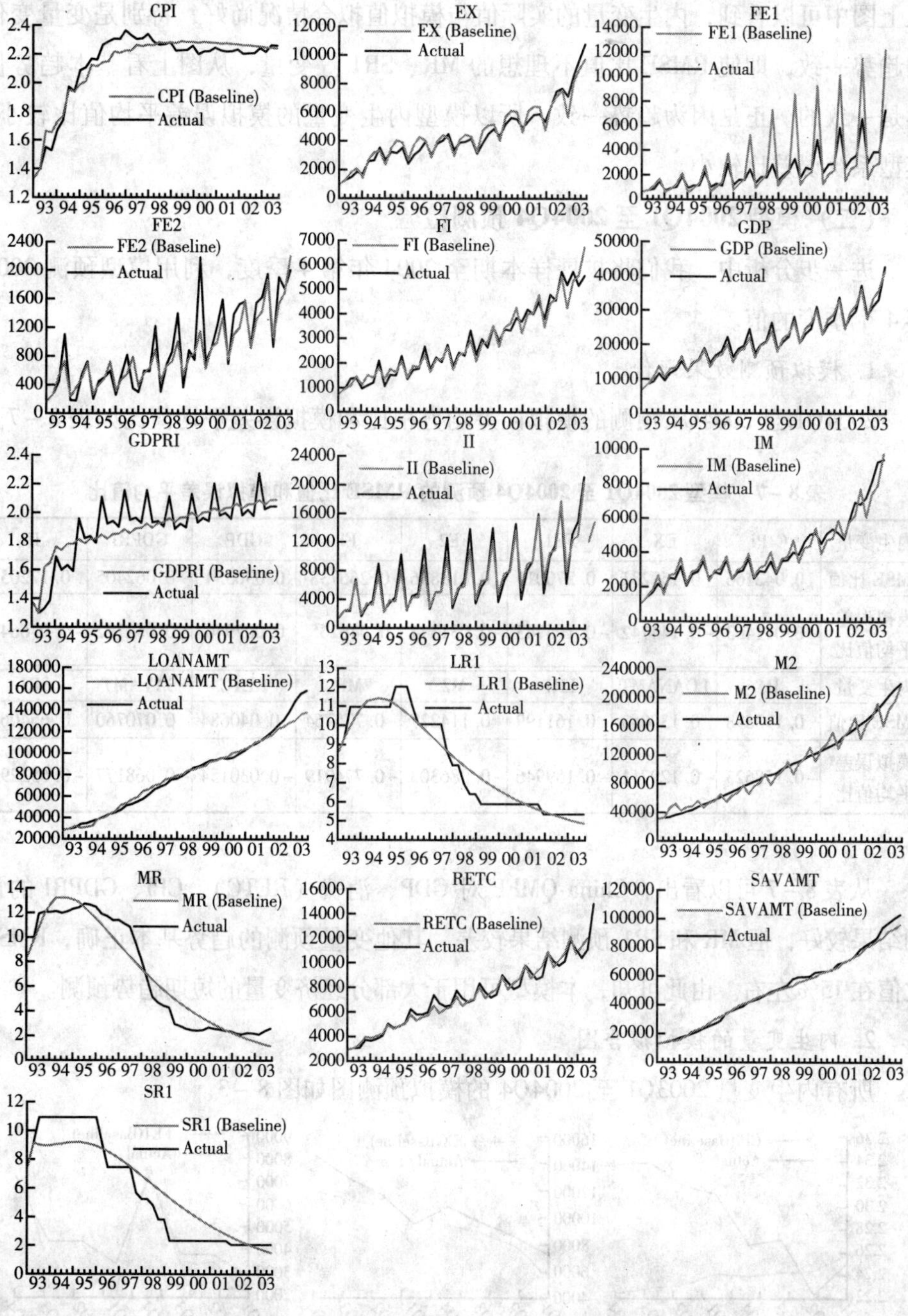


**图 8-2　1993Q1 至 2003Q4 内生变量模拟结果**

从上图中可以看到，内生变量的实际值与模拟值拟合情况尚好，特别是变量变化的趋势一致，即使 RMSE 比值不理想的 MR、SR1 等变量，从图上看基本趋势仍然是一致的。正是因为趋势一致，所以模型内生变量的模拟误差平均值比较小，模型系统误差比较小。

### （二）模型 2004Q1 至 2004Q4 预测检验

进一步分析中，我们将扩展样本期至 2004 年第 4 季度，利用模型预测 2004 年 4 个季度的值。

1. 模拟预测效果评价

2004Q1 至 2004Q4 预测的模拟误差均方根比和模拟误差平均值比如表 8－7。

**表 8－7　模型 2004Q1 至 2004Q4 预测的 RMSE 比值和模拟误差平均值比**

| 内生变量 | C PI | EX | FE1 | FE2 | FI | GDP | GDPRI | II |
|---|---|---|---|---|---|---|---|---|
| RMSE 比值 | 0.042166 | 0.152231 | 0.270015 | 0.118836 | 0.266738 | 0.036354 | 0.062405 | 0.172059 |
| 模拟误差平均值比 | －0.041463 | －0.144742 | －0.194743 | －0.031344 | 0.046265 | 0.007946 | －0.053792 | －0.076645 |
| 内生变量 | IM | LOANAMT | LR1 | M2 | MR | RETC | SAVAMT | SR1 |
| RMSE 比值 | 0.193898 | 0.130053 | 0.161199 | 0.114227 | 0.775764 | 0.040684 | 0.070760 | 0.654060 |
| 模拟误差平均值比 | －0.158623 | －0.129711 | －0.159946 | －0.086303 | －0.774919 | －0.030154 | －0.068177 | －0.652292 |

从表 8－7 可以看出，China-QMFP 对 GDP、消费（RETC）、CPI、GDPRI 的预测结果较好，但 MR 和 SR1 预测结果较差。其他变量预测的趋势基本正确，RMSE 比值在 15% 左右。由此可知，本模型可用于大部分经济变量的短期趋势预测。

2. 内生变量的模拟拟合图

所有内生变量 2003Q1 至 2004Q4 的模拟预测图如图 8－3。

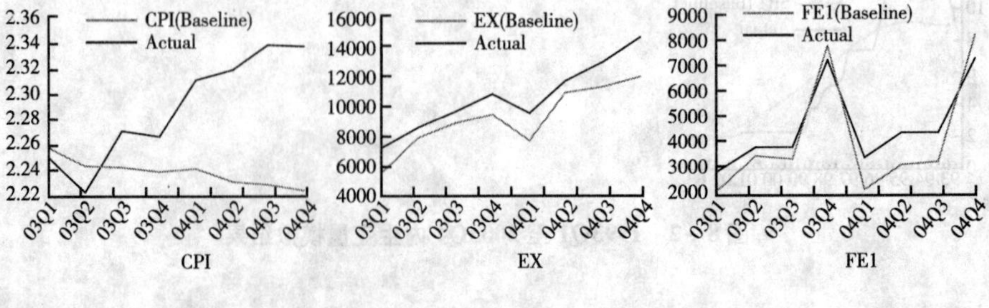

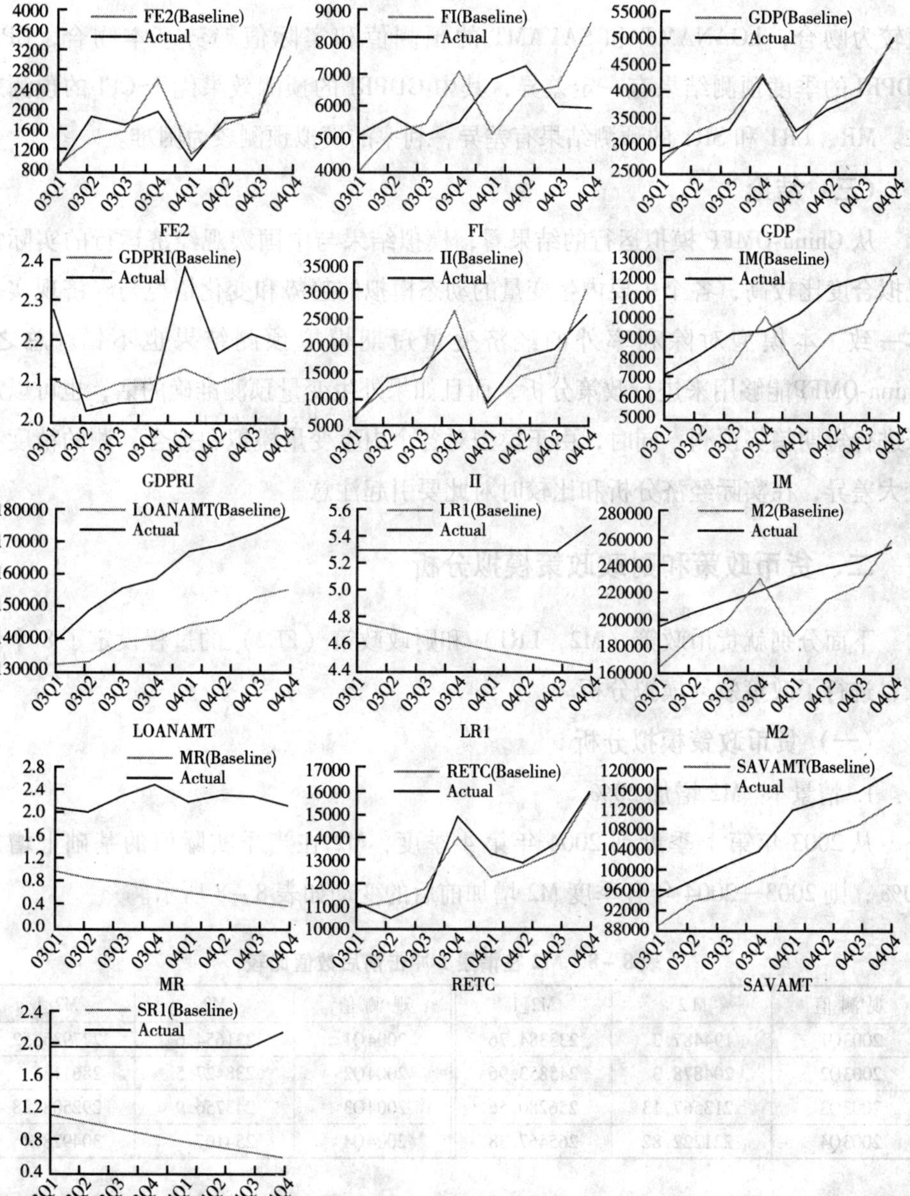


**图 8-3 模型 2004Q1 至 2004Q4 内生变量预测结果**

从上图中可以看到，GDP、II、RETC、IM、EX、FE1 和 FE2 预测值与实际值较为吻合，LOANAMT 和 SAVAMT 的预测值和实际值趋势基本吻合，CPI、GDPRI 的季度预测结果有一定差异，其中 GDPRI 的预测效果优于 CPI 的预测效果。MR、LR1 和 SR1 的预测结果有差异，利率的模拟预测较为困难。

### （三）结论

从 China-QMFP 模拟运行的结果看，模拟结果与中国宏观经济运行的实际情况拟合度比较高，各个主要内生变量的动态模拟的趋势和变化情况与经济现实基本一致，本模型对除利率外的经济变量短期模拟预测结果也不错。总之，China-QMFP能够用来进行政策分析，而且如果外生变量预测准确的话，也可以用来进行短期趋势预测。同时，由于模型对各个内生变量模拟和拟合预测的精度有较大差异，在实际经济分析和比较时对此要引起注意。

## 二、货币政策和财政政策模拟分析

下面分别就货币政策（M2，LR1）和财政政策（FE2）的过程设定了 8 个情景，进行了政策效果模拟分析。

### （一）货币政策模拟分析

1. 情景 1：M2 增加 20%

从 2003 年第 1 季度到 2004 年第 4 季度，M2 在当季实际值的基础上增加 20%，则 2003—2004 年各季度 M2 增加前后的变动如表 8 - 8 所示。

**表 8 - 8　M2 在情景 1 冲击前后数值比较**

| 观测值 | M2 | M2_1 | 观测值 | M2 | M2_1 |
|---|---|---|---|---|---|
| 2003Q1 | 194487.3 | 233384.76 | 2004Q1 | 231654.6 | 277985.52 |
| 2003Q2 | 204878.3 | 245853.96 | 2004Q2 | 238427.5 | 286113 |
| 2003Q3 | 213567.13 | 256280.56 | 2004Q3 | 243756.9 | 292508.28 |
| 2003Q4 | 221222.82 | 265467.38 | 2004Q4 | 254107 | 304928.4 |

在此假设下，研究其他主要变量 GDP、RETC、II、IM、EX、CPII、GDPRI 的变化情况。表 8 - 9 给出持续冲击带给这七个内生变量的变化与其基准序列相比所带来的变动。

**表 8-9　情景 1：联立模型七个主要变量的变动**

单位：%

| 时　　间 | CPI | EX | GDP | GDPRI | II | IM | RETC |
|---|---|---|---|---|---|---|---|
| 2003 年第一季度 | 0.0000 | 0.0000 | 0.0000 | 0.0000 | 0.0000 | 0.0000 | 0.0000 |
| 2003 年第二季度 | 0.0493 | 1.5678 | 1.5678 | 1.5677 | 1.5678 | 1.5677 | 0.0493 |
| 2003 年第三季度 | 0.0492 | 1.5678 | 1.5552 | 1.5678 | 1.5106 | 1.5621 | 0.0471 |
| 2003 年第四季度 | 0.0615 | 1.9595 | 1.9467 | 1.9595 | 1.9022 | 1.9538 | 0.0589 |
| 2004 年第一季度 | 0.0615 | 1.9596 | 1.9436 | 1.9596 | 1.8879 | 1.9524 | 0.0583 |
| 2004 年第二季度 | 0.0928 | 2.0555 | 2.0402 | 2.0568 | 1.9849 | 2.0494 | 0.0896 |
| 2004 年第三季度 | 0.0929 | 2.0554 | 2.0281 | 2.0567 | 1.9304 | 2.0406 | 0.0858 |
| 2004 年第四季度 | 0.1007 | 2.0791 | 2.0515 | 2.0808 | 1.9542 | 2.0644 | 0.0927 |

从表 8-9 可以看出，M2 的增加导致上述七个变量基本呈现正向变化，但效果会滞后 1 期。货币供应量的增加，导致贷款增加，使得消费、投资和产出上涨，进而增加进出口，同时总需求的加大提高了价格水平，包括 CPI 和 GDPRI。相比之下，出口、GDP、GDP 缩减指数和进口变动幅度最大，到 2004 年第四季度时超过 2%；投资次之，到 2004 年第四季度时为 1.9542%；CPI 和消费的变动较小，到 2004 年第四季度时分别仅为 0.1% 和 0.09%。

为了更直观展示上述七个变量的变动，图 8-4 展示相关图示。

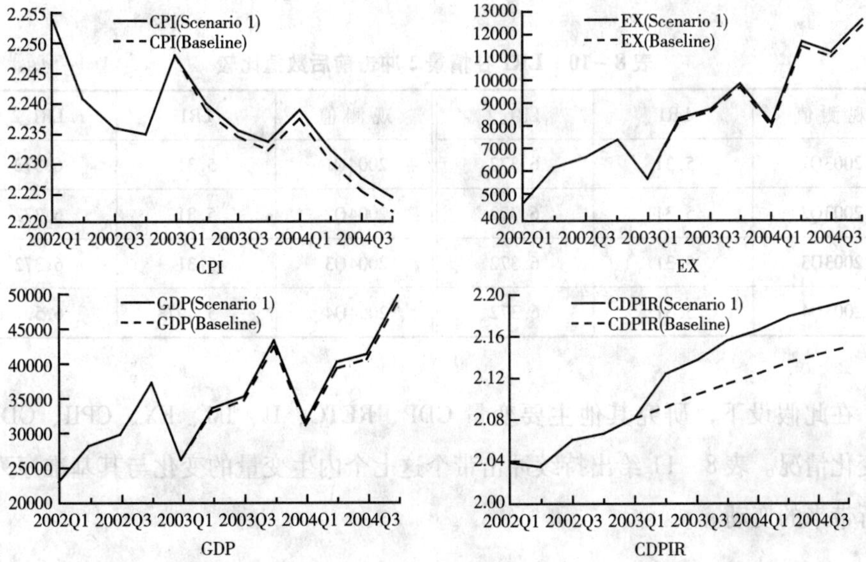

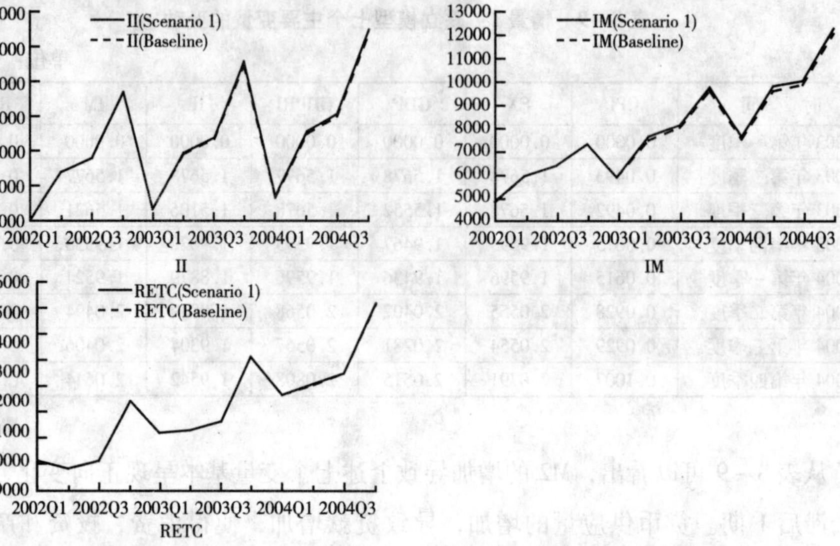


**图 8－4　情景 1：七个主要变量的实际值、冲击模拟值和拟合数值的比较**

2. 情景 2：一年期贷款利率（LR1）增加 20%

从 2003 年第 1 季度到 2004 年第 4 季度，LR1 在当季实际值的基础上增加 20%，则 2003—2004 年各季度 LR1 增加前后的变动如表 8－10 所示。

**表 8－10　LR1 在情景 2 冲击前后数值比较**

| 观 测 值 | LR1 | LR1_2 | 观 测 值 | LR1 | LR1_2 |
|---|---|---|---|---|---|
| 2003Q1 | 5.31 | 6.372 | 2004Q1 | 5.31 | 6.372 |
| 2003Q2 | 5.31 | 6.372 | 2004Q2 | 5.31 | 6.372 |
| 2003Q3 | 5.31 | 6.372 | 2004Q3 | 5.31 | 6.372 |
| 2003Q4 | 5.31 | 6.372 | 2004Q4 | 5.4978 | 6.59736 |

在此假设下，研究其他主要变量 GDP、RETC、II、IM、EX、CPII、GDPRI 的变化情况。表 8－11 给出持续冲击带个这七个内生变量的变化与其基准序列相比所带来的变动。

**表 8－11　情景 2：联立模型七个主要变量的变动**

单位：%

| 时　间 | CPI | EX | GDP | GDPRI | II | IM | RETC |
|---|---|---|---|---|---|---|---|
| 2003 年第一季度 | 0.0000 | 0.0000 | －0.0127 | 0.0000 | －0.0576 | －0.0057 | －0.0022 |
| 2003 年第二季度 | 0.0000 | －0.0007 | －0.0136 | －0.0007 | －0.0583 | －0.0065 | －0.0025 |
| 2003 年第三季度 | －0.00004 | －0.0008 | －0.0137 | －0.0008 | －0.0583 | －0.0065 | －0.0027 |
| 2003 年第四季度 | －0.00004 | －0.0023 | －0.0143 | －0.0010 | －0.0585 | －0.0069 | －0.0027 |
| 2004 年第一季度 | －0.00004 | －0.0024 | －0.0257 | －0.0010 | －0.1097 | －0.0154 | －0.0065 |
| 2004 年第二季度 | －0.00004 | －0.0031 | －0.0269 | －0.0017 | －0.1104 | －0.0163 | －0.0074 |
| 2004 年第三季度 | －0.00004 | －0.0033 | －0.0271 | －0.0018 | －0.1105 | －0.0165 | －0.0076 |
| 2004 年第四季度 | －0.0001 | －0.0063 | －0.0286 | －0.0020 | －0.1127 | －0.0174 | －0.0080 |

从表 8－11 可以看出，LR1 的增加导致上述七个内生变量基本呈现负向变化，其中对出口的影响会滞后 1 期，对 CPI 的影响会滞后 2 期。贷款利率变动会导致贷款减少，使得消费、投资和产出下降，进而降低进出口，总需求的变动降低了价格水平，包括 CPI 和 GDPRI。相比之下，投资变动幅度最大，到 2004 年第四季度时超过 0.1127%；GDP 和进口次之，到 2004 年第四季度时变动幅度分别为 0.0286% 和 0.0174%；CPI、GDPRI、进口和消费的变动幅度相对较小。

为了更直观展示上述七个变量的变动，图 8－5 展示相关图示。

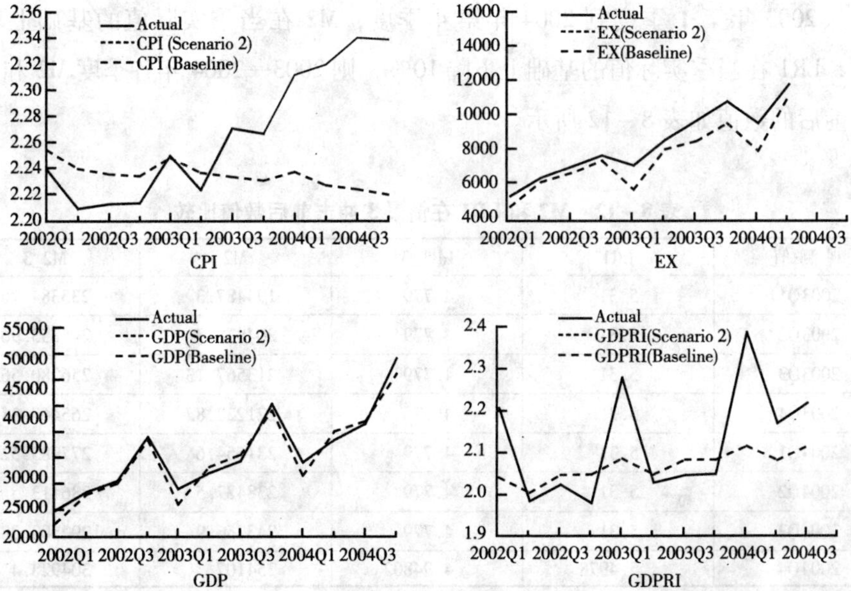

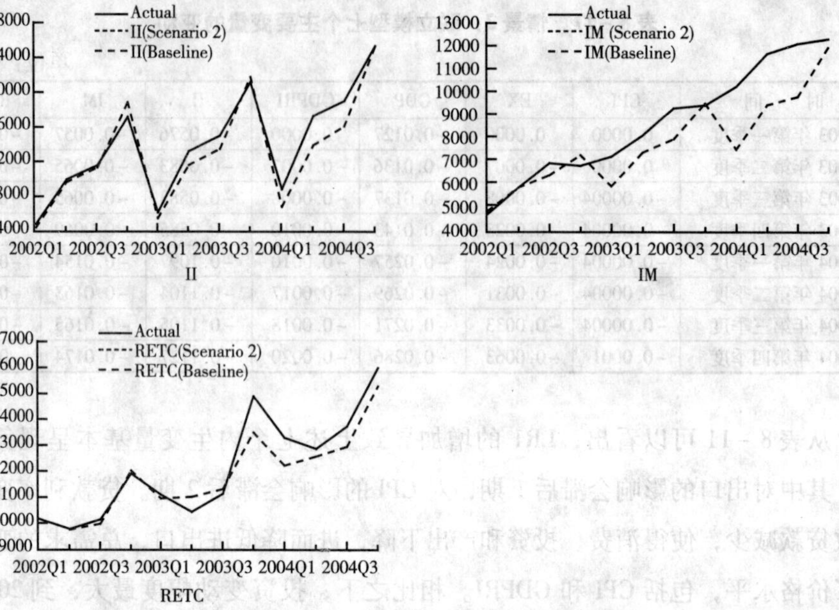


**图 8－5　情景 2：七个主要变量的实际值、冲击模拟值和拟合数值的比较**

3. 情景 3：M2 增加 20%，LR1 增加 20%

从 2003 年第 1 季度到 2004 年第 4 季度，M2 在当季实际值的基础上增加 20%，LR1 在当季实际值的基础上下降 10%，则 2003—2004 年各季度 M2 和 LR1 变动前后的数值如表 8－12 所示。

**表 8－12　M2 和 LR1 在情景 3 冲击前后数值比较**

| 观测值 | LR1 | LR1_3 | M2 | M2_3 |
| --- | --- | --- | --- | --- |
| 2003Q1 | 5.31 | 4.779 | 194487.3 | 233384.76 |
| 2003Q2 | 5.31 | 4.779 | 204878.3 | 245853.96 |
| 2003Q3 | 5.31 | 4.779 | 213567.13 | 256280.56 |
| 2003Q4 | 5.31 | 4.779 | 221222.82 | 265467.38 |
| 2004Q1 | 5.31 | 4.779 | 231654.6 | 277985.52 |
| 2004Q2 | 5.31 | 4.779 | 238427.5 | 286113 |
| 2004Q3 | 5.31 | 4.779 | 243756.9 | 292508.28 |
| 2004Q4 | 5.4978 | 4.94802 | 254107 | 304928.4 |

在此假设下，研究其他主要变量 GDP、RETC、II、IM、EX、CPII、GDPRI 的变化情况。表 8-13 给出持续冲击带给这七个内生变量的变化与其基准序列相比所带来的变动。

**表 8-13 情景 3：联立模型七个主要变量的变动**

单位：%

| 时 间 | CPI | EX | GDP | GDPRI | II | IM | RETC |
|---|---|---|---|---|---|---|---|
| 2003 年第一季度 | 0.0000 | 0.0000 | 0.0064 | 0.0000 | 0.0288 | 0.0028 | 0.0011 |
| 2003 年第二季度 | 0.0493 | 1.5678 | 1.5743 | 1.5677 | 1.5970 | 1.5707 | 0.0505 |
| 2003 年第三季度 | 0.0492 | 1.5678 | 1.5618 | 1.5678 | 1.5401 | 1.5651 | 0.0485 |
| 2003 年第四季度 | 0.0615 | 1.9602 | 1.9536 | 1.9595 | 1.9317 | 1.9569 | 0.0603 |
| 2004 年第一季度 | 0.0615 | 1.9602 | 1.9562 | 1.9596 | 1.9436 | 1.9598 | 0.0615 |
| 2004 年第二季度 | 0.0928 | 2.0562 | 2.0532 | 2.0568 | 2.0408 | 2.0569 | 0.0932 |
| 2004 年第三季度 | 0.0929 | 2.0561 | 2.0411 | 2.0567 | 1.9864 | 2.0482 | 0.0897 |
| 2004 年第四季度 | 0.1007 | 2.0813 | 2.0653 | 2.0808 | 2.0114 | 2.0723 | 0.0967 |

从表 8-13 可以看出，M2 的增加和 LR1 的降低导致上述七个内生变量增加，其中对 CPI、出口和 GDP 缩减指数的影响会滞后 1 期。贷款利率变动会导致货币供应量增加和贷款减少，会促使信贷规模增加，使得消费、投资和产出增加，进而增加进出口，总需求的增加促使了价格水平的提高，包括 CPI 和 GDPRI。出口、GDP、GDP 缩减指数、投资和进口变动幅度最大，到 2004 年第四季度时超过 2%；CPI 和消费的变动较小，到 2004 年第四季度时分别仅为 0.1% 和 0.097%。

为了更直观展示上述七个变量的变动，图 8-6 展示相关图示。

### （二）财政政策模拟分析

下面分析变动财政政策变量的情况。

情景 4：生产建设性财政支出增长 50%

从 2003 年第 1 季度到 2003 年第 4 季度，生产建设性财政支出在当季实际值

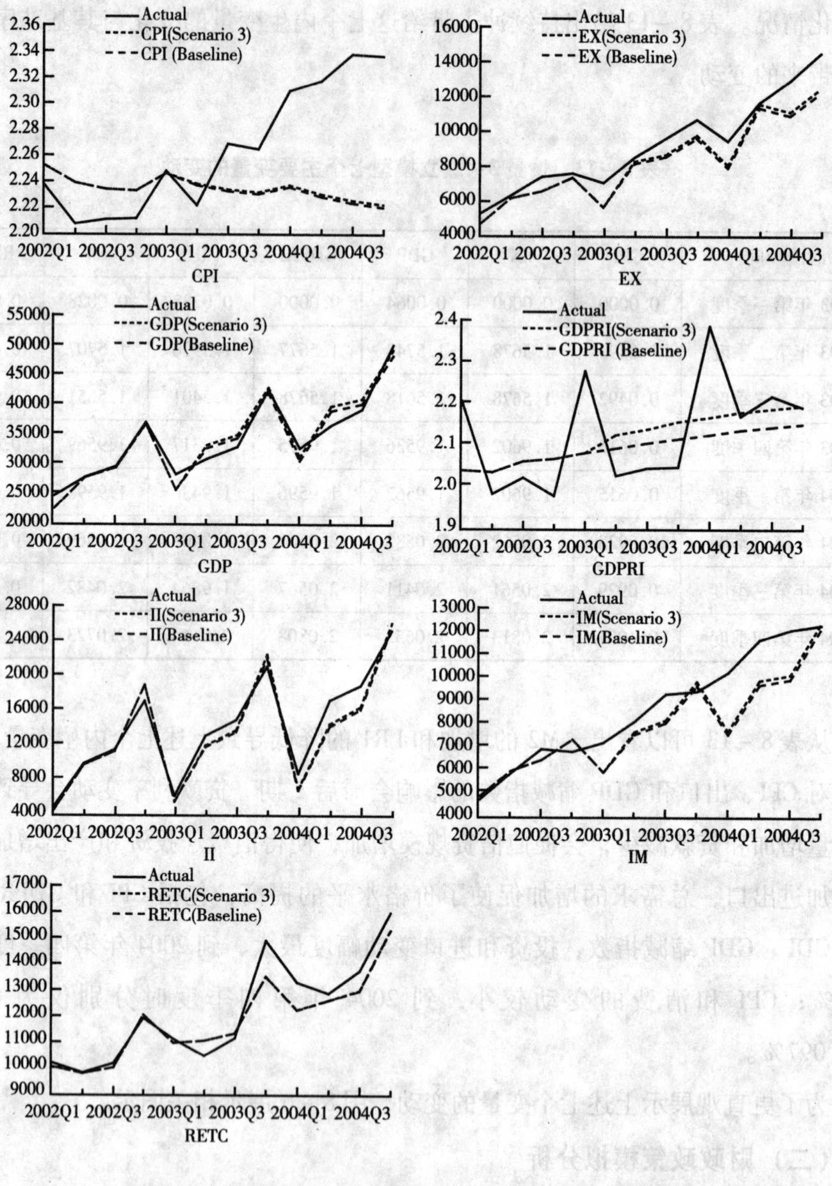


**图8－6　情景3：七个主要变量的实际值、冲击模拟值和拟合数值的比较**

的基础上增加50%，则2003年各季度生产建设性财政支出增加前后的变动如表8－14所示。

**表8－14　生产建设性财政支出在情景4冲击前后数值比较**

| 观 测 值 | FE2 | FE2_4 | 观 测 值 | FE2 | FE2_4 |
|---|---|---|---|---|---|
| 2003Q1 | 932.23 | 1398.345 | 2003Q3 | 1755.29 | 2632.935 |
| 2003Q2 | 1913.85 | 2870.775 | 2003Q4 | 2014.76 | 3022.14 |

在此假设下，研究其他主要变量GDP，RETC，II，IM，EX，CPII，GDPRI的变化情况。表8－15给出持续冲击带给这七个内设变量的变化与其基准序列相比所带来的变动。

**表8－15　情景4：联立模型七个主要变量的变动**

单位：%

| 时　　间 | CPI | EX | GDP | GDPRI | II | IM | RETC |
|---|---|---|---|---|---|---|---|
| 2003年第一季度 | 0.0000 | 0.0000 | 1.1502 | 0.0000 | 5.3335 | 0.5124 | 0.2006 |
| 2003年第二季度 | 0.0021 | 0.0654 | 1.2310 | 0.0654 | 5.3935 | 0.5846 | 0.2364 |
| 2003年第三季度 | 0.0023 | 0.0718 | 1.2395 | 0.0718 | 5.3969 | 0.5920 | 0.2422 |
| 2003年第四季度 | 0.0028 | 0.2102 | 1.2946 | 0.0885 | 5.4121 | 0.6258 | 0.2503 |
| 2004年第一季度 | 0.0030 | 0.2169 | 1.1602 | 0.0936 | 4.6927 | 0.8697 | 0.3763 |
| 2004年第二季度 | 0.0040 | 0.2137 | 1.1780 | 0.0903 | 4.6818 | 0.8796 | 0.4257 |
| 2004年第三季度 | 0.0042 | 0.2199 | 1.1868 | 0.0924 | 4.6810 | 0.8852 | 0.4388 |
| 2004年第四季度 | 0.0046 | 0.3521 | 1.2295 | 0.0921 | 4.6785 | 0.9139 | 0.4541 |

从表8－15可以看出，生产建设性财政支出的增加导致上述七个内生变量增加，其中对CPI和出口的影响会滞后1期。生产建设性财政支出增加会导致投资加大，促使消费、进出口和产出增加，进而导致价格水平的提高，包括CPI和GDPRI。投资的变动幅度最大，到2004年第四季度时达到4.68%；GDP次之，变动幅度为1.23%，出口、GDP缩减指数、进口、CPI和消费的变动相对较小。

为了更直观展示上述七个变量的变动，图8－7展示相关图示。

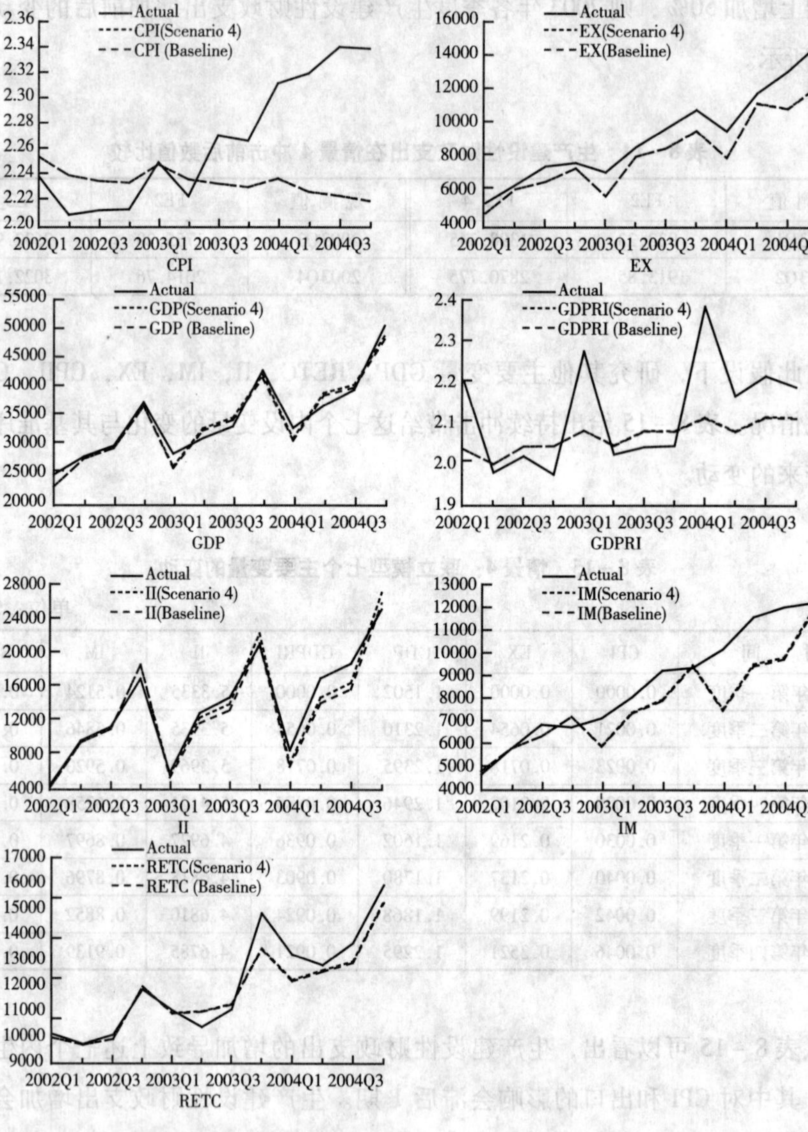


**图 8－7　情景 4：七个主要变量的实际值、冲击模拟值和拟合数值的比较**

## （三）货币政策和财政政策模拟分析

下面分析同时变动财政政策变量和货币政策变量的情况。我们假定财政政策变量为经济建设性财政支出 FE2，货币政策变量为货币供给 M2 和一年期贷款利率 LR1。根据财政政策和货币政策的搭配组合，设定了以下四种情况进行政策效果分析。

1. 情景 5：财政政策和货币政策同时紧缩

财政政策和货币政策同时紧缩，对于政策变量而言，意味着经济建设性财政支出减少，货币供给下降，同时利率增加。运用 Eviews 5.0 版本软件进行运算，可以看出政策工具变量值的改变对模型中各内生变量的冲击情况。

（1）情景 5 假设

根据上文的设定，我们将 2003 年第一季度至 2003 年第四季度的经济建设性财政支出 FE2 减少 50%；将 2003 年第一季度至 2004 年第四季度的货币供应量 M2 与实际值相比减少 10%，一年期贷款利率与实际值相比上调 10%。

图 8－8 直观地反映了情景 5 中，三种政策工具变量的改变。

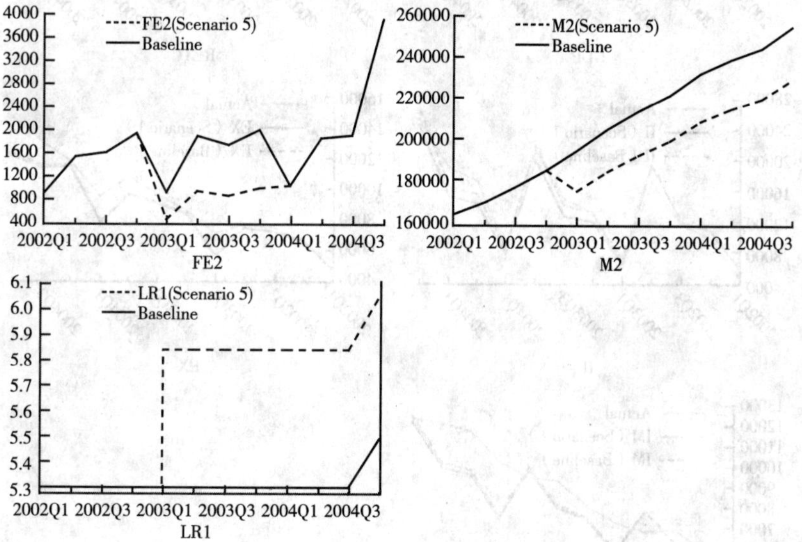


**图 8－8　情景 5：政策工具变量改变**

由图可清楚地看到，我们将 2003 年四个季度的 FE2 调低了 50%。由于经济建设性财政支出是当季数据，因此只需要调整所需年份（或者季度）数据。而 M2 和 LR1 则不同，M2 是货币供给余额，一个季度的调整对下一个季度的数值有所影响，因此对 2003 年以后的所有 M2 都进行调整；利率的调整也是相对刚性的。

（2）冲击后 GDP 模块中各变量的变化

下图反映了在情景一中，三个变量的改变对 GDP 模块各个变量产生的冲击。图 8－9 中描述了三条曲线的变化情况，即实际值、拟合结果和冲击模拟结果的变化。

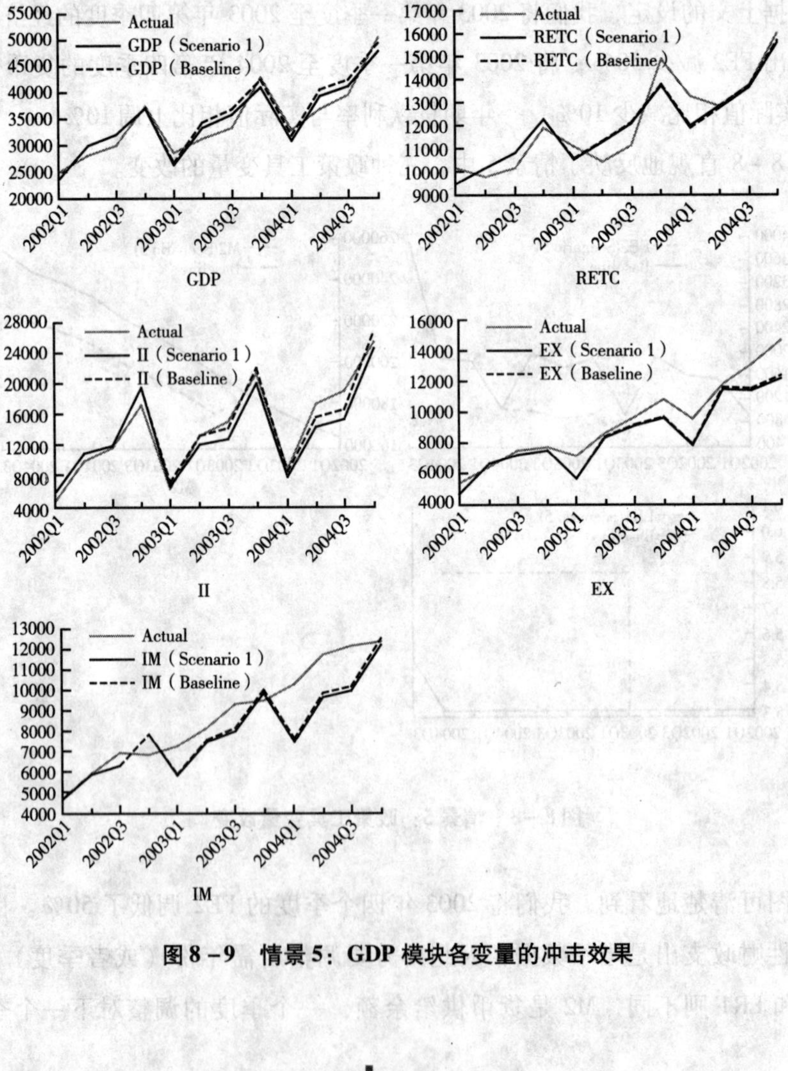


**图 8－9　情景 5：GDP 模块各变量的冲击效果**

由图中可以看出，当财政政策和货币政策变量都紧缩的时候，经过冲击后的GDP、RETC、II、EX和IM模拟值与模型原来的拟合值相比，都出现了不同程度的下降。图形上具体表现为：灰色的曲线位置基本上位于黑色曲线的下方。也就是说，财政政策和货币政策都紧缩，对GDP、RETC、II、EX和IM的冲击都是负的。

尽管冲击后的GDP、RETC、II、EX和IM都出现了下降，但是下降的程度不同。表8-16反映了这5个变量变动的百分比，也就是它们经过政策变量冲击后的反应程度不同：

**表8-16　情景5：GDP模块变量的冲击程度**

单位：%

| 观测值 | GDP | RETC | II | EX | IM |
|---|---|---|---|---|---|
| 2003Q1 | -1.94228 | -0.34316 | -8.52609 | 0 | -0.87273 |
| 2003Q2 | -2.82235 | -0.4251 | -9.24025 | -0.89492 | -1.76098 |
| 2003Q3 | -2.81968 | -0.43302 | -9.21077 | -0.89493 | -1.75978 |
| 2003Q4 | -3.09296 | -0.45163 | -9.38676 | -1.32098 | -2.00396 |
| 2004Q1 | -2.86764 | -0.66606 | -8.32929 | -1.32124 | -2.4034 |
| 2004Q2 | -2.93533 | -0.75955 | -8.28167 | -1.37534 | -2.46417 |
| 2004Q3 | -2.93989 | -0.77795 | -8.25396 | -1.38148 | -2.46554 |
| 2004Q4 | -3.01874 | -0.8056 | -8.24308 | -1.61877 | -2.52337 |

由表8-16可知，当财政政策、货币政策同时紧缩（情景一假设）的条件下，GDP模块各变量的变动有如下特点。

第一，货币政策和财政政策同时紧缩，对GDP的冲击效果不是很大。尽管FE2减少了50%，M2减少了10%，LR1增加了10%，但是GDP在2003、2004各季度的变动大多在3%左右。

第二，对投资的冲击效果远远大于对消费的冲击效果。表中可以看出，投资的变动在8%、9%左右，但是消费的变动各季度均不超过1%。可见货币政策和财政政策对投资的影响更有效，对消费的影响效果甚微。

第三，货币政策和财政政策同时紧缩，对进口的影响大于对出口的影响。可以看到，2003 年、2004 年各季度的出口变化幅度均小于进口的变化幅度。

(3) 冲击后价格和财政收入的变化

图 8 - 10 中反映了价格两个变量 CPI、GDPRI 和财政收入 FI 的变动情况。

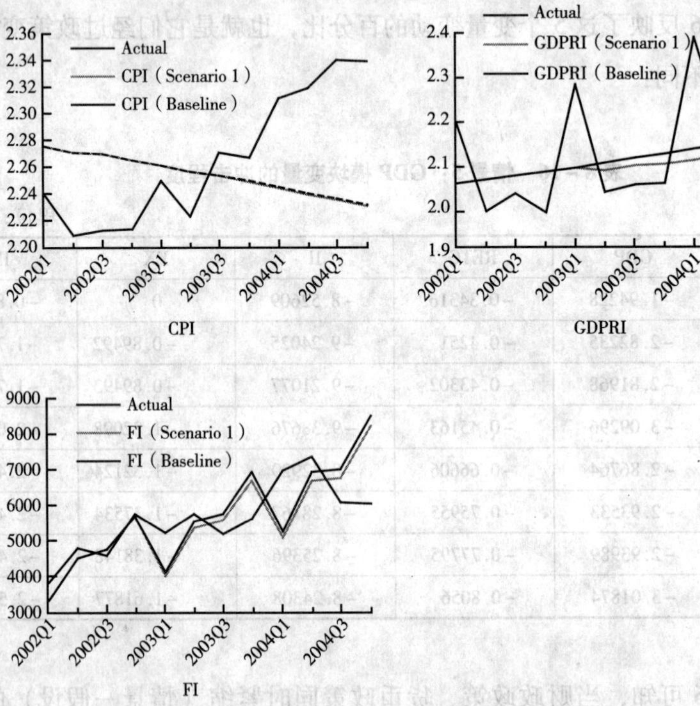


**图 8 - 10　情景 5：价格和财政收入变量的冲击效果**

由图 8 - 10 可知，2002 年到 2003 年，拟合值和冲击模拟值之间是重合的，因为我们在 2003 年第一季度才开始冲击。2003 年第一季度到 2004 年第四季度之间，CPI、GDPI 和 FI 的冲击模拟值曲线（灰线）低于模型拟合值曲线（黑线）。也就是说，货币政策和财政政策同时紧缩，对价格水平和财政收入水平的影响都是负的。

情景 5 的冲击下，CPI、GDPRI 和 FI 都出现了下降，但是幅度不同。表 8－17中给出了这 3 个变量对冲击的反应程度。我们可以看出，价格和财政收入的变动有如下特点。

**表 8－17　情景 5：价格和财政收入变量的冲击程度**

单位：%

| 观测值 | CPI | GDPRI | FI | 观测值 | CPI | GDPRI | FI |
|---|---|---|---|---|---|---|---|
| 2003Q1 | 0 | 0 | －2.453 | 2004Q1 | －0.036 | －1.115 | －3.236 |
| 2003Q2 | －0.028 | －0.895 | －3.254 | 2004Q2 | －0.054 | －1.17 | －3.302 |
| 2003Q3 | －0.028 | －0.895 | －3.251 | 2004Q3 | －0.054 | －1.17 | －3.308 |
| 2003Q4 | －0.036 | －1.115 | －3.52 | 2004Q4 | －0.058 | －1.183 | －3.403 |

第一，货币政策和财政政策同时紧缩，对财政收入的影响不是很大，对价格水平的影响更小。我们可以看到，除了 2003 年第一季度之外，其他各季度财政收入的减少幅度在 3% 以上。而 CPI 的减少幅度不到 1%，GDPRI 的减少幅度也在 1% 左右。

第二，货币、财政政策同时紧缩，对价格的影响是逐渐加大的。我们可以看到，2003 年第一季度到 2004 年第四季度，CPI 和 GDPRI 的变动幅度在逐步加大，到 2004 年第四季度达到最大值。

第三，货币、财政政策同时紧缩，对 CPI 的影响小于对 GDPRI 的影响。CPI 经过冲击之后的变动幅度非常小，仅在 0.02%—0.06% 之间，几乎可以忽略；而 GDPRI 的反应程度相对较大，在 1% 左右。

2. 情景 6：财政政策和货币政策同时扩张

财政政策和货币政策同时扩张，对于政策变量而言，意味着经济建设性财政支出增加，货币供给增加，同时利率下降。

（1）情景 6 假设

我们将 2003 年第一季度至 2003 年第四季度的经济建设性财政支出 FE2 增加 50%；将 2003 年第一季度至 2004 年第四季度的货币供应量 M2 与实际值相比增

加 20%，一年期贷款利率与实际值相比下调 10%。

图 8－11 直观地反映了情景 6 中三种政策工具变量的变化情况。

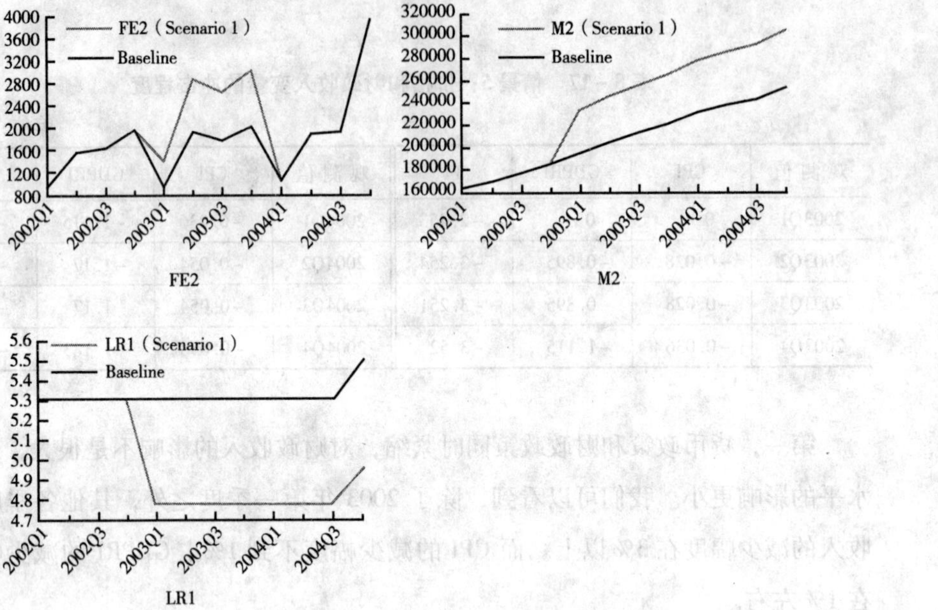


**图 8－11　情景 6：政策工具变量改变**

（2）冲击后 GDP 模块中各变量的变化

图 8－12 反映了在情景 6 中政策工具变量的变化对 GDP 模块各个变量产生的冲击。

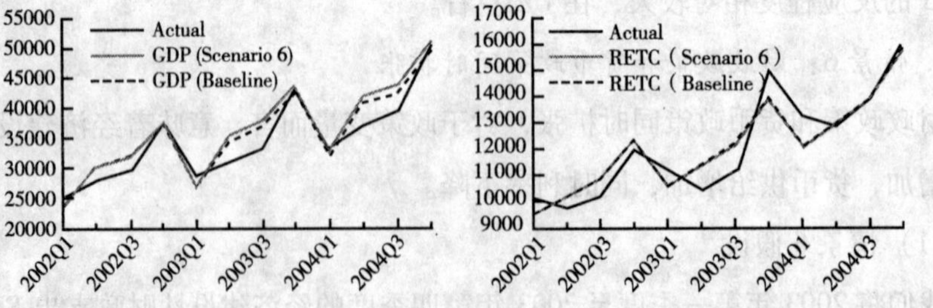

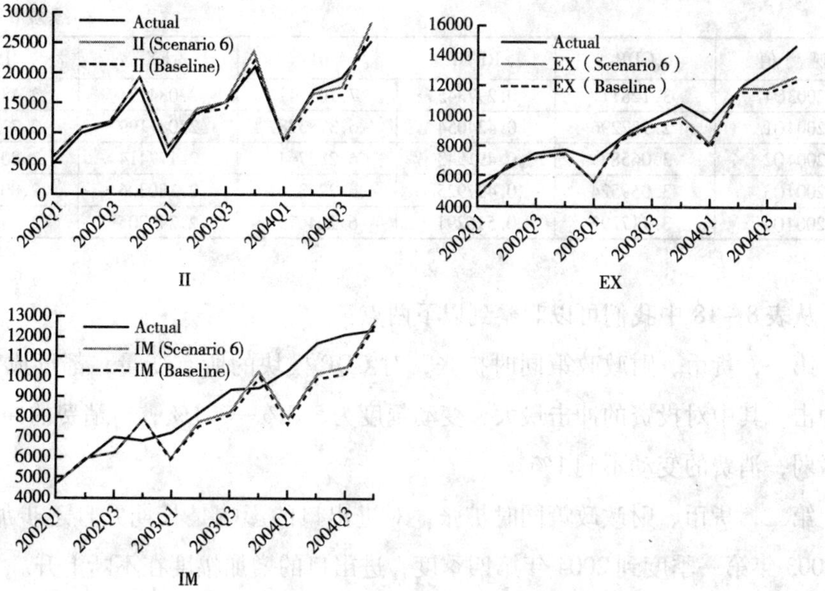


**图 8－12　情景 6：GDP 模块各变量的冲击效果**

由图可知，2003 年第一季度到 2004 年第四季度之间，GDP 模块 5 个变量的冲击模拟值曲线（灰线）高于模型拟合值曲线（黑线）。也就是说，货币政策和财政政策同时扩张，对价格水平和财政收入水平的影响都是正的。

尽管在货币政策、财政政策同时扩张的情况下，GDP 模块各变量都是正向变化的，但是增加幅度不同。表 8－18 给出了 5 个变量在情景 6 冲击下的反应程度：

**表 8－18　情景 6：价格和财政收入变量的冲击程度**

单位：%

| 观测值 | GDP | RETC | II | EX | IM |
|---|---|---|---|---|---|
| 2003Q1 | 1.15662 | 0.201658 | 5.363843 | 0 | 0.515252 |
| 2003Q2 | 2.714302 | 0.277701 | 6.802537 | 1.567757 | 2.078546 |
| 2003Q3 | 2.703821 | 0.279989 | 6.742712 | 1.567761 | 2.0739 |

续表 8－18

| 观 测 值 | GDP | RETC | II | EX | IM |
|---|---|---|---|---|---|
| 2003Q4 | 3.12811 | 0.297345 | 7.101547 | 2.084174 | 2.480198 |
| 2004Q1 | 2.987296 | 0.424054 | 6.378378 | 2.081199 | 2.725587 |
| 2004Q2 | 3.06587 | 0.491543 | 6.282764 | 2.177414 | 2.807453 |
| 2004Q3 | 3.059524 | 0.497925 | 6.227326 | 2.180306 | 2.801807 |
| 2004Q4 | 3.117292 | 0.516291 | 6.204679 | 2.340705 | 2.848264 |

从表 8－18 中我们可以观察到以下两点：

第一，货币、财政政策同时扩张，对 GDP 模块的所有变量，都形成了正向的冲击，其中对投资的冲击最大，变动幅度为 5.3%—7.1%；对消费的冲击效果最微弱，消费的变动不到 1%。

第二，货币、财政政策同时扩张，对进出口的影响是长期并且逐步加深的。从 2003 年第一季度到 2004 年第四季度，进出口的增加幅度在不断上升。

（3）冲击后价格和财政收入的变化

图 8－13 反映了货币、财政政策同时扩张的条件下，价格和财政收入的变化情况。

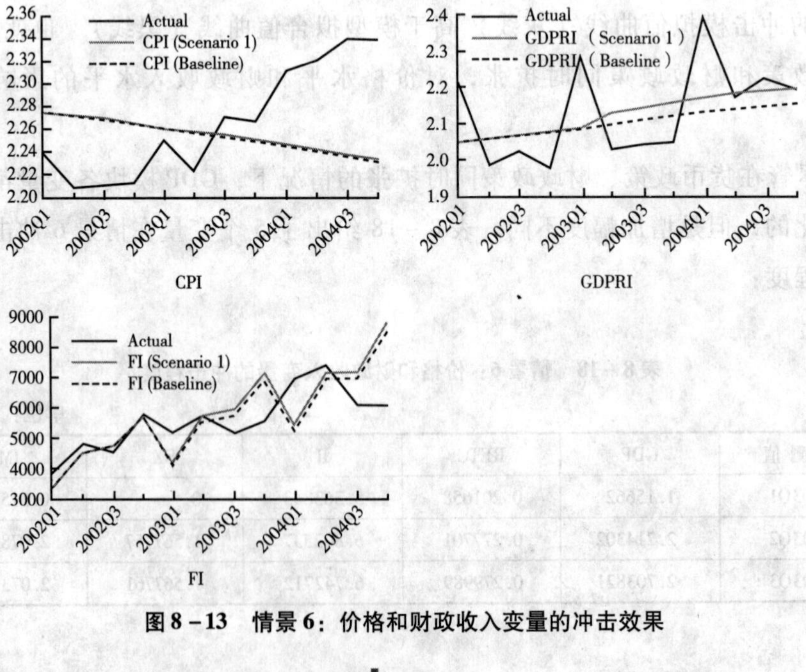


**图 8－13　情景 6：价格和财政收入变量的冲击效果**

从图中可以看到，2003 年第一季度到 2004 年第四季度之间，CPI、GDPI 和 FI 的冲击模拟值曲线（绿线）高于模型拟合值曲线（黑线）。货币政策和财政政策同时扩张，对价格水平和财政收入水平的影响都是正的，但是对各变量的冲击程度不同。如表 8－19 所示。

**表 8－19　情景 6：价格和财政收入变量的冲击程度**

单位：%

| 观测值 | CPI | GDPRI | FI | 观测值 | CPI | GDPRI | FI |
|---|---|---|---|---|---|---|---|
| 2003Q1 | 0 | 0 | 1.466613 | 2004Q1 | 0.061533 | 1.959547 | 3.090687 |
| 2003Q2 | 0.049243 | 1.567753 | 2.884099 | 2004Q2 | 0.092824 | 2.056741 | 3.155714 |
| 2003Q3 | 0.049261 | 1.567731 | 2.870825 | 2004Q3 | 0.092894 | 2.056775 | 3.147642 |
| 2003Q4 | 0.06145 | 1.959592 | 3.269196 | 2004Q4 | 0.100797 | 2.08081 | 3.212267 |

从表 8－19 中可以看出：

第一，货币、财政政策同时扩张，对财政收入的冲击最大。FI 的变动程度，大约高出 CPI 变动幅度 2—3 个百分点，高出 GDPRI 变动幅度 1 个多百分点。

第二，两种价格指标中 CPI 的变动幅度远小于 GDPRI 的变动幅度。GDPRI 的变动在 2% 左右，但是 CPI 的变动非常微弱，除了 2004 年第四季度之外，其他各季度的变动幅度小于 0.1%。

3. 情景 7：货币政策紧缩，财政政策扩张

货币政策紧缩，意味着货币供应量减少，利率提高；财政政策扩张，意味着财政支出扩张。因此需要降低货币供给，提高一年期贷款利率，提高经济建设性支出。

（1）情景 7 假设

我们将 2003 年第至季度—2003 年第四季度的经济建设性财政支出 FE2 增加 50%；将 2003 年第一季度至 2004 年第四季度的货币供应量 M2 与实际值相比减少 10%，一年期贷款利率与实际值相比上调 10%。

图 8－14 直观地反映了情景 7 中三种政策工具变量的变化情况。

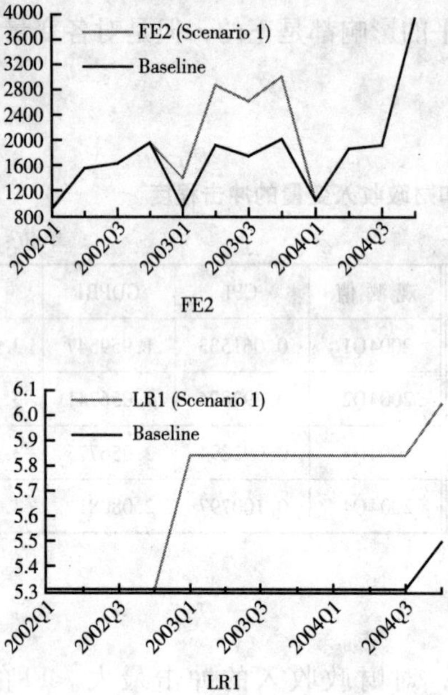

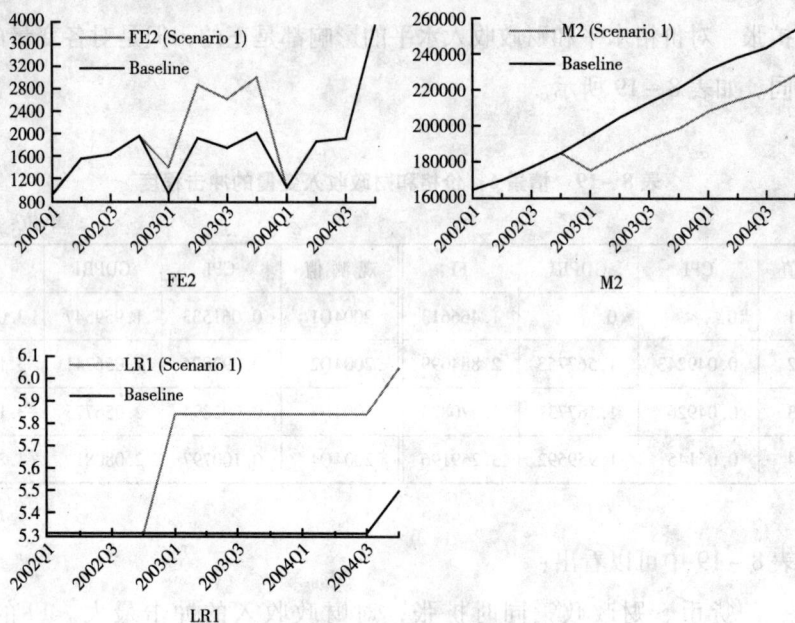


**图 8－14　情景 7：政策工具变量改变**

（2）冲击后 GDP 模块中各变量的变化

图 8－15 反映了在情景 7 中政策工具变量的变化对 GDP 模块各个变量产生的冲击。

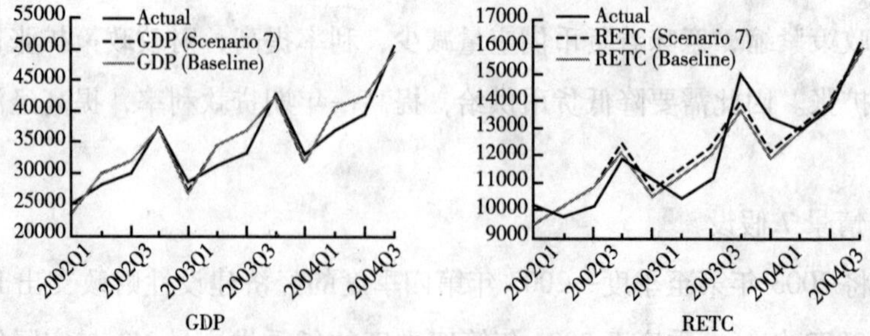

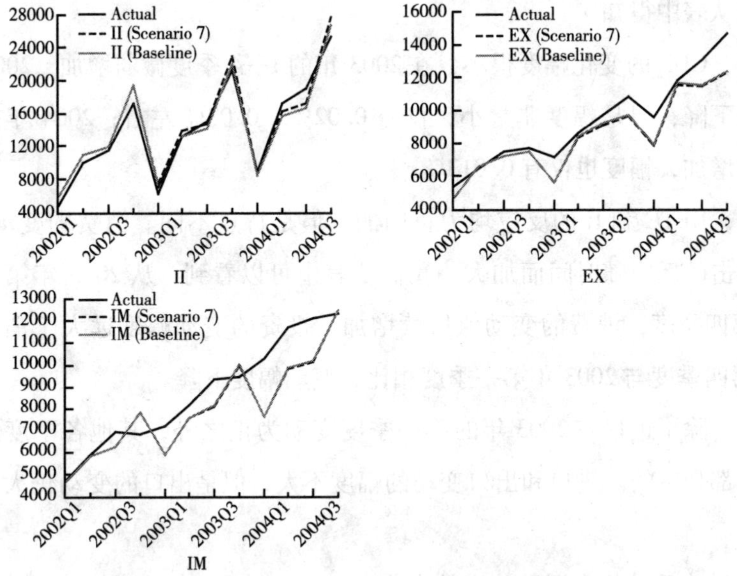


**图 8－15　情景 7：GDP 模块各变量的冲击效果**

由图可知，2003 年第一季度到 2004 年第四季度之间，GDP 模块 5 个变量的冲击模拟值曲线（绿线）和模型拟合值曲线（黑线）之间非常接近。其中 GDP、RETC、EX、IM 四个变量的冲击模拟值和拟合值几乎重合。借助表 8－20，我们可以观察到 5 个变量的具体变化情况：

**表 8－20　情景 7：价格和财政收入变量的冲击程度**

单位：%

| 观测值 | GDP | RETC | II | EX | IM |
|---|---|---|---|---|---|
| 2003Q1 | 1.143826 | 0.199482 | 5.303171 | 0 | 0.509554 |
| 2003Q2 | 0.280309 | 0.209378 | 4.48106 | －0.89492 | －0.37142 |
| 2003Q3 | 0.290579 | 0.217047 | 4.514979 | －0.89493 | －0.36687 |
| 2003Q4 | 0.112171 | 0.218971 | 4.312406 | －0.99565 | －0.56851 |
| 2004Q1 | －0.02824 | 0.343803 | 3.579032 | －0.99127 | －0.33535 |
| 2004Q2 | －0.03683 | 0.381681 | 3.632888 | －1.04473 | －0.35869 |
| 2004Q3 | －0.02174 | 0.398776 | 3.664104 | －1.04003 | －0.34936 |
| 2004Q4 | 0.013359 | 0.412091 | 3.676449 | －0.92365 | －0.32969 |

可以从表中得知：

第一，GDP的变化幅度很小，在2003年的1—4季度微弱增加，2004年1—3季度出现下降，但是幅度非常小，仅有0.02%、0.03%左右；2004年的第四季度又出现增加，幅度也仅有0.013%。

第二，RETC和II的反应均为正向的，但是特点不同。消费的变动幅度小，可是对冲击的反应随时间而加大，我们从表中可以看到，从2003年第一季度到2004年第四季度，消费的变动值持续增加。投资的变动幅度远大于消费，但是2004年第四季度与2003年第一季度相比，变动幅度下降。

第三，除了进口在2003年的第一季度变动为正之外，其他各季度进口和出口的变动都是负的。进口和出口变动的幅度不大，但是出口的变动仍大于进口的变动。

（3）冲击后价格和财政收入的变化

图8-16反映了货币政策紧缩、财政政策扩张的条件下，价格和财政收入的变化情况。

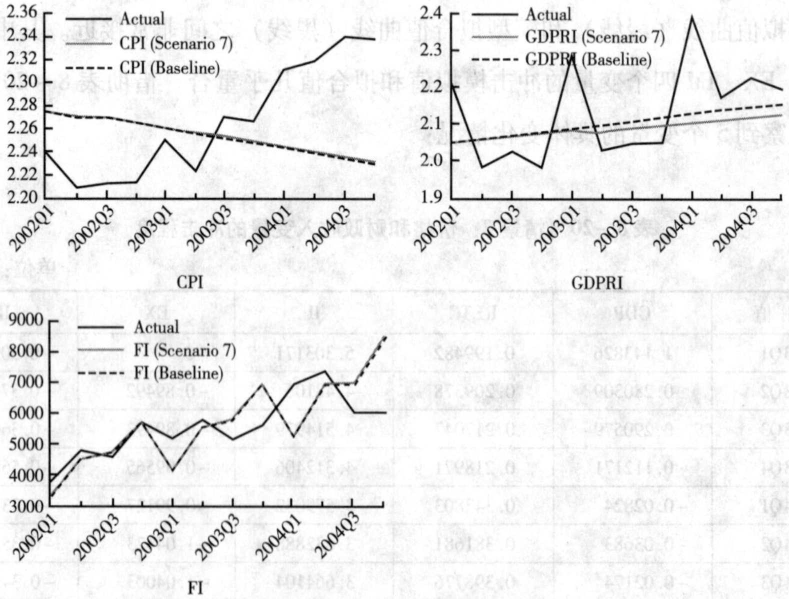


**图8-16 情景7：价格和财政收入变量的冲击效果**

从图8－16中可以看到，2003年第一季度到2004年第四季度之间，CPI的冲击模拟值曲线（灰线）在模型拟合值曲线（黑线）的下方，但两条曲线非常接近，几乎重合；GDPI的冲击模拟值曲线（灰线）明显低于模型拟合值曲线（黑线）；FI的冲击模拟值曲线（灰线）在模型拟合值曲线（黑线）的上方，也非常接近。表8－21具体给出了各变量的变动程度。

**表8－21 情景7：价格和财政收入变量的冲击程度**

单位：%

| 观测值 | CPI | GDPRI | FI | 观测值 | CPI | GDPRI | FI |
|---|---|---|---|---|---|---|---|
| 2003Q1 | 0 | 0 | 1.450342 | 2004Q1 | －0.03551 | －1.11518 | 0.359496 |
| 2003Q2 | －0.02846 | －0.89493 | 0.672965 | 2004Q2 | －0.05358 | －1.16961 | 0.368059 |
| 2003Q3 | －0.02845 | －0.89494 | 0.686033 | 2004Q3 | －0.05367 | －1.16961 | 0.38721 |
| 2003Q4 | －0.03553 | －1.11514 | 0.538007 | 2004Q4 | －0.05817 | －1.18311 | 0.436627 |

由表可知：

第一，货币政策紧缩、财政政策扩张，对价格的影响都是负的，但是GDPRI的变动幅度远大于CPI的变动。

第二，货币政策紧缩、财政政策扩张，对财政收入的影响是正向的，但是相对于冲击初期来讲，随着时间推移，冲击的影响在减弱。

4. 情景8：货币政策扩张，财政政策紧缩

货币政策扩张，财政政策紧缩，意味着增加货币供给，降低一年期贷款利率，减少经济建设性财政支出。

（1）情景8假设

我们将2003年第一季度至2003年第四季度的经济建设性财政支出FE2减少50%；将2003年第一季度至2004年第四季度的货币供应量M2与实际值相比增加20%，一年期贷款利率与实际值相比下调10%。

图8－17直观地反映了情景8中三种政策工具变量的变化情况。

（2）冲击后GDP模块中各变量的变化

图8－18反映了在情景8中，政策工具变量的变化对GDP模块各个变量产生的冲击。

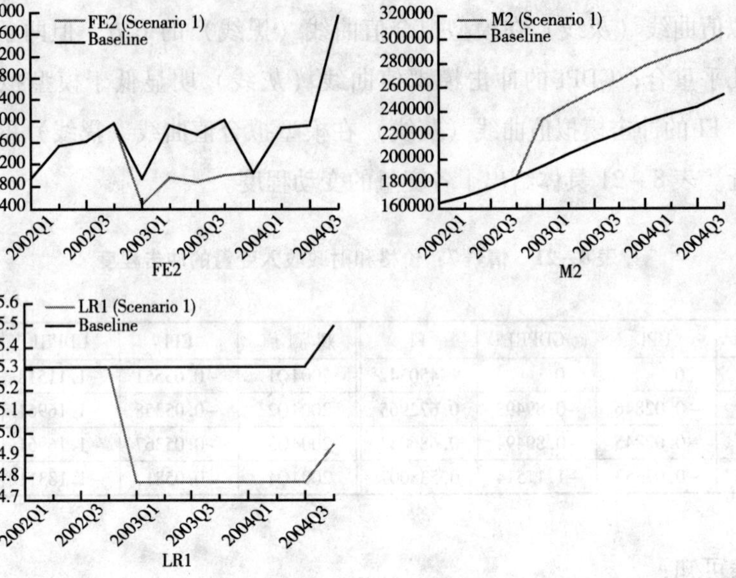


**图 8－17 情景 8：政策工具变量改变**

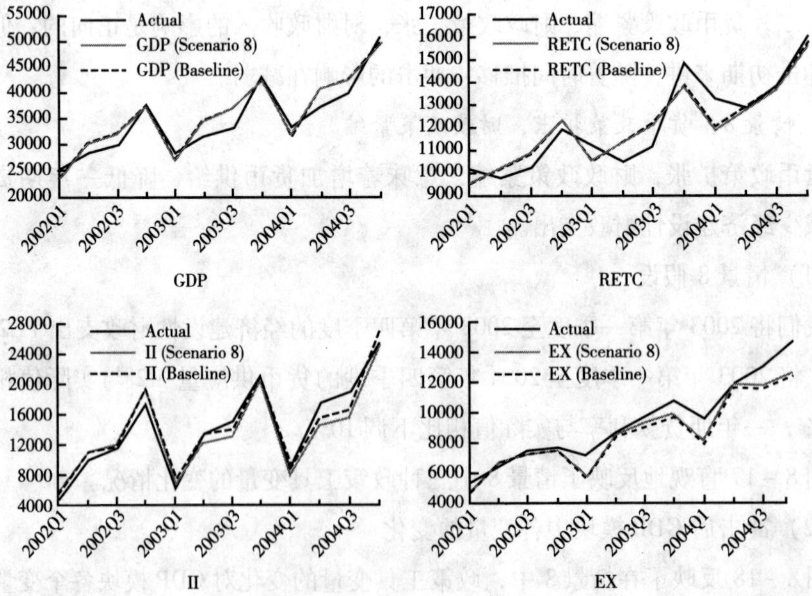

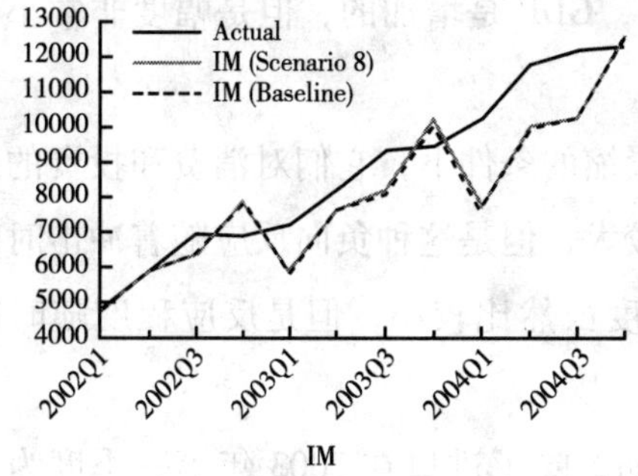


**图 8-18　情景 8：GDP 模块各变量的冲击效果**

由图可知，2003 年第一季度到 2004 年第四季度之间，GDP、RETC、EX、IM4 个变量的冲击模拟值曲线（灰线）和模型拟合值曲线（黑线）之间非常接近。RETC 冲击模拟值曲线（灰线）在模型拟合值曲线（黑线）的下方，EX 和 IM 冲击模拟值曲线（灰线）几乎都在模型拟合值曲线（黑线）的上方。II 冲击模拟值曲线（灰线）明显在模型拟合值曲线（黑线）的下方。具体的变动情况如表 8-22 所示：

**表 8-22　情景 8：价格和财政收入变量的冲击程度**

单位：%

| 观测值 | GDP | RETC | II | EX | IM |
|---|---|---|---|---|---|
| 2003Q1 | -1.9298576 | -0.34089 | -8.4734 | 0 | -0.86711 |
| 2003Q2 | -0.4636814 | -0.35722 | -7.22363 | 1.567757 | 0.65482 |
| 2003Q3 | -0.481289 | -0.37058 | -7.27564 | 1.567761 | 0.646855 |
| 2003Q4 | -0.1735595 | -0.37376 | -6.96388 | 1.748723 | 1.000687 |
| 2004Q1 | 0.06225174 | -0.58664 | -5.85178 | 1.740978 | 0.594022 |
| 2004Q2 | 0.07740389 | -0.65093 | -5.93639 | 1.836051 | 0.635045 |
| 2004Q3 | 0.05142693 | -0.67997 | -5.98547 | 1.827773 | 0.618679 |
| 2004Q4 | -0.0089059 | -0.70267 | -6.00553 | 1.62265 | 0.584622 |

由表中数字可以看出：

第一，在货币政策扩张、财政政策紧缩的条件下，GDP 的变动是不稳定的。在冲击开始的前四个季度，GDP 是减少的，第一个季度减少的幅度最大，达到

1.9%左右；从第五个季度到第七个季度，GDP是增加的，但是幅度非常小；到第八个季度，又出现了微弱的减少。

第二，在货币政策扩张、财政政策紧缩的条件下，它们对消费和投资的影响都是负的。特别是投资下降的比重相对较大，但是这种负向反应随着冲击时间的推移，总体上是减弱的。消费的变动幅度虽然比较小，但是反应程度随时间而加强。

第三，货币政策扩张，财政政策紧缩，除了进口在2003年第一季度为负之外，进出口在其他各个季度都是正向变动的，变动幅度都比较小，但出口的增加幅度大于进口的增加幅度。

(3) 冲击后价格和财政收入的变化

图8－19反映了货币政策扩张、财政政策紧缩的条件下，价格和财政收入的变化情况。

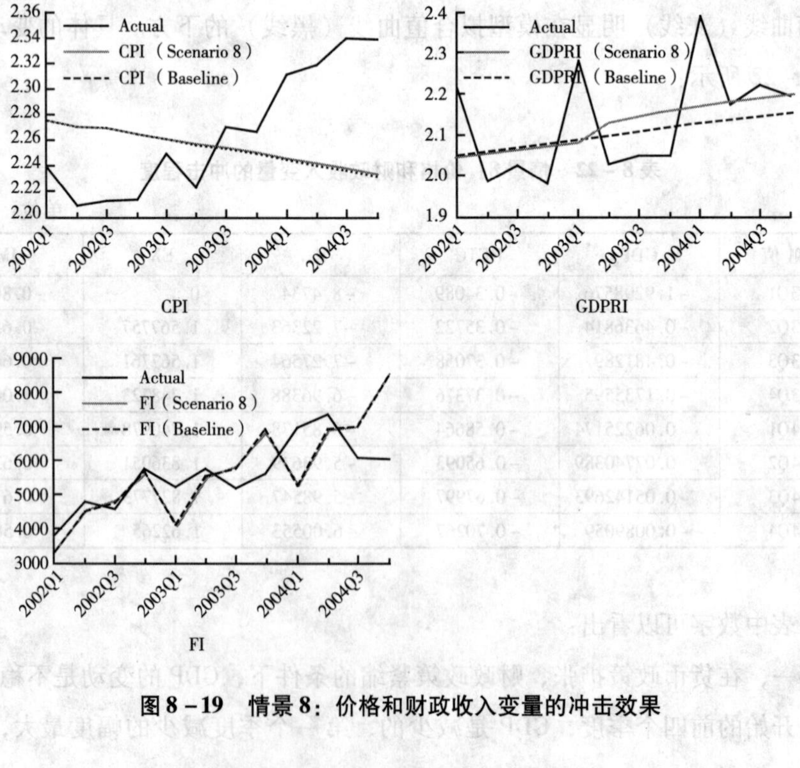


**图8－19　情景8：价格和财政收入变量的冲击效果**

从图中可以看到，2003 年第一季度到 2004 年第四季度之间，CPI 的冲击模拟值曲线（灰线）在模型拟合值曲线（黑线）的上方，两条曲线非常接近；GDPI 的冲击模拟值曲线（灰线）明显高于模型拟合值曲线（黑线）；FI 的冲击模拟值曲线（灰线）在模型拟合值曲线（黑线）的下方，也非常接近。表 8 – 23 给出了各变量的变动程度。

**表 8 – 23 情景 8：价格和财政收入变量的冲击程度**

单位：%

| 观测值 | CPI | GDPRI | FI | 观测值 | CPI | GDPRI | FI |
|---|---|---|---|---|---|---|---|
| 2003Q1 | 0 | 0 | –2.43707 | 2004Q1 | 0.061533 | 1.959547 | –0.60227 |
| 2003Q2 | 0.049243 | 1.567753 | –1.12942 | 2004Q2 | 0.092824 | 2.056741 | –0.61652 |
| 2003Q3 | 0.049261 | 1.567731 | –1.15156 | 2004Q3 | 0.092894 | 2.056775 | –0.64919 |
| 2003Q4 | 0.06145 | 1.959592 | –0.89875 | 2004Q4 | 0.100797 | 2.08081 | –0.7333 |

可以从表 8 – 23 中观察到：

第一，货币政策扩张、财政政策紧缩，对财政收入的影响是负的，尽管 FI 的变动幅度较小，但是随着时间推移，对 FI 的冲击程度，从 2003 年第一季度到 2004 年第一季度逐渐下降；从 2004 年第二季度到 2004 年第四季度又缓慢上升。

第二，货币政策扩张、财政政策紧缩，对价格影响都是正的，其中对 GDPRI 的影响远大于 CP。

在本章中，我们建立了 China-QMFP 模型，通过模拟、预测对模型进行了评估，然后利用改模型对我国的货币政策和财政政策的八种情况进行了情景分析。通过这些分析可以看到，China-QMFP 模型基本上能够接受检验，并具有一定的政策效果分析功能。当然，因为变量选择和数据来源都有一定不足，在数学工具的应用上还有一定局限性，所以，China-QMFP 模型尚可进一步改进，我们将在未来的工作中逐步完善 China-QMFP 模型，不断提高该模型对我国货币政策和财政政策效果进行模拟和评析的能力。

## 主要参考文献

1. 钱小军，等译．计量经济模型与经济预测．机械工业出版社，1999.

2. 郑玉歆，樊明太．中国 CGE 模型及政策分析．社会科学文献出版社，1999.

3. 王慧炯，李伯溪，李善同．中国实用宏观经济模型 1999．2000.

4. 汪同三，沈利生，主编．中国社会科学院数量经济与技术经济研究所经济模型集．社会科学文献出版社，2001.

5. 袁志刚，宋铮．高级宏观经济学．复旦大学出版社，2001.

6. 刘起运．宏观经济数量分析方法与模型．高等教育出版社，2002.

7. 汪同三，张守一，吴承业．21 世纪数量经济学．社会科学文献出版社，2003.

8. 邱晓华，郑京平．解读中国的经济指标．中国经济出版社，2003.

9. 何新华，等著．中国宏观经济季度模型．社科文献出版社出版，2005.

10. 高铁梅，等．计量经济分析方法与建模：EViews 应用及实例．2005.

11. 吉林大学《国家财政模型》课题组．我国宏观经济计量模型及政策模拟分析．中国软科学，2000（8）.

# 第9章 中国货币和财政政策效果综合评估及优化组合的建议

本章是对本报告研究思路的一个总结。一方面，要对报告中对货币和财政政策效果进行综合地、更一般性地评价；另一方面，要对货币和财政政策如何更好地发挥作用提出政策性建议。

## 第一节 货币政策和财政政策效果的综合评价

本节将以上各章对货币政策和财政政策效果分析进行综合，归纳出这两大政策综合效果的九大特点。

### 一、货币和财政政策对经济增长影响有长度不同的时滞[①]

在本报告的计量分析中，我们发现和印证了两大政策滞后期的理论，并做出

① 参看本报告第4章第三节和第四节。

了具体的结论。比如，法定存款准备金利率变化对 GDP 的影响滞后三个季度；增加货币供给在一年半内引起 GDP 增加的作用较明显；长期贷款的增加对 GDP 的增长有显著的促进作用，当贷款出现一个冲击时，短期内（两个季度）GDP 没有明显的变动，说明 GDP 对贷款冲击的反应有一定的滞后；第二期后 GDP 开始出现上升趋势，并在第六期达到最大值，而后逐渐下降并在第八期后冲击的作用逐渐消失，达到新的均衡水平，说明增加贷款在半年到两年之间内引起 GDP 增加的作用较明显，但影响的时间不超过 6 个季度，而在长期是中性的。同样，本报告对财政政策的滞后性也做了分析，比如，财政收入的增加在两年内引起 GDP 减少的作用较明显。财政支出变化对 GDP 的影响在三个季度后达到最大，而在长期其拉动作用会基本消失。

为什么会出现这种现象？我们认为原因是明显的：任何政策均需要有一个传导的过程，政策主体发出信号给客体并引起反应，是需要时间的，这就是滞后的时间。这个时间的长与短，与一国经济体制成熟程度有关，与制度安排有关。相对成熟的经济体，滞后时间可能短一点。滞后期长短也与经济体复杂程度有关，越复杂则滞后时间可能要长一点。

## 二、货币政策短期内对经济增长有影响，但长期看是中性的

有些学者通过实证分析，从长期和短期两个角度考察我国货币政策的效果，认为我国货币政策效果短期有效，长期却是中性的①。本报告的定量分析也得出同样结论。在第四章里，我们采用了 VAR 模型和误差修正模型分析了货币政策工具对经济增长的长短期影响。我们看到，在第二季度后 GDP 开始出现上升趋势，并在第六季度达到最大值，而后逐渐下降并在第八季度后冲击的作用逐渐消失，达到新的均衡水平。这说明增加贷款在半年到两年之间内引起 GDP 增加的作用较明显，一年半为影响最明显的时点，两年后则效果消失，呈现出货币政策

① 刘斌．我国货币供应量与产出、物价间相互关系的实证研究．金融研究，2002（7）：10—17．周锦林．关于我国货币“中性”问题的实证研究．经济科学，2002（1）：61—65．　谢平．中国货币政策分析：1998—2002．金融研究，2004（8）．

中性化的特点。利率政策有同样的现象。当利率出现一个冲击时，GDP 与利率呈现反方向变动。当利率上升时，第三季度后 GDP 呈下降趋势，并在第六季度以后达到新的均衡状态。可见利率变化对 GDP 在 9 个月后至 1 年半有负相关影响，之后影响就不显著了。综上所述，贷款、利率冲击对 GDP 的影响在滞后期后的短期内有明显影响，而从长期来看，它对 GDP 作用较弱。因此可以说，货币政策参数在短期是非中性的，但长期来看，货币政策参数是中性的。货币政策参数变化对 GDP 不会产生永久性影响。

对于这种现象，我们认为，货币政策短期内有效，是因为货币政策经过传导后，总是会造成影响的。贷款多、利率低总是要刺激投资等需求；反之，贷款少、利率高总会限制投资等需求。因此，这一时段出现了政策有效期。同时，货币政策调控的力量总是有限的，每一次调控会有一次冲击，要形成持续冲击就必须要持续出台同向即不抵消力量的货币政策，而这通常是难以做到的。换言之，货币政策就其一次操作而言，是短期有效的，长期则中性。但若是持续操作，则可能中长期都会发生作用。

## 三、转型期的建设性国债是有效的财政政策工具，但其对经济增长具有正负双重影响

在本报告中的多次计量分析中，我们都发现建设性国债是有效的财政政策工具。我国国债主要是生产建设性国债，所举借的资金基本都是用于大型基础设施建设，并通过扩大投资推动经济发展。这种由政府主导的投资建设项目，有其必要性。据我们统计与计量分析，GDP 与国债具有协整关系，即二者存在着长期稳定的动态比例关系。

但另一方面，通过脉冲响应分析，我们也发现国债对 GDP 也产生不利影响。这反映在两方面：一方面，由于政府财政支出比重较大时，它对建设资金的其他来源会产生一定挤出效应，尤其是压抑了民间资本的投入；另一方面，我们也看到，过分依赖国债投资来拉动需求，必须迫使政府过多参与市场运行，在一定程度上会产生干扰市场对资源配置的影响。

为了提高国债的正面影响，减少其负面影响，加强国债的科学管理是重要的。它主要体现在以下几点上：一是控制好国债的总规模。国债除了有年度规模的管理以外，还要有总规模的管理。从宏观经济角度和历史的角度对国债规模提出一个范围，是非常难的一件事情。世界上不存在一个适用于所有国家、所有时期的统一的警戒线标准，但多数情况形成的警戒线标准，仍然是值得重视的，是有用的。现在我们主要借用的是欧盟对债务的控制标准。借用欧盟经验，我国现在财政赤字和债务规模，仍控制在警戒线以内。对国债规模管理，我国目前主要是发行额管理，国外主要是余额管理。今后可能也需要由人大审议国债余额占当年 GDP 比例不超过某一最高限额，而这是根据当年偿债能力来考虑。二是控制好国债发行管理。我国发行有多方面的管理，既有发行阶段管理，也有发行后的管理。就发行阶段管理而言，就涉及多种因素，比如，利率水平和多种利率的搭配关系，即称为利率结构，有不同偿还期的搭套问题即期限结构，还有发行的数量多少为宜，什么时间是最适宜的发行时间，采取什么发行方式来降低筹资成本等，这些都是发行阶段的管理问题，需要进行综合设计。有一个问题值得讨论，就是国债发行方式的市场化与非市场化的利弊。总体上讲，市场化发行效果更好。但在条件不成熟下市场化发行，也可能达不到预期效果，同时会有负影响。从总的方向来讲，今后应加强国债市场化发行的力度。三是国债偿还管理。这要求能保证按时偿还欠债。如何才能做到这一点，显然是与发行阶段管理相关，与筹资成本、筹资方式以及还债方式都有关。偿还国债要求有较强的监管能力，有一套健全的监管机制和办法。四是加强国债使用管理。国债发行数量和规模，在很大程度上要看使用效果，用得好，多发点也没问题；用得不好，发得少也有很大风险。国债的使用管理是国家宏观政策中影响很大的问题。对国债的使用效果必须长期给予关注。要确保国债项目投资质量，防止产生豆腐渣工程。五是重视财政和货币政策结合。比如，财政部门希望多发行长期国债，在操作上相对容易一些。而金融部门希望国债市场上多发行一些短期国债，便于公共市场操作和调剂货币供给。在国债品种设计上，各种不同国债品种的比例和利率确定上，财政与央行两大部门需要有很好的协调与沟通。

## 四、两大政策对投资和消费的影响不同，一般情况下对投资的影响大于对消费的影响

我们在利用单方程回归分析和 China-QMFP 模型进行模拟分析时，均发现货币政策和财政政策对投资和消费的影响不同。货币供应量的增加短期内对居民消费影响很小，但对进出口和投资影响较大。货币供给量变化对投资影响比对消费的影响大，但这种影响的相对差距有逐步缩小的趋势。一年期短期贷款利率变化对投资变动影响大于对消费变动的影响。通过联立分析，我们还发现生产建设性财政支出的增加对投资的影响大于对消费的影响。两大政策对投资的影响均大于对消费的影响，其中，财政政策工具中生产建设性财政支出和货币政策工具中货币供给量的变化对消费和投资的影响更要大一些，而货币政策工具中利率对投资和消费的影响则要小得多。通过两大政策多种组合的模拟运行，我们还发现，货币与财政政策不论如何搭配，其对投资的影响都大大高于对消费的影响。在“双紧”时，对投资的冲击效果为对消费的冲击效果的 10 至 24 倍；在“双松”时，投资变动幅度为消费变动幅度的 12 至 26 倍；在“币紧财松”时，投资的变动幅度为消费的变动幅度的 9 至 26 倍；当“币松财紧”时，投资与消费都有下降，但投资下降程度为消费下降程度的 8 至 25 倍。对于这一现象，我们暂称之为“货币与财政政策对投资的影响大于对消费的影响假说”，并在本报告中予以提出。

为什么财政政策对投资和消费的影响不同呢？一是相对而言，我国财政政策历来重视投资高于重视消费。在政府看来，很多关键领域的重大项目要靠政府投资才能搞起来，因此政府投资是重要的。而消费则是因人而异的，没有办法直接引导，只能适度提高居民收入才能达到这个目的。提高收入首先是靠初次分配，财政的力量更多的是在调整再次分配，因此财政影响力相对有限。二是财政对于投资和消费的影响，从统计角度看，也有不同。因为财政的投资金额是集中使用的，涉及各类项目，容易统计，也易做出财政拉动投资的定量结论。而财政对消费的支持，比如近几年对农业税的减免，收入可以算，但收入转化为消费则难以

统计。财政政策对投资项目多为直接点投，力度很大，因此人们能够感受到其影响力；而财力对消费的支持，很大程度上是在某个面上进行的，甚至是面向所有人，故人均受益很有限，向消费的转化也千差万别。因此，它不如财政政策在投资上的影响大。

为什么货币政策对投资和消费的影响也不同呢？一是货币政策在投资方面随财政政策走，特别表现在国债项目的信贷配套资金方面。我国大量的金融机构贷款是财政支出带动的，也就是说我国全社会固定资产投资增长受政策影响很大。二是因为货币政策对消费的影响较小。在中国经济转轨的背景下，不论存款利率是降低还是提高，居民储蓄率一直非常高，潜在购买力往往不能转化为现实购买力，因此，其对消费的影响就减弱了。

## 五、对经济增长目标的政策偏好，弱化了货币政策和财政政策促进就业的作用

充分就业应该是宏观经济政策追求的目标之一。本报告通过对货币政策和财政政策影响就业的实证分析，发现 1992—2003 年宏观经济政策对扩大就业效果不理想[①]。计算结果显示：货币供应量每增加百分之一，就业量才增加万分之七；信贷余额每增加百分之一，就业量才增加万分之九，影响很小。财政政策对就业的影响力也是类似的。据计算，财政支出增长百分之一，全部就业量增长万分之八；国债投资每增加百分之一，就业量才增加万分之五。根据 2003 年的数据计算，政府增加财政支出 4 万元或增加国债投资 6 万元，才能增加 1 个人就业，要高出个体工业平均办厂的成本 2 万元的一倍。国债支出的就业弹性系数更低一些。很明显，财政支出扩大就业的成本要高于民间投资扩大就业的成本。

货币和财政政策对就业促进作用较小，原因主要是宏观经济政策目标与就业增长目标出现非一致性。从 1998 年开始，中央政府实施的积极财政政策和货币政策对经济增长有明显的推动，但对提高城镇就业的效果并不显著。原因之一是：建设性支出项目过分强调技术先进性或资本密集性，而忽视投资项目的劳动

① 参见本报告第 5 章第三节和第四节。

密集性即对扩大就业的作用。因此，有专家指出："无论是调控取向还是调控措施，都不具有显著的推动就业的效果"。20世纪90年代以来，我国就业弹性系数持续降低也证明了这点。

## 六、货币政策变动短期内对价格影响不是很大，但长期看是导致价格波动的重要因素

国内有不少学者分析了我国货币政策对价格的影响，认为货币政策是价格波动的主要原因①。本报告借助误差修正模型和China-QMFP联立方程模型，专门就货币政策对价格短期和长期影响进行了定量测算②。结果显示，短期内，货币供应量增长会带动价格上涨，但价格上涨的幅度远低于货币供应量增长率；与此同时，我们也看到，金融机构信贷和中央银行对金融机构贷款利率对价格也有作用，价格上涨的幅度低于金融机构信贷和中央银行对金融机构贷款利率增长率。从长期看，货币供应量和价格指数（GDP缩减指数）存在协整关系，即货币政策的变动是导致价格波动的重要原因。需要注意的是，China-QMFP中货币供应量对价格的影响程度要小于误差修正模型的结果，其原因是联立模型中多个变量在影响价格水平。因此，货币供应量的变化对价格的影响就相对减小了。

货币政策变动对价格在短期和长期影响不同的原因，我们认为主要有：一是货币政策的单一与综合作用的区别。在短期内，货币政策对价格有直接影响；而长期看，货币政策对经济变量各方面都产生了影响，而这些变量又都会影响价格。二是货币供应量的累积作用。在实体经济中，总需要有一定数量的货币通过发挥货币职能来协助完成经济活动。随着经济实体的扩张，这种需求量就会越来越大。前期发行或已在流通中的货币会保持在经济活动中，后期增发的货币又补充进了实体经济。这样就有一定的货币量的累积。这种累种对经济影响就会正向地扩张。利率等货币政策工具也是同样的道理。而累积是需要通过一定的时间来

① 谢平．中国货币政策分析：1998—2002．金融研究，2004（8）．　刘明志．货币供应量作为我国货币政策中介目标的有效性分析．金融研究，2006（1）：51—63．　刘斌，黄先开，潘红宇．货币政策与宏观经济定量研究．科学出版社，2001：25—31，210—242．

② 请看第6章第三节。

完成的。这就是为什么长期看，货币政策的影响会大一些。三是货币政策同样具有乘数的作用。时间越长，这种作用就会越大。

## 七、财政收入或支出变化对价格波动没有明显影响，但财政赤字对价格水平有一定影响

本报告从两个方面分析了财政政策对价格水平的影响：一是财政收入或财政支出对价格波动的影响，二是财政赤字对价格波动的作用。结果发现：前者对价格波动没有明显影响，而后者会对价格产生作用。

我们分别从单方程模型和 China-QMFP 联立方程模型两个方面对财政收入如何影响价格进行了测算，发现我国宏观经济调控中，财政收入对实际经济增长相关度很高，但并不会直接影响到价格总水平。而在第 8 章的 China-QMFP 联立方程模型分析中，发现财政支出增加带来的价格指数上涨幅度也很小。因此可以说，财政收入或支出变化对价格波动均没有明显影响。财政政策对价格波动没有明显影响的原因在于财政政策的主要目标集中于经济增长和结构调整，而不是对价格进行调控。在短期，财政政策通过税收和转移支付调节居民收入，加上政府采购，刺激国内消费需求；在长期，通过财政投资主要是国债投资，又可以增加生产供给。因此，对经济增长和结构调整目标的政策偏好，弱化了财政政策对价格的作用，使其对价格波动的短期和中长期均没有明显影响。

然而，财政赤字与价格总水平之间存在协整关系。在第 6 章的分析中我们发现，财政赤字会影响价格水平。扩大财政赤字会在一定程度上推动价格总水平上升，或加大了潜在通货膨胀的压力。这是因为财政赤字不仅会转化成流通中的货币，而且本身是一种高能量的货币。

## 八、货币和财政政策短暂时期内对进出口可能出现逆调节现象，但中期内政策仍是有效的，宏观调控范围要从一国封闭环境中走了出来

货币和财政政策在短暂时期内可能会出现逆调节现象。比如，出口退税率降低，按理会使出口减少，但在政策宣布执行的日期后的这段时间里，出口不仅不

减少而且增长很快，被业内人士称之为“抢关出口”。类似这种现象很多，反映出政策信号在一个特定时间内会出现反向的推力。而在政策开始实施后，其作用则可以正常发挥。当然，我们也知道，虽然出口退税对出口的有重要影响，但是由于实际出口退税在税率和规模上是相当不稳定的，实际出口退税的滞后时间也比较长。所以在季度模型中，正确分析出口退税对出口的影响仍是比较困难的，我们对计算出的结论持审慎态度。

货币和财政政策对进出口是否有影响？影响程度有多大？在第7章中我们看到，进口关税税率的下降与进口量的增加是大体同比例的，说明进口对进口关税高低确实有敏感的反应。在第八章的China-QMFP联立方程模型的情景分析中，我们发现，财政政策和货币政策同时紧缩，进出口减少。其中，对进口的影响大于对出口的影响。货币、财政政策同时扩张，进出口增加，且影响是逐步加深的。

本报告重视我国与世界的经济联系，分析财政政策和货币政策对进出口进而对国际收支的影响时，估计了汇率和国际收支的相关程度①。1994年的外汇体制改革，把国内外经济联系在一起。中国国内进行宏观调控进行货币供给量的操作时，已经与国际贸易和来华外资联通了。央行与商业银行再贷款对冲方式，以及防止资本性收付混入经常项目下结汇的规定办法等，可部分减轻结汇带来的过量货币流通的压力。本报告将外汇储备的规模作为衡量国际收支的重要指标，分析了1992年至2004年的外汇储备的变化及其影响因素，发现了人民币实际有效汇率指数和外汇储备之间呈正相关关系，两者的相关系数为0.67。

## 九、货币政策和财政政策工具的组合模式及其力度，影响宏观经济目标的实现程度

货币政策和财政政策工具的组合模式，影响宏观经济目标的实现程度。在第8章中我们建立了China-QMFP模型，并通过情景模拟发现，不同的货币、财政政策组合模式对经济变量的影响大小不一。货币政策和财政政策同

① 参见本报告第7章第四节。

时紧缩，对 GDP 的冲击效果不是很大，对价格的影响是负向的且逐渐加大的；货币、财政政策同时扩张，对 GDP 形成正向冲击，对价格的影响是正向的且逐渐加大；货币政策紧缩，财政政策扩张，GDP 的变化幅度很小，对价格的影响都是负的；货币政策扩张，财政政策紧缩，GDP 的变动是不稳定的，对价格影响都是正的。因此，货币政策和财政政策的组合模式对政策目标具有不同的调节作用。

同时，货币和财政政策工具的力度也会影响宏观经济目标的实现。政策工具的力度不同对经济的影响也存在差异。力度大，对经济的作用力就大；反之就会小。在第八章的情景模拟中，我们采用货币、财政政策工具的最高值和最低值实施情景假设，力度的大小直接影响了对经济目标的作用。为了达到预期的目标，我们要适时调整政策工具的力度。

总之，情景模拟显示，不同的货币、财政政策组合模式，对经济变量的影响大小不一；同样的货币、财政政策模式，不同的力度组合其效果也是不同的。

两大政策之所以能实现合理配套，因为政策的目的与基础具有一致性。两大政策配合的客观基础在于都与国家决策机构紧密联系，都是宏观政策的组成部分，都是社会资金运动的参与者。但两大政策在国民收入分配结构中有不同地位，资金流通中有不同传导机制和渠道，在支持公共基础设施投资上有不同要求，因此两大政策既分工，又配合。

## 第二节 改善我国货币和财政政策效果的政策建议

20 世纪 90 年代以来，我国经济快速地由计划经济向市场经济转轨。在确立社会主义市场经济的宏观调控体系过程中，我国货币和财政政策在政策工具选择、传导机制等方面与西方发达市场经济国家不同，有明显的转轨、过渡和不规范等特征，严重影响了宏观经济政策效果，因此需要在经济发展中不断改善宏观调控。根据本报告前面各章对宏观经济政策效果的分析，特在宏观经济政策目标与环境、宏观经济政策框架与决策机制、货币和财政政策的关键环节及政策协调等几个层面上提出如下政策建议。

## 一、宏观经济政策目标由单一走向综合

宏观调控一般有四大目标：一是促进经济增长；二是增加就业；三是稳定物价；四是保持国际收支平衡。四个目标之间，既有统一的一面，也有相互冲突的一面，宏观经济政策要根据不同的目标组合进行决策。

从本报告的实证分析可以知道，我国宏观经济政策长期坚持经济增长优先的原则，这在我国特定的发展时期有其合理性，因为我国是发展中国家，处于工业化和城镇化的加速发展阶段时期，需要有较快的经济增长速度来保证。但是，随着经济与改革发展的深入，这种单一政策目标暴露出两大方面的问题：一方面，在宏观经济政策实践中，经济增长的数量被过分强调，而经济增长的质量被忽视，经济增长的外部成本日益增加，如环境成本、社会代价很大；另一方面，经济总量增长的同时，结构性矛盾日益凸现。比如，随着我国经济发展的不平衡加剧，居民收入分配的差距急剧拉大，就业问题越来越突出，内需不足而外需扩张导致国际收支严重失衡，等等。这些质量或者结构的矛盾已经开始制约我国经济的持续增长，所以我们认为，今后的宏观经济政策目标应该由单一走向综合，从简单的追逐 GDP 增长转变到协调质量和数量的政策目标上来，即从单一的经济增长目标转变为综合考虑经济增长、充分就业、物价稳定和国际收支平衡四大目标，尤其要注重四大目标的综合平衡，以实现经济增长方式的转变。

“十一五”期间，我国经济增长的目标是“又好又快”，在保持“高增长低物价”的局势下，要高度关注就业问题和国际收支失衡问题，因为它们已经成为这一时期的主要矛盾。比如现阶段，我国经济增长的就业带动效应下降，而随着城市化进程加快，大批农民从农村转入城市，使得就业问题更加严峻。就业问题是最基本的民生问题，直接关系到居民收入和生活的稳定，影响内需增长以及社会经济协调发展，所以要改变考核地方政府官员政绩的指标，消除 GDP 崇拜，按照科学发展观重新建立政绩评价体系。建议人大对政府工作的评议或上级政府

对下级政府的考核中，都应该将失业率或就业增加作为核心指标，努力降低基尼系数，扩大社会低收入阶层的收入来源，改善低收入阶层的生活质量，从整体上提高边际消费倾向，扩大内需，促进经济与就业的良性循环。

当前，还要采取灵活务实的措施，积极运用货币政策和财税政策，控制顺差继续扩大的趋势。我们认为，以下三个方面的政策调整尤其重要：一是巩固人民币汇率形成的市场机制，根据市场供求变化调整人民币市场汇率；二是调整长期以来形成的高出口退税率政策，采取逐步降低出口退税率及调整过度鼓励外资增长的政策，促进国内外经济平衡；三是严格限制地方政府为引进外资采取的过度刺激政策，如低价出租土地、随意减免各种税收等，规范地方政府引进外资的行为。

## 二、通过深化体制改革，完善宏观政策传导机制

宏观经济政策的传导由主体、客体和传导渠道共同完成。中央政府制定政策，通过各种渠道作用于企业或者居民个人的生产和消费行为，最终影响各个经济变量，实现政策目标，其中政策传导机制是关键。综合本报告第 2 章和第 3 章的实证分析，我国在经济转型过程中宏观经济政策传导机制之所以具有变异性，可以从三个方面来解释：第一，主体“缺位”和“越位”。地方政府配置资源权力过大，往往滥用其行政手段干预经济，造成投资冲动。第二，客体对政策目标反应不灵敏。国有企业的市场化改革仍未真正落实到位，民营企业发展困难重重，居民个人对未来的预期充满不确定性，从而造成企业、个人对宏观政策缺乏敏感性，甚至做出相反的行为，大大削弱政策效果。第三，政策传导渠道不通畅。财政体制的不完善、金融体制的不健全、市场化改革的不到位，使宏观政策的传导受到很大限制。

宏观政策传导机制问题，从根本上说，是一个体制改革深化的问题。我国经济体制改革的一个重要特征是制度变迁的渐进性，虽说我国已经初步确立了市场经济体制，成为一个发展中的市场经济国家，但改革中的深层次矛盾并没有彻底解决，为提高宏观经济政策的有效性，“十一五”期间，要着力解决如下体制性矛盾。

第一，深化政府行政体制改革，协调中央和地方政府行为。现代市场经济条件下，政府是一个提供公共产品的庞大系统，政府对“市场失灵”应做出快速的反应。但是，政府作用也存在着局限性（即所谓的“政府失灵”）。而市场竞争有效地降低了市场运行的信息成本和监督成本，因而能够节约交易费用，实现资源的有效配置。克服“市场失灵”和“政府失灵”的最佳途径是把二者适当地结合起来，充分发挥二者的积极作用。要明确政府指导市场的边界，宏观调控要依据其合法边界进行调控，要在市场经济法律体系内进行调控。宏观调控不是对微观经济的干预，也不是用产业政策调整的名义对企业直接干预，也不是仅仅根据某些产品的供求预期作为宏观调控的依据。

改进中央政府和地方政府在宏观调控中的博弈模式。中国是一个巨大的经济体，呈现巨大的区域差异性。目前，地方政府在执行中央宏观调控政策过程中，经常出现一种不该发生的单方面“激励现象”，影响了博弈的合作性。同时，要避免不合时宜的一刀切的行政政策，以免导致令不行禁不止、阳奉阴违。从政策制定本身来讲，要有利于中央政府和地方政府双向激励，要有利于保证政策在各地区的适应性，堵塞政策漏洞，提高政策传导的透明度和效率。

第二，加强经济体制改革与社会保障改革等的协调性。20世纪90年代以来，我国城镇化在工业化的强大推动下正经历一个快速发展的时期，但值得高度注意的是，城乡差距越来越大，城乡社会经济发展严重失衡。城乡结构失衡的最主要表现是城乡收入差距不断扩大。1985年我国城镇人均可支配收入与农村人均纯收入之比为1.86:1，之后不断扩大，2005年达3.22:1[①]。2005年城市基尼系数为0.34，农村是0.37，全国基尼系数就高达0.46，超过了0.4的国际“警戒线”，也说明城乡收入差距远大于城乡内部差距[②]。另外，在社会保障、教育条件、公共医疗、财政支持等方面的相对弱化加重了城乡发展的失衡，并使之进一步固化。2005年整个公共财政支出3.16万亿元，但用于农业、农村、农民的支

① 根据《中国统计年鉴》计算。

② 楼继伟. 中国收入分配相当不均起点不公更严重. http://www.china-embassy.org/chn/gyzg/t258896.htm.

出，只占整个财政总支出的8%，真正用于农民身上的财政支出不到4%①。城乡发展结构失衡严重制约着农村生产力的发展，影响农民收入的提高和消费能力的扩张，部分低收入农民生活窘迫所带来的社会问题可能影响城乡社会的稳定。这说明在过去10多年的改革中，还没有足够关注农村和社会事业的发展。因此，"十一五"期间，要加强农村的综合配套改革，调整国债发行的投向，增加新农村专项国债，继续增加对农村公共部门的预算，从为城市服务的财政转向扩大为农村服务的财政；完善收入分配机制，财政支出重点要转向加强公共产品和公共服务提供，完善公共服务体系，保证社保、教育、卫生、"三农"等重点支出需要，包括实行免费义务教育，免费提供基本医疗服务，解决这些方面的公平问题。在"三农"方面，建立农民种粮收益综合补贴制度，强化国家对农业与农民的保护体系，提供农民需求最为迫切的公共产品。

第三，完善市场环境，努力消除企业生产经营垄断，提高市场主体的竞争性。在计划经济体制下，企业受政府的严格管制，并形成行业管制和部门分割。改革开放20多年来，我国企业市场化程度不断提高，但目前仍有一些国有企业的市场主体地位还没有到位，特别是生产性服务业领域。因此，国有大中型企业要积极实施制度创新，通过引进市场化机制，加快产权制度改革，推进混合所有制改革形式，积极实施现代公司治理结构的改造，平等参与市场竞争。同时，要切实允许非国有经济与国有经济在税收、金融、信息及技术标准等方面保证平等的竞争环境。要培育和发展中小企业市场主体，大力鼓励民营企业，特别是中小民营企业的发展，在财政税收、信贷融资等方面给予支持。

第四，深化金融体制改革，提高货币政策的效力。维护金融机构的经营自主权，培育、扶植有信誉、有竞争力、有市场发展前途的各类金融机构，借加入WTO之力，在竞争中推动各类金融企业进行重组改造，建立现代金融企业制度，完善国有商业银行公司治理结构和风险管理制度，改革农村金融体系以满足农村金融不断增长的需求；强化金融市场调节功能，进一步提高直接融资比重，大力拓展债券市场，建立多层次资本市场，鼓励金融产品创新，加快发展可交易金融

① 第一财经日报，2006-8-25.

工具品种，加大商业银行债券持有比重，尽快推行资产证券化，推动机构投资者的发展，培育交易主体和中介组织，推进金融市场的协调发展；反思在清理、整顿金融秩序中的方式、力度和效果，引导金融机构“区别对待，有保有压”，优化信贷结构，改进金融服务，提高区域金融竞争力。

第五，深化财政体制改革，提高财政政策运行效率。财政体制改革与制度创新，是有效实施财政宏观调控的基础和制度保证。在“十一五”期间，要关注以下财政体制改革：一是在全国推行增值税转型改革。生产型增值税对购进的固定资产投资不予抵扣，存在重复征税问题。为了增强企业的活力和竞争力，提高经济自主增长能力，应将生产型增值税改为消费型增值税。二是加快推进内外资企业所得税合并。目前我国对内外资企业分别实行不同的所得税率，外资企业享受太多的优惠，因此外资企业实际所得税税负大大低于内资企业。这不符合世贸组织规则要求，造成不合理的外资流入以及内外资企业不公平竞争，导致国际收支严重失衡和外汇储备增长过快。三是扩大税收在资源和环境方面的调节作用。目前，资源税征税范围过窄和税率偏低，不利于资源的节约和开发利用。另外，在环境破坏方面也缺乏相应的税收调节，不利于促进生态建设和环境保护。为此，要将资源税由从量征收改为从价征收或者按占有资源量征收，同时提高各种涉及环境保护的税、费征收标准，使资源价格能够反映资源破坏和环境治理成本。四是加快改革房地产税收制度，抑制投资性和投机性住房需求，解决目前商品房面积结构不合理等问题。

## 三、提高宏观经济政策决策的前瞻性和科学性

从本报告的计量分析中可以知道，有一些宏观经济政策工具对政策目标基本没有影响，或者时滞较长，一个基本的原因是宏观经济政策决策的前瞻性和科学性还不够。提高政策决策的前瞻性和科学性，对尽量减少经济大幅波动、实现宏观经济政策目标具有重要意义。要做到这一点，必须在决策过程和方法上体现市场经济发展内在的要求。

第一，提高决策的时效性。政策从制定到实施再到发挥作用，总要经过一段

时间，即政策的时滞效应。如果这种时滞太长，实际经济状况已经发生了变化，再用原来情况下制定的政策进行干预，势必发生不一致甚至相反的作用，导致经济非正常运行。虽然时滞是不可避免的，但是我们可以采取措施，提高决策的时效性，减少内部时滞。一是要求政策制定部门必须尊重和遵循市场经济规律，将干预经济的传统观念转变为要为市场经济服务。二是要强化预警机制，通过增强宏观调控的预见性，实现从被动应对向主动进行前瞻性研究的转变。注意吸收国内外不同学科的先进研究方法和最新研究成果，定性分析和定量分析相结合，从而能够对宏观经济运行趋势做出科学分析与判断，提出预案，及时采取措施，防止某些局部性的或苗头性的问题转变为全局性问题。三是有相对独立的决策机构和决策程序。保证决策的相对独立性，保证决策程序的高效率，减少繁琐的决策环节，从而提高决策的有效性。四是需要一支高灵敏度和高素质的决策队伍，在政府部门设立由相关领域专家组成和具有审议实权的顾问委员会。

第二，尽量减少行政手段干预经济。市场经济的一个根本基础就是，分散的市场主体根据自己掌握的信息，在国家法律规定内独立地做出决策。作为间接手段的宏观调控，是政府通过财政、货币政策等影响市场信号并进而影响市场主体的信息，最终影响市场主体的决策行为，而不是对市场主体决策行为的直接干预。

我们选择市场经济作为我国改革的发展目标，就要认同这一基础，并尊重和保护市场主体的独立决策权力。市场主体拥有的信息不同、决策的能力不同，对形势的判断和决策也就不会相同。因此，要允许市场主体对形势有不同看法，比如，对投资过热是否就是经济过热应允许有不同看法。如果企业因盈利预期而投资，并对自己的投资效果负责，那就是市场行为。政府不应该进行微观干预，而是应及时提供市场信息并依法管理。因为政府官员的理性本身也是有限的，他们未必就比市场主体更能判别出哪个行业已经过热或者没有盈利机会。而且，随意性的政府干预，往往会增加市场主体判断的不确定性，增加市场主体的决策成本。所以，以行政方式控制投资过热的问题，效果往往不会很好。因此，减少行政干预，寻求一条以市场为基础的、能够切实有效抑制经济过热的途径已迫在眉睫。

第三，提高科学决策的信息准确性和及时性。当今世界科学技术和经济发展突飞猛进，并日益渗透到经济与社会发展的各个领域，宏观调控的难度也越来越大。因此，宏观调控必须充分及时地占有真实的信息，并对信息进行恰当的处理。这一点发达国家尤其重视。1993—2003年期间，美联储调整利率33次，其中调高14次，调低19次，年内利率最高降幅为4.75%，年内利率最高升幅为2.5%[①]，取得了低通货膨胀下的经济快速增长，显示了美国货币政策决策对数据的高超把握。美联储不仅利用政府的统计数字和联储自身开发的数据系列，而且利用公司年报和零星的非正式数据，并准确地提炼这些数据，建立季度和月度的经济计量模型，对货币需求选行模拟，对影响货币需求的一些因素进行专门研究，以达到调控的最佳效果。在我们的计量分析中，我们也发现，消费增长对GDP增长的拉动力度最大，出口其次，投资最小。消费、出口和投资每增加1个百分点，现实GDP将分别增加半个、三分之一个或五分之一个百分点。因此，如何使宏观政策能有效提高和刺激消费需求，是我们需要特别关注的。

在这一方面，我们确实需要不断改进和完善统计信息制度，要防止统计的各种虚假信息。加强统计执法检查和巡查工作，加大依法统计力度，坚决打击在统计数据上弄虚作假的违法行为。同时，切实改革统计调查方法和完善国民经济核算方法制度。长期以来，我国统计系统习惯于使用全面统计报表的办法，不仅使基层统计人员不堪重负，而且给地方政府干预统计数据提供可乘之机。为了减少和消除地方政府对统计数据的干预，提高统计数据质量，必须逐步减少全面统计报表，大量运用抽样调查、重点调查、典型调查、普查等方法。最后，要大力提倡各类计量方法在统计决策中的应用。建立在真实统计数据基础上的各类计量方法，将有助于我们减少主观性，提高决策的科学性。

第四，强化监督检查机制，提高决策的透明度。现行宏观调控体系缺少监督和检查机制，难以迅速地发现并及时纠正政策执行中的问题。为此，应着手建立一个相对独立和超脱的监督检查机构，专司政策实施过程中的监督和检查，形成切实有效的制约而不要使监督流于形式。另外，还可以通过举行听证会等形式，

---

① 李晓西，主编. 宏观经济学案例. 中国人民大学出版社，2006.

提高决策的透明度，让公众参与决策、监督执行。美联储的听证制度就要求，联储主席定期向国会作听证报告，定期公布货币政策决策和执行情况，如2005年，美联储开始加大公布市场委员会例会会议记录，使其成为反映该委员会思路的指南。另外，决策部门要加强与公众的交流，及时接受公众的批评和监督。

## 四、细划宏观调控工具，把握宏观调控力度

虽然本报告中计量分析的政策工具比较粗，主要是受到数据可获得性的约束，但是从发达国家的宏观调控实践来看，由于调控范围的复杂性，政策工具要讲究多元化，以实现特定领域的调控目的。政策工具的多元化是和市场发育及调控实力一致的。现在我们讲宏观调控往往是比较粗略的，比如讲货币和财政政策，用“适度从紧”就可概括了，对于什么是“适度从紧”，没有系统地说明，一般的理解是：适度从紧的货币政策，是指货币供给量要紧一些；适度从紧的财政政策，是指要控制财政赤字，支出要紧一点。这样的理解过于简单了，是对货币和财政工具没有细分的结果。不论货币还是财政政策，都是相当多的工具组合运用形成一种影响经济的合力，如“适度从紧”这种目标，只能是某些具体工具合力的结果，而不是指每一项政策工具都以同样的力度去从紧，所以需要我们对政策工具作细的划分。

如货币政策工具一般有存款准备金率、再贴现、公开市场业务，选择性工具有证券市场信用控制、消费者信用控制、不动产信用控制、优惠利率，以及道义劝告、窗口指导等。我们可以进一步细分为：法定存款准备金率、超额准备金利率、货币发行量、贷款规模增长率、存款利率、贷款利率、公开市场上抛售公债和各种政府发行的有价证券规模、央行再贴现率、直接融资规模等。

财政政策工具一般包括税收、财政支出、国债和财政补贴，我们也可以进一步细分为：各类税率、增加新税种、调减税种、中央政府财政支出、国债、地方政府财政支出、预算赤字安排、重点项目建设规模、财政性转移支出、政府购买支出等。

接着，我们需要对细分后的单一政策工具进行优化组合，研究其合力，把握

宏观调控的力度。进入21世纪以后，我国经济发展基本处于一个比较平稳的时期，经济的波动性减小，宏观调控将更多地需要“微调”，具体表现在各类政策工具运用要灵活务实，政策方向要根据经济运行的状况随时调整。即使在同一轮经济周期，方向相反的政策工具也可能轮番运用，根据经济发展的状况进行及时的转换。对政策工具进行灵活的调节才能使经济得到及时有效的调控，各种不平衡随时得以纠正，政策工具的作用才能得到更大程度的发挥。同时要重视经济数据的重要性，及时从繁杂的经济数据中提取有用的信息，通过拆分或融合来分析经济形势，针对不同经济状况需要，采取不同的细分政策工具组合，审慎适时且灵活地进行调整，以实现宏观经济政策的各项目标。

## 五、妥善处理财政政策对需求和供给的协调

财政政策既可以调节需求，也可以影响供给。在短期，税收和转移支付调节居民收入，加上政府采购，可以刺激国内消费需求；在长期，财政投资主要是国债投资，又可以增加生产供给。从本报告的分析可以看出，财政政策对GDP增长具有明显的拉动作用，具体讲增加财政支出在短期内对GDP有明显的拉动作用，而长期其拉动作用会消失。而财政收入的增加对GDP的增长有阻碍作用，特别是在两年内引起GDP减少的作用较明显。我们也看到，通过财政支出进行投资，拉动经济增长的同时也带来了投资过热、排挤民间投资等一系列问题。针对内需不足、投资过热，需要妥善充分发挥财政政策的结构调整作用，将长期供给效应和短期需求效应协调起来。

第一，调整财政政策结构，由拉动投资转向拉动消费。财政政策的主要方向要发生转变，适当削弱过去积极财政政策的力度，放缓财政支出的进度，严格控制新开工建设项目，调整国债使用的结构和方向，适当控制政府投资节奏。同时，完善税收政策，加大对农村、低收入群体的转移支付，规范政府采购制度，刺激内需增长。

第二，调整长期国债资金与财政支出方向，解决长期供给的瓶颈环节。我国不但存在局部地区局部行业投资过大、经济过热的问题，还存在农业、能源交

通、高科技产业等投资不足的现象，所以，在收缩财政支出的长期投资的时候，不能搞“急刹车”或者“一刀切”，需要“分类指导，有保有控”。财政资金应重点投资于国家发展规划确立的战略发展目标，如农林水、生态保护与国土整治，西部开发与东北老工业基地振兴和中部崛起等重点项目，支持发展循环经济，促进建立资源节约型和环境友好型社会；加大对与公共卫生体系、教育、科技进步、社会保障关系密切的基础设施建设和配套设施建设投入，退出一般竞争性、营利性的投资项目；改善供给，完善产业政策，优化产业结构，实现产需之间的互动，培育出新的有效供给能力。

第三，推进税收制度改革，完善税种和征税的范围，拉动低收入群体的收入水平和消费能力。清理不合法、不合理的收费现象，适时调整和完善税收品种；全面贯彻落实涉农税收优惠政策的同时，进一步研究促进农民增收的税收政策，增强农民购买力；继续完善支持社会弱势群体的税收政策，如就业再就业、民政福利企业的税收政策等，不断提高低收入群体的消费水平；清理并规范个人所得税减免项目，加强高收入群体个人所得税的征缴，适时合理调整个人所得税政策，强化税收调节收入分配的功能，缩小分配差距；对税率进行微调，降低小型服务业的税率，提高垄断行业的税率或要求垄断行业按比例上缴利润，并将其转为社会保障基金，以进一步提高低收入人群的平均收入水平，并最终达到调控需求的目的。

## 六、进一步提高货币政策调控实力

本报告首次提出了“货币政策调控实力”的概念①。所谓“货币政策调控实力”是指支持货币政策工具发挥作用的经济力量，主要是资金实力。货币政策调控实力是影响货币政策操作的多种因素之和，主要包括：现金发行规模、存款准备金规模、中央银行再贷款规模、再贴现规模、供公开市场操作的有价证券规模。在理论分析的基础上，我们建立了相应的货币调控实力计量分析模型，将现金发行规模、存款准备金规模、中央银行再贷款规模等纳入了函数方程之中。报

① 参看本报告第2章第四节。

告将货币和财政政策的经济调控能力具体化为各个政策工具的规模，用定量的方法分析货币和财政政策之间、相应政策工具之间的相对实力大小，旨在制定更加合理的政策组合。

提高货币政策调控实力，就要全面审视货币政策工具的数量、结构及其效果。目前，我国货币市场很不发达，货币政策工具的运用与传导缺乏市场基础。比如，同业拆借市场的发展远远不能适应中央银行货币政策操作的需要，票据市场的滞后发展，影响了再贴现的政策效应。短期国债市场的不规范发展影响了中央银行公开市场操作的政策效果，我国国债市场中大部分是中长期国债，市场交易不旺，使央行公开市场业务缺乏交易的基础。因此，要进一步提高货币政策调控实力，需要在规模、结构调整及效果提高上下工夫。

第一，应当大力发展短期融资工具。目前，金融调控的主要工具是公开市场业务，公开市场业务的作用与效率取决于金融市场的发展和完善。公开市场操作作为中央银行通过在货币市场上买卖有价证券，借以影响货币供应量及利率水平的政策手段，其产生作用的前提是有价证券的丰富性、流动性和利率变化的灵活性。通常短期国债、金融债券及其他流动性较强的有价证券适宜作为央行进行公开市场操作的工具。鉴于此，应当大力发展短期融资工具，特别是期限在一年以下的短期国库券。

第二，加强存款准备金率、公开市场业务和再贴现调控的有机结合。在我们的计量分析中，再贴现率冲击的影响对 GDP 波动的影响无论是短期还是长期都较大，利率变化对 GDP 有着长期的负相关影响，而法定存款准备金利率对 GDP 影响相对较小。金融调控的各种政策工具是分工合作的，在发挥每一种政策工具的同时，要加强它们之间的有机结合。存款准备金率的调整幅度要和一定时期的公开市场业务和再贴现规模及结构相适应。同时，公开市场业务也应和再贴现率有机结合。与公开市场业务相比，再贴现对利率的影响更为直接，杠杆作用也更强。再贴现利率常可传递政策立场的变化，为金融机构提供一个有效的导向性利率。为此，应当大力发展商业票据市场，以便在公开市场业务由于可供交易的有价证券不足而不能很好发挥作用时，使用再贴现窗口。

第三，加快金融市场发展，拓宽资金融通的渠道。本着积极、稳妥的原则，推进西部金融市场的建设，进一步拓宽资金融通的渠道，为经济的发展提供充足的资金支持。一方面，要促进货币市场的完善，大力发展同业拆借、票据贴现市场，加强金融机构间的资金融通，实现金融机构间资金的良性循环；另一方面，要大力发展资本市场，促进资金的合理流动，为西部经济发展提供资金支持，带动西部经济的发展。同时，要注意加强联系，实现货币市场与资本市场的联动发展。

第四，进一步完善金融组织体系，提供全方位的金融服务。要在加快国有商业银行改革的基础上，适时地发展地方商业银行和非银行金融机构，满足非国有经济发展需要。同时要对现有的地方中小金融机构进行合理的规范，发挥其积极作用，积极稳妥地发展非银行金融机构，形成多种金融机构并存的组织体系，为经济的发展提供多样的金融服务。计量分析显示，增加贷款在半年到两年之间内引起 GDP 增加的作用较明显，贷款是对 GDP 最主要的影响参数。要在加强金融同业间的竞争、提高金融服务的效率和水平的同时，充分发挥好金融机构在信贷方面的作用。

## 七、适时适度调整货币政策和财政政策搭配组合的模式

从前文的分析中，我们看到货币政策和财政政策对政策目标具有不同的调节作用，各有优劣。20 世纪 90 年代以来，我国财政货币政策配合运用大致经历了四个阶段：1990—1992 年，坚持财政金融“双紧”方针；1993—1997 年，实行适度从紧的财政货币政策；1998—2004 年，积极的财政政策和稳健的货币政策相结合；2005—2006 年，实行“双稳健”的货币财政政策。实践证明，面对复杂的现实经济，通常需要综合运用两种政策，并适时调整两种政策搭配组合的模式。

第一，适度调整财政政策和货币政策工具的运用领域。现阶段，面对投资过热、消费不足的情况，财政政策应主要发挥其刺激消费的作用，加大对教育、公共卫生、社会保障等的投入力度，要在优化经济结构和调节收入分配方面发挥重要功能；运用税收工具和制定分红政策挤压垄断企业的超额利润，通过转移支付增加公共产品供给，缩小收入差距，促进居民消费；还应通过税收政策，抑制房

地产投机行为，抑制房价的进一步攀升。对于货币政策工具，要通过完善公开市场业务，统一国内债券市场，活跃短期债券市场，运用市场化利率手段，发挥其在稳定币值、配置资源、抑制经济过热方面的作用。

第二，提高财政、货币政策的同步性。协调好各种政策工具，防止工具作用相互冲突，保证二者的协调。比如，要实现税收政策逐步走向中性，避免对包括银行在内的微观主体的行为扭曲，加大对金融创新的税收支持；在央行票据和短期国债方面，财政和金融部门要加强沟通和协调，降低财政与金融在利率市场化进程中的协调成本。

第三，完善相关政策的协调配合机制。要完善产业政策、收入分配政策与财政政策和货币政策的协调配合机制，发挥综合效应。比如，发改委要定期发布和适时调整相关产业政策；人民银行和银行监管部门要通过加强和改进信贷管理、优化信贷结构的政策措施，为商业银行适时调整信贷投向提供支持；商业银行要严格按照产业政策和信贷政策发放贷款；财政部门可以提供配套的税收支持，从而发挥各项政策的最大合力，鼓励、限制或禁止某些产业、产品和技术发展，合理配置利用资源，优化经济结构。

第四，加强货币政策与财政政策工具操作的协调。央行要密切监测经济金融形势变化，不断加强对银行体系流动性情况的滚动分析与预测，动态监测外汇占款、财政收支和现金投放、回笼变化，灵活掌握公开市场操作的力度和节奏，在不同时期针对不同调控要求和市场形势采取相应的操作取向，并形成由期限结构合理的国债、金融债券、企业融资券以及中央银行票据等组成的丰富的融资体系。中央银行通过公开市场操作影响短期基础利率（如短期国债的利率）和商业银行流动性来影响长期利率与货币供给，使货币政策操作更具温和性、灵活性、主动性。

## 八、宏观经济政策应促进国内外经济的协调

当前，世界范围内的资源配置不断加强，国际产业链分工和转移格局基本形成。在国内需求增长相对较缓的态势下，利用低成本比较优势拉动出口

已经成为经济运行的基本特征，但持续强劲的贸易顺差积累的风险在增强，国内外贸易摩擦进入高发期。因此，随着我国加入WTO，经济开放度越来越高，我国宏观经济政策的设计、制定和实施必须要有国际的眼光，符合国际惯例和相关条约，遵循市场经济原则和全球化的发展规律，注意加强国内外经济的协调。

财政政策要通过正确选择和运用关税政策，完善关税税率结构，准确掌握关税减让进度，既严格履行义务，又不能损伤我国的实际利益。按照WTO有关规则完善出口退税政策，促进出口商品结构的优化，对于鼓励出口的商品可以实行较高的退税率甚至全额退税，对于需要限制出口的高能耗、高污染商品，可以降低甚至取消退税率。合理运用财政补贴，减少或取消大部分企业的亏损补贴或商品补贴；直接对农民进行粮食补贴，提高农业补贴的使用效益。按照国民待遇的原则，来统一内、外资企业所面对的税收政策，营造公平竞争的市场环境。

货币政策的制定要考虑全球资本的流动性特征，考虑国际金融市场的一般规则与潜在风险。我国当前资本市场逐步开放，但还有许多地方需要和国际规则接轨，以增强货币政策的适应性。要逐步加快利率市场化的步伐，继续发展和完善公开金融市场工具，进一步发展票据业务和票据市场，扩大人民币汇率的弹性，充分发挥税率、汇率、利率的协调配合作用，平衡国内外经济，促进国内经济持续快速协调健康发展。

最后，我国财政和货币政策制定当局还应该协调一致，积极参加多边对话合作机制，如与美国、英国、欧盟、日本、俄罗斯、印度、巴西和印尼的双边财经对话合作机制，与西方七国（八国）集团部长级非正式财经对话，二十国集团财长和央行行长会议以及亚欧财长会议等，增进在重大经济政策上与国外的理解与共识，加强国际政策的协调。积极争取参与经济政策国际协调“游戏规则”的制定，并努力推动建立在一定规则基础上的有效、公正、合理的新的国际经济和金融协调机制。

## 主要参考文献


1. 郑玉歆，樊明太. 中国CGE模型及政策分析. 社会科学文献出版社，1999.

2. 吉林大学《国家财政模型》课题组. 我国宏观经济计量模型及政策模拟分析. 中国软科学，2000（8）.

3. 汪同三，沈利生，主编. 中国社会科学院数量经济与技术经济研究所经济模型集. 社会科学文献出版社，2001。

4. 刘斌，黄先开，潘红宇. 货币政策与宏观经济定量研究. 科学出版社，2001.

5. 易纲. 中国货币政策和汇率政策. 宏观经济研究，2002（11）.

6. 谢平. 中国货币政策分析：1998—2002. 金融研究，2004（8）.

7. 何新华，等著. 中国宏观经济季度模型. 社科文献出版社出版，2005.

8. 李晓西，主编. 宏观经济学案例. 中国人民大学出版社，2006.

9. 刘明志. 货币供应量作为我国货币政策中介目标的有效性分析. 金融研究，2006（1）：51—63.

# 附录 1

# 北京师范大学经资院中国宏观经济季度数据库指标目录

| 序　号 | 指 标 名 称 | 英文名称 | 单　位 |
|---|---|---|---|
| 1 | GDP(现价) | GDP | 亿元 |
| 2 | 当年累计 GDP(现价) | GDPCU | 亿元 |
| 3 | GDP(1990 年价) | GDPCP | 亿元 |
| 4 | 当年累计 GDP(90 年价) | GDPCPCU | 亿元 |
| 5 | GDP 缩减指数(定基累计) | GDPRICPCU | 1990 年 = 100 |
| 6 | GDP 缩减指数(定基当季) | GDPRI | 1990 年第一季度 = 100 |
| 7 | 第一产业增加值(现价) | GDP1 | 亿元 |
| 8 | 第二产业增加值(现价) | GDP2 | 亿元 |
| 9 | 第三产业增加值(现价) | GDP3 | 亿元 |
| 10 | 工业增加值(现价) | GDPI | 亿元 |
| 11 | 第一产业增加值占 GDP 的比重 | RGDP1 | % |
| 12 | 第二产业增加值占 GDP 的比重 | RGDP2 | % |

续表

| 序　号 | 指 标 名 称 | 英文名称 | 单　位 |
|---|---|---|---|
| 13 | 第三产业增加值占 GDP 的比重 | RGDP3 | % |
| 14 | 工业增加值占 GDP 的比重 | RGDPI | % |
| 15 | 非国有经济增加值(当年累计现价) | RGDPNSCU | 亿元 |
| 16 | 社会消费品零售总额(现价) | RETC | 亿元 |
| 17 | 当年累计社会消费品零售总额(现价) | RETCCU | 亿元 |
| 18 | 社会消费品零售总额(90 年价) | RETCCP | 亿元 |
| 19 | 当年累计社会消费品零售总额(90 年价) | RETCCPCU | 亿元 |
| 20 | 消费品价格指数(当年累计) | CPICU | 上年=100 |
| 21 | 当年累计固定资产投资(现价) | ICU | 亿元 |
| 22 | 固定资产投资(现价) | I | 亿元 |
| 23 | 当年累计全社会固定资产投资(现价) | IICU | 亿元 |
| 24 | 全社会固定资产投资(现价) | II | 亿元 |
| 25 | 当年累计第一产业投资(现价) | II1CU | 亿元 |
| 26 | 当年累计第二产业投资(现价) | II2CU | 亿元 |
| 27 | 当年累计第三产业投资(现价) | II3CU | 亿元 |
| 28 | 实际利用外商直接投资额 | FDI | 美元 |
| 29 | 当年累计实际利用外商直接投资额 | FDICU | 美元 |
| 30 | 出口商品额 | EX | 美元 |
| 31 | 当年累计出口商品额 | EXCU | 美元 |
| 32 | 出口商品额(现价) | EX | 亿元 |
| 33 | 当年累计出口商品额(现价) | EXCU | 亿元 |
| 34 | 进口商品额 | IM | 美元 |
| 35 | 当年累计进口商品额 | IMCU | 美元 |
| 36 | 进口商品额(现价) | IM | 亿元 |
| 37 | 当年累计进口商品额(现价) | IMCU | 亿元 |
| 38 | 当年累计出口到美国 | $EX_{US}$ | 美元 |
| 39 | 当年累计出口到日本 | $EX_{JAP}CU$ | 美元 |
| 40 | 当年累计出口到欧洲 | $EX_{EU}CU$ | 美元 |
| 41 | 出口到美国、日本和欧洲占总出口的比重 | $REX_{UJE}$ | % |
| 42 | 总 人 口 | P | 万人 |

续表

| 序号 | 指标名称 | 英文名称 | 单位 |
|---|---|---|---|
| 43 | 城镇人口 | Pu | 万人 |
| 44 | 乡村人口 | Pr | 万人 |
| 45 | 全社会就业人数 | E | 万人 |
| 46 | 城镇就业人数 | Eu | 万人 |
| 47 | 城镇单位就业人数 | EuU | 万人 |
| 48 | 城镇登记失业率 | LUNEMR | % |
| 49 | 国有企业下岗职工人数 | UESO | 万人 |
| 50 | 乡村就业人数 | Er | 万人 |
| 51 | 居民消费价格指数(定基当季) | CPI | 上年当季=100 |
| 53 | 生产资料出厂价格指数(定基当季) | MPICP | 1990年=100 |
| 54 | 生产资料出厂价格指数(定基累计) | MPICPCU | 1990年=100 |
| 55 | 生产资料出厂价格指数(当季同比) | MPI | 上年当季=100 |
| 56 | 生产资料出厂价格指数(累计同比) | MPICU | 上年同期=100 |
| 57 | 原材料燃料动力购进价格指数(定基当季) | PPICP | 1990年=100 |
| 58 | 原材料燃料动力购进价格指数(定基累计) | PPICPCU | 1990年=100 |
| 59 | 原材料燃料动力购进价格指数(当季同比) | PPI | 上年当季=100 |
| 60 | 原材料燃料动力购进价格指数(累计同比) | PPICU | 上年同期=100 |
| 61 | 商品零售价格指数(定基当季) | RPICP | 1990年=100 |
| 62 | 商品零售价格指数(定基累计) | RPICPCU | 1990年=100 |
| 63 | 商品零售价格指数(当季同比) | RPI | 上年当季=100 |
| 64 | 商品零售价格指数(累计同比) | RPICU | 上年同期=100 |
| 65 | 工业品出厂价格指数(定基当季,1990=100) | EFPICP | 1990年=100 |
| 66 | 工业品出厂价格指数(定基累计,1990=100) | EFPICPCU | 1990年=100 |
| 67 | 工业品出厂价格指数(当季同比) | EFPI | 上年当季=100 |
| 68 | 工业品出厂价格指数(累计同比) | EFPICU | 上年同期=100 |
| 69 | 海关出口价格指数 | EPI | 上年当季=100 |
| 70 | 海关进口价格指数 | EPII | 上年同期=100 |
| 71 | 股票价格平均指数 | SP | 上年当季=100 |
| 72 | 经常项目差额 | CAB | 美元 |
| 73 | 资本项目差额 | CFB | 美元 |

续表

| 序号 | 指标名称 | 英文名称 | 单位 |
|---|---|---|---|
| 74 | 国际收支差额 | DB | 美元 |
| 75 | 外债余额 | FD | 美元 |
| 76 | 人民币汇率 | ER | |
| 77 | 名义有效汇率指数 | EER | |
| 78 | 实际有效汇率指数 | REER | |
| 79 | 财政收入(现价) | FI | 亿元 |
| 80 | 当年累计财政收入(现价) | FICU | 亿元 |
| 81 | 财政支出(现价) | FE | 亿元 |
| 82 | 当年累计财政支出(现价) | FECU | 亿元 |
| 83 | 赤字余额(现价) | FDP | 亿元 |
| 84 | 财政收支差额(现价) | FD | 亿元 |
| 85 | 经常性预算支出(现价) | FE1 | 亿元 |
| 86 | 当年累计经常性预算支出(现价) | FE1P | 亿元 |
| 87 | 国家机关、政党机关和社会团体职工平均年工资支出 | W | 元 |
| 88 | 建设性预算支出(现价) | CE | 亿元 |
| 89 | 当年累计建设性预算支出(现价) | CEPCU | 亿元 |
| 90 | 国债余额 | D | 亿元 |
| 91 | 进口关税(现价) | IT | 亿元 |
| 92 | 当年累计进口关税(现价) | ITPCU | 亿元 |
| 93 | 出口退税(现价) | ET | 亿元 |
| 94 | 各项税收(现价) | T | 亿元 |
| 95 | 当年累计各项税收(现价) | TPCU | 亿元 |
| 96 | 当年累计海关代征增值税和消费税(现价) | CT | 亿元 |
| 97 | 金融机构贷款增加额(现价) | LOANINC | 亿元 |
| 98 | 金融机构贷款月末余额(现价) | LOANAMT | 亿元 |
| 99 | M0 新增额(现价) | M0 | 亿元 |
| 100 | M0 余额(现价) | M0 | 亿元 |
| 101 | M1 新增额(现价) | M1 | 亿元 |
| 102 | M1 余额(现价) | M1 | 亿元 |
| 103 | M2 新增额(现价) | M2 | 亿元 |

**续表**

| 序　号 | 指 标 名 称 | 英文名称 | 单　　位 |
|---|---|---|---|
| 104 | M2 余额(现价) | M2 | 亿元 |
| 105 | 公开市场业务量 | MO | 亿元 |
| 106 | 一年期存款利率 | LS1 | % |
| 107 | 一年期贷款利率 | LR1 | % |
| 108 | 中央银行对金融机构贷款利率(20 天以内) | R | % |
| 109 | 中央银行法定准备金利率 | R1 | % |
| 110 | 中央银行对金融机构贷款利率(一年期) | AL | % |
| 111 | 国有及规模以上非国有工业企业产品销售收入(现价) | SR | 亿元 |
| 112 | 当年累计国有及规模以上非国有工业企业产品销售收入(现价) | SRCU | 亿元 |
| 113 | 当年累计国有及规模以上非国有工业现价总产值(现价) | GDPS | 亿元 |
| 114 | 当年累计国有及规模以上非国有工业总产值(90 年价) | GDPSCU | 亿元 |
| 115 | 国有及规模以上非国有工业企业利润总额(现价) | TP | 亿元 |
| 116 | 当年累计国有及规模以上非国有工业企业利润总额(现价) | TPCU | 亿元 |

注：(1) 指标中文名称根据《中国统计年鉴》上的相关指标命名。

(2) 指标英文名称采用指标的英文缩写。

(3) 在指标英文名称中，指标名后加 CU 表明是累计数据，指标名后加 CP 表明是不变价格数据。

# 附录2

# 宏观经济模型框架图精选

## 一、美国 Colby College 的 Michael Donihue 设计的框架图

模型简要说明：

模型围绕两条主线进行，一个是可支配收入，一个是 GDP 分量的构成。该模型属于需求导向的宏观模型，但从长期来分析，应该强调总供需的均衡，潜在 GDP 与现实 GDP 的均衡关系作为解释就业率的依据。该模型未详细展示财政政策和货币政策的传导过程。

## 二、社科院技经所中国经济增长季度协整模型结构框图

模型简要说明：

该模型是需求和供给相结合的结构，模型主要包括八个模块，即生产、人口和劳动力、收入、消费、投资和固定资产、财政金融、价格、外贸。

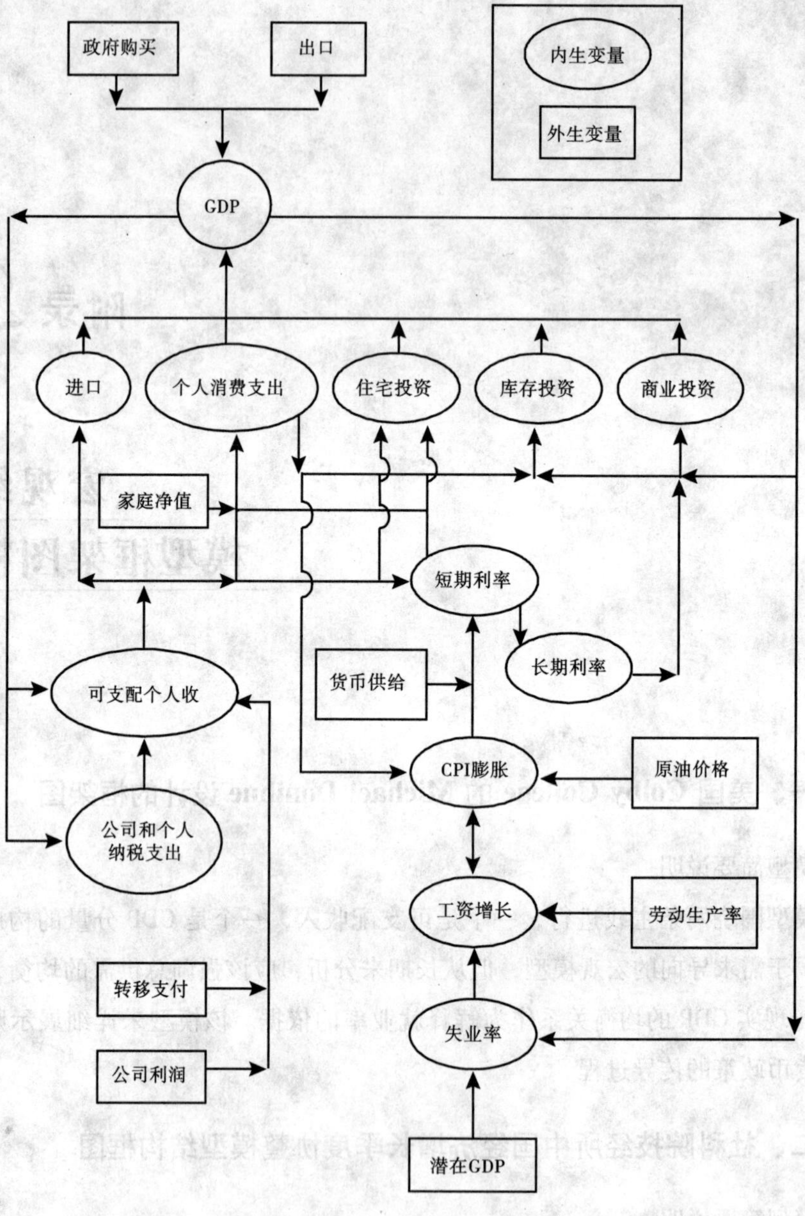


**美国 Colby College 的 Michael Donihue 设计的框架图**

资料来源：[美] 罗伯特 S. 平狄克，丹尼尔 L. 鲁宾费尔德．钱小军，等译．计量经济模型与经济预测．机械工业出版社，1999.

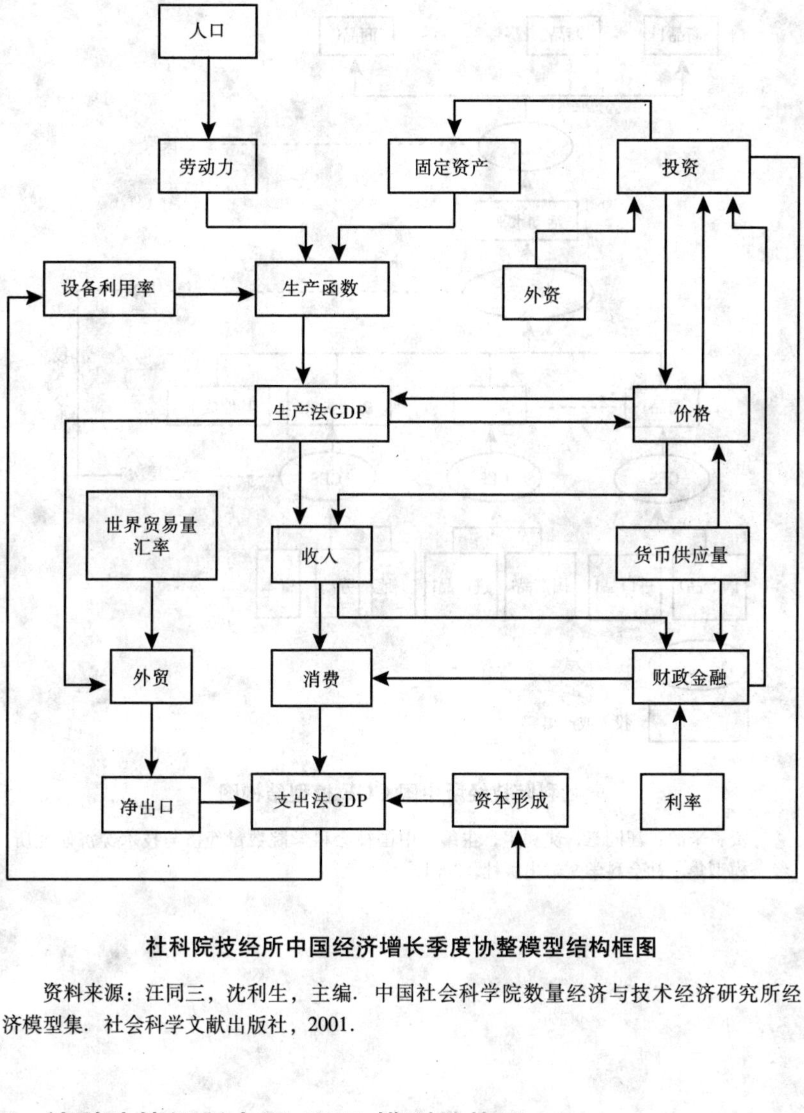


**社科院技经所中国经济增长季度协整模型结构框图**

资料来源：汪同三，沈利生，主编. 中国社会科学院数量经济与技术经济研究所经济模型集. 社会科学文献出版社，2001.

## 三、社科院技经所中国 CGE 模型结构图

模型简要说明：

该模型包括两个部分：第一部分是静态部分，包括各经济主体和政府在一个时期内的行为方程设定；第二部分即动态组成部分，指各经济主体和政府的跨时决策方程设定，主要是投资和资本积累方程。

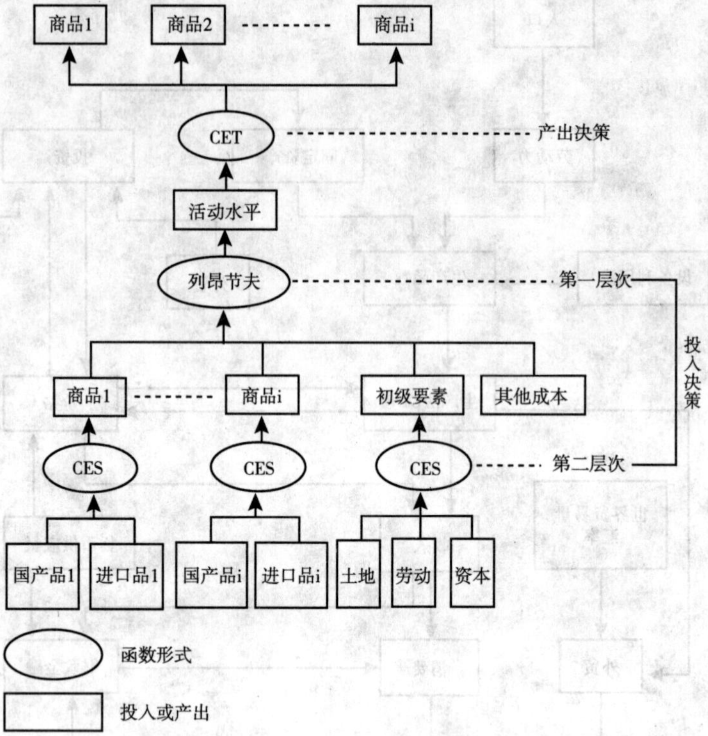


**社科院技经所中国 CGE 模型结构图**

资料来源：汪同三，沈利生，主编．中国社会科学院数量经济与技术经济研究所经济模型集．社会科学文献出版社，2001.

附录3

# 1990—2006年我国货币政策与财政政策一览表

| 年 份 | 货币财政政策类型 | 货币财政政策主要内容 |
|---|---|---|
| 1990 | 坚持金融财政“双紧”方针 | 继续控制贷款规模和货币投放，调整贷款结构；提高存贷款利率，缓解市场压力和抑制信贷规模；适当增加政府投资。开征投资方向调节税。 |
| 1991 | 坚持金融财政“双紧”方针 | 逐步放松紧缩的力度，同时加强对金融市场的管理。计划体制、金融体制和流通体制的改革有新的进展，更多地运用了各种经济杠杆调节经济的运行。财政赤字增加，信贷规模和货币发行量偏大，通货膨胀的潜在压力仍然存在。 |
| 1992 | 坚持金融财政“双紧”方针 | 要进一步深化金融体制改革，坚持“控制总量、调整结构”的货币信贷政策。加强中央银行的宏观调控能力，改善专业银行的经营机制，积极开拓和发展金融市场。1992年开始国家财政实行复式预算制，严格区分收支性质，是财政管理制度的重要改革。建设性预算的支出作为国家资本金，主要用于支持国家重大项目的建设。加快分税制和税利分流改革试点的步伐，探索理顺中央和地方、国家和企业分配关系的途径。按照计划经济和市场调节相结合的原则，进一步改革计划体制和管理方式。计划和市场都是调控经济的手段。根据经济发展的客观需要，进一步调整指令性计划、指导性计划和市场调节的范围，更好地发挥市场机制的作用。 |

续表

| 年份 | 货币财政政策类型 | 货币财政政策主要内容 |
|---|---|---|
| 1993 | 实行适度从紧的货币财政政策 | 继续完善和加强宏观经济管理。充分发挥信贷、利率等经济杠杆的调节作用。要进一步改革财政税收体制，完善复式预算制度，强化财政预算约束。理顺中央与地方、国家与企业的分配关系，改革方向是实行中央与地方的分税制和国有企业的利税分流。不断总结经验，逐步扩大试点范围。税收是国家财政收入的主要来源，现在国家财源流失严重，要积极改革和健全税制，充实税收人员队伍，提高人员素质，切实加强税收征管，不得越权减免。 |
| 1994 | 实行适度从紧的货币财政政策 | 稳步进行金融体制改革，建立强有力的中央银行宏观调控体系，使人民银行能够有效地调控货币供应量，保持币值稳定。我国经济处于快速增长时期，资金紧张问题将长期存在。近两年货币、信贷总量增加很多，资金供需矛盾仍很突出。今年要努力保持货币发行和信贷的适度规模，防止投资膨胀，同时要继续优化信贷结构。取消汇率双轨制，实现汇率并轨。努力增加收入，严格控制支出，加强预算约束，发行国债。要深化改革，扩大开放，加强和改善宏观调控，认真实施财税改革方案，理顺中央与地方、国家与企业的分配关系。改变现行的地方财政包干制，实行中央与地方的分税制；改革税制，建立以增值税为主体的流转税制度，统一内资企业所得税和个人所得税。 |
| 1995 | 实行适度从紧的货币财政政策 | 增强了中央银行对货币信贷的宏观调控能力，组建了政策性银行，商业银行开始试行资产负债比例管理。1994 年基本建立了以分税制为核心的新财政体制，以增值税为主体的流转税体系开始正常运行，内资企业所得税和个人所得税都实现了初步统一，税种减少，税制简化，税负趋于公平。1995 年的经济工作中，要加强和改善宏观调控，要继续控制货币供应量和信贷规模，实行适度从紧和量入为出的财政方针，努力增收节支，中央财政赤字不能比上年扩大，地方财政要坚持收支平衡。要加强对预算外资金的管理。改革国有商业银行；组建城市合作银行，完善政策性银行经营机制，规范金融机构业务范围。 |
| 1996 | 实行适度从紧的货币财政政策 | “八五”时期，新的宏观调控体系的框架初步建立，加强和改善宏观调控取得明显成效。今后继续实行适度从紧的财政政策和货币政策，要继续把抑制通货膨胀作为宏观调控的首要任务。要适当控制货币供应总量，保持币值的稳定。根据产业政策和信贷原则调整贷款结构，提高资金使用效率。根据产业政策和信贷原则调整贷款结构和利率水平，提高资金使用效率。固定资产投资率定为32%左右。实现了人民币自由项目下可兑换。同时降低关税总水平。要继续完善税制，调整有关税率，扩大税源基础，取消税收减免，加强税收征管，努力增收节支，逐步减少财政赤字，实现财政收支基本平衡。 |

续表

| 年份 | 货币财政政策类型 | 货币财政政策主要内容 |
|---|---|---|
| 1997 | 实行适度从紧的货币财政政策 | 1996年是实施"九五"计划和2010年远景目标纲要的第一年。金融形势平稳,货币发行得到控制。国家外汇储备超过1000亿美元,人民币汇价稳定。全年财政收入有较多增加,地方财政收大于支,中央财政赤字控制在预算目标之内。宏观经济领域的改革进一步深化,新的金融和财税体制继续完善。在降低关税总水平的同时,调整了进口税收减免政策,降低了出口退税率。中央财政虽然比较困难,但对经济落后地区的财政转移支付仍然有所增加。1997年继续实行适度从紧的货币财政政策。继续实行适度从紧的货币政策,保持货币供应量的适度增长。根据国家产业政策、区域政策、技术发展政策和信贷原则,调整信贷结构,提高贷款质量,支持生产与建设。国家银行要努力降低成本,提高效益。规范证券、期货市场,增强风险意识。逐步减少财政赤字,控制债务规模。要完善税制,公平税负,强化征管,严格依法征税,堵塞偷税、逃税、骗税的漏洞,做到应收尽收;要严格控制财政支出,保证支出增长不高于收入增长幅度,并大力提高资金使用效益。 |
| 1998 | 稳健的货币政策与积极的财政政策相结合 | 1993—1998年,我国充分发挥市场机制作用,加强和改善宏观调控。社会主义市场经济条件下的宏观调控,不同于计划经济体制下那种对企业生产经营活动的直接干预,必须按照市场经济规律,主要运用经济手段和法律手段,辅之以必要的行政手段,对国民经济进行合理的调节。1998年的工作要继续加强和改善宏观调控。继续实行适度从紧的货币政策,改善金融调控方式,注意适时适度微调。优化贷款结构,支持国有大中型企业的改革和发展,适当增对国有小企业和其他所有制企业的贷款,促进经济结构调整。降低存贷款利率,适当增加对国有小企业和其他所有制企业的贷款,发展区域性商业银行和城市商业银行,深化城乡信用合作社的改革,理顺和完善证券监管体系。继续实行适度从紧的财政政策。增发1000亿元财政债券,重点用于增加基础设施建设投资。控制债务规模,继续压缩财政赤字。严格税收管理权限,加强依法治税,强化税收征管。继续深化财税体制改革,完善所得税制度,调整消费税,开征遗产税。 |
| 1999 | 稳健的货币政策与积极的财政政策相结合 | 1998年我国国民经济保持较快增长,为了应对亚洲金融危机,中央果断决定实施积极的财政政策,经全国人大常委会批准调整预算后,国务院增发1000亿元财政债券,重点用于增加基础设施建设投资。下半年国有单位固定资产投资增长显著加快,全年增长19.5%,全社会固定资产投资增长14.1%。投资的较大幅度增加,对拉动经济增长发挥了明显作用。1999年,要实行稳健的货币政策,适当增加货币供应量,把握好金融调控力度,保持人民币币值稳定。银行既要坚持商业信贷原则,保证贷款质量,防范金融风险;又要努力改进金融服务,拓宽服务领域,运用信贷杠杆,促进扩大内需和增加出口,积极支持经济增长。完善银行、证券、保险和信托业分业经营和管理体制;落实银行经营自主权,建立金融资产管理公司等。继续保持人民币汇率稳定,运用出口信贷、退税等手段鼓励出口。将继续扩大内需和实施积极的财政政策,继续由财政向商业银行发行1100亿元长期国债,主要用于加强基础设施建设;同时采取多种办法,拓宽融资渠道,鼓励和引导集体、个体和社会其他方面增加投资,进一步扩大投资需求,势在必行。随着经济发展和税收的增加,财政债务可以得到偿还,财政赤字也可以逐步缩小。 |

续表

| 年　份 | 货币财政政策类型 | 货币财政政策主要内容 |
|---|---|---|
| 2000 | 稳健的货币政策与积极的财政政策相结合 | 1998—1999年,中央坚持实施积极的财政政策,同时努力发挥货币政策的作用,综合运用多种手段调节经济运行,并不断充实和完善这些政策措施。既向银行增发国债用以扩大投资,又增加居民收入以促进消费;既加强基础设施建设,又支持企业技术改造;既努力扩大国内需求,又积极鼓励增加出口。实践证明,实行积极财政政策是完全正确的,取得的成效是明显的。2000年运用多种货币政策工具,及时调控货币供应总量。国有银行应加强内部资金调度,合理划分贷款审批权限;大力发展住房、助学和大件商品的消费信贷。宏观调整建议是继续实施积极的财政政策。这是当前扩大内需最直接和有效的手段。发行1000亿元长期国债,重点投向水利、交通、通信等基础设施建设,科技和教育设施建设,环境整治与生态建设和企业技术改造,并向中西部地区倾斜;继续贯彻落实去年出台的调整收入分配的各项政策措施,保障城镇中低收入居民的收入稳定增长。各级财政要调整支出结构,确保国有企业下岗职工基本生活费、离退休人员基本养老金、城镇居民最低生活保障金和公务员工资的按时足额发放;进一步运用税收、价格等手段,并继续清理某些限制消费的政策和法规,鼓励投资、促进消费、增加出口。 |
| 2001 | 稳健的货币政策与积极的财政政策相结合 | "九五"时期根据经济形势的变化,适时调整了宏观调控政策取向和力度。在治理通货膨胀时,注意保持经济持续增长,成功实现"软着陆"。实行稳健的货币政策,运用利率等多种手段支持经济增长,同时注意调节货币供应量,引导信贷投向,防范和化解金融风险。在抑制通货紧缩趋势时,坚持扩大内需的方针,果断实施积极的财政政策。2001年工作建议进一步加强和改善宏观调控,继续深化财税、金融、投资体制改革。继续实行稳健的货币政策,适时调节货币供应量,保持人民币币值稳定。按照现代银行制度对国有独资商业银行进行综合改革,发挥政策性银行功能,办好中小金融机构。根据经济形势变化,实施相应的宏观经济政策。要坚持扩大国内需求的方针,实施积极的财政政策和稳健的货币政策。继续发行1500亿元长期建设国债,集中用于在建项目和西部开发项目;适当增加机关事业单位人员工资,提高城镇低收入者收入;健全税制,调整和优化财政支出结构,建立公共财政框架。 |
| 2002 | 稳健的货币政策与积极的财政政策相结合 | 2001年坚持扩大内需的方针,坚定地实施稳健的货币政策和积极的财政政策,实现了经济较快增长。2002年的工作继续扩大和培育内需,促进经济较快增长:要继续实施稳健的货币政策和积极的财政政策,并保持必要的力度,同时采取其他配套的宏观经济政策。继续实行稳健的货币政策,加强对金融机构的监管。银行要调整信贷结构,重点支持国债投资项目、农业结构调整、企业技术改造、中小企业特别是科技型中小企业的发展。商业银行从今年开始要全面实行贷款质量五级分类制度,改进信息披露。中央财政预算较大幅度地增加了"低保"资金,地方财政预算也必须增加所需资金。继续适当提高机关事业单位职工基本工资,并相应增加机关事业单位离退休人员离退休金。保持国债投资的必要规模,带动固定资产投资较快增长。根据需要和可能,拟发行1500亿元长期建设国债,主要用于在建的国债建设项目、西部开发项目、重点企业技术改造,以及南水北调、京津水资源保护工程、农村基础设施和教育、公检法司等方面设施的建设。努力做好财税工作,保持税制稳定,加强税收征管。 |

续表

| 年份 | 货币财政政策类型 | 货币财政政策主要内容 |
| --- | --- | --- |
| 2003 | 稳健的货币政策与积极的财政政策相结合 | 对5年来的工作总结中,提出发展社会主义市场经济,必须加强和改善宏观调控。面对几年来国际经济环境严峻和国内有效需求不足的困难局面,采取的最重要的举措,就是果断地把宏观调控的重点从实行适度从紧的货币政策和财政政策,治理通货膨胀转为实行扩大内需的方针,实施稳健的货币政策和积极的财政政策,抑制通货紧缩的趋势。坚持实行稳健的货币政策。既保持了金融对经济发展必要的支持,又防止盲目放松银行信贷。坚持实施稳健的货币政策和积极的财政政策,有力地促进了经济的较快增长,培植和扩大了财源。同时,由于不断地完善财税的体制,加强税收征管,中央财政实力显著增强,对地方转移支付力度也不断扩大。这都对于扩大内需、推动地区协调发展、维护社会稳定发挥了重要作用。2003年继续扩大国内需求,实现经济稳定较快增长;继续实施稳健的货币政策和积极的财政政策,保持消费需求和投资需求对经济增长的双拉动。保持投资较快增长,1400亿元长期建设国债,加大对农业、农村义务教育和农村卫生的投入,加大对中西部地区和困难地区的转移支付。在全国推广农村税费改革。 |
| 2004 | 稳健的货币政策与积极的财政政策相结合 | 2003年中央适时适度调控,促进经济平稳快速发展,坚持扩大内需方针,继续实施稳健的货币政策和积极的财政政策,并针对经济运行中出现的新情况,及时采取措施进行宏观调控。2004年要坚持扩大内需的方针,继续实施稳健的货币政策和积极的财政政策。充分发挥货币政策的作用,适当控制货币信贷规模,优化信贷结构,既要支持经济增长,又要防止通货膨胀和防范金融风险。促进国际收支基本平衡,保持人民币汇率在合理、均衡水平上基本稳定。发行建设国债是在需求不足的情况下采取的阶段性政策,随着社会投资增长加快,应逐步调减发债规模。随着社会投资增长加快,应逐步调减发债规模。今年拟发行建设国债1100亿元,比上年减少300亿元。要调整建设国债使用方向,集中用于促进经济结构调整和社会全面发展。今年国债投资要向农村、社会事业、西部开发、东北地区等老工业基地、生态建设和环境保护倾斜,保证续建国债项目建设。 |
| 2005 | 稳健的货币政策与稳健的财政政策相结合 | 宏观调控工作不能放松,2005年继续实行稳健的货币政策和稳健的财政政策,加强各项宏观经济政策的协调配合。合理调控货币信贷总量,改善金融调控方式等稳健的货币政策。今年要适当减少财政赤字,适当减少长期建设国债发行规模。继续实行稳健的货币政策:合理调控货币信贷总量,改善金融调控方式,灵活运用多种货币政策工具。实施稳健的财政政策。1998年以来,为了应对亚洲金融危机影响和国内需求不足问题,中央实行了积极的财政政策,取得了显著成效。鉴于目前投资规模已经很大、社会资金增加较多,有必要也有条件由扩张性的积极财政政策转向松紧适度的稳健财政政策,拟安排中央财政赤字3000亿元,比上年预算减少198亿元;拟发行长期建设国债800亿元,比上年减少300亿元,同时增加中央预算内经常性建设投资100亿元。 |

续表

| 年 份 | 货币财政政策类型 | 货币财政政策主要内容 |
|---|---|---|
| 2006 | 稳健的货币政策与稳健的财政政策相结合 | 2005 年,虽然没有明确提出货币与财政政策,但提到“继续搞好宏观调控,坚持区别对待、有保有压的原则,综合运用财税、货币、土地等手段,控制固定资产投资过快增长,遏制房地产投资过快增长和房价过快上涨的势头”。2006 年工作建议,提出稳定宏观经济政策,继续实施稳健的货币政策和稳健的财政政策。保持货币信贷适度增长,优化信贷结构,创新金融产品,加大对“三农”、中小企业、就业、助学的信贷支持,合理控制中长期贷款;健全利率形成和传导机制;完善有管理的浮动汇率制度,保持人民币汇率在合理、均衡水平上的基本稳定。继续适当减少长期建设国债发行规模和财政赤字,发行长期建设国债 600 亿元,要用于农林水利、科教文卫、生态建设、环境保护和西部开发等方面,保证重点续建项目,适当开工建设关系发展全局的重大项目。大力推进依法治税,切实加强税收征管,规范非税收入管理;财政支出要统筹兼顾、量入为出、确保重点、厉行节约等。 |

资料来源:1990—2006 年《政府工作报告》。

# 附录4

# 1993—2006年企业对宏观经济政策的反应和评价*

在市场经济条件下，企业是宏观经济政策的最直接的调控对象。因此，企业家对货币政策、财政政策的评价，大体反映了政策效果的优劣，也反映了政策对千差万别的经济主体的适应性。反过来，跟踪和反馈企业对宏观经济政策的反映与评价，也将成为政策制定当局改进宏观调控的重要依据。

我们选取了“中国企业家调查系统”14年调查报告，将企业对宏观经济形势、宏观政策效果、宏观政策建议等方面内容分年度进行整理，附列于此，供分析宏观经济政策效果参考。

---

* 本附录是根据1993—2006年“中国企业家调查系统”调查报告摘编的。中国企业家调查系统是由国务院发展研究中心人力资源研究培训中心、国务院研究室工交贸易司、国有资产管理委员会企业分配局、国家统计局综合司、中国企业联合会研究部共同发起，由国务院发展研究中心批准于1993年成立的调查机构。成立以来，中国企业家调查系统坚持进行每年一度的以全国范围内企业经营者为对象的大型问卷调查。十四年来完成了十四份年度调查主报告。持续地努力和富有价值的报告，为该系统赢得了广泛的声誉，也为我们分析宏观经济政策效果提供了非常宝贵的参考。

## 1993 年

1993 年我国酝酿财政税收体制改革。财税体制改革是目前企业家较为关心的改革内容之一。从总体情况看，68.3%的企业家倾向于实行税前还贷、税后承包的方案，24.9%的企业家则赞同税利分流、税后还贷的办法。从不同所有制类型企业看，主张税前还贷、税后承包方案的国有企业比重为70.5%，其次是集体企业，为67.8%，股份制企业和外资企业均不到一半，反映了1993 年国有企业贷款过多、负债沉重的问题；主张税利分流、税后还贷的多为股份制企业，而且外资企业、私营及其他所有制企业的比重也均高于国有企业和集体企业。

## 1994 年

### 一、对 1994 年宏观经济形势的评价

企业家认为，1994 年国民经济正朝着持续、快速、健康的方向发展，但通货膨胀的压力不容忽视。55.5%的企业家认“原材料、能源涨价太多，难以消化”是企业面临的主要困难。调查中，当问及“当前经济运行中最突出的问题”时，有79.1%的企业家认为是“物价涨幅过大”；问及如何看待“今年上半年的物价形势”时，有52.8%的人回答“问题较大，大多数居民不能承受”；当问及“下一步宏观调控应主要解决什么问题”时，43.8%的企业家主张“应该抑制通货膨胀”。然而，当问及“货币投入和规模应当继续压缩还是适当扩大”时，有54.1%的企业家主张“应适当扩大”，有15.4%的企业家主张“应继续压缩”，有22.6%的企业家主张“应保持现在的水平”，这反映了企业家在企业同时面临通货膨胀压力和资金紧张问题时所表现出的矛盾心态（附表 4－1）。

附表4-1 企业家对当前宏观经济形势的基本判断

| 备选问答 | 占样本(%) | 备选问答 | 占样本(%) |
|---|---|---|---|
| 当前经济运行中的突出问题是：物价涨幅过大 | 79.1 | 下一步宏观调控的主要任务应是：抑制通货膨胀 | 43.8 |
| 当前的物价形势是：问题较大,大多数居民不能承受 | 52.8 | 下一步的货币投放和贷款规模应是： | |
| | | 适当扩大 | 54.1 |
| | | 保持现有水平 | 22.6 |
| | | 继续压缩 | 15.4 |

## 二、对1994年工商税制改革的看法

1994年，以流转税改革为中心内容的工商税制改革全面实施，新税制为建立社会主义市场经济体制，为企业提供公平竞争的外部环境创造了条件。调查表明：44.6%的企业家认为实行新税制后企业的计税纳税方式比以前简化、规范。但对改革后企业流转税负担的变化情况，企业家有着不太一致的认识。由于新税制涉及企业利益关系的重新调整，不同行业的企业流转税负担水平有升有降，所调查的企业中，有39.4%的企业家认为新税制对本企业“不利”。

# 1995年

## 一、1995年企业家对宏观调控的看法

1995年以来，宏观调控取得了积极成效，得到大多数企业家的拥护和肯定。从我国宏观调控的把握情况来看，46.6%的企业家认为一般，29.0%的企业家认为较好，0.7%的企业家认为很好，这三项之和达76.3%，表明大多数企业家对1995年的宏观调控较为满意。

企业家对当时国家加强宏观调控，控制经济过快增长，实现“软着陆”的政策目标的情况判断是：有50.7%认为正在实现，6.6%认为已经实现，这两项之和为57.3%，表明多数企业家对宏观调控目标的实现有着较为乐观的判断。

## 二、对1995年物价和货币供应形势的看法

调查显示，我国物价形势和货币供应形势还有待进一步改善。在对物价涨幅判断方面，17.9%的企业家认为涨幅过大，61.7%的企业家认为涨幅偏大，只有17.9%的企业家认为正常，另外有2.5%的企业家认为难以做出判断（附表4－2）。

**附表4－2　1995年企业家对物价形势的判断**

| 备选问答 | 比重(%) | 备选问答 | 比重(%) |
|---|---|---|---|
| 过　大 | 17.9 | 正　常 | 17.9 |
| 偏　大 | 61.7 | 尚难判断 | 2.5 |

在问及与物价涨幅直接相关的货币投放和信贷规模时，却只有1.4%和11.8%的企业家认为过大或偏大，43.7%和13.3%的企业家认为偏小和过小（附表4－3）。这种相互矛盾的心理说明，原材料涨价及物价普遍上涨，造成在提高工人工资方面的压力而使企业背上了成本上升的沉重负担，而这种成本上升的负担又使企业的资金状况更显紧张，从而企业家们希望国家通过增加货币投放和扩大信贷规模来缓解企业的资金紧张状况。

**附表4－3　1995年企业家对货币投放和信贷规模的看法**

| 备选答案 | 企业家所占比重(%) | 备选答案 | 企业家所占比重(%) |
|---|---|---|---|
| 过　大 | 1.4 | 偏　小 | 43.7 |
| 偏　大 | 11.8 | 过　小 | 13.3 |
| 适　合 | 22.6 | 尚难判断 | 7.2 |

# 1996年

1996年是“九五”计划开始实施的第一年，国家的宏观调控逐步到位，经济体制改革平稳有序推进，改革开放与现代化建设正按《纲要》的部署和要求顺利进行，企业经营者对经济的发展充满信心。

## 一、1996年企业家对宏观经济形势的判断

1996年企业家对宏观经济形势的判断从以下四个方面进行。

对于物价增长幅度，有54.6%的企业家认为比较合适，但是也有32.7%的企业家认为涨幅偏大。

对于工业经济增长速度，认为增长速度比较合适的企业家占多数，比重为43.5%，还有40.4%的企业家认为增长速度偏低。

对于固定资产投资规模，大部分企业经营者尚嫌不足。有45.5%的企业经营者认为今年的固定资产投资规模偏小；认为合适的占29.9%；认为过大的占16.2%；认为偏大的占2.2%；认为过小的占6.2%。

扩大货币投放和信贷规模是大部分企业经营者的要求。有60.2%的企业经营者认为目前信贷规模偏小，认为过小的占16.5%，二者之和达76.7%；认为合适的占17.7%；认为过大或偏大的分别为0.8%和4.8%（详见附表4-4）。

**附表4-4　企业经营者对宏观经济运行的判断**

单位：%

| 调查项目 | 过大 | 偏大 | 合适 | 偏小 | 过小 |
|---|---|---|---|---|---|
| 今年以来的物价涨幅 | 3.3 | 32.7 | 54.6 | 8.4 | 1.0 |
| 今年以来工业经济增长速度 | 1.0 | 11.5 | 43.5 | 40.4 | 3.6 |
| 今年以来固定资产投资规模 | 2.2 | 16.2 | 29.9 | 45.5 | 6.2 |
| 目前的货币投放与信贷规模 | 0.8 | 4.8 | 17.7 | 60.2 | 16.5 |

从以上结果来看，一方面企业经营者对今年以来的物价水平和工业经济增长速度基本满意，这从一个侧面反映了国家宏观调控到位，经济软着陆已基本实现；另一方面，企业经营者认为宏观经济形势稳中偏冷，要求扩大信贷规模和固定资产投资规模，表明企业经营者既希望国家巩固和改善宏观调控的成果，保证通货膨胀能控制在一定的范围之内，又要求国家适度放松银根，增加投资，以摆脱企业当前所面临困难的矛盾心态。

## 二、1996年企业家对调低银行存贷款利率的看法

对于我国今年在继续实行适度从紧的货币政策的同时，先后两次调低银行存贷利率这一措施，多数企业经营者认为此举主要有利于企业效益的提高，而不在于解决资金紧张的问题。有45.6%的企业经营者认为此举有利于企业降低成本；有32.6%的企业认为对解决企业资金紧张状况影响不大；有13.1%的企业认为有利于缓解企业流动资金紧张；有5.0%的企业经营者认为有利于企业挖潜改造；仅有3.7%的企业经营者认为有利于企业扩大固定资产投资规模（详见附表4-5）。

**附表4-5 企业经营者对调低银行存贷利率效果的判断**

| 调查项目 | 百分数 | 调查项目 | 百分数 |
|---|---|---|---|
| 有利于企业降低成本 | 45.6 | 有利于企业挖潜改造 | 5.0 |
| 对解决企业资金紧张状况影响不大 | 32.6 | 有利于企业扩大固定资产投资规模 | 3.7 |
| 有利于缓解企业流动资金紧张 | 13.1 | | |

# 1997年

## 一、1997年企业家对宏观经济形势的看法

对于1997年上半年以来的信贷规模与利率水平，企业经营者们普遍感到信贷规模偏低，银行利率偏高。由于今年以来，我国政府继续采取适度从紧的宏观政策，使企业经营者们普遍感到目前的货币投放与信贷规模偏低和过低，两项选择之和为72.2%，认为银行利率偏高和过高，为50.9%。

过半数企业经营者认为，宏观经济形势正常，工业经济增长速度适宜；但同时又认为固定资产投资和信贷规模偏低，银行利率偏高，这反映出部分企业经营者一方面认为目前的发展速度是合适的，但另一方面又希望放松银根，加大投入，以全面启动经济的快速发展的矛盾心态。

## 二、1997年企业家对未来宏观经济政策走向的判断

对于我国经济顺利实现“软着陆”后的宏观调控政策走向，多数企业经营者要求适度放松。建议要适度放松的为63.7%，建议要继续适度从紧的为21.8%，要求保持现状的为14.5%。对于“适度放松”的要求，在不同地区的企业中中部和东部的企业经营者的呼声最高，分别为65.7%和62.4%；在不同规模的企业中，除特大型企业外，中型企业、大型企业和小型企业的经营者要求都很强烈，比例分别为65.5%、62.8%和62.8%（见附表4－6）。

**附表4－6　企业经营者对我国顺利实现“软着陆”后宏观调控政策走向的判断**

单位：%

| 调查项目 | 总体 | 规模 | | | | 地区 | | |
|---|---|---|---|---|---|---|---|---|
| | | 特大型 | 大型 | 中型 | 小型 | 东部 | 中部 | 西部 |
| 继续适度从紧 | 21.8 | 25.0 | 22.2 | 20.8 | 23.6 | 22.6 | 20.7 | 22.9 |
| 保持现状 | 14.5 | 23.5 | 15.0 | 13.7 | 13.6 | 15.0 | 13.6 | 15.7 |
| 适度放松 | 63.7 | 51.5 | 62.8 | 65.5 | 62.8 | 62.4 | 65.7 | 61.4 |

# 1998年

尽管1998年面临当前亚洲金融危机、国内市场需求不足和特大洪涝灾害的严峻形势，企业的生产经营活动遇到了一定的困难。但是，由于我国社会结构和制度的特点，以及自年初开始，政府逐步出台的降低利率、增加投资等旨在扩大内需、促进经济增长的宏观调控政策措施得当，企业家认为，当年的宏观经济政策在保持国民经济持续稳定健康发展方面发挥了积极的作用。

## 一、企业家对拉动内需政策有效程度的评价

1998年以来，针对当前国民经济中需求不足这一主要矛盾，中央政府出台了一系列旨在扩大内需促进经济增长的宏观经济政策，从企业经营者的反映来

看，这些政策措施已初见成效。企业经营者认为，目前政府已经采取的诸项措施，在促进经济增长方面的作用，按其有效程度排序依次是：加大基础设施投资力度（68.8%）、降低利率（58.2%）、加速城镇住房制度的改革（42.7%）、拓宽中小企业信贷渠道（36.9%）、提高出口退税率（32.6%）、降低部分企业的税务负担（29.4%）和放宽投资规模限制（19.1%）（附表4－7）。其中，以加大投资力度为主的财政政策、以降低利率为主的货币政策、以商品化为主的城镇住房制度改革政策和以拓宽中小企业信贷渠道为主的金融政策，被认为是刺激当前需求的四项效果最显著的政策措施。

**附表4－7　企业家对扩大内需各项政策的有效程度的评价**

单位：%

| 调查项目 | % | 排序 | 调查项目 | % | 排序 |
|---|---|---|---|---|---|
| 加大基础设施投资力度 | 68.8 | 1 | 提高出口退税率 | 32.6 | 5 |
| 降低利率 | 58.2 | 2 | 降低部分企业税率 | 29.4 | 6 |
| 加速城镇住房改革 | 42.7 | 3 | 放宽投资规模限制 | 19.1 | 7 |
| 拓宽中小企业信贷渠道 | 36.9 | 4 | | | |

## 二、企业家对当前宏观经济政策力度的判断

企业经营者从自身经营的角度，一般都希望政府最大限度地实行扩张性政策。如附表4－8所示。

**附表4－8　企业经营者对当前宏观调控的政策力度的判断**

单位：%

| 调查项目 | 过高 | 偏高 | 合适 | 偏低 | 过低 |
|---|---|---|---|---|---|
| 货币供应量 | 0.7 | 6.0 | 50.6 | 37.3 | 5.4 |
| 贷款利率 | 0.8 | 20.2 | 65.6 | 12.1 | 1.3 |
| 基础设施投资规模 | 2.1 | 16.7 | 34.4 | 44.0 | 2.8 |
| 人民币汇率 | 2.4 | 18.8 | 62.3 | 14.8 | 1.7 |
| 出口退税率 | 0.3 | 5.4 | 44.2 | 44.8 | 5.3 |
| 财政收费水平 | 10.6 | 61.4 | 23.4 | 4.2 | 0.4 |

# 1999年

1999年，为了缓解亚洲金融危机和国内通货紧缩的影响，促进经济的稳步增长，我国政府在去年的基础上继续采取了包括增发国债、连续降息、提高工资、调整税收等一系列积极的财政和货币政策，加大了以建立现代企业制度为核心的国有企业改革的力度，同时进一步加快了财税、金融等体制改革的步伐。

从企业经营者对当前宏观调控措施力度的判断中可以发现，企业经营者们认为当前的货币和财政政策仍有进一步扩张的余地（附表4-9）。具体体现在以下5个方面。

**附表4-9　1999年企业经营者对宏观调控政策的判断**

单位：%

| 调查项目 | 高 | | | 合适 | 低 | | |
|---|---|---|---|---|---|---|---|
| | 过高 | 偏高 | 小计 | | 偏低 | 过低 | 小计 |
| 货币供应量 | 1.0 | 10.9 | 11.9 | 35.2 | 7.4 | 45.5 | 52.9 |
| 存贷款利率 | 1.0 | 16.6 | 17.6 | 54.6 | 4.2 | 23.6 | 27.8 |
| 人民币汇率 | 3.9 | 22.8 | 26.7 | 51.6 | 3.3 | 18.4 | 21.7 |
| 出口退税率 | 0.6 | 7.3 | 7.9 | 50.9 | 2.1 | 39.1 | 41.2 |
| 财政性税费水平 | 19.3 | 62.9 | 82.2 | 14.9 | 0.2 | 2.7 | 2.9 |

第一，从货币供应量看，认为该项措施力度“偏低”和“过低”的企业经营者分别占45.5%和7.4%。两者之和比认为“过高”和“偏高”的比重高出41.0个百分点，比去年认为“偏低”和“过低”的比重高出10.2个百分点，说明企业经营者希望进一步放松银根，扩大货币投放。

第二，从存贷款利率看，认为“偏低”和“过低”的企业经营者分别占23.6%和4.2%，两者之和比认为“偏高”和“过高”的比重高出10.2个百分点，而去年同期调查的情况则是企业经营者认为“偏高”和“过高”的比重比认为“偏低”和“过低”的高出7.6个百分点。

第三，从人民币汇率看，认为“偏高”和“过高”的企业经营者分别占22.8%和3.9%，两者之和比认为“偏低”和“过低”的高出5.0个百分点，与去年的情况大体相当。

第四，从出口退税率看，认为“偏低”和“过低”的企业经营者分别占39.1%和2.1%，两者之和虽比认为“偏高”和“过高”的高出33.3个百分点，但比去年降低了8.9个百分点，说明今年出口退税率的进一步降低得到企业经营者的认同。

第五，从财政性税费水平看，认为“偏高”和“过高”的企业经营者分别占62.9%和19.3%，两者之和达82.2%，比去年提高了10.2个百分点，表明企业经营者要求进一步降低财政性税费水平的较强意愿，同时也表明在目前形势下，加大税收政策手段的使用将会比货币手段更为有效。

## 2000年

面对国内需求不足、出口竞争加剧、就业压力增大、经济结构不合理等突出问题和亚洲金融危机的挑战，我国政府采取了积极的财政政策和稳健的货币政策等一系列应对措施，得到了企业经营者的普遍欢迎（附表4－10）。这体现在以下5个方面。

**附表4－10　2000年企业经营者对宏观调控指标的判断**

单位：%

| 调查项目 | 高 | | | 合适 | 低 | | |
|---|---|---|---|---|---|---|---|
| | 过高 | 偏高 | 小计 | | 偏低 | 过低 | 小计 |
| 货币供应量 | 0.8 | 10.9 | 11.7 | 54.1 | 32.0 | 2.2 | 34.2 |
| 存贷款利率 | 0.7 | 11.8 | 12.4 | 49.1 | 33.0 | 5.5 | 38.5 |
| 人民币汇率 | 0.8 | 11.8 | 12.7 | 63.9 | 21.8 | 1.6 | 23.4 |
| 出口退税率 | 0.4 | 8.6 | 9.0 | 57.8 | 31.8 | 1.3 | 33.2 |
| 财政性税费水平 | 12.0 | 64.9 | 76.9 | 19.5 | 3.4 | 0.3 | 3.6 |
| 股市扩容速度 | 7.8 | 32.8 | 40.6 | 25.0 | 30.8 | 3.6 | 34.4 |
| 国债发行量 | 1.9 | 26.8 | 28.7 | 48.3 | 22.2 | 0.8 | 23.0 |

第一，对于货币供应量规模，有 54.1% 的企业经营者选择了“合适”，比去年增加了 18.9 个百分点。

第二，对于存贷款利率水平，认为“合适”的企业经营者比去年减少了 5.5 个百分点，认为“低”的企业经营者比去年增加了 10.7 个百分点，说明企业经营者认为目前进一步降低存贷款利率发挥作用的余地已经不大。

第三，对于人民币汇率水平，认为“偏低”和“过低”的企业经营者分别占 21.8% 和 1.6%，两者之和比认为“偏高”和“过高”的比重高出 10.7 个百分点，和去年的调查结果正好相反——去年企业经营者认为“偏高”和“过高”的比重比认为“偏低”和“过低”的高出 5 个百分点，表明企业经营者增强了对人民币币值稳定的信心。

第四，对于出口退税率水平，认为“偏低”和“过低”的企业经营者分别占 31.8% 和 1.3%，两者之和比认为“偏高”和“过高”的高出 24.2 个百分点，比去年认为“偏低”和“过低”的降低了 8 个百分点，说明政府提高出口退税率的政策得到了企业经营者的认同。

第五，对于国债发行量，企业经营者认为“偏高”和“过高”的分别占 26.8% 和 1.9%，认为“偏低”和“过低”的分别占 22.2% 和 0.8%，接近半数的企业经营者认为“合适”。

# 2001 年

2001 年，面对我国实现入世和世界经济增长减缓的新形势，我国政府继续采取了积极的财政政策和稳健的货币政策等一系列应对措施。

## 一、2001 年企业家对宏观经济形势的看法

对于宏观经济形势的判断，44.4% 的企业经营者认为“正常”，认为“偏冷”或“过冷”的比重之和为 30.8%，这一比例与去年同期调查结果大致相同，明显低于 1999 年的 56.6%。这表明，企业经营者认为，今年我国宏观经济基本上保持了 2000 年以来向好的方向发展的趋势。

## 二、2001 年企业家对内需不足及相应政策的看法

从内需情况看，受政府一系列积极的财政政策的影响，今年消费需求和固定资产投资需求不足的状况有所好转。调查结果显示，51.0% 的企业经营者认为目前消费需求“不足”，比去年下降了 12.4 个百分点（附表 4-11）。

附表 4-11　对 2001 年消费需求状况的判断

单位：%

| 年　份 | 很　旺 | 较　旺 | 合　适 | 不　足 | 严重不足 |
|---|---|---|---|---|---|
| 2001 年总体 | 1.7 | 16.1 | 31.2 | 47.3 | 3.7 |
| 2000 年总体 | — | 14.6 | 22.0 | 57.7 | 5.7 |

调查结果显示，三分之二以上的企业经营者认为政府投资“合适”，认为“不足”的不到三分之一，表明政府扩大内需的投资政策起到了比较积极的作用（附表 4-12）。

附表 4-12　对 2001 年固定资产投资需求状况的判断

单位：%

| | 政府投资 | | | | |
|---|---|---|---|---|---|
| | 很　旺 | 较　旺 | 合　适 | 不　足 | 严重不足 |
| 总　体 | 7.9 | 32.8 | 27.0 | 26.5 | 5.8 |

# 2002 年

2002 年，我国政府继续实施积极的财政政策和稳健的货币政策，努力扩大内需，积极发展对外经济，大力整顿和规范市场经济秩序，着力调整经济结构和提高经济效益。我们可以从货币供应量、银行贷款利率、财政性税费水平和国债发行量几个方面了解了企业经营者对宏观调控政策的感受。政府宏观调控政策相对比较稳定，企业家对此较为满意（附表 4-13）。

附表 4-13　企业经营者对宏观调控的判断

单位：%

| 调整项目 | | 高(多/大) | | | 适度 | 低(少/小) | | |
|---|---|---|---|---|---|---|---|---|
| | | 过高 | 偏高 | 小计 | | 偏低 | 过低 | 小计 |
| 货币供应量 | 2002 年 | 0.9 | 11.8 | 12.7 | 55.3 | 28.6 | 3.4 | 32.0 |
| | 2000 年 | 0.8 | 10.9 | 11.7 | 54.1 | 32.0 | 2.2 | 34.2 |
| 银行贷款利率 | 2002 年 | 1.1 | 20.2 | 21.3 | 45.9 | 28.8 | 4.0 | 32.8 |
| | 2000 年 | 0.7 | 11.8 | 12.4 | 49.1 | 33.0 | 5.5 | 38.5 |
| 财政性税费水平 | 2002 年 | 14.0 | 65.7 | 79.7 | 16.8 | 3.2 | 0.3 | 3.5 |
| | 2000 年 | 12.0 | 64.9 | 76.9 | 19.5 | 3.4 | 0.3 | 3.6 |
| 国债发行量 | 2002 年 | 3.1 | 29.0 | 32.1 | 42.9 | 23.2 | 1.8 | 25.0 |
| | 2000 年 | 1.9 | 26.8 | 28.7 | 48.3 | 22.2 | 0.8 | 23.0 |

第一，从货币供应量看，调查结果显示，企业经营者认为目前货币供应量“多”、“适度”和“少”的分别占12.7%、55.3%和32%。

第二，从银行贷款利率看，企业经营者认为目前银行贷款利率水平“高”、“合适”和“低”的分别占21.3%、45.9%和32.8%。

第三，从财政性税费水平看，仍有较多企业经营者认为当前财政性税费水平“高”，比重为79.7%，认为“合适”和“低”的比重分别为16.8%和3.5%。

第四，从国债发行量看，企业经营者认为国债发行量“偏少”的占25%，认为“适度”和“偏大”的则分别占42.9%和32.1%。

# 2003 年

2003 上半年虽然遭受“非典”袭击，我国投资、出口需求仍呈强劲增长态势，消费需求不足现象有所缓解，宏观经济继续运行在快速增长的轨道上，并呈现扩张的迹象。

## 一、2003 年企业家对宏观经济形势的看法

关于对 2003 年宏观经济形势的判断，30.7% 的企业经营者认为比较“热”

(28.1%认为“偏热”，2.6%认为“过热”)，比重比2002年提高近20个百分点，为1995年调查以来的最高值；一半以上（53%）的企业经营者认为“正常”；认为“偏冷”或“过冷”的仅一成左右（10.5%），比去年减少近15个百分点，为1995年以来的最低值。调查结果表明，企业经营者认为，2003年以来我国的宏观经济走势明显升温。

## 二、企业家关注税制改革

关于当前税收制度最需要改革的方面，调查结果显示，55.2%的企业经营者认为是“企业所得税”改革，列所有选项之首；其次是“个人所得税”改革，比重为54.2%；其他两个选项的比重依次为增值税改革（36.2%）和“出口退税”改革（16.9%）。

但从不同企业类型看，西部地区企业经营者认为应优先改革个人所得税制度，选择比重为58.1%；小型企业和外商及港澳台投资企业则认为急需改革的是增值税制度，选择比重为39.5%和40.5%，高于其他各类企业；私营企业和外商及港澳台投资企业认为应加强出口退税制度改革，比重也相对较高（20%以上）（附表4-14）。

**附表4-14　当前税收体制最需改革的方面**

单位：%

| | 增值税 | 企业所得税 | 个人所得税 | 出口退税 | 其他 |
|---|---|---|---|---|---|
| 总体 | 36.2 | 55.2 | 54.2 | 16.9 | 1.8 |

# 2004年

今年年初，我国经济呈现快速增长态势，尤其是固定资产投资出现过去少有的急剧增长，导致煤电油运等资源瓶颈约束加剧。为防止经济过热导致“大起”后的“大落”，中央采取果断措施，实施宏观调控，致使部分行业投资过热的现象得到有效控制。

## 一、2004年企业家对投资形势的看法

根据国家统计局的统计数据，今年1—2月我国城镇固定资产投资比去年同期增长53%，增幅之高为历史所罕见。而在本次调查开始时（2004年8月），宏观调控已收到明显的效果，投资需求迅速回落。调查结果显示，50.4%的企业经营者认为政府投资需求“很旺”或“较旺”，比去年低2.1个百分点；28.4%认为政府投资需求“不足”或“严重不足”，比去年高4.2个百分点。

## 二、2004年企业家对宏观调控效果的看法

企业经营者认为，在宏观调控作用下，今年年初固定资产投资过度膨胀的势头得到有效缓解，消费、出口需求保持增长态势，宏观经济运行趋于正常，宏观调控取得积极成效。调查结果显示，12.4%的企业经营者认为“成效明显”，54.9%认为“较有成效”，23.9%认为“成效不大”，7.6%认为“尚难判断”（附表4-15）。

**附表4-15 企业经营者对政府采取宏观调控措施所取得的成效的判断**

单位：%

| | 成效明显 | 较有成效 | 成效不大 | 没有成效 | 尚难判断 |
|---|---|---|---|---|---|
| 总　体 | 12.4 | 54.9 | 23.9 | 1.2 | 7.6 |

# 2005年

经过2004年以来的宏观调控，我国经济运行中以投资增长过快、煤电油运资源瓶颈约束加剧为主要特征的不稳定、不健康现象得到有效控制，宏观经济呈现平稳较快增长的良好态势。与此同时，人民币升值、国际石油市场价格持续飙升、房地产价格出现过快上涨对宏观经济造成一定影响。

## 一、企业家对人民币升值影响的判断

中国人民银行于2005年7月21日正式宣布了人民币汇率制度改革，并于当日使人民币兑美元升值2%。大部分企业经营者认为，目前的人民币升值对企业产品出口整体影响不大。调查结果显示，近八成企业经营者认为人民币升值对企业产品出口“没有影响”或“略有影响”，其中20.5%认为“没有影响”，56.9%认为“略有影响”；认为“影响较大”或“影响很大”的仅略超过二成（附表4－16）。由此可见，多数企业经营者认为目前的人民币小幅升值对企业出口整体影响不大，企业对迄今为止的汇率改革基本上还是适应的。

**附表4－16　企业家对人民币升值对企业产品出口影响的判断**

单位：%

| | 没有影响 | 略有影响 | 影响较大 | 影响很大 |
|---|---|---|---|---|
| 总　体 | 20.5 | 56.9 | 17.7 | 4.9 |

## 二、企业家对政府宏观调控的评价

经过一年多的宏观调控，部分行业投资过热的现象明显得到缓解，经济呈现出高增长、低通胀的良好形势。与此同时，由于消费品价格涨幅的持续下滑，企业利润增长速度的连续放慢，宏观经济政策是否应做适当调整以防出现可能的通货紧缩，引起了社会各界的广泛关注。多数企业经营者认为国家宏观调控政策的松紧度比较合适，略显偏紧。调查结果显示，36%的企业经营者认为目前的宏观调控政策“偏紧”，41.2%认为“合适”，22.8%认为“偏松”，认为“偏紧”的比认为“偏松”的多13.2个百分点（附表4－17）。

调查表明，应在继续保持目前稳健的财政政策和货币政策的基础上，适时适度放松政策操作的力度。

附表4-17 对政府采取的宏观调控政策松紧程度的评价

单位：%

| | 偏紧 | 合适 | 偏松 |
|---|---|---|---|
| 总体 | 36.0 | 41.2 | 22.8 |

## 三、企业家对调控房地产各项措施有效性的看法

今年以来，宏观调控的一项重要内容就是采取多项措施控制因部分地区不断飙升的房地产价格引发的房地产热。企业经营者对房地产调控的成效给予了积极的评价。调查结果显示，企业经营者认为成效最明显的措施包括“限制房地产开发贷款”和“限制新房转手交易”，认为措施有效（“非常有效”+“比较有效”）的比重分别为89.1%和83.9%；其次是“开征房地产税”和“增加信息透明度”，认为有效的比重分别为80.1%和76.7%；再次是“提高房贷利率”和“增加土地供应”，认为有效的比重分别为71.9%和67.8%（见附表4-18）。

附表4-18 企业家对有关房地产调控措施有效性的判断

单位：%

| 调查项目 | 非常有效 | 比较有效 | 没有效果 | 非常有效+比较有效 |
|---|---|---|---|---|
| 限制房地产开发贷款 | 42.6 | 46.5 | 10.9 | 89.1 |
| 限制新房转手交易 | 39.1 | 44.8 | 16.1 | 83.9 |
| 开征房地产税 | 22.2 | 57.9 | 19.9 | 80.1 |
| 增加信息透明度 | 22.1 | 54.6 | 23.3 | 76.7 |
| 提高房贷利率 | 11.3 | 60.6 | 28.1 | 71.9 |
| 增加土地供应 | 20.7 | 47.1 | 32.2 | 67.8 |
| 人民币升值 | 5.6 | 36.1 | 58.3 | 41.7 |

# 2006年

2006年以来，宏观经济运行保持了增长比较快、效益比较好、价格比较稳的良好态势，实现了“十一五”规划的良好开局。与此同时，中国经济运行也

在发生新的变化，目前以固定资产投资及货币信贷增长过快、部分行业出现产能过剩为特征的经济趋热现象与低物价、消费需求相对不足、就业压力大之间的矛盾非常突出，由此增加了宏观调控的艰巨性与复杂性。

## 一、2006年企业家对宏观经济形势的看法

企业家对2006年经济运行较为满意，但认为经济呈现偏热迹象。调查结果表明，有70.9%的企业经营者认为宏观经济形势“很好”或“较好”，26.3%认为“一般”，认为“较差”或“很差”的仅占2.8%（附表4-19）。

**附表4-19　企业经营者对当前宏观经济形势的判断**

单位：%

| | 很好 | 较好 | 一般 | 较差 | 很差 | （很好+较好）-（较差+很差） |
|---|---|---|---|---|---|---|
| 总体 | 7.0 | 63.9 | 26.3 | 2.6 | 0.2 | 68.1 |

半数以上的企业经营者认为2006年我国GDP增长10%以上，有39.3%的认为增长9.5—10%；有近三分之二的企业经营者认为2006年我国CPI上升幅度预计在1%—2%之间，有24.2%的预计在2%—3%之间（附表4-20）。调查表明，企业经营者对当前宏观经济形势较为满意。

**附表4-20　企业家对2006年我国GDP增长及CPI上升幅度的预计**

单位：%

| | 对GDP增长的预计 | | | | | 对CPI上升幅度的预计 | | | |
|---|---|---|---|---|---|---|---|---|---|
| | 9.5%以下 | 9.5%—10% | 10%—10.5% | 10.5%—11% | 11%以上 | 1%以内 | 1%—2% | 2%—3% | 3%以上 |
| 总体 | 10.3 | 39.3 | 29.6 | 15.9 | 4.9 | 4.1 | 65.5 | 24.2 | 6.2 |

关于当前宏观经济运行情况，调查结果显示，3.8%的企业经营者认为当前经济运行“过热”，44.9%认为“偏热”，比重分别比2005年提高1.2和19个百分点，基本回到对2004年经济过热程度的判断；42%的企业经营者认为“正常”，4.4%认为“偏冷”，分别比2005年降低7.4和10.5个百分点。

调查结果表明，经过2004—2005年一系列宏观调控措施后，2005年的经济过热迹象有所缓解，随着调控力度一定程度的放松，以及“十一五”规划开局之年各地经济发展热情高涨，2006年经济运行热度又有所回升。

## 二、企业家对宏观调控政策松紧程度的判断

多数企业家认为国家宏观调控政策的松紧度比较合适、略显偏松。调查结果显示，22.6%的企业经营者认为“偏紧”，39.8%认为“合适”，34.1%认为“偏松”，认为“偏松”的比认为“偏紧”的多11.5个百分点（附表4－21）。

**附表4－21　对迄今为止政府采取的宏观调控政策松紧程度的判断**

单位：%

| | 过紧 | 偏紧 | 合适 | 偏松 | 过松 |
|---|---|---|---|---|---|
| 总　体 | 1.9 | 22.6 | 39.8 | 34.1 | 1.6 |
| 东部地区企业 | 1.4 | 21.9 | 40.4 | 34.8 | 1.5 |
| 中部地区企业 | 2.7 | 23.8 | 38.0 | 33.7 | 1.8 |
| 西部地区企业 | 2.8 | 24.7 | 39.8 | 31.6 | 1.1 |
| 东北地区企业 | 2.4 | 20.0 | 39.2 | 34.7 | 3.7 |

调查表明，总体来看，企业经营者认为目前的宏观经济政策比较合适、略显偏松，建议在继续保持目前稳健的财政政策和货币政策的基础上，适时适度紧缩政策操作的力度。

## 三、企业家对2006年下半年宏观经济政策的建议

关于下半年应采取的宏观经济政策，调查结果显示，34.8%的企业经营者建议应采取“稳健的货币政策和稳健的财政政策”，32.2%建议应采取“稳健的货币政策和积极的财政政策”，选择“适度放松的货币政策和稳健的财政政策”和“适度放松的货币政策和积极的财政政策”的比重相对较小，分别为19%和14%（附表4－22）。

附表 4－22　下半年应采取的宏观经济政策

单位：%

| | 稳健的货币政策和积极的财政政策 | 稳健的货币政策和稳健的财政政策 | 适度放松的货币政策和稳健的财政政策 | 适度放松的货币政策和积极的财政政策 |
|---|---|---|---|---|
| 总体 | 32.2 | 34.8 | 19.0 | 14.0 |

调查表明，67%的企业经营者建议采取稳健的货币政策，这与政府的政策取向是一致的。与此同时，有近一半的企业经营者建议采取积极的财政政策，也许可以反映出企业经营者对减税的期盼。

## 四、企业家对人民币汇率改革一年多效果的看法

汇率改革一年来，人民币汇率升值近5%，这对企业产品出口的影响如何，引起政府及社会的广泛关注。调查结果显示，有61.2%的企业经营者认为产品出口比去年增长，其中46.3%认为“小幅增长”，14.9%认为“大幅增长”；18.5%认为产品出口“持平”；20.3%认为产品出口“下降”，认为出口“上升”的比认为“下降”的多41个百分点。

附录 5

# 中国潜在 GDP 的估算

经济增长理论是宏观经济理论的基础，所有的宏观经济问题都与经济增长相关联。在经济增长的研究中，潜在经济增长是非常重要的一个问题，引起经济学家和经济决策者极大的兴趣。对经济增长潜力的研究和测算，目的是给实际经济发展提供参照，促进经济的均衡长期发展。

## 一、潜在 GDP 的界定

潜在 GDP 一般指一国在资源最优配置下的总供给，但西方经济学家对潜在 GDP 的理解是不相同的。布拉德利·希勒（Bradley R. Schiller，1997）从最大总供给的角度定义了潜在 GDP。他认为，在一个特定的时期，经济的潜在产出都有一个极限，它是由资源的数量和技术决定的，即通过我们所使用的所有可用的资源和最好的技术可以达到的产出，这个所谓的极限增长率就是潜在经济增长率。迈克尔·帕金（MichaelParkin，2000）认为潜在经济增长率是充分就业水平下的经济增长率，他认为，劳动力和劳动生产率提高，经济的生产可能性边界扩大，从而改变实际工资率和潜在经济增长率。保罗·萨缪尔森和威廉·诺德豪斯（Samuelson and Nordhaus，2000）[①] 认为：潜在经济增长率是一个国家可持续的最大的国民产出水平，即当一个国家失业率处于非加速通货膨胀失业率的基准水平时，一国的经济增长率就业是潜在经济增长率。

我国经济学家也对潜在 GDP 进行了大量的研究。李晓西（2000）认为潜在的总供给是指一国经济所能生产的最大产品和劳务量，或者说是在各种资源得到最优和充分配置条件下，能够达到的生产能力。这里讲的各种资源，既包括自然资源，也包括人力资源、技术和管理，还包括制度安排和经济政策。张曙光（2003）认为，潜在 GDP 是一个难以精确计算的东西，一般将过去较长时期经济增长率的平均数近似看作经济的潜在增长率。

从构成来看，潜在 GDP 包括以下几个部分：（1）为消费者提供的，用以消费的物质、服务和精神产品；（2）为企业提供的用于投资的物质、服务和精神产品；（3）为政府和国外单位提供的用于投资和消费的物质、服务和精神产品；（4）存货增量，包括实物形态的消费品和投资品，其中第四部分一般不在本期转化为实际的总供给（蒋学模，2001）。

在西方宏观经济理论和实践中，一般都用劳动力就业量来估算潜在 GDP，比如确定一个 4% 或 6% 的失业率指标作为估算潜在 GDP 的标准。因此，潜在 GDP 常被称作充分就业之下的产出。在这种基准下，当实际失业率接近正常指标或在正常指标以下时，实际总供给就被认为达到了潜在 GDP；当实际失业率超过正常指标时，实际总供给就被认为低于潜在 GDP。

与潜在 GDP 相关的概念是产出缺口，它是指实际产出与潜在产出之间的差额。产出缺口也是经济增长潜力研究中经常使用到的一个概念。产出缺口反映了总需求与总供给之间的差异，因而会对通货膨胀产生影响。政策制定者常常用产出缺口来判断经济的景气程度，并将其作为制定政策的依据之一。研究宏观经济的学者也常常用产出缺口的变化来描绘经济周期的变动。

① 保罗·萨缪尔森，威廉·诺德豪斯. 宏观经济学. 16 版. 华夏出版社，2001：200.

## 二、我国潜在 GDP 的测算方法

最早对潜在 GDP 进行估计的是奥肯（Okun，1962）。国内对潜在 GDP 进行研究的学者包括钱伯海（1997）、沈利生（1999）、李京文（1998）、宋国清（1998）等。估计潜在 GDP 总的来说分为两类：一类是数理和计量经济学的思路和方法，主要是生产函数法，如利用生产函数估计出潜在 GDP；还有如“大道模型”等。另一类是统计分析的方法，如移动平均方法、奥肯定律方法（奥肯所使用的方法之一是一种分解方法，即将实际产出分解为两部分，一部分是以线性趋势表示的潜在 GDP，另一部分是围绕此趋势波动的产出缺口），还有一种很重要的方法是状态空间—卡尔曼滤波法；此外，不可观测成份法也是近年来的一种新的测算方法。

### （一）数理和计量的方法测算潜在 GDP

运用数理和计量经济学方法测算潜在 GDP 以及运用统计分析测算总供给都是常用的方法。生产函数法是常用的一种测算方法，由著名经济计量学家克莱因提出。这是利用柯布·道格拉斯生产函数，以实际劳动投入和实际资本投资为基本变量，以估计出的技术进步率、生产弹性为系数，求出实际的 GDP。若以可能的劳动投入和资本投入为变量，则可测算出潜在的总供给。这种方法得到较广泛的运用。

这种方法虽然应用广泛，但是也存在一些问题。因为技术进步率、生产弹性难以确切衡量，因此存在许多改进的生产函数法，对潜在 GDP 加以测算。王春正就曾用改进的生产函数测算潜在 GDP，将从业人员数、全社会资产总额和全社会固定资产投资总额作为解释变量。通过这一方法，我们可以得出 2000—2005 年我国年均潜在总 GDP 增长速度为 8.4%。从这一模型可以看到，除劳动和资本以外，替代技术衡量的变量选择对最后的结果影响很大。

其他运用数理和计量经济学方法测算潜在 GDP 的方法还包括多马模型方法和大道模型方法。多马模型方法以多马模型作为测算潜在 GDP 的理论基础。多马认为，$Y_t^p = \sigma k_t$。其中，$Y_t^p$ 为可能的国民收入，即潜在 GDP，$\sigma$ 为资本产出率（$\sigma$ 是国民收入与资本存量之比，$\sigma = \frac{Y}{K}$），$k_t$ 为该期资本存量。其含义为，潜在国民收入取决于该期资本存量与资本产出率之积。多马模型测算潜在 GDP 只考虑资本因素的作用，但这一模型对于我国目前的潜在经济增长具有很强的说服性，因为我国目前的潜在经济增长主要靠资本的作用。

“大道模型”测算的潜在 GDP 是最优产业结构下的总供给。著名经济学家和数学家冯·诺依曼证明了，在一定的经济技术水平和假定条件下存在着唯一的最优产业结构。萨缪尔逊、索洛等著名经济学家在 1958 年正式将这种思路和模型，称之为“大道模型”。我们可以将这种最优产业结构下的供给，视为潜在 GDP。大道模型是大道定理与投入产出分析相结合所建立起来的多部门长期最优增长动态模型。大道模型测算潜在 GDP 具有一定的局限性，对于技术矩阵和产出向量的计量单位难以统一，以实物单位计量，则实物之间不存在可比性。以货币计量，则价格受到供求关系及通货膨胀因素的影响，波动较大，由此计量出的矩阵也将极不稳定。此外，大道模型没有考虑到投资对技术矩阵的影响，包括技术进步效应、联动效应、规模效应。由于大道模型测算上存在一定的技术难度，而且存在一定的局限性，因此国内基本没有人使用这种方法测算潜在 GDP。

近年来出现的状态空间—卡尔曼滤波方法和不可观测成份法也是应用数理和计量的方法来测算总供给的。状态空间—卡尔曼滤波方法分为单变量状态空间—卡尔曼滤波方法和多变量状态空间—卡尔曼滤波方法。状态空间模型通常包含两个方程，一个是观测方程，另一个是状态方程。这一方法通常包括两个步骤，即预测和对预测的修改。刘斌分别以单变量状态空间—卡尔曼滤波方法和多变量状态空间—卡尔曼滤波方法对我国的潜在 GDP 进行测算，分别得到我国 8.4% 和 8.3% 的潜在经济增长率。不可观测成份法（Unobservable Components Mothod）是将可观测变量表示成不可观测变量的函数，进而来测算潜在 GDP。可观测变量是单一变量产出，表示为 Y，而不可观测状态变量向量——增长趋势、永久产出和产出缺口——用 α 表示。

### （二）统计方法测算潜在 GDP

运用统计方法测算潜在 GDP，实质上是应用统计规律和统计经验的方法，包括移动平均方法、库兹涅茨方法、沃通学派、简单滤波法、奥肯定律方法等。

移动平均法就是将以前各年度的经济增长率进行移动平均，将移动平均得到的经济增长率看作是潜在的经济增长率，进而得到潜在GDP。库兹涅茨方法实质上就是移动平均方法，他将实际GDP的10年移动平均值视同潜在GDP。张曙光也持这一观点，认为经济的潜在增长率无法直接计算。因此，最近一个较长时期实际增长率的平均值可以近似地看作是经济潜在生产力水平。据此，计算1978年至2003年和1994年至2003年的年均经济增长率，得到的结果分别是9.35%和8.88%。因此，张曙光认为中国目前的潜在经济增长率是在9%上下。移动平均方法测算潜在GDP会受到选取的时间间隔的长度的影响。这种测算方法虽然简单但是对于我国的经济增长潜力的测算具有一定的有效性。

线性趋势方法是另外的一种测算方法，它将实际GDP对线性趋势项进行回归，进而得到潜在GDP。刘斌曾用这种方法对我国的潜在GDP进行测算，他测算出我国的潜在GDP年均增长率为9.1%。与这种方法相类似地，GDP增长趋势方程法也是通过回归来测算潜在GDP。刘瑞和袁富华利用这种方法测算出1978—2002年间我国潜在经济增长速度为年均8.9%。

滤波法是借用光谱学的概念。即只考虑时间序列因素的影响，将相邻GDP波峰相连，潜在GDP即在这条延长线上。沃通学派测算潜在GDP的方法实际上就是一种简单滤波法。沃通学派利用实际GDP数年变动曲线图，将相邻波峰连起来视为潜在GDP，这个方法比较接近于反映潜在GDP。刘斌曾用滤波法的一种——HP滤波计算出的我国潜在GDP年均增长率为8.6%。

奥肯定律方法是一种常用的测算潜在GDP的方法。奥肯利用自然失业率与实际失业率的关系来判断潜在GDP。当实际失业率大于自然失业率时，失业率每上升一个百分点，潜在GDP就比实际GNP高3%。他推算出的自然失业率为4%。显然，奥肯的办法是集中在失业率上，而假定其他资源的配置为基本合理的。奥肯定律实质上是一个经验公式。

美国国会预算办公室（CBO）对潜在GDP的测算，是以索洛的增长模型为框架，以新古典生产函数为核心，用奥肯定律的变量关系来估算GDP组成部分的趋势。这种方法是先测算出各组成部门的潜在GDP，再加总得到潜在GDP。根据这种关系，当失业率低于自然失业率时，实际产出超过潜在水平。相反，当失业率超过自然失业率时，产出低于潜在水平。模型以奥肯定律为基础，实际失业率和自然失业率之间的缺口，是经济周期阶段的重要指示器。这种方法是将生产函数法和奥肯定律方法的综合。

## 三、我国潜在 GDP 的测算

### （一）国内研究者对潜在 GDP 的估算

20 世纪 90 年代以来，我国一些学者运用生产函数法和时间序列法对经济增长率进行预测。附表 5－1 是一些主要测算结果。

**附表 5－1　我国潜在 GDP 增长率测算表**

| 作者/年份 | 预测方法 | 预测时期 | 预测结果 |
|---|---|---|---|
| 解三明（2000） | GDP 结构分解法。假定未来 5 年，我国的全要素生产率的提高和过去 20 多年基本相当，年均增长 3% 左右，在 2006 年—2015 年全要素生产率提高年均增长 5% 左右。 | 2006—2015 | 实际经济增长预测得出的基本结论是：<br>2001—2005 年 7%—8%<br>2006—2015 低速路径为 6.5%，高速路径为 7.5%。 |
| 李京文（2000） | 采取定性分析和定量计算相结合的办法进行预测。使用了系统动力学、投入产出、经济计量三者相结合的模型。 | 2000—2050 | 2001—2010 年 8.1%<br>2011—2020 年 6.4%<br>2021—2030 年 5.4%<br>2031—2040 年 4.9%<br>2041—2050 年 4.3% |
| 赵鲜明（2003） | 利用国家计委宏观经济研究院计量经济模型为基础，考虑外生性因素，分别设定居民收入、投资需求和失业率等的高速和低速增长路径。 | 2003—2017 | 2003—2005 年 7.6—8%<br>2006—2017 年<br>低速增长路径：6.5%<br>高速增长路径：7% |
| 国务院发展研究中心课题组（2003） | 运用动态的可计算一般均衡模型（CGE），模拟了未来 20 年中国经济发展的可能情景。 | 2001—2020 | 基准情景：2001—2020 年为 7.2%。其中，2001—2010 年为 7.9%；2011—2020 年为 6.6%；<br>低增长情景：2001—2020 年为 5.7%。其中，2001—2010 年为 6.6%，2011—2020 年为 4.7%。 |

续附表 5-1

| 作者/年份 | 预测方法 | 预测时期 | 预测结果 |
| --- | --- | --- | --- |
| 王小鲁（2000） | 使用1952—1999年数据，利用生产函数模型计量各要素（劳动力、资本、人力资本、城市化及技术进步等）的影响参数，然后对参数的变动趋势估计，并进行预测。 | 2001—2020 | 2001—2010年6.58%<br>2011—2020年6.21% |

资料来源：

1. 解三明．未来我国国民经济增长趋势分析．宏观经济管理，2000（6）．
2. 李京文．21世纪中国经济．开放时代，2000（6）．
3. 赵鲜明．2003—2017年中国宏观经济形势与利率预测．经济管理，2003（9）．
4. 王小鲁，樊纲．中国经济增长的可持续性．经济科学出版社，2000（12）．

从附表5-1可以看出，不同的研究者估计出来的结果存在一定的差异，但都认为经济增长率总体上呈下降趋势。但由于研究者使用的数据都是经济普查以前的数据，潜在GDP的估算在一定程度上被低估。

### （二）作者对潜在 GDP 的估算

本文对潜在GDP的理解是经济体的资源充分利用并达到其长期趋势水平时的产出，具体来说资本存量达到长期趋势水平，劳动力达到自然失业率的就业水平，技术水平处于一定的趋势发展水平。在这里我们选择生产函数法建立模型对潜在产出进行测算，一方面生产函数法考虑资本、劳动力等要素的作用，具有经济含义，便于对宏观经济政策做出分析。另一方面，考虑真实经济变量增强了模型的内生性，使得计量模型更科学有效。

1. 方程建立

根据生产函数法测算潜在产出的原理，在参考相关的国内外文献的基础上，我们设计如下潜在产出模块，此模块共包括一个技术方程和三个定义方程。

(1) $$Ln(Y_t) = a + \alpha Ln(K_t) + \beta Ln(L_t) + \mu_t$$ 技术方程

这是经典的科布—道格拉斯生产函数，考虑劳动力和资本对经济增长的贡献。

(2) $$K_t = I_t/p_i + (1-\delta_t)K_{t-1}$$ 定义方程

此方程为定义方程，由上期的资本存量计算下期的资本存量，p 为价格指数，折旧率。

(3) $$L_t^* = Ls_t * Tr_{p,t} * (1 - NAWRU_t)$$ 定义方程

潜在就业量是指经济体在现有的条件一定时，可利用的所有劳动力资源，即充分就业时的劳动力供给。根据充分就业的理解，我们可以建立以自然失业率理论为基础的潜在就业测算公式。此公式考虑三个变量：工作年龄人口数、趋势劳动参与率以及自然失业率（NAIRU）①。含义为全部趋势经济活动人口中，扣除自然失业人口后的所有就业人口和失业人后的总和②。

(4) $$Ln(Y_t^*) = a + \alpha Ln(K_t) + \beta Ln(L_t^*)$$ 定义方程

因为此方程的系数均为确定的，方程是根据潜在产出的含义而定义的。

将（1）式估计的系数及相应的变量数据带入定义方程，即可计算出潜在产出值。

变量解释：其中，Y 为实际产出，$Y^*$ 为潜在产出，K 为资本存量，Ls 为劳动力供给（达到工作年龄的人数），$L^*$ 为潜在就业量，Tr 为趋势参与率，NAWRU 为非工资引致失业率③。

2. 数据处理

（1）对于潜在就业方程中的 $Ls_t^* Tr_{p,t}$，由于我国目前缺乏参与率的数据，所以我们利用 *HP* 滤波对全社会经济活动人数进行分解处理，得到趋势全社会经济活动人数，以此代替公式（3）中的 $Ls_t^* Tr_{p,t}$。经济活动人口数据来自中国统计年

① 由于自然失业率是这样一种失业率，它可以维持稳定的或非加速的通货膨胀，因此也称为非加速通货膨胀的失业率（NAIRU）（参见 Ottosen et al，1996，p. 11）

② 参考 Valerie Cerra and Sweta Chaman Saxena（2000，p13）\ output gaps/Potential OUTPUT AND THE OUTPUT GAP IN IRELAND p22 \

③ 经济活动人口指在16岁以上，有劳动能力，参加或要求参加社会经济活动的人口，包括就业人员和失业人员。失业率是指失业人数同从业人数与失业人数之和的比例。所谓劳动参与率是指在全部劳动年龄人口中经济活动人口所占的比例。

鉴，在做 *HP* 滤波时，根据数据性质检验，选取 $\lambda = 100$。

（2）对于潜在就业方程中的（$1 - NAWRU_t$），埃利默斯科夫（Elmeskov, 1993）给出了 *NAWRU* 的估算方法，$NAWRU_t = U_t - [\Delta U_t / \Delta^3 Ln(W_t)] * \Delta^2 Ln(W_t)$，此方法无法在我国运用，所以我们并不能利用埃利默斯科夫的方法来估算 *NAWRU*。作为变通，可以利用 *HP* 滤波对劳动失业人数与经济活动人数的比值进行分解并以其趋势成分来代替 *NAWRU*。

通过上述两部数据处理，分别对经济活动人口和就业率作 HP 滤波，根据（3）式，便可计算潜在就业量。

（3）资本存量方程 $K_t = I_t / p_i +$（$1 - 5\%$）$K_{t-1}$，折旧率按常规计算为 5%；

$I_t$ 使用以 90 年价格为定基的 1992—2003 年的全社会固定资产投资；

$K$ 使用 91 年底的资本存量为基数，$K_{1991} = 37867.42$；

根据上述处理，使用永续盘存法计算资本存量。

（4）就业人数 L、国内生产总值 GDP、价格指数等数据均来自中国统计年鉴。由于 GDP 有较强的季节性波动，在计量前，首先对其进行季节处理。

3. 方程估计结果

（1）生产函数的估计

$$Ln(Y_t / L_t) = -2.068 + 0.657 Ln(K_t / L_t)$$
$$+ \mu_t \quad (-650.98)(87.048)$$

Adjusted R Square = 0.99383475　　Durbin - Watson stat = 1.13618

生产函数通过显著性检验。（括号内 *t* 值）

（2）将生产函数的估计系数及变量数值代入，同时考虑加入了全要素生产率的数值（使用 HP 对参差滤波）。

$$Ln(Y_t^*) = a + \alpha Ln(K_t) + \beta Ln(L_t^*)$$

由上式可计算各季度的潜在产出值。

分析上述季度潜在产出的数据图形，可以看出：第一，从 1992 年到 2004 年整个看起来，潜在产出高于实际产出（只有两个季度为负值），见附图 5－2，即整个国民经济在长期社会资源充分利用的潜力之下运行，经济社会存在着资源的

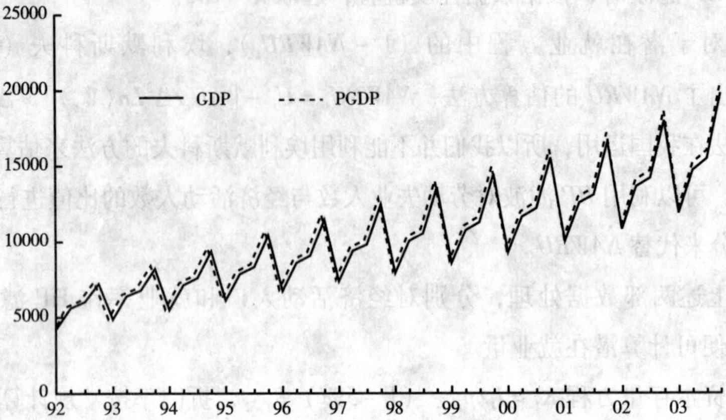


**附图 5-1　实际 GDP 与潜在 GDP 比较**

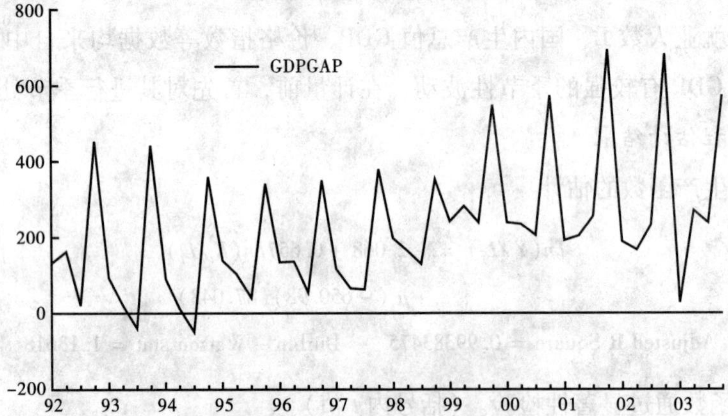


**附图 5-2　潜在 GDP 缺口**①

闲置。对于闲置的程度，可通过附图5-3来分析，偏移率最高不超过6%，而未达到经济过热。第二，产出缺口存在着季节性波动，从每一个年份来看，产出缺口在第四季度达到最大，表明经济在每年的年末中资源的利用率相对较低。

① 潜在 GDP 缺口 = 潜在 GDP - 实际 GDP

从整个考察时期来看，实际产出偏移率波动幅度在 1996 年之前较大，1996 之后偏移率较为稳定。

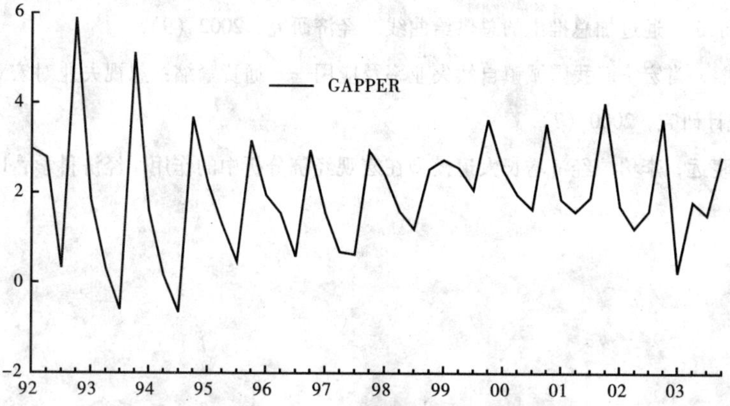


**附图 5－3　实际产出偏移率**

## 主要参考文献

1. Odile Chagny, Jörg Döpke. Measures of the Output Gap in the Euro-Zone: An Empirical Assessment of Selected Methods. 2001.

2. Gordon de Brouwer. Estimating Output Gaps. Research Discussion Paper. 1998.

3. Kazuo Sato. Japan's GDP estimates: a critical review. Journal of Asian Economics, 2001 (12): 21－36.

4. 李晓西. 宏观经济学（中国版）. 中国人民大学大学出版社，2005.

5. 王春正. 探索实践——宏观经济运行与调控. 经济科学出版社，2003.

6. 2001、2002 年《中国统计年鉴》、《中国劳动统计年鉴》，中国统计出版社。

7. 刘斌，张怀清. 我国产出缺口的估计. 金融研究，2001（10）.

8. 沈利生. 我国潜在经济增长率变动趋势估计. 数量经济技术经济研究，1999（12）.

9. 刘瑞，袁富华. 我国潜在 GDP 测算与社会生产能力利用状况评估. 宏观经济研究，2003（9）.

10. 王志宏. 一个关于潜在经济增长率的模型. 中国管理科学，1996（2）.

11. 江小涓. 向潜在增长率趋近——中国经济进入新一轮快速增长时期. 财贸经济，

2003（5）.

12. 郑超愚．论中国附加预期和需求的总供给函数．经济研究，1999（4）.

13. 戴行信．我国经济总供给分析．中央财经大学学报，2000（7）.

14. 余永定．通过加总推出的总供给曲线．经济研究，2002（9）.

15. 穆熙，肖宏华．我国城镇自然失业率及应用——通货紧缩：忽视失业对宏观调控作用的后果．统计研究，2000（7）.

16. 董晓远，李勇．经济增长大道模型在宏观经济分析中的作用．经济科学，1997（5）.

# 附录6

# 货币政策和财政政策效果研究综述

国内外学者从不同角度对货币、财政政策效果进行了分析和研究。这里我们分别从货币政策、财政政策效果及其两者之间的比较三方面着手，对前人的研究成果进行综述。

## 一、货币政策效果研究综述

从货币政策效果的角度看，国内外学者对货币政策效果的研究可以划分为五类：一是认为货币政策效果不佳；二是认为货币政策有效；三是对货币政策效果是否具有对称性看法不一；四是认为货币政策效果存在区域差异和行业差异；五是认为货币政策传导机制是影响货币政策效果的重要因素。

### （一）货币政策效果不佳

货币政策是否有效是指货币政策能否有效影响产出等真实经济变量，即货币政策能否从货币市场来有效地干预需求和供给，以达到经济总量均衡、促进经济增长的目的。国外部分学者认为货币政策效果不佳，甚至提出“货币政策无效论”，还有通过实证分析得出货币政策与产出没有稳定关系的，比如，Blinder (1998)① 利用 VAR 模型得出美联储公布的三个官方定义的货币供应量指标与名义 GDP 之间不存在长期稳定的统计关系的结论。

同样，持该观点的国内学者认为中国的货币政策效果不佳，概括起来，可归纳为两方面的观点：一是认为我国货币政策作用被高估，甚至认为货币政策无效；二是认为货币政策短期虽对我国经济有一定的效果，但长期内是中性的。

1. 货币政策效果没有达到预期目标

部分学者认为我国货币政策效果没有达到预期目标，有的甚至认为货币政策无效。黄达（1999）② 在研究了我国的资金宏观配置格局后认为，中国过去过分突出强调了货币政策的作用，过分高估其效能，不是实现不了设想的目标，就是在强力贯彻实施中带来很大的副作用。余永定（2001）③ 指出，由于在货币供给形成过程中中央银行不能有效控制基础货币，货币乘数也不稳定，加上货币政策的传导渠道不畅，因此近期我国货币政策是无效的。万解秋、徐涛（2001）④ 认为，随着经济的发展与经济主体决策独立性的增强，我国的货币供给表现出日益增强的内生性，加大了货币政策实施的难度，导致单纯依靠中央银行的货币政策调控很难收到预期效果。胡立法（2002）⑤ 认为我国当前由于经济运行状态和机制中存在的某些问题，使得 1996 年以来，人民银行低利率的货币政策效果不显著。刘金全（2002）⑥ 采用 1992 年 1 季度到 2000 年 3 季度的数据分析了货币—产出之间可能存在的 Granger 影响关系，得出：我国不存在 M2 对实际产出的 Granger 影响。吴军（2004）⑦ 认为，随着经济的高速增长和体制转轨，货币对

① Blinder A S. Central Banking in Theory and Practice. Cambridge: The MIT Press. 1998: 27—38.

② 黄达. 宏观调控与货币供给. 中国人民大学出版社，1999.

③ 余永定. 自 20 世纪 90 年代开始的中国宏观经济管理 [EB/OL]. http: //www. iwep. org. cn.

④ 万解秋，徐涛. 货币供给的内生性与货币政策的效率. 经济研究，2001 (3).

⑤ 胡立法. 对我国货币政策有效性的质疑——兼论提高我国货币政策有效性的条件. 现代经济探讨，2002 (5): 35—37.

⑥ 刘金全. 货币政策作用的有效性和非对称性. 管理世界，2002 (3).

⑦ 吴军. 经济转轨与货币政策的有效性. 上海财经人学学报，2004 (4).

实体经济的影响逐渐削弱，处于由“非中性”向“中性”转变的过程之中。吴少新（2004）[①] 认为，在当前通货膨胀压力下，中央银行利用公开市场业务、准备金率政策和窗口指导等措施进行紧缩，但并没有达到预期的效果。李洁（2006）[②] 认为，近年来我国央行的银根不断放松，货币供应量的增长率持续超过国民经济增长率与物价变动率之和，但在超额货币供应的同时，出现了货币流通速度的下降，因此，货币政策的效果不佳。

2. 货币政策短期虽有效，但长期内是中性的

还有些学者通过实证分析，从长期和短期两个角度考察我国货币政策的效果，认为我国货币政策效果短期有效，长期却是中性的。刘斌（2002）[③] 采用单方程分析和多方程分析对我国货币供应量与产出相互关系的实证研究结果表明，虽然短期内我国货币供应量和产出的变化具有一定的相关性，短期内货币供应量的变化对产出产生影响；但从长期来看，货币供应量的变化对产出不产生永久性的影响，货币在长期内是中性的。周锦林（2002）[④] 利用1990—2001年第1季度的季度数据，运用Granger&Sims因果检验法，对包括M0、M1、M2、实际GDP、利率等变量，分别建立货币供给和实际GDP的双变量VAR模型和包括利率在内的多变量VAR模型，区分了对货币长期中性和短期中性的检验，结果表明：1994年至今，我国狭义货币M1无论是在短期内还是在长期内对实际GDP都不具有显著性的影响，不构成经济增长的Granger的原因。M2对实际GDP的短期影响具有显著性，但长期内不显著。总体看来，货币供给呈现出中性特征。谢平（2004）[⑤] 在总结了1998年至2002年间我国货币政策实践的基础上，利用向量自回归模型发现，货币扩张在短期影响产出，长期则为中性，长期内产出的变化与货币供应量的变化没有必然联系。

---

① 吴少新. 当前通货膨胀下的货币政策选择. 财贸经济，2004（12）：25—28.

② 李洁. 从货币流通速度的变化看中国货币政策的有效性. 中共中央党校学报，2006（10）：65—68.

③ 刘斌. 我国货币供应量与产出、物价间相互关系的实证研究. 金融研究，2002（7）：10—17.

④ 周锦林. 关于我国货币‘中性’问题的实证研究. 经济科学，2002（1）：61—65.

⑤ 谢平. 中国货币政策分析：1998—2002. 金融研究，2004（8）.

## （二）货币政策有效

国外对货币政策效果的分析多是侧重货币对产出和价格的影响。Christiano (1998)① 等利用Sims的双变量模型，得出美国货币供应量M1和工业产出水平的对数值之间存在显著的Granger因果关系的结论。Friedman和Kuttner (1992)② 分析了美国1960—1990年的数据，结果表明货币变量与收入及价格之间的关系是稳定的。虽然他们的研究方法不同，但都认为货币政策是有效的，对实体经济有一定的影响。

国内对我国货币政策有效性的研究基本上是沿着两条思路展开的：一条思路是把宏观经济目标与货币政策的实施情况进行对比，从定性角度判断货币政策的效果如何，可能还会涉及货币政策在结构调整、促进就业等方面的广泛作用；另一条思路是按照西方货币理论的界定，定量分析货币政策能否影响产出和价格等真实变量。下面具体进行分析：

### 1. 从定性角度分析我国货币政策是有效的

有些学者从定性角度来探讨货币政策，虽然分析方法、分析时段选择不同，但都认为我国货币政策是有效的。范从来 (2001)③ 认为，通过借鉴货币主义的研究方法，对我国的利率水平、货币的流动性需求、投资的利率弹性等方面的分析表明，中国没有陷入流动性陷阱，通货紧缩时期货币政策是有效的。高铁梅、王金明 (2001)④ 认为，对20世纪90年代以来货币政策对各个主要宏观经济变量在不同时点的动态影响进行测算发现，目前我国经济并没有陷入流动性陷阱，在近年来的通货紧缩时期，中央银行所采取的积极的货币政策对我国经济增长的回升确实起到了较大作用。杨丽 (2004)⑤ 从操作目标、中介目标、终极目标三个层次分析了1998－2002年和2003年至今我国货币政策的有效性，认为我国

① Christiano L J, Lars L. Money Does Granger-Cause Output in the Bivariate Money Output Relation. Journal of Monetary Economics, 1988 (22): 217—236.

② Friedman B M, Kuttner K N. Money, Income, Prices and Interest Rates. American Economic Review, 1992. 82 (3): 472—492.

③ 范从来．通货紧缩时期货币政策研究．南京大学出版社，2001.

④ 高铁梅，王金明．我国货币政策传导机制的动态分析．金融研究，2001 (3).

⑤ 杨丽．1998年以来我国货币政策有效性评析．金融研究，2004 (11): 99—103.

货币政策从定性角度是有效的。翁周杰（2005）[①] 认为，我国在本轮治理经济过热中，政府着重运用紧缩性货币政策，其效果是明显的，但同时也表现出政府在追求经济的对内对外双重均衡中处于一种顾此失彼的局面。

2. 从定量测算分析我国货币政策是有效的

还有学者基于定量测算，发现货币政策与我国产出和价格存在一定关系。Hafer 和 Kutan（1994）[②] 用误差修正模型检验了中国 1952—1988 年间货币需求与实际国民收入以及预期通货膨胀率之间存在的协整关系。郭菊娥（2001）[③] 指出，M2 是引起国内生产总值和物价变化的主要原因。刘斌、黄先开、潘红宇（2001）[④] 通过 VAR 模型分析认为我国货币政策的数量效果是明显的，从较长时期来看，扩张性货币政策对经济增长和物价上涨均具有明显的正向效果，但不同层次的货币供应量，其政策效果不一样，其中广义货币供给冲击对经济波动的影响较大，并表现为大起大落的振荡效果。刘斌（2001）[⑤] 认为，货币政策冲击对物价、货币供应量、贷款等名义变量的影响却是长久性影响，长期将使这些名义变量达到新的水平。此外，虽然货币政策冲击在短期内对实际投资和实际消费产生影响，但作用的时间也不超过 40 个月（不到 3 年半）。李斌（2001）[⑥] 认为，我国货币政策实施的效果十分显著，对实际产出和物价变动都具有重大影响。在货币政策的实际操作上，采取弹性政策相机微调更能发挥政策效果。冯春平（2002）[⑦] 利用 1980 年 1 季度至 2001 年 2 季度的数据，对货币供给冲击对产出和价格的影响进行了实证研究，发现货币冲击有明显的变动性，货币冲击对产出的中短期影响逐渐下降，稍长期的影响也在后期降低，对价格的影响波动性更大，并有逐渐加大的趋势。赵昕东等（2002）[⑧] 通过建立一个包含实际 GDP、消费品

---

① 翁周杰．当前我国货币政策在内外均衡中的困境．财经科学，2005（2）9—16.

② Hafer R W，Kutan A M. Economic Reforms and Long-run Money Demand in China：Implications for Monetary Policy. Southern Economic Journal，1994. 60（4）：936—945.

③ 郭菊娥．中国货币政策调控模式与运行机制研究．中国金融出版社，2001：113—129.

④ 刘斌，黄先开，潘红宇．货币政策与宏观经济定量研究．科学出版社，2001：25—31，210—242.

⑤ 刘斌．货币政策冲击的识别及我国货币政策有效性的实证分析．金融研究，2001（7）.

⑥ 李斌．中国货币政策有效性的实证研究．金融研究，2001（7）：10—17.

⑦ 冯春平．货币供给对产出与价格影响的变动性．金融研究，2002（7）.

⑧ 赵昕东，等．我国货币政策工具变量效应的实证分析．数量经济技术经济研究，2002（7）.

价格指数、货币供给（M2）和实际利率等四个变量的 VAR 模型，利用脉冲响应函数拟合了货币政策冲击对产出和价格的影响，提出 M2 的变化能够在短期影响我国的实际经济，长期影响价格水平。

其中，有的学者专门定量测算我国货币政策与产出之间的关系，发现货币政策对产出有影响；还有的学者得出 M1、M2 对产出影响的差异。张晓晶(1998)① 认为，近年来我国货币政策与产出的关系可以简单地概括为：货币不是中性的，它对产出有实质性的影响，其中广义货币与产出的关系最密切，存款现金比例也与产出基本一致。黄先开、邓述慧（2000)② 采用两步 OLS 方法，利用 1980—1997 年的季度数据对中国预期到货币政策冲击对产出有无影响做实证分析，其结论是货币供给的冲击，不管是预期到的还是非预期到的，对产出的影响均非中性。徐龙炳（2001)③ 利用 1978—1999 年的年度数据、1990—1999 年的季度数据和 1993—1999 年的月度数据分别进行实证检验发现，货币冲击对经济影响比较明显，货币 M1 和 M2 的冲击对经济影响表现不同：从短期看 M1 较 M2 显著；但从长期看，M2 对经济的影响较 M1 显著，原因在于包括储蓄存款在内的货币存量是经济增长的源泉。陆军，舒元（2002)④ 采用两步 OLS 法，对货币政策无效性命题在中国作了实证检验，研究结果表明，预期到的与未预期到的货币都影响产出，在中国不完全市场和价格刚性的存在，预期到的货币政策也会影响产出。沈阿娜（2004)⑤ 通过对 1998 年以来各层次的货币供应量与产出的因果关系的实证检验发现，货币供给增加对经济的持续增长是有显著影响的；M1、M2 对于名义产出、实际产出都具有显著的 Granger 影响，这说明我国经济运行当中的货币供给具有外生性，货币的扩张或紧缩作用通过价格等中介变量传导给实体经济。钱士春（2004)⑥ 认为，货币供应量 M2 增长率的一次永久性变

① 张晓晶. 论我国转轨过程中的货币与产出关系. 经济科学，1998（2）：56—65.

② 黄先开，邓述慧. 货币政策中性与非中性的实证研究. 管理科学学报，2000（6）.

③ 徐龙炳. 货币政策效果的度量. 复旦大学出版社，2001：1—115.

④ 陆军，舒元. 货币政策无效性命题在中国的实证研究. 经济研究，2002（3）：21—26.

⑤ 沈阿娜. 货币政策失灵了吗——1998—2003 年货币—产出的因果关系检验. 经济问题，2004（8）：61.

⑥ 钱士春. 我国货币民期超中性实证研究. 数量经济技术经济研究，2004（7）.

动使得实际产出增加，实际利率下降。刘霖、靳云江（2005）① 以1978—2003年的数据进行实证分析表明，在长期货币供应和经济增长存在双向因果关系，贷款影响经济增长，在短期内只存在由货币供应到经济增长的单向因果关系，经济增长刺激货币供应和贷款的增加。

另外，还有较少学者专门定量测算了我国货币政策对价格的影响，认为货币政策影响了我国物价水平。谢平（2004）② 在总结了1998年至2002年间我国货币政策实践的基础上，利用向量自回归模型发现，货币供应量在短期和长期均可影响物价水平，而且货币供应量的变化最终将全部体现在物价的变化上。刘明志（2006）③ 认为：货币供应量增长率变化对通胀变化有着明显影响。

**（三）货币政策效果是否具有对称性**

20世纪20年代以前，大多数经济学家认为紧缩性货币政策与扩张性货币政策在实施产生的效果上是对称的，即认为货币供应量与产出是线性关系。但此后的研究表明：紧缩性货币政策与扩张性货币政策在抑制经济过热和治理经济衰退的效果上存在极大的差异，货币政策执行效果是非对称的。

国外学者多采用模型研究货币政策执行效果是否对称。Chung—Hua Shen（2000）④ 基于台湾地区数据对台湾地区当局货币政策操作效果进行的研究发现，非对称性与通货膨胀变动趋势之间存在正相关关系，在一定程度上验证了弗里德曼的观点。Kim D. H.（2002）⑤ 使用Hanmilton（2001）⑥ 提出的浮动法，分析了美国货币政策执行效果，认为1979年前美国货币政策具有显著的非对称特征，

① 刘霖，靳云江．货币供应、通货膨胀与中国经济增长——基于协整的实证分析．统计研究，2005（3）：14—19.

② 谢平．中国货币政策分析：1998—2002．金融研究，2004（8）.

③ 刘明志．货币供应量作为我国货币政策中介目标的有效性分析．金融研究，2006（1）：51—63.

④ Chung-Hua Shen. Are the Effects of Moneatry Poilcy Asymmetrci?. Journa lof Poilcy Modeilng，2000，22（2）.

⑤ Kmi D H，Osborn D R，Senseir M. Nonilneartiyi n the Fed's moneatryp oilcy ruel. CGBCR Discussoin Paper，2000，018，1—36。

⑥ Hamliotn J D. A Parametrci Apporach ot Felxibel Nonilnear Inference. Econometrcia，Vol. 69. 2001，No. 3，537—573.

而1979年后非对称特征则不显著。Sensier，Osborn和Ocal（2002）[①] 采用三个月期基准银行债券利率，构建了模拟英国利率作用效果的STR模型，发现在线性模型中利率的变动是对称的，在经济繁荣和衰退过程中发挥了相同的效力；而在单开关变量模型中，利率是开关变量，可以观测到轻微的不对称性，繁荣时期利率的效力较强；在双开关变量模型中，该不对称性则更为强烈。Bruinshfd和Candelon（2004）[②] 运用统计方法检验了欧洲国家的货币政策执行效果，并得出结论：丹麦和英国货币政策执行效果呈非对称特征，而法国、意大利、荷兰的非对称性则不明显。

就我国货币政策效果是否对称的研究而言，既有人认为我国货币政策效果是对称的，也有人认为我国货币政策效果是非对称的。其中，坚持货币政策效果对称性的研究有：黄先开、邓述慧（2000）[③] 采用两步OLS方法，利用1980—1997年的季度数据对中国是否存在货币政策的非对称性进行了实证分析，发现M1的影响具有对称性。郭菊娥（2001）[④] 选择1993—1999年的季度数据，通过货币供给量的变动对产出影响作了实证研究，发现M2实际值的扰动对产出的影响具有对称性。刘斌、黄先开、潘红宇（2001）[⑤] 通过VAR模型分析认为我国货币政策的数量效果是明显的，且不论是M1还是M2，对产出的效果均应接受对称性的假设。

不过，国内大多学者把货币政策效果的焦点集中在非对称性上，也就是说我国货币政策的效果是不对称的。陆军，舒元（2002）[⑥] 采用两步OLS法，对货币政策无效性命题在中国作了实证检验，实证研究结果表明，货币政策对产出在10%的显著性水平上存在非对称性影响。赵进文、闵捷（2005）[⑦] 采用LSTR模

---

① Sensier M，Osborn DR，OcalN. Asymmetric interest rate effects for the UK real economy. Oxford Bulletin of Economics and Statistics，2002，Vol. 64，pp. 315—339.

② Bruinshfd A. Candelon B. Nonlinear monetary policy in Europe：fact or myth?. 2004.

③ 黄先开，邓述慧．货币政策中性与非中性的实证研究．管理科学学报，2000（6）.

④ 郭菊娥．中国货币政策调控模式运行机制研究．中国金融出版社，2001：33—71.

⑤ 刘斌，黄先开，潘红宇．货币政策与宏观经济定量研究．科学出版社，2001：25—31，210—242.

⑥ 陆军，舒元．货币政策无效性命题在中国的实证研究．经济研究，2002（3）：21—26.

⑦ 赵进文，闵捷．央行货币政策操作效果非对称性实证研究．经济研究，2005（2）：26—34.

型和LM检验统计量，发现：在1993年第1季度至2004年第2季度期间，我国货币政策操作在效果上表现出明显的非对称性，具有很强的非线性特征。

在对我国货币政策效果非对称性的实证分析中，其中一种观点认为，我国紧缩性货币政策效果大于扩张性货币政策。万解秋、徐涛（2001）[①]认为，我国货币政策治理通货膨胀与通货紧缩效果存在不对称性。自从我国发生通货紧缩之后，中央银行采取了一系列积极的货币政策，但收效甚微；物价水平连续20多个月下降，社会需求不旺，私人投资不足；与“软着陆”时治理通货膨胀相比，货币政策对通货紧缩的治理效果不明显。刘金全（2002）[②]通过对货币政策状态（扩张性和紧缩性）的度量，发现在我国经济运行当中，紧缩性货币政策对于经济的减速作用大于扩张性货币政策对于经济的加速作用。陈德伟、徐琼、孙崎岖（2003）[③]运用预测方差分解法对我国1993年—2001年货币政策作用的非对称性问题进行实证研究，结果表明，在我国货币冲击的紧缩效应大于扩张效应，紧缩性货币政策能够有效地抑制经济的过热增长，而扩张性货币政策却无法显著摆脱经济的恶性衰退。因此从对称性角度看，在扩张时期和紧缩时期，货币冲击效果在我国具有微弱的非对称性。另一种观点认为，我国扩张性货币政策效果大于紧缩性货币政策。黄先开、邓述慧（2000）[④]采用两步OLS方法，利用1980—1997年的季度数据进行实证分析，发现M2的影响具有非对称性，但非对称性与西方国家的情形正好相反，正的货币冲击具有更明显的作用。

对我国货币政策效果非对称性的原因分析，万解秋、徐涛（2001）[⑤]认为，货币供给内生性加大了货币政策实施的难度，并使货币政策在治理通货膨胀和通货紧缩的效果上表现出明显的不对称性。刘金全、张艾莲（2003）[⑥]认为，货币

① 万解秋，徐涛．货币供给的内生性与货币政策的效率．经济研究，2001（3）．

② 刘金全．货币政策作用的有效性和非对称性．管理世界，2002（3）．

③ 陈德伟，徐琼，孙崎岖．我国货币政策效果的非对称性实证研究．数量经济技术经济研究，2003（5）：19—22．

④ 黄先开，邓述慧．货币政策中性与非中性的实证研究．管理科学学报，2000（6）．

⑤ 万解秋，徐涛．货币供给的内生性与货币政策的效率——兼评我国当前货币政策的有效性．经济研究，2001（3）．

⑥ 刘金全，张艾莲．货币政策作用非对称性离散选择模型及其检验．南京大学学报，2003（4）：146—151．

政策的非对称性来源于经济现实中的某种非对称性，并且在经济政策的传导过程中也可能形成其作用的非对称性。这可能同我国现阶段特殊的市场条件、制度条件和经济发展阶段等密切相关，一些能产生货币非对称性价格粘性等因素并没有完全体现出来。黄秋如（2005）① 认为主要是不同时期经济主体的预期和行为非对称，银行信贷配给的强度和范围不同，萧条和繁荣时期价格变动的灵活性有异，以及央行控制货币供应的能力的变化。赵进文、闵捷（2005）② 将货币政策效果的非对称性归结为货币政策操作方式不完善，认为"我国货币政策操作方式还有待进一步完善，稳健性还需加强"。刘明（2006）③ 认为：货币政策效果的非对称性不仅仅是由于货币政策操作方式的不完善，还应考虑货币政策传导的信贷渠道和信贷市场的成熟程度等方面的因素。

**（四）货币政策效果存在区域差异和行业差异**

货币政策是以总量调节为主的宏观调控政策，在一个国家内部，由于区域间经济和金融发展水平存在差异，因此统一的货币政策在各地区的执行过程中，有可能产生不同的效果。同样，不同行业货币政策的效果也是存在差异的，因此这部分从货币政策效果的区域差异和行业差异方面进行综述。

1. 货币政策效果的区域差异

国外不少学者对货币政策在不同地区的作用效果进行了分析，其中一些运用经济计量模型衡量了货币政策对不同国家的作用效果，发现同样的货币政策冲击对不同地区产出和物价的作用效果是不一样的。Toal（1977）④ 发现，美国的中东地区、大湖区、东南部对货币政策较为敏感，洛基山地区和新英格兰地区相对不明显，因此存在货币政策区域效应。Garrison 和 Chang（1979）⑤ 在分析了美联储的货币政策对美国 8 个经济区的影响后发现，货币政策对不同地区的制造业收

① 黄秋如．货币政策效果非对称性原因．西南金融，2005（3）：11—12.

② 赵进文，闵捷．央行货币政策操作效果非对称性实证研究．经济研究，2005（2）：26—34.

③ 刘明．信贷配给与货币政策效果非对称性及'阀值效应'分析．金融研究，2006（2）：12—20.

④ Toal William D. Regional Impacts of Monetary and Fiscal Policies in the Postwar Period: Some Initial Tests. Federal Reserve Bank of Atlanta. Working Paper, 1977.

⑤ Garrison Charles B, Chang Hui S. The Effects of Monetary Forces in Regional Economic Activity. Journal of Regional Science, 1979 (V19): 15—29.

入影响差异较大，五大湖地区对货币政策的反应最为明显，洛基山地区最不明显。Horvath（1998）① 指出，货币政策冲击对美国各地区的就业产生了非均衡影响。Carlino 和 Defina（1998）② 指出，货币冲击以差异很大的方式影响了各州的实际收入，这可以归因于各个区域货币传导存在差异。George（2001）③ 对加拿大的研究同样得出了货币政策效应地区性差异的结论。Arnold I J M. 和 E B Vrugt（2002）④ 对荷兰的研究也表明了货币政策存在区域效应差异的问题。Owyang 和 Wall（2003）⑤ 通过对美国八大经济区的分析表明，各地的生产总值、个人收入、失业率和通货膨胀率面对同一货币政策做出的反应及其程度存在显著差异。Huchet（2003）⑥ 对欧洲货币联盟（EMU）中各国经济对单一货币政策反应进行了研究，发现积极（扩张）货币政策与消极（紧缩）货币政策的冲击存在地理上的非对称性：法国、德国、西班牙和奥地利对未预期到的利率上升（即紧缩货币政策）反应更加敏感，而比利时和意大利则对未预期到的利率下降（即扩张货币政策）反应更加敏感；由于使用线性与非线性两种分析方法得出的结论不同，对荷兰与芬兰的分析则是不确定的。

随着我国经济的发展和区域特征逐渐显现，近几年才陆续有学者开始对货币政策区域效应进行关注。相关的研究文献主要有：林元辉、宛旭明（2004）⑦ 认为，中国区域经济金融发展呈现严重非均衡状态，东、中、西部三大经济带之间的金融机构和金融市场体系差距对中国目前货币政策传导机制产生了严重影响，

① Horvath m. Empirical evidence on common money and uncommon regions in the US, paper presented at zei-conference//common money, uncommon regions. Bonn, 1998.

② Carlino Gerald, DeFina Robert. The Differential Regional Effects of Monetary Policy: evidence From the U. S. States//Federal Reserve Bank of Philadelphia. Working Paper, 1998: 97-12/R.

③ Georgopoulos G. Measuring Regional Effects of Monetary Policy in Canada. Preliminary draft, 2001, Jan.

④ Arnold I J M, E B Vrugt. Regional Effects of Monetary Policy in the Netherlands. International Journal of Business and Economics, 2002 (Vol. 1), Ido. 2, 123—134.

⑤ Owyang Michael T, Wall Howard J. Structural Breaks and Regional Disparities in the Transmission of Monetary Policy. Federal Reserve Bank of S. T. Louis, workine uaner 2003—008B.

⑥ Mariyne Huchet. Does single monetary policy have asymmetric real effect in EMU?. Journal of policy modeling, 2003 (25): 151—178.

⑦ 林元辉，宛旭明. 非均衡区域金融体系中的货币政策传导差异分析. 新疆财经，2004（2）.

造成货币政策传导效率与传导渠道在各区域的显著差异。孙天琦（2004）[①] 采用1997—2004年的月度数据资料，通过计量分析对货币政策传导的地区差异进行实证检验，并对货币政策最终目标、中介目标、操作工具等方面进行了深入分析，认为货币政策应当考虑到地区差异性，并提出了实施区域差别化货币政策的若干具体建议。覃道爱（2004）[②] 分析了中国货币政策效应地区差别四个原因：各具特色的经济体系和经济发展水平的差异；居民收入水平和企业组织规模的差别；各地金融机构经营状况、金融服务组织体系的完善程度和金融市场的发育程度；经济货币化程度和对资金吸纳能力的不同。丁文丽（2005）[③] 运用了聚类分析、协整检验及 Granger 检验等计量经济学分析工具，从实证分析的角度对中国货币政策效力存在区域差异做了进一步的经验证明，以最优货币区理论为依据，提出了货币金融政策区域差别化调整的政策主张。宋旺（2005）[④] 以最优货币区理论为基础研究了货币政策区域效应，从静态和动态两个角度对此进行了定量分析，表明中国货币政策确实存在区域效应。结论显示货币政策冲击对中国东部的影响最大，中部次之，西部最小。焦瑾璞、孙天琦、刘向耘（2006）[⑤] 具体分析了我国货币政策传导机制的地区差别，并对我国主要货币政策工具的执行效果进行了分析。文章认为，货币政策传导机制的地区差别，是造成货币政策执行效果差别的根本原因。要提高货币政策的有效性，需要着力于加强欠发达地区的金融生态环境建设，改善货币政策传导机制。刘玄、王剑（2006）[⑥] 根据1997年1月至2004年8月的样本数据，利用向量自回归（VAR）模型和冲击响应函数的计量分析手段，分别对全国层面、区域层面以及省级层面的货币政策传导效果进行估计和比较。结论表明，东部地区在货币政策传导速度和深度上都大大优于中西部地区，东部地区的绝大部分省市对货币政策表现出高度的敏感性，而中西部地

① 孙天琦．货币政策：统一性前提下部分内容的区域差别化研究．金融研究，2004（5）：1—19.
② 覃道爱．货币政策效应的地区差别．金融时报，2004－07－20.
③ 丁文丽．转轨时期中国货币政策效力的区域差异研究．中国社会科学出版社，2005.
④ 宋旺．我国货币政策区域效应研究．湘潭大学商学院硕士学位论文，2005.
⑤ 焦瑾璞，孙天琦，刘向耘．货币政策执行效果的地区差别分析．金融研究，2006（3）：1—15.
⑥ 刘玄，王剑．货币政策传导地区差异实证检验及政策含义．财经研究，2006（5）：70—79.

区大部分省市的反应则相对迟钝，金融发展水平、企业规模和产权性质、开放程度的地区差异是导致货币政策传导存在地区差异的主要因素。

2. 货币政策效果的行业差异

国外学者在货币政策冲击对不同经济部门的影响方面进行了比较研究。在对英国进行研究后，Ganley 和 Salmon（1997）① 发现，货币冲击对于不同的产业部门的效应是非均衡的。建筑行业会迅速做出反应，而服务行业受到的影响就要少得多；在制造业中，货币冲击对不同行业也表现了显著差异，如对消费品制造业的影响就要少得多。在对德国制造业部门进行的重点研究中，Hayo 和 Uhlenbrock（1998）② 发现，相对产出和价格都对货币冲击产生了显著的非均衡反应。这些研究结果表明，货币冲击能够产生相对的价格效应，而不只是通常假定的整体价格水平效应，资本结构、出口依赖和政府补贴的差异有助于解释这些非均衡效应，相对典型的德国区域性集聚现象表明货币政策确实具有地区性效应。对欧盟产业的研究中，Peersman G 和 F. Smets（2002）③ 通过对对欧洲 7 个区域和 11 个产业 1980—1998 年的数据进行了研究，得出了无论在经济萧条还是在经济繁荣阶段，货币政策都存在明显的效果差异。

在国内，王剑、刘玄（2005）④ 应用时间序列计量模型深入考察了我国货币政策的行业效应。结果显示，货币政策冲击对行业经济的影响程度存在较大差异，总量货币政策难以取得预想的效果。此外，行业间的投入产出联系形成了货币政策传导的隐性渠道，建筑、电力、机械等行业是其中的主要环节。

**（五）货币政策传导机制是影响货币政策效果的重要因素**

货币政策传导机制对于中央银行通过货币政策调控国民经济具有重要意义，货币政策能否达到预期目标，关键在于其传导机制是否通畅和有效。

---

① Ganley j, C Salmon. The industrial impact of monetary policy Shock: some stylized facts. bank of Enland working paper, 68, September, 1997.

② Hayo B, B Uhlenbrock. Industry effects of monetary policy in germany. ZEI working paper B14 Center for European Integration Studies, Rheinische Friedrich-Wilhelms-Universitat Bonn.

③ Peersman G F smets. The industry effects of monetary policy in the Euro Area//European Central Bank. Working paper, 2002: 165.

④ 王剑，刘玄. 货币政策传导的行业效应研究. 财经研究，2005（5）：104—111.

国外学者在货币政策传导机制对货币政策效果影响方面进行了一系列的研究。Bernanke（1986）[①] 运用结构VAR模型，认为美国银行贷款的冲击对总需求具有显著影响。Bernanke & Blinder（1988）[②] 将银行贷款引入IS-LM模型中，在传统模型基础上通过把债券分为债券和贷款两种金融资产，并由此衍生出商品、货币和信贷市场的均衡，新的IS曲线显示货币政策不仅通过债券利率影响总需求，而且通过影响银行贷款市场的均衡利率使IS曲线发生移动，从而对实际产出产生复合影响。Oliner 和 Rudebusch（1996）[③] 的研究表明，在紧缩性货币政策实施之后，企业投资行为与其内部资金的联系变得更加紧密，投资将趋减；信贷渠道的主要作用是放大紧缩性货币政策效应，在扩张性货币政策时期会有一定影响，但在前紧后松或前松后紧两种情况下几乎不起传导作用。Stephen D. Oliner & Glenn D. Rudebusch（1996）[④] 运用回归分析方法对照比较了信用途径在紧缩政策与扩张政策时期的表现，实证结果表明信用途径的主要作用是放大紧缩性货币政策效应，同时在扩张性货币政策时期也有一定影响，但在前紧后松或前松后紧两种情况下几乎不起传导作用。而 Morris 和 Sellon（1995）[⑤] 172 以及 Ariccia 和 Garibaldi（1998）[⑥] 实证分析表明，中央银行不能显著影响银行贷款行为，他们虽然未完全否认信贷途径的存在，但认为其数量效应微不足道。

从中国的实践来看，影响货币政策效果的因素众多，其中最主要的就是货币政策传导机制，不少学者从这一角度对我国货币政策效果进行分析，认为货币政

---

① BEN SB ERNANK E. Alternative Explanatoins of the Money-Income Correlation [J]. Carnegie-Rochester Conference Series on Public Policy, 1986 (25): 49—99.

② BEN SB ERNANK E, ALAN S BLI NDER. Credit, Money, and Aggregate Demand. American Economic Review, 1988 (78): 435—439.

③ Stephen D. Oliner, Glenn D. Rudebusch. Is There a Broad Credit Channel of Monetary Policy?. FRBSF Economic Review, 1996 (1): 21—26.

④ Stephen D. Oliner, Glenn D. Rudebusch. Is There a Broad credit channel of monetary policy?. FRBSF Economic Review, 1996 (1): 21—26.

⑤ Charles S. Morris, Gordon H. SellonJr. Bank Landing and Monetary Policy: Evidence on a credit channel. FRBKC Economic Review, 1995 (2): 43—521.

⑥ Giovanni Dell'Ariccia, Pietro Garibaldi. Bank lending and interest rate changes in a dynamic matching model, IMF working paper, 1998 (6).

策传导机制不畅是制约货币政策效果的主要原因，这些实证分析有：谢平（2000）[①] 认为，当前的货币政策之所以难以有效发挥作用，货币政策传导机制受阻是一个主要的原因。李晓西（2000）[②] 认为，当前国民经济活力不足，主要不是货币供给量的问题，而是货币政策传导机制存在体制性梗阻，表现为传导机构和客体缺乏活力、路径过窄、速度下降、动力和信号失真、环境不容乐观等。邱力生（2000）[③] 认为，我国近年来的货币政策效果不太理想，问题在于我国货币政策传导机制渠道中存在着一些梗阻，比如信用制度不健全、金融组织结构欠佳、产权制度和利益机制障碍及管理偏差等。许祥泰（2001）[④] 认为，中国经济结构的内在不稳定性导致货币政策中介目标的不可测和不可控性，我国经济体制不完善造成了货币政策传导链条的加长、扭曲、脱节和失灵，从而导致货币政策失效。王钰、王稳（2003）[⑤] 认为，我国货币政策传导渠道受阻的主要原因在于：一是作为传导信号的利率受到管制；二是由于信贷渠道是利率渠道的辅助渠道，只能依托利率渠道发挥作用，不能作为独立的渠道，更不能作为唯一的渠道，但在我国现阶段，信贷渠道却是货币政策传导的主要渠道；三是商业银行相对独立的贷款行为降低了信贷渠道的作用；四是信贷市场和证券市场发展的不均衡削弱了资产价格渠道的作用。裴平和熊鹏（2003）[⑥] 认为，近期货币政策扩大的货币供应量往往不能被有效传导并作用于生产、流通和消费等实体经济环节，反被“渗漏”到了股票市场的“漏斗”和银行体系的“黑洞”，从而严重削弱了我国货币政策的有效性。邹小凡、汪传敬（2004）[⑦] 认为，我国的几大货币政策工具在应对当前的宏观经济形势上日益乏力，货币政策有效性不足以及操作空间有限。路妍（2004）[⑧] 认为，由于我国存在贷款利率管制和商业银行信贷行为扭

① 谢平．新世纪中国货币政策的挑战．金融研究，2000（1）．

② 李晓西，余明．货币政策传导机制与国民经济活力．金融研究，2000（7）．

③ 邱力生．我国货币政策传导渠道梗阻症结及对策探索．金融研究，2000（12）．

④ 许祥泰．论国债市场与利率市场化．财贸经济，2001（1）．

⑤ 王钰，王稳．建立和完善我国货币政策传导体系的思考．国际金融研究，2003（5）．

⑥ 裴平，熊鹏．我国货币政策传导过程中的“渗透”效应．经济研究，2003（8）．

⑦ 邹小凡，汪传敬．当前我国货币政策有效性与操作空间分析．金融研究，2004（10）．

⑧ 路妍．我国货币政策传泞渠适及货币政策有效性研究．财经问题研究，2004（6）．

曲，使我国信贷渠道不畅，削弱了货币政策传导的有效性。熊鹏（2004）[①] 认为，货币政策传导过程中有大量货币不是被传导并作用于生产、流通和消费等实体经济环节，而是“渗漏”到股票市场“漏斗”和银行体系“黑洞”，其效应构成了实现货币政策目标的反制力量。

## 二、财政政策效果研究综述

财政政策一直是宏观经济调控的重要方式，但是财政政策是否有效，仍然是目前理论和经验研究中存在争议的问题。争论的主要焦点在于李嘉图等价原理是否成立（Giorgioni and Holden，2003）[②]，财政政策的“稳定器”作用是否能够得到发挥等（Gali，1994）[③]。在传统的财政政策理论流派尤其是积极干预的财政政策主义的深刻影响下，国内外学者对财政政策的经济效应已经累积起丰富且有益的研究。国外学者对此方面的经典研究成果有：Conte 和 Darrat（1988）[④] 以 1960—1984 年 OECD 中 22 个国家的时间序列资料，对公共部门增长和实际经济增长率的关系做实证检验，发现政府支出对经济增长的影响，在有些国家为正，在有些国家为负。Hsieh 和 Lai（1994）[⑤] 运用 VAR 方法和西方七国的时间序列资料，分析经济增长率、政府支出占 GDP 比重以及私人投资占 GDP 比重之间的关系，结果表明政府支出占 GDP 比重与经济增长率之间呈因果关系，有些国家前者为因后者为果，有些国家则反之。S. Devarajan 和邹恒甫（1996）[⑥] 研究了政府在教育、交通、国防的支出对社会福利和经济增长的影响，用 43 个发展中国

① 熊鹏. 我国货币政策传导过程中的“漏斗”效应与“黑洞”效应——揭开 1998 年后我国货币供给“渗漏”之谜. 中央财经大学学报，2004（12）：24—28.

② Giorgioni G，Holden K. Ricardian equivalence，expansionary fiscal contraction and the stock market：a VECM approach. Applied Economics，2003，35（12）：1435—1443.

③ Gali J. Government size and macroeconomic stability. European Ecoonomic Review，1994（38）：117—132.

④ Conte M A，A F Darrar. Economic Growth and the Expanding Public Sector：A Reexamination. The Review of Economics and Statistics，1988，70（2），322—30.

⑤ Hsieh E，K S Lai. Government Spending and Economic Growth：The G-7 Experience. Applied Economics，1994，(26)：535—542.

⑥ S Devarajan，V Swaroor，H Zou. The Composition of Public Expenditure and Economic Growth. Journal of Monetary Economics，1996，(37)：313—344.

家20年的数据进行分析，得出提高政府支出中经常性支出份额，对经济增长有显著正效应，而资本性支出对经济增长有负效应。

可以看出，对财政政策究竟是促进经济发展，还是损害经济增长，理论界对此的认识存在分歧，包括很多实证研究，也不能得到统一。归纳起来财政政策效果主要有三种观点：效果显著论、效果有限论、效果无效论。下面结合我国财政政策效果的具体情况，从财政政策效果显著、财政政策效果有限、财政政策效果紧缩以及财政政策效果非对称性等四个方面入手进行综述。

## （一）财政政策效果显著

有关财政支出对经济增长影响的研究，从早期凯恩斯主义者运用IS-LM模型，并依据存在流动陷阱、投资陷阱、工资刚性等条件下所做的效应分析，到20世纪80年代，随着新增长理论出现，部分经济学家认为政府实行一定的财政支出政策和税收政策，可以促进技术进步，从而促进经济的长期增长。国内外在这方面的理论研究已积累了许多成果。有代表性的主要研究成果有：Ram（1986）[①] 对115个国家的数据进行分析，结果表明政府支出与经济增长正相关。Aschauer（1989）[②] 说明政府的资本性支出，比如基础设施投资，将鼓励私人部门的生产性投资，从而促进经济增长。Kenneth N. Kuttner 和 Adam S. Posen（2002）[③] 通过建立日本1976—1999年的SVAR模型分析了在此期间财政政策的有效性，分析发现，无论是减税还是增加政府支出的扩张性的财政政策，都存在明显的刺激效应，减税的政策乘数比政府支出乘数大25%。

多数学者的观点是积极财政政策在拉动经济增长方面作用明显，实现了国民经济的稳定增长。国内学者就此方面的主要研究成果有：刘国光（2002）[④] 为代表的学者分析认为中国积极财政政策的效果是积极、显著的。首先，财政政策受

① Ram R. Government Size and Ecomomic Growth: a New Framework and Some Evidence from Cross-Section and Time-Series Data. American Economic Review, 1986 (76): 191—203.

② Aschauer D A. Is Public Expenditure Productive? Journal of Monetary Economics, 1989 (23): 177—200.

③ Kenneth N. Kuttner, Adam S. Posen. Fiscal Policy Effectiveness in Japan. Journal of the Japanese and International Economies, 2002 (16): 536—558.

④ 刘国光. 再谈财政政策的一些问题. 当代经济，2002 (12).

传导机制的约束小且时滞较短；其次，运用财政政策可以有效地启动货币发行机制，放大货币效应；第三，运用财政支出政策有利于消化存量，扩大市场需求空间。王雪标、王志强（2001）① 的结论是，我国财政政策对经济有稳定作用。在经济过冷时，财政政策对经济有明显的拉动作用；在经济过热时，财政政策对经济有明显的抑制作用，其作用效果在 2 个月后开始产生，在 4 个月后才完全发挥。马栓友（2001）在对 1983—1999 年我国的财政政策效应测算时，估计了我国的 IS-LM 曲线，并测算了我国历年财政调控的效应，发现财政政策对经济增长的贡献份额占 1/5 到 1/3，表明我国财政政策在需求管理中的有效性。刘溶沧、马栓友（2001）② 从实证角度分析了赤字、国债与利率、私人投资和经济增长的关系，认为我国的赤字、国债规模没有产生挤出效应，不但财政赤字没有使利率上升，而且财政投资也未挤出私人投资。郭杰（2003）③ 把政府支出 G 分为购买性支出 G1 和转移性支出 G2，通过回归分析，显示我国转移性支出和购买性支出对于 GDP 增长都起促进作用。郭庆旺、贾雪俊（2004）④ 以我国 1978—2002 年的数据为基础，利用 VAR 模型分析了我国财政总投资对总产出、全要素生产率等的动态影响，其结论是：财政投资对经济增长具有显著的拉动效应。胡琨、陈伟珂（2004）⑤ 则利用向量自回归（VAR）方法，对我国财政政策的有效性进行了定量分析，发现我国财政政策加强了宏观经济系统的稳定性和提高了宏观经济系统对外部冲击的灵敏度。但由于对民间投资和出口的调控能力较弱，制约了政策效力的发挥。刘金全、潘雷、何筱薇（2004）⑥ 通过推导带有“预期幻觉”的财政支出模型，来分析“财政幻觉”带来的财政政策启示，指出：当前政府的赤字规模和变化程度，对于经济增长也存在显著影响，这与发展中国家政府规模

---

① 王雪标，王志强．财政政策、金融政策与协整分析．东北财经大学出版社，2001：209—220.

② 刘溶沧，马栓友．赤字、国债与经济增长关系的实证分析——兼评积极财政政策是否有挤出效应．经济研究，2001（2）.

③ 郭杰．政府支出对 GDP 的影响．经济观察，2003（4）.

④ 郭庆旺，贾雪俊．财政投资的经济增长效应：实证分析．公共经济评论，2004（2）：67—78.

⑤ 胡琨，陈伟珂．中国财政政策有效性实证研究．中国软科学，2004（5）.

⑥ 刘金全，潘雷，何筱薇．我国积极财政政策的“财政幻觉”分解与计量检验．财经研究，2004（12）：44—52.

的作用机制基本吻合（Gemmell，1990）[①]。李晓芳、高铁梅、梁云芳（2005）[②]建立SVAR模型，研究产出和财政政策变量之间的变动关系发现：减税的财政政策在短期促进产出增长；政府支出正冲击对产出有正效应，而且其效果是中长期有效的；增税的税收政策抑制私人消费，而扩大政府支出则会促进私人消费；增税的税收政策抑制投资，但扩大政府支出则促进投资。王宏利（2005）[③]通过货币流量分析的方法对稳健财政政策的预期效果进行研究，结果表明，稳健财政政策的实施，将为我国政府深化收入分配政策的结构性改革提供宽松的经济与社会环境，有利于中央财政加大对经济欠发达地区的支出力度；稳健的财政政策更有利于政府实行总量控制下的结构调整，优化产业结构，达到稳健财政政策预期的效果。

**（二）财政政策效果有限**

国外有些学者实证结果发现财政政策效果有限：Aschauer（1988）[④]的实证分析说明，政府的消费性支出对于经济增长仅有很小的影响。Nadiri和Mamuneas（1994）[⑤]分析了美国政府基础设施建设和研究和开发（R&D）支出对12个制造行业TFP增长率的影响，结果表明政府基础设施建设和R&D支出对这些行业的全要素生产率（TFP）增长率存在不同程度的正相关，对不同行业的影响差别较大，但汇总的影响不大，说明政府基础设施建设和R&D支出不是提高这些行业TFP增长率的主要因素。Fernald（1998）[⑥]分析了美国高速公路投资增长对运输密集行业的影响，高速公路之类的基础设施存在饱和点，因此类似于高速公路建

---

① Gemmell N. Wagner's Law, relative prices and the size of the public sector. The Manchester School of Economic and Social Studies, 1990（58）: 361～377.

② 李晓芳，高铁梅，梁云芳. 税收和政府支出政策对产出动态冲击效应的计量分析. 财贸经济，2005（2）：32—39.

③ 王宏利. 货币流量分析框架下的稳健财政政策预期效果研究. 数量经济技术经济研究，2005（6）：135—140.

④ Aschauer D A. The Equilibrium Approach to Fiscal Policy. Journal of Money, Gredit, Journal of Money, Credit, and Banking 20：41—62.

⑤ Nadiri M Ishaq, Mamuneas Theofanis P. Infrasturcture and Public R&D Investments, and the Growth of Factor Productivity in US Mannufacturing Industries. NBER Working Paper, 1994：4845.

⑥ Fernald John G. Roads to Prosperity? Assessing the Link Between Public Capital and Productivity. the American Economic Review, 1998, 89（3）：619—638.

设的基础设施投资只能短暂地提高经济增长率，而超过饱和点的基础设施建设对于经济增长率的刺激作用将大大下降。Cohen 等人（1999）① 通过对美国平衡预算修正案的分析，认为财政政策并没有起到预期的稳定经济周期波动的作用。Weber（1999）② 利用美国战后数据，分别基于协整回归和误差修正模型，估计了财政政策乘数，其结论是：长期乘数为 1.1，短期乘数为 0.12。Aarle 等（2001）③ 等估计了整个欧元区的财政支出乘数，指出财政政策在欧元区的影响是有限的。

国内学者对我国财政政策效果进行研究后发现：江晓薇（1997）④ 较早对财政政策相关效应进行了分析，认为当前财政政策在宏观经济运行调控中作用弱化的原因，提出提高财政政策对经济运行调控作用的对策。史永东（1999）⑤ 在进行中国转轨时期财政政策效应的实证分析中，采用修改的汉森模型，首先从短期的观点出发，对财政政策的效果进行实证分析，研究财政支出、收入和税收的变化如何影响经济活动水平，进而揭示从稳定的观点看，我国的财政政策的总效果在一定程度上对稳定经济有所贡献，且 20 世纪 90 年代的稳定效果较 80 年代的效果要大。戴园晨（1999）⑥ 对我国财政政策投资乘数失灵效应予以有效检验，认为扩张性财政政策未能起到原来设想的作用。郭文轩等（2003）⑦ 认为我国积极财政政策的“稳定器”效果也值得商榷。刘金全、梁冰（2005）⑧ 认为，我国财政政策规模和操作具有显著的周期性特征，随着积极财政政策的长期实施，赤

① Cohen Darrel and Follette G. The automatic stabilizers: quietly doing their thing. Federal Reserve Board, Working Paper, 1999.

② Weber C E. Fiscal Policy in General Equilibrium: Empirical Estimates from an Error Correction Model. Applied Economics, 1999 (31): 87—99.

③ Van Aarle B, Garretsen H, Gobbin N. Monetary and Fiscal Policy Transmission in the Euroarea: Evidence from a Structural VAR Analysis. Paper presented at a Vienna Institute for International Economic Studies Seminar, 2001.

④ 江晓薇. 宏观经济运行中的财政政策. 经济研究，1996（10）.

⑤ 史永东. 中国转轨时期财政政策效应的实证分析. 经济研究，1999（2）.

⑥ 戴园晨. “投资乘数失灵”带来的困惑与思索. 经济研究，1999（8）.

⑦ 郭文轩，周雄飞，云伟宏，李利英. 积极财政政策执行效果及隐忧问题研究. 经济研究，2003（4）.

⑧ 刘金全，梁冰. 我国财政政策作用机制与经济周期波动的相依性检验. 财政经济，2005（10）：36—40.

字规模的变化对通货膨胀率和消费增长率的影响作用已经明显淡化，积极财政政策的实际效果和名义效果都明显减弱。孙磊（2006）[①] 选用结构性 VECM 模型来研究中国 1998—2004 年间实行的积极性财政政策的动态效应，发现财政支出冲击对总产出具有正向效应，而税收收入冲击则具有负向效应，且支出冲击的正效应略大于税收收入的负效应；同时对我国 1998 年以来的积极财政政策的效果给予了支持：增加财政支出的效应很大程度上被同期税收收入的增长所抵消，财政政策对产出的贡献并不像预期的那么显著。李永友（2006）[②] 借助传统 IS-LM 模型和比较静态分析方法对中国改革开放以来财政政策平滑经济波动的能力进行了实证分析，得出：财政政策对经济波动的整体平滑能力较低，平均只有 6.35%，财政政策的平滑能力在经济波动的不同状态之间存在明显差异。王树华、方先明（2006）[③] 基于 VAR 模型的 Granger 因果关系检验方法，分析了我国财政政策相关变量之间的关系，结果显示，财政政策各层变量之间存在层层推进的因果关系，但部分变量的关联与理论的吻合性较差，中国的财政政策从其宏观效应来分析是有效的，但存在挤出效应。

**（三）财政政策的紧缩效应**

扩张性或积极财政政策在刺激经济扩张的同时也可能产生紧缩效应，这些紧缩效应主要表现为如下两种形式：首先，政府增发国债和扩大支出势必减少公共储蓄，由此造成的货币需求压力会迫使利率上升，从而减少私人部门的投资，这就是积极则政政策产生的对于私人部门投资需求的“挤出效应”；其次，财政扩张可能产生本币升值的压力，从而促使汇率上升，进而降低国外需求，对经济产生一定的紧缩效应[④]。Matsuoka（1996）[⑤] 估计出日本政府财政支出增加的效应

---

① 孙磊. 中国财政政策动态效应的实证分析 1998—2004. 财贸研究，2006（1）：59—63.

② 李永友. 中国改革开放以来财政政策平滑经济波动的能力——基于传统 IS-LM 模型的实证分析. 财经研究，2006（7）：4—17.

③ 王树华，方先明. 中国财政政策宏观经济效应的实证检验 1978—2004. 中央财经大学学报，2006（8）.

④ Search W M Bond-financed fiscal policy and the problem of instrument instabilily. Journal of Macroeconomics，1979（1）：107—117.

⑤ Matsuoka M. Measuring the Effects of Fiscal Policy in Japan. Daiwa Institute，1996.

为负。Auerbach & Kotlikoff (1987)[①] 从财政政策的动态效应角度，分析了财政政策的乘数效应和挤出效应；Alesina&Perotti (1997)[②] 从利率补偿和政府政策的可信度角度分析了其对财政政策挤出效应的影响，提出所谓“扩张性财政的紧缩效应”的解释；Grier 和 Tullock (1989)[③]，Barro (1991)[④] 等通过对若干发达国家的实证分析发现政府支出规模与经济增长率之间存在负相关。Engen 和 Skinner (1992)[⑤] 采用两阶段工具变量法，也得出政府支出规模与经济增长率负相关的结论。在最优资本流动和浮动汇率下，Obstfeld (2001)[⑥] 认为积极财政政策在引导国外需求的扩张作用也不明显。

国内学者针对我国财政政策效果不显著和其紧缩效应进行了研究。谷宇和陈磊 (2003)[⑦] 采用结构性 VAR 模型来估计我国财政政策和货币政策的影响，结论是财政政策对产出的效果并不显著。赵巧英 (2004)[⑧] 指出实施扩张性财政政策必然发生财政支出大于财政收入的赤字，财政赤字和国债规模的扩大势必对经济的发展带来很大的负面效应。吴卿艳 (2004)[⑨] 肯定了积极的财政政策实施的效果，但是也指出政府公共支出的“挤出效应”以及几年来实施积极财政政策所产生的种种日益增大的公共风险，强调了我们要选择适当时机，使积极财政政策淡出是合理的选择。马胜、张瑞琐 (2004)[⑩] 提出了积极财政政策的财政风险

① Auerbach Alan J, Laurence J Kotlikoff. Dynamic Fiscal Policy. New York: Cambridge University Press, 1987.

② Alesina Alberto, Roberto Perotti. Fiscal Adjustments in OECD Count ries: Composition and Macroeconomic Effects. Washington: International Monetary Fund IMF Working Paper, 1997: 96/70.

③ Grier Kevin B, Gordon Tullock. An Empirical Analysis of Cross National Economic Growth. Journal of Monetary Economics, 1989 (24): 259—276.

④ Barro R J. Ecoromic Gowth in a Cross-Section of Countries. Quarterly Journal of Economics, 1991 (104): 407—444.

⑤ Engen E, J Skinner. Fiscal Policy and Economic Growth. NBER Working Paper, 1992: 4223.

⑥ Obstfeld M. Inlernalional macroeconomics: beyond the Mundell-Fleming model. NBER Working Paper, 2001: 8369.

⑦ 谷宇，陈磊. 基于结构模型对中国财政和货币政策的动态效应分析. 第三届数量经济学年会论文，2003.

⑧ 赵巧英. 积极财政政策的负面效应剖析. 浙江金融，2004 (7).

⑨ 吴卿艳. 对我国实施积极财政政策的若干思考. 改革与战略，2004 (8).

⑩ 马胜，张瑞琐. 降低财政风险，增强积极财政政策的可持续性. 特区经济，2004 (10).

问题。同时，对财政政策实施过程中的财税改革问题、财政收支结构合理化问题、国债使用问题、财政政策的转型问题、财政风险防范问题以及由于财政政策问题导致的分配问题、效率问题，许多学者都做了研究。刘金全、方雯(2004)① 利用误差修正模型和时变参数模型，通过估计货币需求相对于实际产出的弹性系数，发现我国的财政政策仅在1996年前体现出显著的“紧缩效应”，而在1996年后“紧缩效应”逐渐减弱和消失。黄赜琳(2005)② 采用随机动态一般均衡方法，将政府支出作为外生随机冲击变量，构建中国三部门实际经济周期（RBC）模型，研究发现改革后政府支出对居民消费产生了一定的挤出效应。

**（四）财政政策效果的非对称性**

相比于货币政策，对财政政策效果是否具有对称性的研究要少，现有研究认为我国财政政策效果具有一定的非对称性。刘金全（2003）③ 用财政收入和财政支出变量表示政府的政策行为，通过计量分析发现，财政收入和财政支出对不同程度的经济扩张和经济收缩具有非对称的反应，而且预算盈余也表现了明显的非对称迹象——盈余对经济扩张和经济收缩的反应具有显著的不同。在经济扩张阶段，财政支出的反应不显著；在经济收缩阶段，财政收入的反应不显著，但财政支出的变化却相当剧烈，其强度远大于同等程度的经济扩张所引起的财政收入的变化，并由此导致了预算盈余的非对称变化。李永友（2006）④ 利用脉冲响应函数和线性回归模型对经济波动与财政政策波动关联性发现，财政政策波动对经济波动的作用效果具有明显的不对称性，扩张性政策较紧缩性政策好。此外，王吕、李浩（2006）⑤ 从大国、小国的角度出发考虑，扩展M-F模型，分析浮动汇率制下大国与小国的财政与货币政策的联动影响，发现只有大国采取扩张财政政

① 刘金全，方雯．我国积极财政政策“紧缩效应”的形成机制及其检验．财经问题研究，2004(7)：41—46.

② 黄赜琳．中国经济周期特征与财政政策效应．经济研究，2005（6）：27—39.

③ 刘金全，崔畅，谢卫东．财政政策作用的阶段性和非对称性检验．财税研究，2003（1）：57—60.

④ 李永友．我国经济波动与财政政策波动的关联性分析．财贸研究，2006（4）：73—80.

⑤ 王吕，李浩．扩张财政政策和货币政策的非对称性分析．武汉金融，2006（5）：21—23.

策、小国采取扩张货币政策时，才能实现帕雷托最优；提出规则公平不等于结果公平，国际经济合作时，双方应更注重结果公平，选择有利于双方的财政政策和货币政策组合，实现双嵌目标。

## 三、货币和财政政策效果比较研究综述

西方经济理论界一直将货币政策和财政政策对宏观经济运行的效果作为宏观经济学的中心问题之一。凯恩斯主义与货币主义，无论是在理论、实证研究方面，还是在现实政策运用上，都围绕该问题进行着长久而频繁的争论。凯恩斯主义认为财政政策在促进经济增长的有效性方面要优于货币政策，货币主义的观点则与此相反。近年来，国外学者多采用向量自回归（VAR）和协整方法来比较货币政策与财政政策对经济产生的影响，虽然实证研究结论不尽一致，但总体而言，市场经济基础较强、金融体制较完善的国家，货币政策相对有效；市场经济脆弱、金融体制落后的国家财政政策相对有效。比如：Kandil（1991）① 和 Owoye（1995）② 等认为，财政支出乘数在发展中国家比发达国家要大。Fatas（1998）③ 则发现，由于在欧洲出现了单一货币联盟而导致单一国家货币政策的消失，他认为国家的财政政策有取代国家货币政策的趋势。Gupta 等（2002）④ 等具体考察了 39 个低收入国家 1990—2000 年间的数据，指出在那些国家里，财政政策的典型凯恩斯主义效应占主导地位。Rich（1997）⑤ 和 Otmar（1997）⑥ 对瑞士和德国的数据分析表明，他们以货币供应量作为货币政策中介目标来调控宏

---

① Kandi l A M. Ricardian Equivalence: Empirical Evidence from Developing Economies. Journal of Development Economics, 1991 (51): 126—142.

② Owoye O, Nyatepe-Coo A A, Onafowora O A. Another Look at the Evidence on the Efficacy of Monetary and Fiscal Policies in Developing Countries: An Application of the St. Louis Equation. Indian Economic Journal 1995 (43): 37—51.

③ Fatas A. Does EMU need a fiscal federation? Economic Policy, 26, 1998: 165—203.

④ Gupta S, Clements B, Baldacc i E, Mulas-Gra-nados C. Expenditure Composition, Fiscal Adjustment, and Growth in Low-Income Countries. IMF Working Paper, International Monetary Fund, 2002.

⑤ Rich G. Monetary Targets as a Policy Rule: Lessons from the Swiss Experience. Journal of Monetary Economics, 1997 (39): 113—141.

⑥ Otmar I. Monetary Targeting in Germany: The Stability of Monetary Policy and of the Monetary System. Journal of Monetary Economics, 1997 (39): 67—79.

观经济是西方国家中较为成功的。

改革开放以来，在计划经济向市场经济的体制转轨的过程中，货币政策和财政政策已成为我国宏观经济调节的主要手段，发挥了重要作用。但两者是各自独立的政策体系，作用的方式和条件有较大区别，其效果也有较大不同。国内学者也围绕这两大政策影响经济运行效力的大小以及哪个政策的效力更优方面作了大量的实证研究，归纳起来主要集中在四个方面：一是财政政策效果优于货币政策；二是我国货币、财政政策效果呈现阶段性；三是此轮宏观调控主要依靠货币政策；四是货币、财政政策效果劣于其他宏观经济政策。下面分别进行阐述。

**（一）我国财政政策效果优于货币政策**

认为我国财政政策比货币政策更有效的国内学者主要有：冯玉明（1999）① 用格兰杰因果检验法对我国的货币政策和财政政策的相对有效性进行了实证分析，认为我国的财政政策相对于货币政策更为有效。李义超、周英章（2002）② 从内生性角度看，我国货币政策相对于财政政策具有较大的局限性。黄金竹（2005）③ 应用脉冲响应函数和方差分解方法，对改革开放以来我国货币政策和财政政策的效果进行实证比较研究，并得出有关结论：我国的财政政策和货币政策都对经济增长有重要的作用，但财政政策的作用效果要明显大于货币政策。目前我国宏观经济发展中的关键问题就是经济结构的不平衡，因此财政政策在促进经济结构的调整和优化，从而实现对宏观经济调控过程中的作用比较明显。此外，分析结果还显示，我国的货币政策和财政政策相互影响，但货币政策在更大程度上被动适应于财政政策，换句话说，我国的货币政策制定在一定程度上缺乏独立性。毛定祥（2006）④ 运用向量误差修正模型、协整检验、Granger 因果检验和方差分解，对我国货币政策财政政策与经济增长关系的协整性作了实证分

① 冯玉明．中国货币政策和财政政策相对有效性的实证研究．预测，1999（1）．

② 李义超，周英章．我国货币政策和财政政策的效用比较研究．数量经济技术经济研究，2002（3）：9—12．

③ 黄金竹．中国货币政策和财政政策相对有效性的实证研究．统计与信息论坛，2005（5）：82—85．

④ 毛定祥．我国货币政策财政政策与经济增长关系的协整性分析．中国软科学，2006（6）：46—52．

析。结果表明，我国货币政策与财政政策对宏观经济的短期调控效果较显著，且财政政策的调控能力更强；货币供应量具有明显的内生性，并在很大程度上被动适应财政政策；财政政策具有较强的独立性但存在中期化现象。李永友、丛树海(2006)[①] 利用我国1992年以来相关变量的季度数据，得出结论：财政政策比货币政策有更短的反应时滞；此外，我国财政政策较货币政策更有效还表现在，财政政策对国民产出的作用强度更大，可预测性更高。

**（二）我国货币、财政政策效果呈现阶段性**

国内有些学者认为我国货币、财政政策在不同的阶段，其效果优劣不同，尽管时间的选择也存在差异。吴军（2001）[②] 认为，我国20世纪80年代末期的宏观经济调控实践，证实在经济膨胀时期，在抑制物价方面，货币政策呈强效应，财政政策呈弱效应。进入20世纪90年代以后的宏观经济调控实践，证实在恢复经济增长方面，财政政策呈强效应，货币政策呈弱效应。张羽、李黎(2003)[③] 运用协整方法及邹氏检验法对我国财政政策和货币政策的相对有效性进行了实证研究，结果显示1980年以前财政政策比货币政策有效，而其后货币政策比财政政策有效。李永友、丛树海（2006）[④] 虽然基于1992年以来相关变量的季度数据，得出我国财政政策比货币政策更有效的结论，但他们认为该结论是基于过去的经验，而随着我国汇率利率制度灵活性的不断上升，资本项目的逐步对外开放以及市场约束的逐步减弱，财政货币政策调控的相对有效性将会发生变化。

**（三）此轮宏观调控主要依靠货币政策**

张屹山、刘金全（2005）[⑤] 指出货币政策对经济影响效果已经开始大于财政

① 丛树海．我国财政政策时滞的测算与分析——兼论我国财政货币政策在宏观调控中的相对重要性．统计研究，2006（10）：59—63．

② 吴军．紧缩与扩张—中国经济宏观调控模式选择．清华大学出版社，2001．

③ 张羽，李黎．财政政策与货币政策相对有效性研究．价值工程，2003（3）．

④ 丛树海．我国财政政策时滞的测算与分析——兼论我国财政货币政策在宏观调控中的相对重要性．统计研究，2006（10）：59—63．

⑤ 张屹山，刘金全．2005年中国宏观经济波动态势与成因的动态分析．数量经济技术经济研究，2005（7）．

政策的影响效果，2005 年初期，我国经济政策组合的模式对产出没有产生显著的效果，因此应该关注经济政策作用的灵敏性和有效性。刘伟（2004）[①] 提出财政和货币政策之间，要更多地发挥货币政策的作用。在此轮经济周期中，货币政策表现得更加敏感，从具体的措施来看，对宏观经济的“控”，主要还是靠货币政策和行政措施。

**（四）货币、财政政策效果劣于其它宏观经济政策**

国内有些学者对我国货币、财政政策的效果持保留态度，有些甚至认为影响我国经济的关键政策是消费、投资等政策。万解秋、徐涛（2001）[②] 认为，我国通货紧缩本身并不是由货币供给内生性引起，而是由预期收入的下降以及预期支出的上升引起的，解决这一问题需要加快经济体制以及企业经营机制等方面的改革。货币供给内生性加大了货币政策实施的难度，因此在经济结构多元化条件下，要求采用多元经济政策来实现特定的宏观经济目标。刘玉红、高铁梅、陶艺（2006）[③] 根据中国在转轨时期所具有的经济特点，构建了一个小型的宏观经济联立方程模型，并根据中国当前的经济形势，模拟了 2003—2004 年货币政策和财政政策对宏观经济的影响。得出的结论为：由于传导机制的不畅，导致我国当前货币政策的效果、旨在增加农村居民收入的减税政策的效果不明显，而扩大城镇居民消费的、提高职工工资的政策效果则比较显著。宁晓青、谢静（2006）[④] 根据 Granger 因果检验和联立方程模型，利用我国 1985—2003 年的年度统计数据，对我国宏观经济政策与经济波动之间的关系进行了实证分析。研究结果表明，消费政策、投资政策和外贸政策对经济波动影响的显著性水平要高于财政政策和货币政策对经济波动影响的显著性水平，影响我国经济波动的关键政策并不是财政政策和货币政策，而是消费政策、投资政策和外贸政策。

---

① 刘伟，蔡志洲．经济增长中的财政与货币政策得失．经济学动态，2004（11）．

② 万解秋，徐涛．货币供给的内生性与货币政策的效率．经济研究，2001（3）．

③ 刘玉红，高铁梅，陶艺．中国转轨时期宏观经济政策传导机制及政策效应的模拟分析．数量经济技术经济研究，2006（3）：15—23．

④ 宁晓青，谢静．我国宏观经济政策与经济波动的实证研究．中央财经大学学报，2006（8）：44—49．

## 四、简要述评

从上述货币、财政政策效果研究中，我们发现：国内外学者对货币、财政政策效果研究有着不同的观点，争论的焦点在于货币、财政政策是否对经济产生影响，其效果有多大。考察我国货币、财政政策效果分析可以发现，我国货币、财政政策虽然取得一定效果，但存在着一些的问题。综合以上分析，我们可以得出以下几点的结论：

1. 货币政策对我国经济有一定的影响，但紧缩和扩张性货币政策的效果不是对称的，并且存在区域差异和行业差异，受到货币政策传导机制等因素的制约。

2. 财政政策对我国经济有一定的影响，但紧缩和扩张性财政政策的效果不是对称的，财政政策的紧缩效应制约了对经济的影响。

因此，要提高货币、财政政策的效果，必须对其效果及其发生机制进行深入研究，同时针对政策的科学制定、政策力度的把握、政策出台时机的选择、政策传导机制的培育等方面，借鉴以往的理论和实践经验，采取一定的对策措施。

3. 我国货币、财政政策出台的时机不同，对经济产生作用的机制存在差异，其效果也就不同。为更好发挥货币、财政政策效果，不仅要考虑这两者的协调配合，还要从其他一些配套措施等方面展开工作。由于未来中国的宏观经济政策的基本取向是扩大有效需求，推进结构调整。1998 年政府宏观经济政策的重心经历了一个由扩张性货币政策为主向扩张性财政政策为主的转移。在短期内为启动经济，使用扩张性财政政策无疑是正确的，但是在中长期内继续使用财政政策的余地越来越小了。因此，在长期内应通过经济体制改革，培育宏观调控的微观基础，以货币政策调控为主。

# 后　记

在本书即将出版之际，我想对课题组的全体成员、院外合作专家和支持我们的领导和机构，表示衷心的感谢。

首先要感谢教育部社政司的信任与支持。作为教育部人文社会科学研究重大项目的《中国货币与财政政策效果评析》能由我院承担，是我们的光荣。2003年8月，教育部社政司来我校主持召开了开题报告会，教育部社政司郭郁烈副司长和科研处张保生处长莅临指导。他们在会上表示，相信课题组的实力，同意开题的思路。他们还说，这个课题应达到国内一流水平，可以用3—5年时间来完成。

我还要感谢学校的大力支持。主管文科科研的郑师渠副校长参加本课题有关会议，并多次表示了支持。校社科处自始至终关注这个课题，从申报到开题，从中期汇报到完稿结题，都参与其中，给予了具体的指导。在2006年12月我们上报本报告送审稿时，他们积极帮助联系相关单位，表现了对重大课题的高度责任心。

我还要感谢参与课题指导工作的校外资深专家，没有他们的预见和忠告，这个课题肯定要走弯路。在他们的参与下，我曾归纳专家们意见，提出了“强化实证，重在方法；降低预期，服务科研；计量分析，尝试突破；理论创新，有限目标”的总思路。现在看来，由专家们把关课题的基本目标和思路，对达到课题设计要求非常有必要。这些校外资深专家是：中国社会科学院数经所所长汪同三教授、国务院发展研究中心宏观经济研究部部长卢中原教授、国家统计局现副局长（原核算司司长）许宪春博士、国家发展与改革委员会宏观院副院长陈东琪教授、国务院研究室综合司司长陈文玲研究员等。

课题组还专门邀请了国内在建立计量经济模型方面有丰富经验的青年学者参

与本课题的讨论。中国社会科学院樊明太博士曾就税、费、国债、失业率等数据的来源与使用提出非常具体的意见，对累计 GDP 与当季 GDP 蕴含信息量的差别问题，对投资方程中对贷款的模型过度识别问题提出许多处理的建议，给我们留下深刻印象。中国人民银行刘斌博士在建模型以及经济预测方面有很高的造诣。他对欧美计算潜在 GDP 的方法以及如何实际应用泰勒公式的介绍，也给我们留下深刻印象。

我校经济与工商管理学院院长李翀教授、副院长白暴力教授积极协助我们申报课题，并参与了开题，提出了非常有价值的建议，在此一并表示感谢。

重要研究机构的实力派人员的参与，使课题组能克服困难不断前进，他们为课题作出了重要贡献。他们是：澳门特区中联办侯万军博士（原在国务院研究室）、国务院发展研究中心李建伟研究员、国家统计局施发启高级统计师、商务部李文锋博士、财政部马拴友博士、原中国人民银行现中国农业银行余明博士、财政部财科所鄢晓发博士、中国人民银行王雪磊等。他们以各种方式参与到课题研究中来，其中不少同志还承担了部分写作任务。他们的参与使得课题研究成果质量得到保证。尤其要提到的是，李建伟研究员在申报课题和建立模型方面发挥了特别重要的作用。

本研究院的老师和研究生们，为本课题付出了巨大的劳动，我经常为他们不辞劳苦、不计报酬的精神所感动。曾学文副教授现为校社科处副处长，率领数据库开发小组，在施发启处长的支持下，用了大半年时间系统地收集整理多年的季度数据，非常辛苦，工作非常有成效。王敏副教授也为本课题做出重要贡献。他在清华大学完成计算机本科学习，在中国人民大学学完了财政和金融的硕士、博士课程，又回到清华大学完成金融工程博士后研究。2005 年来本院工作之后，全力以赴，早晚兼程，终于率领模型设计与开发组的和晋予、张江雪等博士，完成了最具难度的联立模型的建设、模拟等工作，使本课题的关键部分得以完成。

各章以及附录的作者们都非常认真地完成自己承担的单方程模型的构建和分析，并积极参与讨论，在不断协调中形成了本报告统一的风格，为课题的成功作出了重要贡献。他们是：李建伟、施发启、余明、侯万军、马拴友、李文锋、鄢晓发、王敏、曾学文、王诺、金三林、屈艳芳、李波、周波、王雪磊、姜晓华、魏媛媛、和晋予、张江雪、裘越芳。李泳、张友国、张生玲等博士在前期也参加过多次讨论，做了不少工作。

最后还要感谢我们的老朋友——人民出版社。贵社领导高度地信任我们，多次批准出版我们的研究报告，成为我院科研的坚强后盾。张文勇博士非常认同我们的研究成果，并全力以赴地为我们的成果的出版进行精心策划和组织。王亦妮编辑非常认真地审改了厚厚的书稿，一丝不苟的工作作风非常令人敬佩。正是因为他们的信任和努力，才使这部书得以和读者见面。我们希望这些研究类书籍的出版，不仅有社会效益，而且也有经济效益，以不辜负人民出版社的长期支持和信赖。

纸短话长，可能是因艰辛之后的兴奋所致。

希望我们的报告能为中国现实经济发展贡献绵薄之力，欢迎广大读者们的批评、指正！

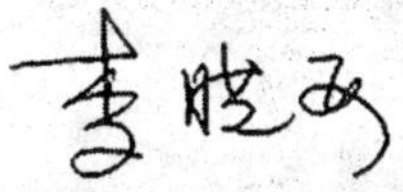

2007 年 10 月 8 日

策划编辑:张文勇
责任编辑:张文勇
封面设计:肖　辉
责任校对:张京丽

**图书在版编目(CIP)数据**

中国货币与财政政策效果评析/李晓西等 著. -北京:人民出版社,2007.12
ISBN 978-7-01-006754-4

Ⅰ.中… Ⅱ.李… Ⅲ.①货币政策-研究-中国②财政政策-研究-中国
Ⅳ.F812.0

中国版本图书馆 CIP 数据核字(2007)第 199504 号

**中国货币与财政政策效果评析**
ZHONGGUO HUOBI YU CAIZHENG ZHENGCE XIAOGUO PINGXI

李晓西等　著

人民出版社 出版发行
(100706　北京朝阳门内大街 166 号)

北京瑞古冠中印刷厂印刷　新华书店经销

2007 年 12 月第 1 版　2007 年 12 月北京第 1 次印刷
开本:787 毫米×1092 毫米 1/16　印张:29.375
字数:435 千字　印数:0,001-5,000 册

ISBN 978-7-01-006754-4　定价:50.00 元

邮购地址 100706　北京朝阳门内大街 166 号
人民东方图书销售中心　电话 (010)65250042　65289539